西蜀古典园林研究

XISHU GUDIAN YUANLIN YANJIU

《西蜀古典园林研究》编委会 编

四川科学技术出版社

图书在版编目（CIP）数据

西蜀古典园林研究 /《西蜀古典园林研究》编委会编 .
— 成都 : 四川科学技术出版社 , 2024.3
ISBN 978-7-5727-1304-0

Ⅰ . ①西⋯ Ⅱ . ①西⋯ Ⅲ . ①古典园林—研究—四川
Ⅳ . ① K928.73

中国国家版本馆 CIP 数据核字（2024）第 053061 号

西蜀古典园林研究

XISHU GUDIAN YUANLIN YANJIU

《西蜀古典园林研究》编委会 编

出 品 人　程佳月
组稿编辑　梅　红
责任编辑　夏菲菲
责任校对　任欣悦
责任出版　欧晓春
出版发行　四川科学技术出版社
　　　　　成都市锦江区三色路 238 号　　邮政编码：610023
　　　　　官方微博：http://weibo.com/sckjcbs
　　　　　官方微信公众号：sckjcbs
　　　　　传真：028-86361756
成品尺寸　210 mm×285 mm
印　　张　26　彩　插　28
字　　数　555 千
印　　刷　四川华龙印务有限公司
版　　次　2024 年 3 月第 1 版
印　　次　2024 年 6 月第 1 次印刷
定　　价　186.00 元

ISBN 978-7-5727-1304-0

邮　　购：成都市锦江区三色路 238 号新华之星 A 座 25 层　邮政编码：610023
电　　话：028-86361770

《西蜀古典园林研究》
编 委 会

序言

　　源远流长、博大精深的中国传统园林是由多种类型和多个地方园林构成。在广袤的中华大地上，北方有华丽壮美的皇家园林，南方有精巧至美的岭南园林，东南有文雅秀美的苏州私家园林，都广为周知和赞誉。那么西南地区的园林呢？过去研究的较少，《西蜀古典园林研究》一书回答了这个问题。西蜀园林是中国传统园林的一脉，具有显著的地域标志性，属于历史悠久、特色鲜明的地方园林。

　　四川，古称蜀，又称西蜀，有"天府之国"的美誉。独特富饶的地缘和底蕴深厚的历史文化孕育了西蜀园林。它们在很多志书古籍、诗词歌赋中记述甚多，具有历史久远、类型多种的特点。在成都市中心东华门遗址考古发掘的"摩诃池"，是始建于隋经唐至前后蜀改名为"宣华苑"的皇家园林，宋代有私家园林西园，这些历史上曾多次成为小国都城的皇家园林、私家园林均已无迹可寻。保留比较好的有寺庙园林和具有纪念性的名人园林。对此有重庆大学赵长庚教授、中国建筑设计大师徐尚志先生、《中国园林》杂志主编王绍增教授等许多专家都曾从不同角度有所研究著述。著名的园林专家汪菊渊院士在《中国古代园林史》一书中指出："四川古典园林遗址可追溯到唐代、五代十国，唐代的新繁'东湖'，宋代的崇州'罨画池'、明代的新都'桂湖'、清代的成都'望江楼'，像这样至今保留着唐、宋、明、清园林系列遗迹的地方，在全国恐怕也是少有的……它在中国古典园林中自成一派当之无愧。"《西蜀古典园林研究》一书从园林视觉分析研究了其历史沿革、造园理念、空间布局、构园要素和文化景观，从物境园景到文化意涵，进行了全面系统的分析，进而对杜甫草堂等几处园林作了深入具体的解析，勾画出西蜀古典园林古朴文雅、静幽秀美的地方风格特色。

　　本书列举的园林有一个共同的特点，即每个园林都是为纪念历史名人而建。西蜀人杰地灵，滋养出许多历史文化名人，他们在蜀所作的诗词歌赋深受民众喜爱。因情建园，以资纪念，其外寂然，其内森然。这种含诗意的诗境园林，由园及情世代相传，逐渐形成风格独特的纪念性名人园林。

杜甫草堂是为纪念唐代诗圣杜甫而建造的园林，起始于诗圣的茅屋故居，承于宋、明、清的祠堂庭园，后转为公园。现今将纪念馆与公园合为杜甫草堂博物馆。在起承转合的历史演变中，始终保持以诗圣的诗意为造园意境，巧借浣花溪和草堂寺古楠木林的自然环境，筑就了诗意的园林。这样以文塑园，以诗词文意为造园意境，以乡土风物为造园物境，以文意内容作楹联匾额，碑刻雕塑成文景、意境和物境，园景和文景在空间上融合为寓含诗意诗境园林。西蜀园林的特色也在于此。文园一体，园因文而扬名；以园彰文、文因园而得以保护和传播。这些园林大都位于成都及周边地区，分别始建于唐代、宋代、明代、清代，在漫长的历史变迁中，虽有兴衰仍世代相传，至今依然保留着基本完好的旧有格局和古韵风貌，这些是西蜀文化的重要资源。现今这些古典名园都是全国或省、市的重点文物保护单位，称作博物馆或纪念馆，是院落形的园林式博物馆，是博物馆中的特殊类型，是城市公园系统中的专类公园，可称为文博园林。写意与写实于一体的诗意园林，最大的特点是：同时具有名人文化的纪念性、世代相传的传承性、面向社会公众开放游览的公共性以及文博园林的时代创造性，是中国传统园林宝库中又一颗璀璨的明珠。

研究西蜀古典园林的意义和价值在于：丰富了中国传统园林的内容，对传承与创新中国优秀传统园林具有重要的现实意义。研究过程就是命名过程，阐述一个概念，即什么是西蜀园林，有为西蜀园林立言之意。保护好、传承好这些古典园林，延续西蜀园林的发展历程和文化价值，是对西蜀园林的传承。今天是由过去发展而来，善待今天，才能努力去创造未来。所谓传承就是承前启后，传授承接继续做前人未尽之事。创新就是继往开来，由一脉相承升华到前所未有。传承是历史赋予我们的责任，创新是时代对发展的期待。以园林形式来纪念名人是蜀地的一种传统，如郭沫若的乐山故居"墨香苑"，著名作家李劼人的成都故居"菱窠"等，都是园林风景名胜之地，可谓是纪念性的名人园林承故焕新的现代版。一个地方有一个地方的自然条件，生长着不同的植物，有相同的习尚和文化，自然会有不同的园林。一方水土，一方园林，这是园林发展的科学规律。我们倡导研究和推进地方园林是避免和改善城市和园林建设的千篇一律，实现大美中国的需要。不同的时代自然有不同的园林，我们已进入中国特色社会主义新时代，就要以新的发展理念，树立体现生态文明和文化传承的大园林观，研究总结中国传统园林的理念和实现古为今用，践行生态文明和人居环境与时俱进。由城市公园到公园城市，由城市园林到大地园林和国家公园，在实现中华民族的伟大复兴中振兴园林。

我在成都从事园林事业近六十年，一直以来关注研究西蜀园林，闻本书即将问世，十分欣喜，遂乐以为序，由于水平有限，若有不当之处，希望见谅。

享受国务院特殊津贴

中国风景园林学会原副理事长

成都市园林局原局长

《西蜀园林》DM 杂志荣誉主任

前言

　　自蚕丛始，数代古蜀王在以成都平原为核心的西蜀之地，修筑城池，拓展土地，不断优化和改进生产、生活与休闲方式，摸索出了顺应自然、应对自然、适应自然的生存法则，形成了完备的农耕社会形态，孕育了因敬畏自然、理解自然而形成的"天人合一"的哲学思想和神秘的宗教礼制，养成了浓郁的缅怀先王和敬仰圣贤的历史习惯，使得蜀地文明能够源远流长。秦灭巴蜀后，入蜀通道更为顺畅，中原文明不断地浸润和影响西蜀地区，尤其自西汉文翁教化蜀民以来，出现了如汉代的司马相如、扬雄、落下闳、陈寿，晋代的常璩，唐代的李白、杜甫、陈子昂，宋代的苏洵、苏轼、苏辙、魏了翁，明代的杨廷和、杨慎，清代的李调元，近代的李劼人、郭沫若、张大千、巴金等历史文化名人，这些蜀地的名人与入蜀的文人仕宦交相辉映，造就了蜀地文风鼎盛、人才辈出的良好风尚。

　　秦国蜀郡太守李冰在古蜀人治水基础上，完成了都江堰水利工程的最后修筑，科学地解决了成都平原长期以来的水患问题，灌溉了平原大片的农田，保证了城市生活以及名胜园林的用水，使成都"水旱从人，不知饥馑，时无荒年，天下谓之'天府'也"（晋·常璩《华阳国志》）。同时，西蜀之地，山川形胜，景观温润多姿；风调雨顺，生活富裕，民众安居乐业；崇文重教，敬仰先贤，社会包容和谐。西蜀以其稳定富足的人居环境、海纳百川的开放姿态，吸引了大量的外地文人入蜀，产生了"自古文人皆入蜀"的历史文化现象，如杜甫、白居易、卢照邻、李商隐、贾岛、元稹、岑参、高骈、薛涛、黄庭坚、陆游等著名文人。这些人每到一处祭拜先贤，以诗文、楹联抒发纪念情绪；这些人结交广泛，与当地官宦或文人诗酒唱和，留下浪漫而感怀的千古诗篇；这些人给后生传道授业，对当地学风、仕风甚至民风都产生了深远影响；这些人因地制宜建筑居所，注重礼制，修葺或重建先贤纪念场所。他们在西蜀，受到官宦、民众、文人的极大欢迎，与本土文人共同构成了影响深远的文化文学体系，共同促进了西蜀文化和造园的大发展、大保护。最终，他们也成了人们崇敬和纪念的对象，并通过祠宇园林进行纪念表达和有序延续。可以说，这一系列的历史文学活动以及名人的造园行为和成都城市建设的历史序列也是一致的，也为蜀地许多城市的文化标志和意象奠定了历史基础。

两千多年以来，以成都平原为中心的四川盆地中西部地域，被称为"西蜀"，其称谓和指代比"四川"二字要早。最早可追溯至秦李斯所著《谏逐客书》"江南金锡不为用，西蜀丹青不为采"，与"江南"二字一样成为特定地域的称谓。西蜀也为"蜀"之别称，时因蜀地位于中原之西，故称"西蜀"，亦可见"蜀"与"西蜀"所指一致。"西蜀"二字在千年历史发展过程中，积累了独特的文化内涵和约定俗成的地域识别关键词，既指在中国地理范畴意义上的泛行政区域，也指特定文化层面上的意象指向，如西晋陈寿《三国志》中"西蜀倾覆，边境见侵"，左思《三都赋》中"西蜀之于东吴，小大之相绝也"，唐刘禹锡《陋室铭》的"南阳诸葛庐，西蜀子云亭"，明程登吉《幼学琼林·卷一·地舆》中"四川为西蜀，云南为古滇"等描述。1934年郭沫若提出"西蜀文化"一词，总结概括了西蜀史前文化，用以指代西蜀地区从距今七千年前新石器时代晚期文明延续至今并自成一系的西蜀文化区系。

西蜀之地是中国最理想的人居环境之一，其古典园林的演化进程至明清时期方才成型，形成了受蜀地人文思想、自然地理、政治经济、社会民俗等因素影响的地域园林体系，该地域的传统古典园林长期存在多称谓并存现象，如"川西园林""巴蜀园林""四川园林""川派园林""蜀派园林"等称谓，导致各类研究滞后，认同度低。2011年开始，在四川农业大学风景园林学院西蜀园林学科组的努力下，会同成渝各大高校、古典名园和相关文化人士，经过杨玉培、陈其兵、孙大江、刘洪、黄毅、王绍增、江波、郭丽、蔡军、黄远祥等学者的呼吁和持续研究，"西蜀园林"称谓于2016年和2022年收录进全国科学技术名词和中国大百科条目，正式成为规范性的专业术语。2018年，孙大江、陈其兵等在《中国园林》发表《追忆王绍增先生·再探西蜀园林》一文，标志着"西蜀园林"称谓在行业得到认同。自此，西蜀园林成为中国古典园林大体系中最重要的地域园林之一，与中国古典园林一脉相承，是中国古典地域园林之典范，同时又有别于北方园林、江南园林、岭南园林等流派，具有独特的地域特征，西蜀园林的学术研究更趋学术性和独立性。

秦汉以来，西蜀地区始终文人荟萃，文风繁荣，各类造园活动频繁。历经千年，造园艺术与风格独树一帜，形成了独立而完整的地域园林体系：拥有大规模的园林遗存、深厚的人文内涵和文学价值；具有丰富的园林类型以及特征明朗的园林艺术特色，存在极高的园林艺术价值、史学价值、文学价值和美学价值；形成了祠宇园林、衙署园林、文庙园林、寺观园林、陵园园林（皇家园林）、书院园林、会馆园林、名胜园林等类别。其中文庙园林、寺观园林和陵园园林等具有严格的建造形制和完善的建造体系，其营造机制、园林艺术和文化符号运用等方面与中国其他地域的这类园林具有高度的一致性和相似性，因此，本书对该类园林不作深度研究和个案的详细分析，仅对地域特征明显、纪念特性浓郁、影响城市人文内涵即独具西蜀特色的祠宇园林、衙署园林等进行系统的研究。

西蜀古典园林的历史发展时序与中国古典园林一致，萌芽于古蜀先秦，发展于秦汉时期，兴盛于唐宋五代，复兴于明清，传承至今而自成规模，且具备了典型特征。同时，其发展受到"文人入蜀"和移民等历史现象影响、纪念文化的推崇延续以及"天人合一"思想贯通，使西蜀古典园林形成了

"纪念性、诗意性、交融性、传承性、游赏性、公共性"等特征，具有"朴素自然、飘逸清幽、诗情画意；布局礼序、清旷疏朗、文园互构；文风氤氲、宁静致远、雅俗共赏"等园林艺术风格。千年积累并传承有序的西蜀古典园林，成了由历代文人仕宦、民众百姓等共同构建的纪念性场所和名胜景观，形成了庞大的古典名人园林群，在中国是唯一的，这是成都之所幸，西蜀之所幸。如摩诃池、桂湖、杜甫草堂、武侯祠、三苏祠、东湖、罨画池、富乐山、流杯池等名园名胜，都承担了相应的历史文化功能，成为成都和四川其他城市的历史文化地标甚至象征。

西蜀古典园林是纪念中国历史上伟大的爱国主义文人、政治家、教育家、军事家的祠宇园林集群，如文翁、司马相如、蒋琬、诸葛亮、扬雄、房琯、李德裕、李白、杜甫、苏轼、赵抃、杨慎、陆游等，他们对中国文学、政治、经济、社会、教育等方面都做出了极其突出的贡献。其文章辞赋、精神风骨、家风家教以及家国情怀等被后世效仿和推崇，其不避权贵、正直不阿、光明磊落的风骨令后世入蜀人群感同身受，历史的共鸣经久不衰。在西蜀古典园林动态发展中，一直都有文人互访或慕名探访，大多留下纪念诗句和楹联。或写景抒情，写景利于后世营造，写情利于后世思念；或开展文化活动，形成浓郁的节日庆典氛围，使文化或风俗得以延续，如草堂"人日"和武侯祠"游喜神方"等活动。

这些名人和园林及其建造者，共同承担了蜀地的社会教化责任，其人品、文风广为传颂，对地方甚至全国的学风、仕风、诗风等产生了巨大影响，这在中国古典园林中是难能可贵的。西蜀古典园林为名人名园，以鲜明的主题和突出的纪念形式闻名，如东湖纪念李德裕、梅挚、王益、赵抃、四费等名人，桂湖纪念杨慎和黄峨夫妇凄凉爱情故事，罨画池纪念陆游、赵抃以及四相的地方治理之效，流杯池纪念黄庭坚以及其所引领的川南文学、雅集仕风之变化，三苏祠纪念三苏之文章以及良好的家风教育，杜甫草堂纪念杜甫及其伟大的爱国主义思想，武侯祠纪念刘备之文武大臣的股肱情深和诸葛亮宁静致远、淡泊明志的高尚情怀，望江楼公园纪念薛涛极其独哀的一生和地方文风倡导。诸如此类，这些遗存历来受到各界人士的追崇缅怀以及珍爱保护，逐渐形成了极具浓郁氛围的纪念场所。入蜀仕族宦官群体是对西蜀古典园林保护和传承做出最大贡献的群体，他们和这些名人一样，不以物喜，不以己悲，以纪念先贤而筹措资金，或奉献薪金，持续进行园林的修葺与营造，尤其是历代文学的加注，使园林的文化内涵日趋厚重，纪念特性更加明显，这些对地方和后世都产生了深远的影响。

西蜀古典园林在名人纪念和传承中，以诗文为蓝本进行园林营造，同时也具备了明显的文学性、故事性、叙事性等特性。每一座名园都将名人、名事的故事逻辑巧妙地进行文化场景展示，将个人观念、家国情怀、宦游经历、文章贡献、友情爱情等内容，通过祠宇建筑院落、园林空间、诗词楹联、雕塑小品等进行表达，如文君井利用琴台、妆楼、绿漪亭等建筑串联琴、人、音的千古浪漫，将文君井和当垆亭临近布置，体现"文君当垆、相如涤器"的历史故事场景。在桂湖中将升庵祠与黄峨馆隔湖而设，之间设置交加亭和小锦江，象征两人相隔万里，又心心相通，时时想起送别场景，一直互为牵挂和思念。城墙上耸立坠月楼，既与月亮交相辉映，又隐喻一代状元就此消隐，令人叹息。杜甫草堂纪念轴线，严格遵循礼制与杜诗所写生活场景而布置，通过楹联将历代文人所颂叹、所敬仰、所共鸣进行了文学表达。望江楼公园通过薛涛、元稹、韦皋等流传下来的诗文意象，在玉女津复刻了薛涛在浣花溪畔的生活与文士官宦的唱和场景，同时记述了由于文风不振而营造崇丽阁的起因和艺术特色。诸如此类可见，西蜀古典园林的营造均是立足于名人的生活境况和文学影响，用极强的浪漫主义手法表现了后人敬仰前贤又具惆怅惋惜的共鸣情绪，因此具有浓郁的纪念性和诗意性特性，是中国名人园林的代表，是中国诗意园林的典范。

西蜀古典园林与中国古典园林一脉相承，在园林营造、园林礼序、诗书画意、君子比德思想等表达方面具有一致性，园林的营造也追求江南诗情画意之景观，如西山子云亭、文君井、罨画池、望江楼公园等；加之多为纪念性建筑，故也具北方园林之严谨，尤以祠、堂、殿等建筑为代表。由于位于西蜀之地，自然景观和可利用的造园资源更为丰富，因此又具有明显的地域性。一是大多依附于川西林盘自然景观中，往往稍作梳理，增加文采，便具诗情画意之境，生产生活所需的大型竹类、楠木、香樟等植物成为名人造园、精神象征与自我比拟的对象，杜甫草堂便是当初改造林盘的典范。桂湖之荷花、桂花，杜甫草堂与罨画池之梅花，武侯祠之柏木，三苏祠与望江楼公园之竹林。二是川西林盘的生产要素成为西蜀古典园林的造园素材和意象，园林也具有明显的农业生产特征，比如湖面多为方形，东湖、桂湖、罨画池、房湖等湖面还具农业灌溉和冬季存水之用，沟、渠、湖、池等水系均为都江堰水网重要组成部分，衙署甚至承担了农田水利控制等职责，因此，园林水系多数方正笔直，少有曲绕之态，稍加景石、花木也成文人画意之境了。建筑大多为川西民居形制，或是结合纪念的礼制和规程进行综合设计，显得既庄严端正，又质朴雅致。三是这类名人质朴甚至凄凉的生活场景得以延传，如草堂故居以及碑亭、罨画池野趣亭、桂湖以及东湖等均有草亭的存在。再如草堂大廨，极简且陋，这也是其精神风骨和崇高情怀的传承，是西蜀古典园林重要物质意象和宁静致远内涵相结合的彰显。四是造园技艺也受到川派盆景艺术影响，蜀地独特的自然风光、地理特征、前人诗句诗意等在园林中也得以最佳体现，故而景观精微细致，步移景异。

西蜀古典园林是名人园林，既有纪念一人之园，也有荟萃多人之园，这既彰显了纪念的主题性，又实现了游赏与纪念的融合，同时也巧妙地将道家思想、儒家文化进行了融合，如武侯祠的布局经过历代的调整，合理有序地将刘备、诸葛亮以及群臣的纪念要素和空间进行了礼仪安排，于情于理于规皆得巧妙体现。东湖将李德裕、梅挚、王益、赵抃、四费等纪念人物，通过不同的纪念建筑，利用湖池、山水进行分隔和关联。罨画池将陆游祠、四相堂、琴鹤堂、文庙等建筑院落利用内外湖进行有机融合，既规制有致，又自然疏朗。流杯池公园将黄庭坚、诸葛亮、关羽等纪念对象和建筑有序分配到山丘谷壑之中。杜甫草堂中有浣花祠，桂湖中有碑林，望江楼公园中有薛涛井、崇丽阁，西山公园中有子云亭、蒋琬墓等。这些共同构成了西蜀名人纪念大体系，显示了西蜀民众敬仰前贤和传续精神的历史习惯。近代知名文人也前来题诗撰联，使得名人效应和文风的传承得以持续。

西蜀古典园林还是中国历史文化女性名人的纪念场地，如黄峨、薛涛、花蕊夫人、浣花夫人、卓文君等。其诗词文章、友情爱情、家国情怀等与其他名人故事交织于一体，极大地丰富了西蜀园林的内涵和魅力。

西蜀古典园林大多在清后期方才定型，在民国时期，逐步开放为市民公园，如东湖、桂湖、三苏祠、文君井、罨画池、房湖等，至今得到更为科学、系统的修缮、完备和保护。名人名园，相得益彰，后世纪念，千古流长，正如东湖对联所言"大启文明，藉兹观感；拓张胜迹，景仰前贤"。

西蜀古典园林的研究至今渐成体系，科研院校、文博机构、社会文化名人的各类研究成果层出不穷，极大地丰富了该领域的理论体系，促进了西蜀古典园林的保护与传承工作，提高了蜀地民众的文化认知维度，接续了蜀地良好的名人崇尚和纪念习惯，对成都建设历史文化名城和公园城市文化景观营造提供了大量的历史讯息和重要理论参考。

760年，"诛茅初一亩"，杜甫营造茅屋之始，便是"舍南舍北皆春水，但见群鸥日日来"的闲雅之处。后唐韦庄见柱础仍存，遂"因命芟夷，结茅为一屋"，开始"思其人而成其处"的历史习惯；北宋吕大防"复作草堂于先生旧址"，清在明朝基础之上，全面修缮扩展，基本奠定了今日杜甫草堂规模和格局。1985年，杜甫草堂成为首批国家博物馆，更名为"成都杜甫草堂博物馆"，现为首批全国重点文物保护单位、国家一级博物馆、全国古籍重点保护单位。千年以来，这里一直是"千年艳慕，犹劳车马驻江干"的文学胜地，"诗圣著千秋，草堂留后世"，今日再增千诗碑，纳入浣花溪，面积已达800余亩，实为千年百代努力之壮举，可谓蔚然壮丽。杜甫草堂与武侯祠、望江楼、东湖、桂湖、三苏祠、罨画池、房湖、流杯池、文君井等园林的发展时序和保护机制，具有一致性和相似性，它们共同构成了最典型的西蜀古典园林大体系，是中国最重要的名人园林群。

成都杜甫草堂博物馆刘洪馆长等注意到西蜀古典园林研究现状的不足和再次进行全面系统研究的必要性，与四川农业大学风景园林学院以及多个西蜀古典名园管理单位等共同成立《西蜀古典园林研究》编委会，广泛征求各方意见，希望集所有人之研究成果，详细梳理西蜀名人园林内涵，明确以诗意园林为典型的园林特征，归纳文风氤氲、宁静致远等园林艺术风格，以期提出更多、更新、更准确的论点和观点。该提议得到了杨玉培老局长、陈其兵教授、李西教授的大力支持和帮助，得到了行业的高度关注与期待。

自2020年开始，孙大江、黄毅、江波、黄远祥、祝鸣川、田振峰、段瑜等编委会成员与四川农业大学风景园林学院赖欣、伍勇、何筱、朱奕瑾、胡宝月、谢静、苏弋、赵欢、刘斯、张袁玉琦、周文龙、马鑫岑、侯捷、汪佳贝、席丹丹、张英、马文静、田振峰、柳钰、庞然、翟志高等数十名研究生以及其他学者，遍访蜀地各大名园、名胜、名景，拍摄素材并进行访谈记录。四年间，刘洪馆长多次组织孙大江、江波、赖欣、杨玉培、陈其兵等成员和顾问开展研讨工作，形成了众多共识和理论成果。2021年1月，由孙大江主笔，赖欣、郭丽、江波、姜雨涵、伍勇、何筱、朱奕瑾、胡宝月、赵欢、刘斯、苏弋、汪佳贝等参与执笔，于2023年11月完成文字写作工作。整个绘图工作由孙大江、何筱、刘斯、周文龙、马鑫岑、侯捷、席丹丹、张英、马文静、翟志高、张袁玉琦、苏弋、庞然、柳钰等完成。大量照片由孙大江、黄毅、冷强、赖欣、柳钰、赵欢、何筱、朱奕瑾、伍勇、侯捷、胡宝月、马鑫岑、刘斯、姜雨涵、周文龙、田振峰、席丹丹、郭丽等完成拍摄和处理。提供图片和照片的单位有杜甫草堂博物馆、武侯祠博物馆、望江楼公园、东湖公园、桂湖管委会、三苏祠博物馆、罨画池博物馆、房湖公园、流杯池管委会、邛崃市文旅局等，最后由杜甫草堂学术研究部对文字行了校阅。洋洋洒洒数十万字，微薄成绩，不足挂齿，但四年艰辛，至此也是感慨万千，唯希望能为西蜀古典园林研究贡献力量，更为成都历史文化景观、风景园林建设等提供借鉴，或作参考，或引发进一步研究。本书由于编委会精力限制、认知浅薄，故先作抛砖引玉。部分文献来源、论证观点、园林艺术解析、研究深度和广度等方面仍存在一些不足，诚恳希望同行专家和广大读者能够给予批评指正，多提宝贵意见。

孙大江

四川农业大学风景园林学院教授、博士、博士生导师

2023年12月

目 录
CONTENTS

第一章

西蜀古典园林研究概论

一、中国古典园林

风景园林活动是在人类社会发展进程中，依附自然、顺应自然和改造自然的一种人为的文化空间塑造现象。自然的春夏秋冬、风雨霜雪，万物的生长衰灭、周而复始，启迪并促生了人们在自然界中的生存灵感和精神依托。正因为如此，源于自然而高于自然的造园表达一直是中国人所坚持的自然审美哲理和诗意空间理想。

（一）风景园林发展概况

原始社会时期，人们完全依赖于自然又敬畏自然，出于生产目的的人们开始探索动植物利用和发展规律，开启了果木瓜蔬的种植序列，并开始在器物、崖壁等载体上进行园圃图像的描绘和自然崇拜的表达，自然原始审美意识也自此逐渐萌芽。可见，最原始的自助自发性质的生产与培育活动直接源于自然偶然现象，从这些现象中探索规律，逐渐形成适合人类的生产生活方式。在改变生存状态的同时，人类有目的的生产经营活动产生了，这种历史现象充满了目的性、秩序性和有机性。故而，原始社会的人类在源于自然的主动劳动和生存挑战对抗中产生了对美的理解。

在奴隶社会和封建社会时期，随着对自然开发能力的提高，人们逐步适应和掌握了自然界的变化规律，能清晰阐释"天人合一"的思想；能深刻领会自然万物的生存法则与人类生活的哲学艺术的相互借鉴；能灵活延展和剖析自然规律并探索人们生存哲学思想的内涵所在；能洞悉自然界万千变化和自然万物轮回规律，并以此找到人们应对社会、政治、经济、家族等复杂变化的解决方法。在人们开始寄情于自然、复刻自然要素以满足精神空间需求的过程中，造园活动应运而生，其思想便是源于人与自然和谐相处又相得益彰的氛围。

在工业社会的一段时期内，以经济为先，工业发展、城市扩张与风景园林资源保护之间的矛盾一直存在并交织发展，此消彼长。随着多元化发展和生态环境保护趋势明显加强，促进了人们保护自然思维意识形态的冷静回归，城市科学、系统的规划成为这一时期风景园林建设最重要的课题。奥姆斯特德开创了自然保护和现代城市公共园林，霍华德提出的田园城市构想、成都建设公园城市示范区等城市营建活动均在科学布局规划人与自然生态关系的合适维度。在信息社会时期，人们更加注重生态环境修复与居住系统的改善，城市绿地生态价值与美学面貌，自然景观要素展示与教育等方面的内容。风景园林学是解决一个区域的自然生态保护与利用、历史文化与地域特色展示、城乡风貌与景观气质彰显等需求的最佳手段。因此，风景园林跨学科的综合性与公众的参与性成了现代园林艺术创作的主要特征。

（二）中国古典园林发展阶段

中国古典园林源远流长、博大精深。作为"世界园林之母"，中国古典园林与欧洲园林、阿拉伯园林并称世界三大园林体系，对世界园林的发展影响深远。其作为中国传统文化的重要组成部分，园林空间既是人们生活、休闲、雅集、政务与纪念的诗意场所，更是人们模仿自然而寄情山水、托物言志的精神空间。中国古典园林有三千年的历史，启承山水间，今天还能看到的这些园林空间或要素的遗存，是集中国传统山水画、山水诗、山水园于一体的文化精神空间。

中国古典园林一直师法自然，传承有序，种类丰富，分布广泛，特征明显，并影响到整个亚洲甚至全球。中国古典园林发展到明清时期已经将传统风景观、人生观、社会观与中国封建文化相结合，形成了独树一帜的内涵。在中国长期的社会发展过程中，不同历史阶段、不同地区的造园活动呈现出不同的形式和风格，并伴随不同时代的农耕经济、集权政治、社会意识形态的发展而不断发展、成熟，不断自我完善，不断演进，至明清时期最终形成典范。中国古典园林的历史进阶具有趋同性甚至一致性。本书基于清华大学周维权教授对中国古典园林发展划分的四个阶段内容进行理解和阐释。

1. 生成期（公元前16世纪—公元220年）

该阶段经历一千八百余年。人们在原始社会的生活状态下已经萌发了公共场地的环境营造意识，并开始合理利用土地进行种养活动，并逐步提高物质生活，但贫富差距也由此产生。中国奴隶社会末期与封建社会初期，即商、周、秦、汉四个时期，社会体系日趋成熟，等级制度产生。殷、周分封制产生了贵族群，开始频繁造园，"囿""台""圃"等是中国园林的初始阶段和源头，如姑苏台、章华台等构造，这一阶段也是中国园林历史上第一次成规模、可考究的围绕生活休闲、园艺果蔬、宴会聚集和神权崇拜等功能并以权贵为主的造园阶段，属于"贵族园林"，即贵族宫苑，是皇家园林的前身。秦汉时期建立了中央集权，皇城得以规划和规模化建设，皇家园林正式产生，私家园林得以发展，如上林苑、甘泉宫、未央宫、建章宫等，此时中国古典园林以离宫别苑为造园主流，园林功能由原始的狩猎生产、通神求仙开始向游憩观赏、欣赏自然风光等方向转变，"君子比德""天人合一""仙道思想"意识形态开始由浅入深，渐渐和中国大文化体系一样融入各个时期的造园艺术之中。

2. 转折期（220—589年）

该阶段经历了三百六十余年。魏晋南北朝在中国历史上是文化激扬、园林纷呈的时期，也是思想解放和人性觉醒的时期。时局动荡之下，各类文化艺术大放异彩，出现了儒、道、佛和玄并存及百家争鸣现象。政治寒栗，文人清高，或是返璞归真而寄情山水；或是归隐山林以逃离政治纷争；或是遁隐佛寺深谙处世法则。这一文化现象恰好极大地促进了中国古典园林及园林文化的发展，丰富了古典园林的文化内涵。这个时期的造园更注重自然要素的提炼与歌咏，园林规模由大变小，园林营造细腻精巧，园林植物"比德"思想开始融入诗书画园。"园林"一词也频繁出现在当时的诗文中。中国古典园林类型开始丰富，逐步形成皇家、私家、寺观三大类型。山水画、山水园、山水诗交融发展，诗情画意的特征初步形成，如"竹林七贤""桃花源""曲水流觞""采菊东篱"等意境影响至今。

3. 全盛期（589—960年）

该阶段经历了三百七十余年。隋唐两宋时期正是社会安定、文化空前繁荣、集权政治更加完善的全盛时期。这时，城市人口激增，城市规划和建设开始进入大规模、成规制、系统化的发展阶段，如长安、洛阳、成都等地城市格局和服务功能日趋成熟。皇家园林包括大内御苑、行宫御苑和离宫御苑，内容、功能和艺术形象完全形成并呈现规范化现象，如长安大明宫、华清池及成都摩诃池等。文人、画家参与私家园林营造活动，将儒、释、道哲理思想与诗、书、画和园林相融合，如洛阳平泉庄、成都浣花溪草堂、庐山草堂。王维在修建辋川别业的过程中，同时形成了《辋川集》《辋川图》等诗集和图册。这些皆是园中皆画、画中有诗、诗中有画、诗书画园相得益彰的表现。山水园开始写意和诗化，文人造园由此大兴。寺观园林经过东晋和南北朝的持续发展后得以兴盛，规划和建筑制度趋于完善；宗教活动、社会交往、世俗活动等融合，宗教场所、休闲场所功能明显划分；匾额楹联、奇花异草、名木古树、山石水溪等园林要素丰富、极致。

这一时期，中国古典园林的诗情画意的特征基本形成，创作技巧和手法运用更加成熟，隐逸思想进一步丰富，植物造景、掇山理水技艺更加成熟，游园、赏园活动更加频繁，中国古典园林的体系和风格特征基本形成，其思想内涵、建筑风格和造园技艺深刻影响了朝鲜半岛和日本等地造园的发展。

4. 成熟期（960—1911年）

该时期中国古代封建社会已经发育成熟，政治、经济、文化等社会形态高度统一，人们的政治意识形态更为丰富，社会与文化发展呈现多元化状态，民间造园活动增加，名人名事纪念园林也逐步形成。造园艺术领域的理论开始集成并引导着生产生活的方方面面，建筑与园林的营造法式与山石运用理论等造园技艺开始以著作的形式出现，园林建筑营造更为烦琐精致，建造技术更为发达，空间使用技巧也更为丰富。

北宋和南宋是中国古典园林进入成熟期的第一个阶段。小农经济稳固，商业繁荣，游赏文化逐步兴起，封建社会定型等因素为园林营造的发展提供了良好的环境，使之顺利进入成熟阶段，起到了承前启后的作用。在两宋阶段，私家园林建设活跃，文人园林极为兴盛，皇家园林风格也受到文人园林的影响，开始倾向于私家园林风格，公共园林趋于普遍。掇山理水技法技艺高超，园林要素运用丰富且细致入微。画家理论和禅宗哲理使园林呈现禅意、画意、诗意的雅致、简约效果，"写意山水园"的风格至此得以确立，皇家园林、私家园林和寺观园林的营造艺术和技术达到顶峰。

元、明、清（乾隆之前）时期，是中国古典园林成熟期的第二个阶段。此时中国古代社会的科技水平、经济实力居世界前列。元代立朝之初依据《周礼·考工记》开始建设元大都，北京城的建设历经元、明、清三朝渐续六百余年。至康熙中叶后，皇家园林规模更加宏大精彩，如御花园、畅春园、承德避暑山庄和圆明园等，造园之势达到了全盛。江南私家造园活动盛行，园林数量也为全国之最，其造园风格和形式影响全国；苏州、杭州、扬州以及无锡等地的名园不胜枚举，如拙政园、寄畅园等；相关画家、工匠、理论书籍也大量出现，人物代表如张南垣、计成，代表作有《闲情偶寄》《园冶》《长物志》《太平清话》《群芳谱》《素园石谱》等。至此，在唐宋造园基础之上，中国古典园林的艺术风格全面形成。江南园林和皇家园林成为最具代表性的中国古典园林，中国古典园林流派开始形成体系，其艺术风格全面成熟，也产生了今天研究传统园林艺术的蓝本。

清乾隆时期至清末是中国古典园林成熟期的最后一个阶段，呈现出逐渐停滞、盛极而衰的状态。皇家园林伴随国运大起大落，乾隆、嘉庆时期的避暑山庄、圆明园及清漪园的建造达到了顶峰，但后受八国联军侵略强夺发展停滞。宫廷花苑与民间造园活动频繁，"娱于园"的倾向显著，私家园林循序渐进地发展，文人参与造园活动减弱，造园理论停滞不前；西方园林文化开始进入并影响中国园林营造思想。同时，各地兴起了对之前的古典名园、名胜古迹的修缮保护、恢复重建、文化纪念等活动，才极大地保护和再现了这些中国传统园林精华，为后世留存了极其宝贵的文化财富。至今日，许多中国古典园林成为世界文化遗产，国家一、二级博物馆。这一时期，由于保护传承有序，延续千年的园林营造虽然出现了迟缓、消退甚至毁灭的现象，但却清晰、显著地形成了北方、江南、西蜀、岭南与西域等流派的地域园林，呈现出不同艺术风格和造园特色。

（三）中国古典园林类型

中国古典园林的发展从殷商萌芽至明清鼎盛，经历了漫长的历史发展阶段。受到中国封建思想、宗教和文化、政治经济的影响，逐步形成了崇尚自然、尊重礼序、诗情画意的园林造园风格。同时，受到不同历史阶段演进、城市格局变迁、宗教融合和地位变化等方面影响，中国古典园林在选址、材料要素、营建礼制、艺术造诣、使用功能、营造特色等方面呈现出多样化的风格，形成了多种园林类型。

1. 按照园林选址和营造方式不同，中国古典园林可分为人工山水园和天然山水园两大类型

人工山水园大多位于城镇之中或近郊，如皇家御苑、私家宅院、名人故居等。该类园林模拟自然之山水本真，通过掇山理水，巧配花木，营造亭台楼阁，雕工装饰符号以及悬挂匾额楹联，将文人雅集、历史纪念与生活休闲等集于一体。其表达内容较为丰富，装饰略显烦琐，空间步移景异、造景诗情画意。因此造园手法和内涵丰富，最能代表中国古典园林师法自然、虽为人工却宛自天成的艺术成就。

天然山水园大多位于城镇近郊或远郊的原真自然风景区域，面积较广，使用功能更为丰富。该类园林依据山水植被、地形地貌等自然天真的本底优势，进行适当梳理和归纳，布局因地制宜、疏朗结合，景致巧于因借，俗则屏之，嘉则收之，处处图画。

2. 按照园林隶属关系不同，中国古典园林可分为皇家园林、私家园林、宗教园林三大类型

皇家园林，即属于皇帝和皇室所有。我国园林经历了"苑""囿""宫苑""园囿""御苑"等发展过程。历代都在进行持续递进式的营造和拓展，其园林布局规划始终彰显礼法严密、等级森严与皇权至上。皇家园林按距离皇宫远近和功能的差异，又分为大内御园、行宫御园、离宫御园。其中大内御园、后花园、御花园等均是皇城在总体规划时同步进行的布局，与皇城的总体格局有机统一。行宫御园和离宫御园则位于郊外风景名胜之处，规模宏大，山水俱佳，行宫御园供皇帝偶尔游憩使用，离宫御苑则是结合行宫功能满足皇帝长期居住和日常处理朝务之用，如北京颐和园和圆明园、承德避暑山庄、西安华清宫等。

私家园林源于奴隶社会的地主庄园，至魏晋后发展为文人园林，主要集诗、书、画、园于一体，彰显主人文化底蕴和雅事盛举，是属于贵族、官僚、缙绅、商贾所私有的园林类型，一般隐于城镇内外。私家造园立足山水蓝本，模拟自然，因此别致精巧，花木山水与楼阁亭台等营造充满诗情画意。由于部分官宦的政居不分，或因后世融入纪念等功能的变化，今日的学术界将私家园林系统分为衙署园林、祠堂园林、书院园林、会馆园林等类型。

宗教园林源于佛教的传入和扩展，与本源道教一起，在商贸走廊、城镇乡间和名山大川等地发展了宗教空间。佛教、道教等根据各自的宗教礼法营造建筑和园林景观，其特点是主轴线明显、空间递进有序，殿宇林立凸显高耸巍然，匾额楹联描写人情世故，树木花卉皆为人格化身。宗教活动空间是人们理解宗教要义、感悟人生与净化思想的重要场所，是了解不同时间建筑、园林与人文风格的重要载体，因此历代保护并留存至今的宗教建筑和文化以及名木古树都是中国传统文化的重要遗产。

3. 按照园林所处地域不同，可分为北方园林、江南园林、岭南园林、西蜀园林、巴渝园林、西域园林等六大类型

北方园林的代表主要是皇家园林，多为历朝皇帝主持修建，集中于北京、承德、西安、洛阳、开封等地，带有浓厚的政治和宗教色彩。皇家园林规模普遍较大，规划布局重视礼仪，多采用中轴线与对景线，以空间形态彰显其浑厚、凝重、严谨的格调。建筑以重檐、红柱黄瓦和雕梁画栋彰显纷繁华贵、壮观瑰丽；装饰色彩浓重，以红、黄为主色调，以彰显皇权的尊贵。北方园林因自然条件所限，河湖较少，因此园林中水景大多受限，部分园景采用"旱园"的做法；其叠山多为就地取材，运用当地出产的北太湖石和青石，石材形象偏于浑厚凝重，与北方建筑的风格相协调，叠山技法深受江南的影响，既有对完整大自然山形的模拟，也有精巧的特置处理。植物配置方面，观赏树种少，虽缺少常绿树和冬季花木，但松、柏、杨、柳、榆、槐以及春、夏、秋三季更迭不断的花灌木如丁香、海棠、牡丹、芍药等也能做到三季有景，而隆冬时节又颇有萧索寒林的画意。

江南园林为文人园林之代表，多为士大夫和达官贵族所建，集中于苏州、扬州、杭州、无锡、上海和南京等地，其中以苏州、扬州最为著名。园林景致细腻而精美，风格明媚秀丽，空间曲折幽深；蕴涵着诗情画意的文人气息。江南园林规模虽小，布局却十分精巧，景观与建筑的布局不拘泥于对称的样式而更显灵活多变，以巧妙的布局在有限的空间中创造步移景异的动态观景体验；建筑布局自由，厅堂随意安排，结构不拘于定式，亭榭廊槛，婉转其间，常以乡土建筑为创作源泉，个体玲珑轻盈、空间通透，以黑白为主色调，多用白墙、灰瓦、青砖，建筑形式丰富多彩，工艺水平精致。江南水乡，以水景擅长，叠石理水构成园中主景，理水方式繁多，几乎达到了无水不园的局面；受园内面积所限，水景营造虽不如北方皇家园林的恢宏大气，但其意境营造与艺术处理手法更为细腻。江南园林山石的堆砌较为空灵，石材以太湖石为主，婀娜多姿地立于庭间，展现"透、漏、瘦、皱"之美，并用黄石、宣石等叠石为山，以小见大，展现自然山水之美。江南气候温和湿润，花木种类繁多，园林植物讲究造型、姿态、色彩、季相特征，多为自然种植，以落叶树为主，配合常绿树构成四季景观。

岭南园林为庭院园林之代表，多为岭南一带的商贾所建，主要集中于广东顺德、东莞、番禺等地，风格疏朗通透、兼蓄秀茂。岭南园林规模小、多宅园，布局多为建筑绕庭、前宅后庭与前庭后院形式。建筑包含碉楼、船厅和廊桥等，色调为青灰色，装修精美，工匠大量运用木雕、砖雕、陶瓷和灰塑等民间艺术进行装饰，局部构件受西方建筑文化的影响，建筑反映出中西兼容的岭南文化特点；理水手法多种多样，多采用规则式水景。堆山叠石常用英石，石景分为壁型和峰型，与水结合成水石庭院。岭南地处亚热带，本土植物丰富，观赏植物品种繁多，四季花团锦簇、绿荫葱翠；因此岭南园林常将果树作为园林造景植物，外来植物种类使用较多。

西蜀园林为名人园林之代表，尤以成都最为集中和知名。茂林修竹，红墙竹影，风格朴实无华、文风氤氲；西蜀园林多为历代地方官府推崇和纪念所建。西蜀古典园林富有独特的纪念气氛与文人精神特征，追求的是飘逸自然、文秀清幽的景观风貌。园林多小而秀雅，布局灵活，既有以轴线布局的庄重，又有打破常规的自由，空间疏朗而清旷。建筑受到川西民居影响，类型丰富多样，结合功能需求设置了亭台、楼阁、廊榭等园林建筑，色调以红、黑为主或用建筑材料的原色；外形质朴大方，装饰雕琢自然有度，彰显质朴洒脱与秀丽淡雅之美。园林理水多引活水入园，模拟泉瀑、渊潭和溪涧等，以园水之百态比德自然之山水。西蜀古典园林的掇山置石极具地域特色，因地域与人文因素影响，园林中掇山包含堆土石为山、叠石为山、以城墙为山以及综合材料为山等类型。西蜀自古栽植花木之风极为盛行，植物常以群落方式配置，配置自然而粗犷，受蜀文化和川西林盘影响下的竹文化与花木文化在园中运用甚广。

巴渝园林，或称重庆园林，是在巴渝文化、三峡文化、移民文化、革命文化、抗战文化和统战文化等影响下，形成的地域性园林。主要包括如今重庆市的行政区划范围内的不同类型园林；如寺庙园林、历史遗址园林、纪念园林、宅园会馆、宗祠园林和书院园林等。巴渝园林受道家"道法自然"的影响，布局顺应自然，顺山乘势，形成了以自然山水为主体、建筑点缀其间的山地园林景观风格，园中建筑形态质朴豪放，具有本土吊脚楼、川东民居的特色。巴渝境内多大山大水，园内水景多为自然湖体和溪流，很少采用人造水景，园中山石之景也是以自然山体为景，如崖壁、岩洞、山峰、岩石等形成了独特的山地园林。巴渝园林中的植物运用具有乡土地域性，展现古朴、自然、繁茂和疏朗的风格特点。

西域园林为中国西北部少数民族地区园林。由于其特殊的地理和文化背景具有鲜明的民族风格。新疆维吾尔族园林因地制宜、经济实用，将游憩、娱乐和生产有机结合起来，形成独具民族风格的花果园式园林。建筑多拱顶，以木柱组成连拱的廊檐，饰以花卉彩绘和木雕图案；园中几乎无山石之景，多植抗旱、耐寒、耐盐碱的树种，形成独特的植物景观。西藏园林包含庄园园林、寺庙园林与行宫园林三大类，行宫园林为其艺术之代表。园林选址及布局通常依附主体建筑周围的地势平坦之地，布局疏朗，规整大方，建筑多封闭，园路多笔直，没有人工掇山和地形起伏，空间缺少变换。

（四）中国古典园林艺术

中国人对居住空间的追求孕育于其所处的理想地域山水空间，人们通过感悟这些自然而得心源。将性情、希望、文化倾向以及家国情怀等寄情于自然山水、花草树木，通过山水画作、山水诗句、山水园林等形式进行格式化的表达。中国古典园林艺术形成于六朝时期，那时百家争鸣，思想解放，士人对自然美产生了极大兴趣和依赖，同步受到儒、道、玄学和社会动乱交织的影响，大多产生了超然脱俗、归隐自然山水的动态，园林生活成了诗意化的自然栖居。这种对自然多维度的物化解析趋于成熟，山水诗、山水画、文人园林开始兴盛，这就形成了早期的中国山水园林艺术，并影响至今。

结合周维权教授对中国古典园林特征的理解，本书将中国古典园林艺术归结为以下表现特征：①源于自然但高于自然。"一拳则太华千寻"，中国古典园林运用各种石材假山展现咫尺山林的山峰走势；"一勺则江湖万里"，理水力求于有限空间展示天然水景全貌；植物配置讲求丰富多彩并赋予象征寓意。②建筑美与自然美的融合。力求建筑与山水、花木相结合，达到一种人工与自然高度协调的境界，即"虽由人作，宛自天成""天人合一"。③诗情与画意。诗为文学艺术，画为空间艺术，园林是时空的艺术，将诗、书、画和园林空间融为一体，园林空间是无声的诗句、自然的画卷。文人们用精妙的诗词书法、绘画艺术将园林无限的诗意空间描绘出来，通过楹联匾额、题词点景等造园手法进行表达，致使园林的景面文心，情、景、文相交融。④园林意境内涵。意境是中国古典园林艺术在创造和鉴赏自然山水、精神哲理等方面的重要美学范畴，即通过营造物象、构筑物境或是直接点题的方式，传达自然造园的文学内涵。这些艺术特征与内涵是中国古典园林有别于世界其他园林风格最典型的标志，也是极大程度上影响其他园林流派的思维生成和发展的重要理论渊源。

中国古典园林艺术的创造手法也是源于自然的千变万化，即所谓"外师造化，中得心源"。总体来说，园林布局因地制宜，注重空间布局疏朗灵巧，要素分布疏密有致，路径步移景异，空间丰富多变；建筑突出功能性和礼制性，材料以木结构为骨架，运用砖、石、瓦进行建造，强调建筑形态与环境的协调，突出建筑文化标签；植物配置层次丰富，季相分明，构图充满画意，借用比德思想彰显文人气质，寓意深厚；掇山理水强调山水组合的自然山林意境，山水交融，动静结合；园林路径和铺装同样追求诗画意境，营造曲径通幽而柳暗花明的游赏意境，希望步履平安、花团锦簇。中国古典园林艺术历经千年，厚积薄发，纵有地域和派别之迥，但皆为中国式自然和文化范例。富丽堂皇、雕梁画栋的皇家园林；诗情画意、精雕细琢的私家园林，名胜云集、纪念浓郁的名人园林；道意盎然、景象庄严的寺观园林等，其造园艺术都是中国博大精深传统文化的体现，是中国人巧用自然，高于自然的一种诗意生活，是人与自然高度和谐的表达，更是中国人依附自然，寄情山水与感悟人生的精神空间。

（五）中国古典园林名园、名人、名著

中国古典园林历经千年发展，从孕育、发展、成熟、全盛至转折而自成体系，造园艺术影响深

远，造园参与者涉及各个阶层、各类人群，甚至不同领域。精美绝伦的古典名园、历代衍传的造园师同呕心沥血的园林著作等传承有序，交相辉映。中国历史上的名园、名人、名著不胜枚举，典型代表如表1-1-1所示。

表1-1-1　中国古典园林名园、名人、名著（列举）

年代	名园	名人	名著
商周	沙丘苑台 灵囿、灵台、灵沼	商纣王帝辛 周文王姬昌	
春秋战国	章华宫 姑苏台		
秦汉	阿房宫、骊山宫、林光宫、兰池宫、上林苑、甘泉宫、未央宫、建章宫、梁园	秦始皇嬴政、胡亥、张衡、仲长统	《西都赋》班固
魏晋南北朝	铜雀园、芳林园、华林园、建康宫、金谷园、宝光寺、栖霞寺、兰亭	张永、张讥、萧长懋、石崇、陶渊明、谢灵运、王羲之	《西京杂记》葛洪 《三辅黄图》 《南方草木状》嵇含 《山居赋》谢灵运 《洛阳迦蓝记》杨炫之
隋唐	西苑、大明宫、洛阳宫、禁苑、兴庆宫、上阳宫、翠微宫、玉华宫、华清宫、九成宫、平泉庄、浣花溪草堂、庐山草堂、成都杜甫草堂、新繁东湖、辋川别业、嵩山别业、归仁里、灵隐寺、青龙寺	李德裕、阎立德、杜甫、白居易、王维、卢鸿、牛僧儒、柳宗元、裴度、元稹、韩愈	《平泉山居草木记》李德裕 《酉阳杂俎》段成式 《永州八记》柳宗元 《太湖石记》白居易
宋	后苑、延福宫、艮岳、琼林苑、金明池、玉津园、宜春苑、芳林园、德寿宫、集芳园、富郑公园、南园、沧浪亭、盘洲园	宋徽宗赵佶、洪适、司马光、苏轼、王安石、苏舜钦、米芾	《洛阳花木记》周师厚 《华阳宫记》祖秀 《艮岳记》赵佶 《洛阳名园记》李格非 《梦粱》吴自牧 《吴兴园林记》周密
辽金	内果园、瑶池、长春宫	赵秉文	《香山记略》李宴
元明清	西苑、御花园、东苑、畅春园、西湖、避暑山庄、圆明园、休园、影园、拙政园、寄畅园、留园、清华园、香山寺、慈宁宫、宁寿宫、静宜园、静明园、颐和园、个园、瘦西湖、网师园、梁园、可园、余荫山房、狮子林	康熙、雍正、乾隆、计成、郑元勋、张涟、仇好石、王献臣、秦耀	《鲁班经》鲁班 《工段营造录》李斗 《群芳谱》王象晋 《园冶》计成 《长物志》文震亨 《一家言》李渔 《历代宅京记》顾炎武
现当代	上海大观园、陶然亭、北海公园、成都人民公园	刘敦桢、陈植、程世抚、汪菊渊、陈从周、周维权、孟兆贞、彭一刚、唐学山、刘天华、顾正、刘滨谊	《说园》陈从周 《中国古典园林史》周维权 《江南园林志》童寯 《中国古典园林分析》彭一刚

二、巴蜀地区古典园林

今日的川渝地区在殷周时期属于历史上的巴国和蜀国范围，也是长江上游的文明中心。巴蜀地区自然景观丰富，文人色彩浓厚，经济发展繁荣，理想人居愿望强烈，这些因素促进了巴蜀地区造园活动的大发展，巴蜀文化影响下的园林名胜成了中国古典园林的典范，是中国古典园林体系的重要组成部分。

巴蜀地区的园林发展和中国古典园林进程一致，经历了萌芽期、形成期、全盛期、成熟期四个阶段。古巴蜀时期，造园活动处于萌芽期，出现了众多祭祀祠庙、王族墓园，如巴蜀两地均立祠纪念大禹，蜀地有鱼凫王城、鱼凫王墓，开明王营造了王妃墓园；秦汉时期是园林的形成期，此时中原农业技术推广，巴蜀地区农耕经济得到发展，为园林成型带来契机，如成都建大城、少城，汉巴郡太守建的荔枝园，开创了巴地私家园林之先河，同时佛道兴起，这些地区的寺观园林开始发展。唐宋时代巴蜀古典园林进入全盛期，巴蜀地区人才辈出，大量文人也相继进入巴蜀，并开始开发和经营园林，这些文化现象对园林发展和演变起到了极大促进和催化作用，也留下了大量纪念性的名人园林，同时寺观园林也得到进一步发展。明清时代进入成熟期，此时巴蜀地区私家园林大增，寺观园林大兴，纪念园林大成，各类型的园林营造和发展成熟，见表1-2-1。

巴蜀地区的古典园林营造既追求自然本真和"天人合一"的思想，也崇尚对先人和神灵的祭祀，尤为强调纪念特性，因此形成了名人纪念园林、寺观园林、其他园林三大类型。名人纪念园林萌芽于古巴蜀时代，历经秦汉、春秋战国，至唐宋大发展，到明清趋于成熟。巴地名人纪念园林偏重于历史上的军事名人，如巴蔓子、张飞和王坚等。蜀地名人纪念园林偏重于历史文化名人，如杜甫、薛涛、陆游和李白等；寺观园林是随着佛教、道教的传入而逐渐兴起，如忠县龙兴寺是中国最早兴建的佛寺之一；唐宋时寺观园林大发展，明清年间臻于成熟。其他园林类型主要包括文人治学修身的书院园林、以客居他乡的官吏和商人等移民群体建立的会馆园林和衙署园林，以及文人士族为游憩会友而建立的宅院园林等。

巴蜀地区园林艺术特征鲜明，主要表现在园林环境、园林层次、园林空间、园林造景、园林意境五个方面。园林环境方面，巴蜀地区古典园林以真实的自然环境为依托，强调运用自然材质，巧借自然山水；园林层次方面，基于巴蜀地区特有的山地环境条件，通过障景隔景、空间藏与露的渗透和延伸等造园手法，让园林空间层次和景深关系不断随高差的起伏、建筑的围合而变化，使得园林空间呈现出多维度、多方向的复合层次；园林空间方面，巴蜀地区园林受制于地形条件，其空间序列，因循地势，随曲合方，表现为顺应等高线，整体呈曲状，局部非对称的巧妙轴线布局，营造出起、承、转、合的园林空间；园林造景方面，因势就形是巴蜀地区园林造景的核心思想，在景观空间、植物造景、游园路径和建筑营建等各个方面讲求对场所环境尊重，随坡就势，并尽可能与自然环境融合一致；园林意境方面，巴蜀地区富于变化的自然山地环境和生活方式，造就了巴人与蜀人刚柔相济、文质互补的风尚特质。

园林是人们对理想生活的不懈追求，其风格直接反映出了巴人与蜀人性格差异，使得园林意境或雅或野，其中巴地受山地文化影响，吃苦耐劳、刚直不阿，尚武之风盛行，形成了巴地园林独有的"旷野"之气，园林意境古朴苍劲、壮阔雄浑。蜀地因自然条件富饶，经济发达，加之历来崇尚文化，对园林发展产生了深远的影响，园林通过轴线控制、层层递进的建筑布局和温婉大方的自然园林形态，将"清雅"的园林意境表现得淋漓尽致。

表1-2-1　巴蜀不同地区各类园林代表（汉—明清）

类型 地区	年代	名人纪念园林	寺观园林	其他园林
巴地	汉	白帝城		
	三国	张飞庙		
	魏晋 南北朝		温泉寺、缙云寺	
	唐宋	钓鱼城	老君洞、慈云寺、大足石刻、罗汉寺	荔枝园、五举书院、北岩书院、三畏斋、龙门书院、忠州书院、巴橘园
	明清		石宝寨	湖广会馆、江南会馆、福建会馆、山西会馆、广东会馆、浙江会馆、江西会馆、陕西会馆、鹅岭公园、白鹤林庄园
	不详		华岩寺、涂山寺	
蜀地	周		青羊宫	
	汉	文君井	昭觉寺、石经寺	
	三国	武侯祠、桓侯祠		
	魏晋 南北朝	望丛祠	伏虎寺、二王庙、金华观、大慈寺、七曲山大庙	
	隋	摩诃池	文殊院、灵泉寺、宝光寺	
	唐宋	杜甫草堂、罨画池、东湖、房湖、三苏祠、流杯池、转运西园	清音阁、凌云寺、乌尤寺、广德寺、圣水寺	张九宗书院、玉渊书院
	明清	望江楼、桂湖、陈子昂读书台、李杜祠	观音寺	广东会馆、江西会馆、川北会馆、湖广会馆、西秦会馆、陈家桅杆、三多寨、夕佳山民居、子云书院、大益书院、锦江书院、尊经书院、兼山书院、鹤山书院、石室书院
	不详		伏龙观	王爷庙

整而观之，巴蜀地区的古典园林园林，东学江南，北礼中原，南通百越，存者远甚于岭南，今者与江南园林并驾齐驱，成就异秉，尤以古园为最。

巴蜀地区古典园林分布广泛，数量庞大，造园思想影响深远。如巴地西汉时期的白帝城、南朝时期的温泉寺、唐朝时期的大足石刻、南宋时期的钓鱼城以及清朝时期的礼园等；蜀地在唐朝时期的杜甫草堂、房湖公园、东湖公园、宋朝时期的流杯池和明朝时期的桂湖公园等。不过在巴蜀地区，相关理论研究成果却相对滞后，从20世纪80年代开始，才呈现递进式的增加，如1989年赵长庚著作《西蜀历史文化名人纪念园林》，立足诗词楹联的文学表达，解析了西蜀地区园林的风格特征；1990年周维权著作《中国古典园林史》，对巴蜀地区寺观园林和公共园林进行研究；1993年王泽富和陈德龙编写的《成都风景园林》，以图片的形式记录了西蜀名园的胜景；1998年成都市园林志编委会撰写的《成都市园林志》，对成都市现存的各类园林进行了整理汇编；2000年曾宇、王乃香编著的《巴蜀园林艺术》，从园林布局、建筑、植物、意境、造园手法等方面对了巴蜀园林艺术进行了系统研究；2010年陈其兵和杨玉培主编的《西蜀园林》，从园林历史、园林建筑、园林风格、园林艺术等方面对西蜀园林进行了更为的系统研究，这也开启了巴蜀地区园林风格的细分和按区域独立研究的序列，引导了各大院校对西蜀园林、巴蜀园林研究的热潮，西蜀古典园林的理论研究自此自成体系，逐渐延展。

三、西蜀古典园林

（一）"巴蜀""蜀""西蜀"

古典园林作为一种典型的历史文化现象，在长期社会、地域等演替中，西蜀园林称谓一直处于历史性的动态变化状态，"蜀""西蜀""巴蜀""巴渝"等称谓存在衍生或并存关系。自然地理上的巴蜀地区指的是四川盆地及盆周山区，包括四川广元、雅安、叙永和重庆奉节县四地的连线为界形成的地区。成渝分治前，袁庭栋、何介福等学者将巴蜀视为四川地区的代称，"四川地区古称巴、蜀，最早是巴、蜀分称，以后则巴蜀合称""四川，古称'巴蜀'"，即巴蜀是四川省与重庆市所辖广大地区的简称。

"巴蜀由来古，殷周已见传"。在殷周时期，已经形成了"巴"与"蜀"的概念，徐中舒的《论巴蜀文化》中道："古代巴、蜀虽同在梁州，壤地而接，但是它们的经济文化，还有很大差别。"蒙文通先生认为，上古时巴、蜀的自然地理分界线应是涪江，而在不同时期略有参差，这可能与历史上巴、蜀两地曾数次经历分合并以此为界限的现象有关。据统计，自秦统一巴蜀后，直至1949年，巴与蜀的行政隶属前前后后经历了20次较大的分与合。"分"的时期共有1210年；"合"的时期共1055年。其中以南宋绍兴五年（1135年）为界，此前主要是"分"。这一阶段中，"分"的历史长达1208年，占比83.3%；此后几乎都是"合"，时间共812年，占比99.6%，与整个国家的政治地理格局呈现出奇妙的"你分我合，你合我分"的状态相似。这种状态的形成，和巴蜀地区的地理环境、权利变化有关。尽管巴、蜀在行政区划之上分合多次，但宏观来讲，中古至近代时期，"巴蜀"作为地域概念和中国西南地理区域的一种文化现象，直至1997年成渝分治时期，通常都约定俗成的被视为一体，并未做刻意的区分。

"巴"的由来一直众说纷纭，一种说法是作虫、蛇解释。东汉学者许慎的《说文解字》中载道：

"巴，蟲也。或曰食象蛇。象形。"小篆巴字，其形尤似吞食大象的巨蛇，其腹彭亨之形。即是说"巴"指的是弯弯曲曲的蟒蛇，这种解释历来为多数人所接受。徐中舒先生认为，巴代表的是一种地形，即"巴之本义为坝。"古时，巴的区域多高山丘陵，而巴人多居于山间小平坝区域，"平地才应一顷余，阁栏都大似巢居"，这也是巴人居住的特点。《广韵》坝下云："蜀人谓平川为坝"。巴、坝二字同音，因此这种说法认为"巴"即指代山区的"坝"，也成了巴人的通称。另有较早说法认为巴得名于水流形态，"阆水曲折三回如巴字"，即是说嘉陵江流域河流多曲流，弯弯曲曲像"巴"字；或是因芭苴这种当地植物而得名，兹不赘述。从最广泛的意义上说，巴作为地域名称，其涵盖面相当广阔：东括长江三峡在内的川东鄂西地区，北达陕南汉中之地，包括嘉陵江和汉水流域大部分地区，南及黔涪之地，包括黔中和湘西地区。袁庭栋先生也认为"巴"最初应是一个古老民族之名，其活动范围以鄂西为中心，包括今川东、川北、陕南、鄂西乃至洞庭湖一带的广大地区。这些巴族人所生活繁衍的地区，后亦被称为"巴地"，"巴"也因此从民族名演变为地域名。由于这一大片地区统称为"巴"，后来便逐渐演化派生出了巴人、巴国和巴文化等地域性名称。

"巴"作为地域、部族和古国的名称，早在夏商时代就已存在。《山海经》中记载孟涂"司神于巴"，表明夏王朝国家机器已深入其中。又载道："西南有巴国，太皞生咸鸟，咸鸟生乘釐，乘釐生后照，后照是始为巴人"（王青、龚世学《山海经·海内经》），说明巴人族群渊源可追溯至远古。殷末周初，巴人参与伐纣之役，巴地最早与中原有联系的诸侯国可能就是在这时建立的，即古文献中的巴国，直至公元前316年秦灭巴蜀。这期间，"巴"都是作为国名存在，秦灭巴蜀后方才设巴郡，治江州（今重庆），汉、晋因之。这一时期，今奉节、阆中、南部、达县、南江、开江、重庆、合川等地名均含有"巴"字，直到清代，重庆市中区仍称为巴县。由于历史上"巴"作为地名的普遍使用，至现代，虽将巴地用作地名的只有巴南区、巴中市、巴州区等几处，但人们依旧习惯于将川东地区称为"巴"。

"蜀"，最早见于殷墟出土的卜辞。甲骨文写作"𜀖"，是今四川的简称，也是古时存在于今四川中东部一带（四川盆地中西部）的聚落之国名、地名、族名、郡县名。东汉许慎《说文解字》："蜀，葵中蠶也，从虫，上目象蜀头形，中象其身蜎蜎。"又《诗》曰："蜎蜎者蜀。"故据此，一说"蜀"就是野蚕，或类似野蚕的虫类（图1-3-1）；一说与古蜀开国帝王蚕丛王有关，"蜀"上之"目"表示纵目，这和古代帝王蚕丛纵目的记录正相吻合；也有学者提出，从虫之蜀始见于西周时期的周原甲文，是周以后中原对蜀地的贱称。总之"蜀"的最初含义较难确定，但自蜀先族出现至今，"蜀"的含义已经远远超过其本身的概念范围（图1-3-2）。

殷周时期，蜀已是一个方国或地域的称呼，其主体民族即蜀族。蜀族很早建立了古蜀王国，统治者称为蜀王。扬雄的《蜀王本纪》记载："蜀之先，称王者有蚕丛、柏灌、鱼凫、蒲泽、开明。是时人萌椎髻左言，不晓文字，未有礼乐，凡四千岁。"书中不仅记载了几代蜀王的统治顺序和蜀王称谓，甚至包含了农耕社会特性，温江鱼凫城，成都金沙、十二桥与广汉三星堆等遗址也逐渐显示出古蜀王国神秘的历史轮廓。秦并天下自蜀始，公元前316年，秦灭巴蜀，蜀国至此灭亡。后在该领域设蜀郡并延续至唐，蜀不再是行政区划之名，而是作为川西乃至整个四川地区的代称直到清末。可见，"巴""蜀"的概念均经历了"族名—地域名—国名—行政区划名—地域名"的变化历程，"蜀地"

图1-3-1 "蜀"字演变
(李乐毅《汉字演变500例》)

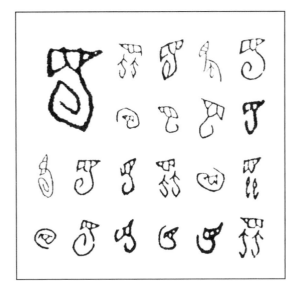

图1-3-2 "蜀"字甲骨文

今天还泛指四川，"蜀文化"则泛指古蜀文明以来的发生在蜀地范围内的神话故事、历史事件、典型人物、民风民俗、宗教活动、千古文章等历史现象。四川古称"巴蜀"，是战国秦汉时期形成的地域概念，至今也有巴蜀是四川地区的代称之说。1997年后，重庆成立直辖市，四川作为省级行政区划，仍称为蜀地，指向性更为明朗了，而巴蜀之称谓还是长期以来的成渝两地的历史习惯。

《现代汉语词典》中对"西蜀"一词的解释为："今四川省，古为蜀地，因在西方，故称之为西蜀"。然而本书所说的"西蜀"并不与如今的"四川"所等同，而是一种在历史的变迁中积淀中形成并受到文化扩展的，用来表示对某特殊地理和文化区域空间的专有名词。"西蜀"自古是"蜀"的别称，所指地域为以成都及周边地区为核心的四川盆地中西部地区，其"西"为方位词。从汉代开始形成的巴蜀文化区中，蜀位于巴之西，同时蜀地相对于中原而言，亦为西方，"蜀为商之西土""蜀为周初西南强国""因在西方，故称西蜀"，故而自然形成"西蜀"名词，用以代指"蜀"。历代以来，常见"西蜀"冠名于物，如"西蜀第一山""西蜀名刹"等；冠名于文学，如"西蜀词坛"等；亦冠名于人，如"西蜀匹夫""西蜀四大家""西蜀巨灵手"等。"西蜀园林"之称谓，亦缘于此。

"西蜀"在典籍最早或出现于秦王政十年（公元前237年）李斯《谏逐客书》："江南金锡不为用，西蜀丹青不为采。""西蜀"与"江南"齐用。西晋左思《三都赋》："西蜀之于东吴，小大之相绝也。""西蜀"意指蜀地政权，与"东吴"并用。西晋史学家陈寿《三国志·吴书·钟离牧传》："西蜀倾覆，边境见侵。""西蜀"亦为固化的称谓之名。晚唐以后大量的诗文典籍中出现"西蜀"，其中有不少脍炙人口的名句，如唐代刘禹锡的"南阳诸葛庐，西蜀子云亭"（刘禹锡《陋室铭》）；杜甫的"西蜀地形天下险，安危须仗出群材"（杜甫《诸将五首》）；杨凌的"西蜀三千里，巴南水一方"（杨凌《送客之蜀》）；元代阿鲁威的"鼎足三分，一分西蜀，一分江东"（阿鲁威《蟾宫曲·问人间谁是英雄》）等。这些"西蜀"均有蜀之地域、蜀之社会、蜀之政权和文化等含义。明代程登吉《幼学琼林·卷一·地舆》中明确写道："四川为西蜀，云南为古滇。"更是说明

"西蜀"已约定俗成地成为四川盆地中西部一带（当时蜀地）的专有称谓，并包含着历史政权、经济文化等多层次内涵。

蜀国历史可追溯至公元前21世纪，先后由蚕丛、柏灌、鱼凫、杜宇、开明等氏族部落统治，与夏商周王朝并行发展。公元前316年，古蜀国被秦灭，蜀地设蜀郡；西汉时置益州，辖郡县；曹魏灭蜀汉后，益州分置梁州；西晋分宁州；隋复秦制，改州为郡；唐设剑南道，辖成都府；宋分西川路和陕西路为益州、梓州、利州和夔州四路，合称为"川峡四路"，简称四川路，又称"蜀"，"四川"由此得名；元时设"四川行中书省"；明改布政使司，但仍习惯称"省"，此后一直称"四川省"。西蜀地区因地处西南僻隅，常成为中原朝代更迭之际、战乱纷繁之时的偏安之地，先后出现诸多独立政权，并且大多以"蜀"命国名，如"西蜀""前蜀""后蜀""蜀汉"等，其中东晋时的"西蜀"政权是由谯纵在公元403年攻陷成都后建立，这也是历史上唯一以"西蜀"为国名的政权，作为"西蜀"王国存在了八年（图1-3-3）。

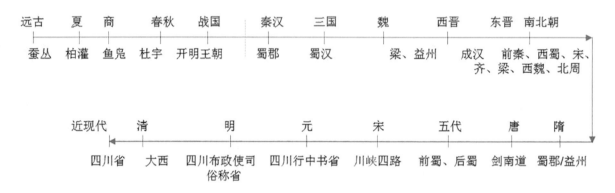

图1-3-3　西蜀政权演变历程

（二）西蜀文化

郭沫若先生曾于1934年使用"西蜀文化"一词概括西蜀史前文化，认为"西蜀文化很早就与华北、中原有文化接触。在殷代甲骨文上就载有'蜀'称，武王伐纣时，蜀人协助周王作战"。葛维汉、林名钧是西蜀文化考古工作的开拓者，比卫聚贤1941年在《说文月刊》上提出"巴蜀文化"的概念和课题要早7年。近年来，除了三星堆和金沙遗址的惊世发现外，"西蜀文化"的考古工作也由狭义的"四川史前文化"扩展到由古及今的广义西蜀文化区间，即从七千年前新石器时代晚期延续至今、自成一系的西蜀文化区系。

先秦时期的四川古代文明由多个民族共同构成，除以成都平原为中心的蜀族，以及分布于长江干流两岸及四川盆地东部地区的巴族外，还有四川盆地东部地区的"濮、苴、共、奴、蜒之蛮""西南夷"等其他民族。故而西蜀文化区系特指：蜀族先民自徙居川西平原后，本土蜀文化开始逐渐接受中原汉文化并繁衍发展而成的蜀地文明，这种文明形成了在历史、哲学、文学和宗教以及社会等各方面都具有区别于其他文化区系的人文特质，也恰是这些特质，深刻影响了西蜀古典园林的发展及其园林艺术美学特征的形成。

1. 教育与文学

西蜀地处西南，其学术缘起与中原相比处于落后状态。秦灭蜀后，独立发展的西蜀文化是受到中原文化主动干扰方才逐步发展起来，并深刻融入中华民族文化大体系。蜀地最早的教育活动源起与西汉时期的"文翁兴学"。文翁为蜀郡守，为"开敏有才者"办学官，以石为墙，建筑"石室"或"石室讲堂"。这是我国历史上第一所地方官办学校，对全国的教育事业产生了重要影响。《汉书·文翁传》提到"蜀地学于京师者比齐鲁焉"，说明了彼时蜀地学风之浓厚。自始，蜀地教育开始进化和大发展，使蜀地"文章冠天下"。宋陆游从两浙富庶之区入蜀，也感叹蜀民文化素养的水平之高。在他《初入西州境述怀》中写初入成都的观感"薪米家可求，借书亦易得"。唐杜甫亦称赞"诸葛蜀人爱，文翁儒化成"。西蜀地区的书院教育在明清时期又有了进一步的发展，成就最大的是清末的尊经书院。尊经书院才人辈出，涌现了一批维新运动与辛亥革命中的杰出人物，使全国对蜀中人士刮目相看。

西蜀文化的发展至宋代达到了高峰，在当时就被称为"蜀学"，并成为宋代理学实践的重要区域。此后，蜀学发展日渐蓬勃，以司马相如、扬雄、陈子昂、苏洵、苏轼、苏辙、文同、杨慎、魏了翁、李哲人、巴金和郭沫若等为代表的蜀地文化大家的品德、文采、家国情怀流传至今。司马迁道："蜀学比于齐鲁，巴汉亦化之"，何宇度在《益部谈资》中说："蜀之文人才士每出，皆表仪一代，领袖百家"。至唐宋时期，出现了"自古文人多入蜀"历史文化现象，他们与蜀地大家相互补益，完成了创作思想的转化和突破，产生了更多更为丰富经典的传世文学作品。这些为蜀地文化作出重要贡献的名人，都为蜀民所世代尊崇和敬仰。为不断传承、纪念这些文人所创造的历史文化价值，人们根据其文学作品意境在旧址上修葺、营造园林，并建祠祭拜，年年如仪。这些现象对蜀地文化、园林特征、人居环境、民俗民风等的发展产生了影响，增强了文化肃穆感和浓郁的纪念性特征。如根据诗文意境建成"舍南舍北皆春水"的杜甫草堂，"二十里中香不断"的浣花溪公园，"宁可食无肉，不可居无竹"的三苏祠，是全国现存唯一的陆游故居与专祠。西蜀园林在蜀文化兼容并蓄的影响下，"从园林本源于自然、生活出发，不拘泥于某一种形式，而是博采众长、兼收并蓄，产生了灵活多变、创新、不拘一格的园林风格。"

2. 宗教艺术

古蜀人不仅创造了丰富的物质文明，也创造了深厚广泛的精神文明。广汉三星堆遗址和成都金沙遗址中出土的大量文物，造型古怪奇特，工艺极致精湛，融汇了古蜀人的智慧，是宝贵的人类文化遗产。作为长江上游地区古代文明的代表，"古蜀文明"揭示了古蜀先民的创新创造能力，被誉为"长江文明之源"和"世界第九大奇迹"。西蜀地区自然景观多样，物候万千，受到各种文化滋扰和融合，形成了汇纳百川、兼容并蓄的社会文明状态。西蜀地区宗教思想活跃，民风民俗丰富多彩。文化艺术创作活动经久不衰，与时俱进，在书法、绘画、织锦、园林等方面形成了独树一帜的特征。

道教思想自先秦以来就在蜀地区滋长和传播，是中国本土宗教，有着久远的历史渊源，其兴盛是早于佛教的。《蜀王本纪》载："老子为关令尹喜著《道德经》，临别，曰：'子行道千日后，于成都青羊肆寻吾。'青羊肆，为今青羊观是也。"此描述表明蜀道学传统的悠远。程颐也认为"《易》学在蜀耳。"（《宋史·谯定传》），同样反映了蜀中道教思想的源远流长。道教思想重视"道法自然，无为而治"，顺应和尊重自然规律，追求清静无为、无为顺应，达到"万物与我为一""天人合一"的精神境界。庄子继承并发展了老子道法自然的思想，认为自然界本身是最美的，即天地有大美而不言，这一审美理解不仅体现在诸如青羊宫、鹤鸣山、阳平观、青城山和老君山等道观园林中，亦广泛地体现在其他类型的西蜀古典园林营造中，形成了不拘一格、疏朗自然和飘逸简明的园林艺术风格（图1-3-4、图1-3-5、图1-3-6、图1-3-7）。

图1-3-4　成都青羊宫

图1-3-5　大邑鹤鸣山

图1-3-6　彭州阳平观

图1-3-7　青城山

"言蜀者不可不知禅，言禅者尤不可不知蜀"，西蜀良好的地理位置、丰富的物产资源和开放的思想态度为佛教的传播奠定了基础，也极大地影响和促进了西蜀古典园林的发展。东汉佛教开始传入蜀地，在魏晋南北朝时期僧人开始入蜀，唐代时达到辉煌。这一时期高僧辈出，佛教以禅宗独盛的局面存在，成为四川佛教的主流。在明末清初时，佛教传播达到鼎盛。据记载，仅峨眉山就有多达100座寺庙。禅宗思想，遵守佛教中"空""悟"的理念，奉劝人们要达到一种平静安详的精神境界，追求"曲径通幽处，禅房花木深"（常建《题破山寺后禅院》）的幽静、空灵、静虑的宗教氛围。在近两千年的传播时空中，佛学的思想和内涵从各个方面都影响着西蜀人民的思维和生活方式，包含有形与无形的表现形式，涵盖内容及其广泛，成都地区的宝光寺、昭觉寺、文殊院（图1-3-8）、大慈寺（图1-3-9）等寺庙园林至今保留着丛林繁茂、安静清幽、物我合一的自然境界，蕴含着达观、解脱的精神。

图1-3-8 成都文殊院

图1-3-9 成都大慈寺

自汉代"文翁化蜀"以来，蜀地文教之风盛行，儒学得以迅速传播。《汉书·循吏传》："至今巴蜀好文雅，文翁之化也。"儒学的引进，以及儒学与蜀人"斑采文章"等的有机结合，使巴蜀文化得以成功转型，并成为中华文化的重要组成部分之一。儒学在蜀地的普及，极大地纠正了人们的传统礼制规矩，儒学及君权思想进一步统治各种思维，蜀地的文庙建设和祠宇改建都集中体现了这一态度。文庙和祠宇不仅是儒学的传达机制，也是蜀地文化进展和普及的重要场所。西蜀古典园林历代皆有对其修缮更新。在此过程中，更多的是将儒家思想与道家理念进行了贯融、互补，既礼制严肃，又粗朗乡土，如武侯祠刘备和诸葛亮的君臣关系也体现在建筑和造园的等级秩序中。寺庙园林经常出现儒家与禅宗融合的"本心论"和道教"道法自然""天人合一"的现象，诸如峨眉山的众多寺庙、成都平原的宝光寺（图1-3-10）、绵阳七曲山大庙（图1-3-11）等，儒、释、道三家思想在园林中的和谐的共存十分明显。因此，三教融合也成为蜀地寺庙园林造园艺术的基本特征。西蜀地区正是得益于各种文化的融会贯通、相互哺育成长，以及突破单一制的文化结构，才带来了西蜀园林的创新和繁荣。

图1-3-10 成都宝光寺

图1-3-11 绵阳七曲山大庙

3. 民俗民风

唐宋期间，城市的繁荣促进了当时成都社会游乐风气的盛行，诗人们也对各类游赏活动进行了记录和描述。"喧然名都会，吹箫间笙簧"，杜甫在《成都府》中描绘了成都丰富多彩的游赏之俗。费著在《岁华纪丽谱》中详细记载宋时西蜀官民逢节日游乐于园林的场景，从正月元旦开始直到冬至，各种节庆游赏活动持续不断："正月灯市，二月花市，三月蚕市，四月锦市，五月扇市，六月香市，七月七宝市，八月桂市，九月药市，十月酒市，十一月梅市，十二月桃符市。"然而上元节的灯会、二月踏青节和四月浣花日在百花潭游江，以及三月三日游览学射山和泛舟万岁池等也都是当时全民同乐的传统习俗。北宋时田况写过一组《成都遨乐诗》，在诗序中说："蜀人好游乐"，说明了游赏之风在蜀地民间的普遍状况，其《成都遨乐诗二十一首·上元灯夕》中又写道："予赏观四方，无不乐嬉游。惟兹全蜀区，民物繁它州。春宵宝灯然，锦里香烟浮。连城悉奔骛，千里穷边陬。衿裾合绣袂，辘轳驰香辀。人声辰雷远，火树华星稠。鼓吹匝地喧，月光斜汉流。欢多无永漏，坐久凭高楼。民心感上恩，释呗歌神猷。齐音祝东北，帝寿长嵩邱。"生动地描绘了民间热闹繁华的节日景象。苏轼《和子由蚕市》亦有诗云："蜀人衣食常苦艰，蜀人游乐不知还"。又有《续高僧传》载："蜀土尤尚二月八日四月八日。每至二时，四方大集，驰骋游遨"；《岁华纪丽谱》中亦载道："成都自唐代号为繁庶，甲于西南……富贵优闲，岁时燕集，寖相沿习"；《成都古今集记》载道："成都二月花市"；《全蜀艺文志》载道："月晓已经闻花市合"，青羊宫每年二月（农历）十五为老子诞辰，又逢花市之期，于是二月十五便为花市正期，此间主要进行销售或交易养花农具、花草树木、盆景桩头等活动；至明时，西蜀仍有"尚滋味，乐嬉游"之称。诸如此类，数不胜数，可见蜀地游赏的民俗文化自古而盛之。

千年以来，西蜀文化兼容并蓄，尤以"湖广填四川"后为胜，不同民族的人口融入，不同生活习俗的交融并存，逐渐形成西蜀地区的"川味"。川菜、川酒、川茶、川戏等逐渐演绎成为蜀地尤其是成都鲜明的文化生活标签，这种独具一格的文化魅力也影响、促成了西蜀园林闲适浪漫、不拘一格的优雅特质。

4. 水利工程

古蜀以来，蜀族先民们一直进行着频繁的治水、理水工作，成都平原也依靠水利治理的成功才得以昌盛繁荣。成都平原的早期创业史，是一部古代人类最高水平的水利工程史。宋人张俞在《郫县蜀丛帝新庙碑记》中记述："予观蜀之山川及其图记，能雄九丘者，盖乘成水利以富殖之，其国故生生不穷"。古蜀先民迁徙进入成都平原初期，其内河流纵横，河道无序变化，洪涝不断，水患无穷；因此，时下的第一任务就是防洪、排水、导水、理水。在水道治理过程中，人们逐步掌握了河流运行规律，开辟了适合居住的农耕条件，最终在成都平原之上形成了良好稳定的居住环境。从成都十二桥商代遗址的现状遗存中，可以看出先民抗洪的一些工程措施。《蜀王本纪》记载："时玉山出水，若尧之洪水。望帝不能治，使鳖灵决玉山，民得安处"；《华阳国志》又载道："开明决玉垒山以除水害。"生于西羌的大禹、古蜀王国的蚕丛、柏灌、鱼凫、开明等也是善于治水、成于治水而留名后世的古蜀君王。这些古蜀先民的系列治水举措和局部成功，为后世体系治理积累了技术与实践经验。

由于蜀地地势低洼，水系紊乱，水患问题难以得到根本解决。秦灭巴蜀后，李冰父子在古蜀人治水基础上，科学利用局部地理地势特征，采用当时先进的工程技术，最终完成了都江堰水利工程，使成都平原从此水旱无忧。都江堰水利工程是西蜀地区水利工程科技的结晶，更是西蜀民众巧妙利用自然、创造性导水、福泽后世最伟大的成果。此后，西蜀先民在成都平原持续治水，并兴建了更多的水利工程，如蜀汉时期的九里堤、唐开凿的远济堰（后改名通济堰）、蟆颐堰等，同时城区水网也得到了进一步优化，才有"清江一曲抱村流""门泊东吴万里船"的繁华景象。

《华阳国志》记载："水旱从人，不知饥馑，时无荒年，天下谓之'天府'也。"明代地理学家王士性提到："成都三十余州县，一片真土，号称沃野，既坐平壤，又占水利……实天作之，故称天府之国云。"（《广志绎》卷五）成都平原的水系治理、水利工程与水利设施的成功修建，极大地改变并优化了成都平原的生态环境、城市格局，以及农业、交通、商业等格局，改变了成都民众的生产生活方式。两千年以来的平原治水成就，形成了成都"两江环抱"和六河贯城的生态格局，极大地影响了西蜀造园活动和园林风格特征，其高超的工程技术、巧妙的导水理水手法、便于控制的水利设施和灵活的乡土材料使用等都沿袭到了西蜀古典园林的营建过程之中。

5. 园林活动

西蜀地区气候温和、物产丰富，是我国农业社会发展史上文化与经济最为发达的地区之一。秦汉时期的文人入蜀现象，促使中原文化开始逐步进入蜀地，在本土文化与外来文化相互碰撞与交融的过程中，蜀地作为传承文化的载体，在其肌体与骨骼之上，萌发出了新生的肉体、淌入了新鲜的血脉。入蜀文人和本土文人受到道家思想影响，共同铸就了如今蜀文化的繁荣。这种历史文化现象对蜀地人民的文化教育、知识普及、思想变化、民风民俗、生活美学等方面产生了根本影响，也极大地促进了纪念性园林营造活动的兴盛。西蜀自古崇文尚儒，其缅怀祭祀先贤之风犹胜。与西蜀园林有关联的历史名人或出生于蜀，或入蜀为宦，其量之众，不可尽举：如司马相如、扬雄、李德裕、李白、杜甫、薛涛、陆游、陈子昂、苏轼等，这类文人尤喜立宅造园，开展雅集活动。在其逝世后，历代世人为纪念缅怀这些文人先贤，在其原有基础上展开新的造园、修葺行为，故而增强了西蜀古典园林的纪念特性，形成了西蜀名人园林的典型。这既体现了西蜀古典园林的文化传承脉络，也是与北方皇家园林、江南私家园林和岭南园林等地域园林的最大区别之一。

成都建城历史和造园活动已有2300余年历史。汉唐以来，园林造园内容丰富，脉络清晰，经历了由发生、发展到兴盛的过程，至今仍保留了大量的宫苑遗存和名人园林实物，如成都的摩诃池、散花楼、学射山、合江园、西园、青羊宫、大慈寺、杜甫草堂、武侯祠、望江楼和可园，以及邛崃的文君井，新繁的东湖、新都的桂湖、郫都的望丛祠、崇州的罨画池、眉山的三苏祠和广汉的房湖等。其中，桂湖、东湖和房湖，至今还保留了隋唐时期以来的湖池遗迹和园林结构，这在整个中国古典园林史上都是比较少见的。隋唐开凿摩诃池、百花潭等兴泛舟游览之风，五代时期遍植芙蓉等植物，整个城市花团锦簇，"蓉城"之称声名鹊起。宋后设灯市、花市、鸟市并发展成为一年一度的传统活动。成都各类造园活动的参与面极其广泛，从皇家到官府，从贵族到民众，无不欣然往之，这样官民同乐的氛围共同造就了西蜀古典园林的繁荣。可见，西蜀古典园林最早就具备了公共性、开放性、民俗性、游赏性等特征。

西蜀古典园林不像北方皇家园林那样富丽堂皇，也不似江南园林那般玲珑精巧，而是形成了独具一格的园林风貌，其质朴洒脱、潇洒文秀的园林特征，这是成都平原所独具的公共游赏之风与其璀璨文化所共同创建的独特西蜀景致与风情特色。

（三）西蜀造园背景

1. 自然环境

1）地理特征

西蜀地处四川盆地中西部，包括西部平原及盆地东部丘陵地区，龙门山、邛崃山、大巴山、巫山环绕四周。由西至东有大渡河、岷江、沱江、嘉陵江、涪江等长江支流。从南北轴线视之，北为寒冷干燥的陕甘地区，南是温暖湿润的云贵地区；自东西横向视之，西边是游牧为主的康藏高原，东边则是以农耕为主的江汉平原，其地理位置处于一个重要的交汇与过渡区。这种东西南北交汇过渡的独特地理位置，使得四川盆地自然而然形成了海纳百川、兼容并蓄的文化特色和丰富多彩的自然景观。宋人罗泌在《蜀山诗纪论》（《全蜀艺文志》）中阐述到，四川盆地"西番东汉，北秦南广"，正因这种地理特色，才形成了"夫蜀之为国，富羡饶沃，固自一天壤也"的自然环境优势，使四川盆地具有"秦资其富，以兼七雄；汉阶其力，遂奄四海"（明·郭棐《四川总志序》）的强大经济实力。

西蜀的地域范围在早期并没有稳定和明显的疆域界限，行政所辖地域常随时代有所动态变化。杜宇王朝时期，国家边界及规模有一定轮廓，但仍较为模糊，有记载"以褒斜为前门，熊耳、灵关为后户，玉垒、峨眉为城郭"（晋·常璩《华阳国志》卷三），可推测为今四川盆地中西部，西靠邛崃山，东望嘉陵江与巴隔，北抵陕甘南，南含滇北。秦灭蜀后，蜀地设郡制，行政范围较为明确，自古时的蜀国至现今的四川省领域，总体来说是先扩后缩再扩，但历朝历代"蜀"的中心都集中在成都平原及其周边这一点未发生变化，所辖主要包含今成都五城区、郫都、双流、新津、崇州、都江堰和彭州，以及德阳、绵阳、眉山、乐山、广元和宜宾等地，成都自成为开明王朝首都后，2300余年以来都是蜀国的政治经济文化中心。故而"西蜀"所指地域可以明确为：以成都及周边地区为核心的四川盆地中西部地区。

2）地形地貌

四川盆地地形极为典型，四周皆山，盆底低平，地势由西北向东南倾降，平原与丘陵区面积约为12.5万平方公里。"其地四塞，山川重阻"（魏征《隋书·地理志》），"四塞之国"等描述清楚地勾勒出了四川盆地最明显的地形特征。古时蜀地交通行路之艰险，致使李白发出"蜀道之难，难于上青天"的感叹，或许正因这种独特的封闭地形，其内部能够形成相对稳定的文化结构，且自成系统；故而在盆地内孕育发展的西蜀文化虽也曾广受外来文化因素的影响，但经消化吸收之后，能在盆地之中得到较为稳定的发展，显示出强烈的地方色彩。成都平原作为整个盆地的中心，也是四方经济文化的汇集核心。同时，其自身的经济文化成果又不断向四方辐射，成为一种十分稳定的向心结构。这种地形所影响的强烈向心性与稳定向心结构，使成都自秦汉以来就人才荟萃，经济和文化也极其繁荣，故而被称作"一方之会"（令狐德棻《周书·辛庆之传》）。这种说法同样意味着成都已经成了盆地的聚集点，诸如此类，还有许多实证，例如杜甫称成都为"喧然名都会"（杜甫《成都府》），苏轼更直接称"成都，西南大都会也"（苏轼《大悲阁记》）等。

盆地内土壤肥沃，降水充沛；岷江沿岸山峦起伏，清流蜿蜒；川西平原沃野千里，如诗如画。周边丘陵绵延，山峰叠嶂，自然景观优越，有"剑门天下险，青城天下幽，峨眉天下秀，九寨天下奇"

之誉。自开凿都江堰水利工程后，人工支渠与自然河道交织，水网纵横，农业发达，植被丰茂，民居聚落与竹林、水渠、农田形成成都平原特有的林盘景观。南宋时，大诗人陆游和范成大入蜀做官，对成都平原富庶美丽、诗情画意的印象极为深刻。范成大看到从都江堰渠首"江水分流入诸渠，皆雷轰雪卷，美田弥望，所谓岷山之下沃野者正在此"（宋·范成大《吴船录·卷上》）；而川西平原的农村更是"绿野平林，烟水清远，极似江南……家家有流水修竹……浓翠欲滴"（同上）；大诗人陆游更发出了"江湖四十余年梦，岂信人间有蜀州"（宋·陆游《夏日湖上》）的赞叹。

西蜀古典园林正是在这种依山傍水而居、山水林田湖兼具的地形地貌基础上孕育发展而成，也正是因为有如此优越的自然环境，使得西蜀古典园林能够巧妙利用自然山水要素和丰富的植被进行造园，经过漫长的时间洗礼，最终形成今日这般地域特色鲜明的西蜀园林。

3）气候生态

四川盆地位于青藏高原东侧，在两大洋之间，东南距太平洋、西南距印度洋均在1200公里左右，两大洋的温暖气流均能到达，故而形成了温暖湿润的亚热带季风性湿润气候。夏季高温多雨，冬季温和少雨，四季明显，气候湿润。从纬度位置来看，四川盆地处于亚热带回归高压带，盆地内同一纬度其他地区大多干热少雨，如伊朗高原、印度北部、摩洛哥、墨西哥、埃及等，四川盆地山清水秀、亚热带常绿阔叶林郁郁葱葱。夏季无酷暑，冬季无严寒，究其缘由，亦是因盆地这种特殊地理环境所致。盆地虽四周皆山，但却北高南低；缘此，南边大娄山、大凉山、东边巫山及西边的龙门山都不会阻挡两大洋温暖的气流。北边米仓山、大巴山及再北的秦岭都在海拔2000米左右，能阻挡冬季北方冷空气的长驱直入，"西蜀冬不雪"（杜甫《大雨》），使得盆地内冬暖春早。

盆地内优越的气候条件促成了其农业生产与生态环境的得天独厚。一方面，西蜀地区夏季雨量大，无霜期长达250~300天，全年都是农耕期，植物生长活跃期在240天以上；另一方面，盆地几千年来从未发生过严重的天灾，无论是洪涝、干旱、风雪、冰雹、蝗虫、地震，都未造成过全境性的灾害。当代历史地理学家任乃强就曾指出："若以四川盆地与黄土之黄河平原比则无亢旱之虞，与冲积之江浙平原比则无卑湿之苦，与三熟之广东平原比则无水潦之患，与肥沃之松辽平原比则无霜雪之灾。"再者，大量河流冲积物沉积形成了肥沃的土壤，为植物的生长提供了良好的物质与生态条件。外无天灾之忧，内蕴沃土之基，正因如此，四川盆地才会一片葱绿，植被茂盛，并在巴蜀先民的经营之下成为"膏腴之地""天府之土"，使巴蜀地区的农业生产效能一直位居全国前列，符合《后汉书》中所描写："蜀地沃野千里，土壤膏腴，果实所生，无谷而饱。女工之业，覆衣天下。名材竹干，器械之饶，不可胜用。"（《后汉书·公孙述列传》卷十三）

农业发达，百业才会兴旺，经济也才会兴盛，这也是蜀人有余财余力进行园林营造活动的重要原因。另外，川西林盘植物品种丰富，花木繁盛，与河湖溪池等自然水体相互依存，生物多样性丰富，白鸟浮水，鲤鱼潜池，逐渐形成复杂而稳定的生态系统，也为园林的营造提供了较好的生态环境基础。桢楠、香樟、银杏、桂花、柏木、竹、梅花、海棠、紫薇、芙蓉、荷花等众多乡土植物成为园林植物造景主体。其中又以竹为胜，竹林几乎遍布西蜀园林。春来海棠绚丽，夏至粉荷婷婷，秋桂十里飘香，冬梅傲骨寒霜，绚丽多彩的植物资源也为西蜀古典园林的勃然生机、诗意画面提供了丰富的素材。

2. 社会环境

1）经济基础

纵观中国古典园林发展历程，这是与中国社会经济发展相适应的，其兴衰起伏也受到社会经济发展影响，如园林发展的兴盛期通常也是中国历史上社会稳定、社会经济的发达时期。造园本就是一项耗费大量物力和财力的活动，唯有在社会安定、百姓安居乐业、社会经济发达的历史阶段，人们才会营造园林。

蜀地自古农业与经济都高度发达。在西汉时，西蜀就已成为全国的三大粮仓之一，同时也是西南政治经济、文化教育与宗教艺术的中心。唐宋时期，西蜀农耕经济发展迅速，又得益于盆地的特殊地形，使蜀地长期处于相对稳定的发展状态，促进了文化交流，民族融合，人口增长，交通发展和贸易兴盛。唐代成都经济更加繁荣，有"扬一益二"之称。宋人张咏在《悼蜀四十韵并序》中这样描述道："蜀国富且庶，风俗矜浮薄。奢僭极珠贝，狂佚务娱乐。"（《全蜀艺文志》）可见当时成都经济实力雄厚、生活富裕、文化繁荣。此时，城市环境改造、民生福祉提升，游园赏园之风大兴，纪念先贤，延续文学的活动也开始了传承，如摩诃池、杜甫草堂、东湖、罨画池、望江楼公园和西山公园等纪念场所的恢复和重建活动，开始了蜀地文人纪念园的传承序列，各代未有隔断，一直延续至今。正是由不同时期的经济繁荣和社会发展，加之西蜀地区崇尚先贤历史习惯的持续，才使具有游赏和纪念功能的西蜀古典园林在蜀地得以良好保护和发展，并长盛不衰。

2）政治环境

中国古典园林的儒家文化基因较为明显，一些园林是需要依靠皇家贵族或官宦世家的推动才能建造，因此最早发展起来的类型是皇家园林和寺庙园林。如商纣王、汉武帝、宋徽宗、唐玄宗、清康熙以及乾隆等皇帝都亲自主持修建这些类型的园林。在蜀地，皇权对造园的倡导以及由皇帝所引领的游赏之风都极大地促进和影响了西蜀古典园林的发展。隋代成都的皇族们扩城筑墙，兴建摩诃池，唐宋时期进一步丰富和完善了园林内容，至明蜀王府的营造而逐渐萎缩，到清代建考棚而消失。唐玄宗入蜀避难之后，佛寺园林进一步发展壮大。五代时期，西蜀相对社会稳定、经济发达，皇帝沉迷玩乐，大臣竞相效仿，自上倡之，市井竞从，一时间西蜀地区造园和游园游乐之风颇盛。《十国春秋》卷四十九引宋景焕《野人闲话》："每春三月、夏四月，多有游花院及游锦浦者。歌乐掀天，珠翠填咽，贵门公子，华轩彩舫，共赏百花潭。"韦庄《奉和左司郎中春物暗度感而成章》云："锦江风散霏霏雨，花市香飘漠漠尘。"这种自上而下的游赏之风一度盛行，也引发了兴建公共园林的潮流。尤其是后蜀皇帝孟昶，他骄奢淫逸，为博花蕊夫人一笑，在城墙之上遍植芙蓉，使得成都四十里如锦绣，从此亦得"蓉城"之称。

西蜀古典园林之所以具有旺盛的生命力，除了早期皇权的倡导外，还有一个重要原因在于历朝官府对西蜀名人文化的推崇，各代官员均开展了大大小小的营园、游园活动以纪念这些历史名人。中国古代有"邑之有观游"乃"为政之具"的说法，即当地官府以"观游为政"，将开辟公共园林视为体恤民情的政绩，同时也满足了地方官自身的雅好。特别是隋唐时期，西蜀衙署园林的兴建成为时尚，再加上自古文人有追忆英豪、祭拜先贤的习惯，西蜀园林便随之逐步发展成熟起来。武侯祠和杜甫草堂即为生动实例，从唐代始，就逐渐形成新任地方官一到成都就先祭拜这两处园林的习俗。如南宋诗人陆游,入蜀后先后祭拜、游赏了杜甫草堂、浣花溪、东湖、文君井、望江楼公园、房湖、流杯池等著名西蜀古典园林,并在其中留下自己的游览痕迹。现如今成都杜甫草堂的工部祠中,陆游之像也列坐其中。

正是因为朝廷、官府和民众对名人文化纪念的重视,西蜀古典园林才得以迅速发展,也正因皇权官衙的支持,西蜀名园无论是祠宇园林、陵寝园林,还是寺观园林、衙署园林都能受到良好的保护从而延续至今。同时,由于大多园林的兴建和修缮基本上都是官府所为,园林资产属于官产,因此造园一般不受用地限制,也能有充足的经费支持修缮和保护,这也是西蜀园林长盛不衰的重要原因。

3)民风民俗

蜀地自古民风民俗淳朴,游赏之俗兴盛,无论官民都喜好在园林中举办各类游乐活动,文人雅士们还喜欢在园中举行"雅集",与文会友、把酒言欢。唐宋时期许多诗文对发生在园林中的游乐活动进行了生动的描述,如《岁华纪丽谱·提要》(《钦定四库全书》史部十一)中记载:"百户繁饶,富庶之余,溢为奢丽,岁时游乐,亦自古为盛。"诸如此类,不胜枚举。这些诗词描写与古籍记载充分说明了古时西蜀地区的游赏形态之丰富、游赏活动之多样。这种民间的习俗所影响并形成的社会风气,势必影响到造园活动,尤其是游风最盛的唐宋时期,更是在西蜀之地掀起了大规模的恢复、修建园林的风潮。这种民风民俗形成了西蜀古典园林的公共性、游赏性、民俗性等特征的形成,并促进了园林的蓬勃发展。

蜀地游赏的习俗自古时起,一脉相承延续至今。今日成都地区的古典园林游园活动依然盛行,每年会应季应时的在各个园林中举办民风文化活动(如表1-3-1所示)。每年农历正月初七"人日游草堂",成都人都要去杜甫草堂赏梅、咏诗、游园。诸如此类还有望丛祠的吼山歌、武侯祠的游喜神方、望江楼的竹文化节以及桂湖的桂花会等。这样的民俗活动将游园、纪念和风俗结合起来,充满诗情画意,显示出深沉的文化意蕴和纪念特性。千年以来在园林中产生和举办多彩的民风民俗活动,是西蜀古典园林最大的特色和魅力,是有别于其他园林类型的特征之一,也是西蜀古典园林能持续发展、不断壮大的主因。

表1-3-1 现西蜀古典园林中的民俗内容

节日	场所	园林民俗内容
春节前后	武侯祠	游喜神方,祭祀蜀汉先贤,祈福
正月初七	杜甫草堂	游草堂,赏梅花,纪念杜甫
正月初二至十五	黄龙溪	火龙灯舞
正月十六	房湖	"拉保保"节,求平安
二月(农历)	青羊宫	花会
三月三(农历)	望江楼	竹文化节
清明节	都江堰	放水节
端午节前后	望丛祠	赛歌会
中秋节前后	桂湖	桂花会,赏桂花,游桂湖

4）移民文化

蜀地历史上延续多年、发生多次的移民活动对蜀地尤其是西蜀文化的影响巨大。

在社会风气方面，移民活动丰富了蜀地物质文化生活和多元化的社会结构，促进了邻里交往和多样化的休闲生活形态。入蜀人群也逐渐开始享受安逸平和的物质生活，特别是入蜀的中原官宦之家，性情放荡、风雅不羁。再加上皇亲国戚达官贵人竞相宴乐，蜀地自上而下乐于宴游之风逐渐兴盛。"村落闾巷之间，弦管歌诵，合筵社会，昼夜相接"（《蜀梼杌》卷下）。百姓亦热衷于宴游的活动，虽贩夫走卒，竟至相互借贷，"以事穷日之游"，可见宴游成为蜀人生活的重要组成部分，而宴游之风兴盛，对西蜀古典园林的功能设置与新的发展起到了积极的推动作用。在文学艺术方面，入蜀文人把中原文明思想和各类书籍大量携带入蜀，并与蜀地文化交相辉映。例如，雍京人赵德玄入蜀时，"将梁、隋、唐名画百本，至今相传。"（黄休复《益州名画录》）入蜀者带来大量书籍，宋代开国之初，国家所有图书不过万卷，而在灭蜀之后在蜀地收集到的图书却有万余卷。唐僖宗在黄巢军入长安时入蜀，为蜀地带来了一批为宫廷服务的画家，例如京兆人吕嶤，"自京随僖宗皇帝车驾至蜀，授将仕官，守汉州雒县主薄"。这些入蜀画家与蜀本地画家交流融合，对于蜀地的绘画艺术发展起到了一定的推动作用，故而在唐宋之际形成独具特色的画派。又因前蜀、后蜀皇帝也爱好绘画，《全蜀艺文志》载："蜀多画工，而盛于王、孟僭伪之时。盖其割制一方，耽玩图画以自娱故工聚焉。"以至于北宋时期，曾任成都府路转运使的李之纯说："举天下之言唐画者，莫如成都之多"（李之纯《大圣慈寺书记》）。

移民活动促进了蜀地和其他区域文化的交融，并深刻影响了蜀地文化及文学的形成与发展。"唐衣冠之族多避乱在蜀"，一方面是自秦汉时期起的"文人入蜀"现象，这些文人的"蜀漂"，不仅为蜀地带来了大量精美的诗词歌赋与文学作品，还带来了不同地域之间的文化交流。"花间词"派代表人物韦庄等入蜀，开创了新文体，把文学和音乐结合起来，促进文人创造与民间艺术的结合，促进说唱艺术诸宫调的产生。秦汉时期的"蜀漂"，是蜀文化和中原文化的碰撞；三国和魏晋末期的文人入蜀，给蜀地注入了新的血液；唐、五代、南北宋大量的文人墨客和士人入蜀，更是让蜀地大放光彩，文化的碰撞和交流，形成了蜀地文化的繁荣。这些"蜀漂"自然而然成为文化的传播者，如王勃的《入蜀纪行诗》、陆游的《入蜀记》、范成大的《吴船录》、王士性的《入蜀记》等著作都详细记载了这些文化现象，也扩大了西蜀文化的影响力，影响到了西蜀古典园林的文化构建。另一方面是元初、明初、清初连续进行的长期移民运动"两湖两广填四川"，这般多次的人口与文化的交融，为西蜀文化注入了更多外来的多元文化，使得西蜀文化呈现出兼容并蓄、海纳百川的特点。

西蜀古典园林就是在这样兼容并蓄的文化传统影响之下，博采众长，产生了灵活多变、不拘一格的园林风格。"它既包含中原文化沉重古朴的'苍松古柏'，又具苏南文化绮丽婉约的'烟雨杨柳'，但它更像在'多雨''温暖''养分充足'的环境中'开成金粟枝枝重，插上乌云朵朵香'的三秋桂子，色淡香浓，充满清新、生机和活力。"

3. 人文环境

1）宗教思想

道家思想源起于西蜀本土山水人情，启发于人与自然在互动中的生命感悟，尤为强调自然固有本性与物候规律，"天地与我并生，而万物与我为一"（《庄子·内篇·齐物论》），表现为崇尚自然万物，追求逍遥虚静，淡泊自由，浪漫飘逸。西蜀古典园林受其感染，造园思想师法自然，实现物、境相融相适，整体布局的因地制宜，造园构景的风格飘逸洒脱，不拘一格，透显出返璞归真的自然情趣和仙风道骨的氤氲气息。道家思想又主张"出世"，《道德经》中讲求"无为而治"。庄子以自然无为为美，《庄子·天道》中提到："静而圣，动而王，无为也而尊，素朴而天下莫能与之争美。"朴素的实质就在于自然无为，自然之美在于事物朴素、率真的情态，自然本身并未有意识地去追求什么，却在无形中造就了一切。西蜀古典园林尤其是寺观园林正是在这种思想的影响下，崇尚和灵巧利用自然，体现人的无为，实现园林空间与大自然景致的融合。如青城山是道教的"洞天福地"，充分体现了道家思想对自然场景的利用的审美特征，宫观殿堂大都高脊飞檐，四周松柏环绕，淡泊飘逸，颇有仙国之气氛。再如赵朴初先生所提"且任客心洗流水"的峨眉山牛心亭，就点透了在此山中人心思考与自然流水之间的感悟升华。这些秀丽的山川与宏伟的宫观相映成趣，与人们的不同心境共鸣，体现出"旷达放荡，纯任自然"的老庄思想和神仙境界。人置身其中，确有飘飘欲仙之感与极富宗教出世的情趣。生活在西蜀的人们不仅追求事物审美与功能的统一，也着力追求高度利用自然，实现与自然和谐相处。

儒家思想对西蜀古典园林的总体布局和园林空间营造提供了理性思考和规矩。儒家讲究君臣父子的等级秩序观念，西蜀部分祠宇园林对这种儒家等级秩序观念更为遵从，在建设中给予了极大程度的表现，如成都武侯祠，明嘉靖至清康熙年间，武侯祠先后进行了迁移和重修，形成前后高低、以前为主的格局以示区别，从中可以明确感受到对刘备君王地位的尊崇和对诸葛亮臣子地位的压制，这正是儒家"君尊臣卑"观念的强烈体现。此外，儒家讲"君子为道也，不远人"，这种积极的"入世"情节也影响了西蜀古典园林的人文精神内涵。自古入蜀地的文人大多遭受过极大的磨难和考验，却并不因此选择逃避，而是坚持理想，忧国忧民，留下了被后人称道、被世人歌颂的事迹。如杜甫之伟大，在于其忧国忧民的思想贯穿一生。无论是"穷"，还是"达"；无论是战乱流离，还是在朝为官，儒家积极入世的思想是他一生的主轴。"安得广厦千万间，大庇天下寒士俱欢颜"（杜甫《茅屋为秋风所破歌》）即使自身流离失所，也不忘关心世事，"执着地崇尚和选择了一种积极入世有为的人生态度"。此外，西蜀古典园林自建成起就大多呈现出喜庆、祥和的氛围，供百姓进入游玩观赏；青城山、峨眉山等宗教圣地，从古至今，游客络绎不绝。这种世俗的园林功能，也是儒家"入世"思想的最佳体现。

佛教缘起论中认为一切自然现象形态都是由因缘和合而成，自然界中的一切都是相互融合，不能分割。在"众生平等"的生态自然观的指导下，佛家对于保护生态环境和尊重自然规律的行为，也就顺理成章。无论是兴建园林的过程，还是园林建筑存续时期，佛家归依自然的精神都从中得到了继承与发扬。佛学界有言"言蜀者不可不知禅，言禅者尤不可不知蜀"（曹学佺《蜀中高僧记》）。唐宋时期，西蜀佛教兴盛，以禅宗为主。西蜀寺院园林广布，除峨眉山、乐山大佛这些享誉世界的佛教圣地外，还包括文殊院、昭觉寺、大慈寺、宝光寺等，其中宝光寺集塔、寺于一体，为中国南方四大佛教丛林之一。这类园林意境皆遵守佛教之"空"，即奉劝人们要达到一种平静安详的精神境界，追求"曲径通幽处，禅房花木深"的幽静空灵、弃绝尘俗的宗教氛围。

中国古代的哲学思想、宗教思想是中国古典园林的重要精神建构要素，是这些文化遗产空间和园林能延续至今的重要支撑。西蜀古典园林与中国古典园林一脉相承，亦融贯儒、释、道的思想，多以道家为本，其影响主要表现在园林风格上，而"儒"则更多地体现在园林布局和政治功能上，"释"与"道"又共同建构了西蜀古典园林深远的意境。三者之间互相融合，共同影响了其形成与发展。这些思想和理论，成为西蜀古典园林独特风格的重要精神建构，因而塑造出自然灵趣、恬静淡雅、浪漫飘逸、质朴无华的独特意蕴。

2）文士云集

"诗家律手在成都"（白居易《昨以拙诗十首寄》），成都历史文化悠久，文苑英才历代辈出，体现出诗人多、诗歌多、诗意浓的文化特征。

历史上成都的文人数量居江南之后，文学成果浩瀚无垠，汗牛充栋。文翁化蜀后，成都平原以其得天独厚的生态、繁荣的经济和悠久的文化，孕育滋养出了众多的文学家，也吸引了大批著名文学家来蜀，产生了"自古文人皆入蜀"历史现象。这些文化名人与园林营造以及后世的持续纪念，形成了良好的社会互动机制，成为西蜀园林拥有纪念特性、诗意特征的主要原因。从古代的司马相如、扬雄、李白、苏洵、苏轼、苏辙、魏了翁、陈子昂、杨慎，到近代的郭沫若、巴金、李劼人等，许多名满天下的文人都出自成都平原。自秦汉时期始，古代文人开始出现了"蜀漂"的现象，以经济文化发展最为昌盛的隋唐两宋时期为胜。《全唐诗》记载，初唐四杰、张说、高适、杜甫、岑参、白居易、元稹、刘禹锡、贾岛、李商隐等都曾入蜀。这些文人或因贬谪入蜀，或因宦游入蜀，或因避难寓蜀，又或因原本就生在蜀地，都为蜀地的文化昌盛与社会发展奠定了极高的文化基础。陈从周先生曾说："中国园林与中国文学盘根错节，难分难离。"西蜀名人园林、祠宇园林、私家园林的形成与之关联颇深。纵观历史，不论是本土还是外地入蜀的才子诗人，他们在蜀期间文章风格进一步形成，这些大量闻名于世的精美诗篇、千古辞赋丰富了成都的文学构成，形成了成都诗意景观底蕴，已成为今天整个蜀地城市的历史文化脉络和城市营造蓝本。

杜甫居成都草堂近四年，留下了200多首诗作；陆游自称"四到锦城"，于蜀地作诗几百首；女诗人薛涛留存近100首诗；《成都文类》中收录宋代诗人范成大50首作品，诗人们在蜀地所创作出的诗歌众多。这些文人及诗词作品不仅为西蜀的文化发展提供了夯实的沃土，也为西蜀古典园林的建造、发展乃至今日纪念意义的形成皆奠定了良好的文学基础。杜甫草堂原本是诗人杜甫流寓成都时自己所建的居所，后经宋、元、明、清多次修复，最终形成集历史古迹与纪念性为一体的古典园林景观；武侯祠以纪念三国时期蜀汉丞相诸葛亮而建，因诸葛亮生前被封为武乡侯而得名；望江楼公园是明清两代为纪念唐代女诗人薛涛而建；宋代著名诗人陆游经营过的罨画池，后经增建，逐渐演化为纪念陆游、赵抃的公共性纪念园林，并与文庙融为一体。此外，新繁东湖与唐代著名宰相李德裕、新都桂湖与明代著名学者杨慎、广汉房湖与唐代宰相房琯、明人何宇度等，这些与蜀地有着千丝万缕联系的文人雅士本着浓郁的家国情怀，书写了千古流芳绝美诗篇，才造就了今天蜀地灿烂如星河般的名人名园。西蜀古典园林浓郁的文化意境主要就来源于名人的丰功伟绩和千古诗篇的传唱，采用人物雕塑的形式进行纪念表达也是西蜀古典园林造景特色之一（图1-3-12）。

图1-3-12　西蜀古典园林中的名人雕塑

3）历史纪念

《现代汉语词典》中将"纪念"一词解释为："用事物或行动对人或事物表示怀念。"自古以来人们就有建造纪念物的意识和行为，从而表达出对帝王或是具有重大贡献之人的崇敬和敬仰之情。人类进行纪念行为的途径主要是通过营造纪念性景观来实现的，并通过纪念主题、实体物质要素与纪念者之间的相互影响以达到传承纪念的意义。纪念性园林是纪念性景观的聚合与典型代表，具有最佳展示的空间载体和维度，也是数千年以来最佳展示的习惯性程式。《中国园林鉴赏辞典》一书中，将纪念性园林定义为"我国古典园林中较特殊的一类，它以缅怀纪念某个先贤、高士、哲人或其他重要人物或事件为园林主题，具有较强的历史人文意味"。

"地必名人，园必古迹"，纵观留存至今的西蜀古典园林，不难发现除寺观园林、部分宅院园林外，西蜀古典园林几乎都与历史名人有关，均属于陵寝园林或祠宇园林，而基于文人贤士的祠宇园林，因其纪念性特征稳固，后世崇尚有加，故而流传有序，能延传至今。因此这类园林自始就具备了其纪念性基础，后来都逐渐发展演变成了今日专为纪念、供奉特定历史名人而设的纪念性名人园林，体现了西蜀古典园林最为典型的纪念性和公共性特征。西蜀园林中，纪念性的精神功能超越物质功能成为纪念性园林的首要主导因素，满足了游人纪念精神的需求。西蜀园林是"构筑在深厚的历史文化基础之上的、具有浓烈文化氛围和沉淀的园林类型，所要表现和传达给人们的，又岂止是小桥流水、莺歌燕舞的园林胜景？"置身园中，目光所及之处，小到造园要素的山石、匾联，大到整个园林的空间布局、轴线立意，都蕴含了浓厚文学意境和纪念氛围。譬如武侯祠、杜甫草堂、三苏祠等这些名人园林，在空间立意上就对其纪念性体系进行了强调，其纪念性建筑部分沿轴线形成大致对称的布局，以形成庄严肃穆的景观，亦是纪念性特色所需要的。杜甫草堂空间轴线自正门起序，穿过大廨、诗史堂、柴门，最后工部祠收尾。此建筑序列均位于同一轴线，塑造了肃穆稳重的纪念气氛，与瞻仰诗圣的景仰之情十分吻合；武侯祠自牌坊门到旌忠门、四方亭、美术馆，最后到刘湘墓，同样是一条轴线对称布置。入门的主干道列植了两排庄重的古柏，营造出无声的凝重。这种建筑布局本属于园林的物质建构形态，但是由于其渗透了丰富的历史精神和纪念情感内涵，就上升到超越物质实体的精神建构层面，游人漫步其中被深邃的历史人文气息感染。广汉房湖、新繁东湖、新都桂湖、成都望江楼等空间格局没有明显的中轴线引导，因地制宜、不拘一格地通过建筑群落融合山水布局、诗词楹联和匾额形成浓郁的文学意境，并利用植物配置整合空间等手法构建了一套独具西蜀古典园林的造园体系。

千年以来，在蜀地形成的这种一脉相承的纪念性特征，彰显了西蜀古典园林浪漫的诗意景观和深邃的历史感，文学内容、内涵浸润于一草一木、一石一潭，显露在碑刻匾联、亭台楼阁。将历史纪念的精神建构通过造园的物质建构完美地呈现是西蜀古典园林造园的一大特色，既丰富了中国古典园林造园内涵，又拓展了造园的表达形式。

（四）西蜀古典园林学术研究现状

近20年来，对西蜀古典园林的学术研究是伴随着中国古典园林研究进步的时段性、地域性园林丰富的必然性而开展的，更是随着当代城市建设文化自信回归，四川各院校共同关注并倾注心血而系统展开研究的。20世纪末至21世纪初，不少建筑、风景园林等方面的专家学者在对中国古典园林体系的完善中，关注到四川地区的古典园林研究还是空白、破碎化未成体系的局面，故而引起了各方重视，也逐步开始了对该地域园林的学术性研究，如四川省园林调查组《四川古典园林风格初探》（1986）、周维权《中国古典园林史》（1990）、章采烈《中国园林特色旅游》（1997）、陈从周《中国古典园林鉴赏辞典》（2001）、汪菊渊《中国古代造园史》（2006）均对该地域园林有所论及；王绍增先生参与四川省园林调查组调查工作时，执笔《西蜀名园—新繁东湖》《四川古典园林风格初探》，此后张先进《四川古典园林初探》（1995）、许志坚《论川西古典园林》（2003）、潘明娟《成都古代园林初探》（2003）、刘庭风《巴蜀园林欣赏》（2008）、廖嵘《四川名人纪念园林与古代公共园林》（2007）及《浅论西蜀名人纪念园林》（2008）等以期刊论文或会议论文的形式进行综述性研究及典型个例讲析。其间，赵长庚先生于1989年出版的《西蜀历史文化名人纪念园林》是较早的西蜀园林专著（图1-3-13）。从2000年开始，四川农业大学风景园林学院率先开展相关研究，尤其在称谓方面。陈其兵、杨玉培等学者于2010年出版《西蜀园林》（图1-3-14），孙大江、黄远祥等学者2023年出版《西蜀园林传统装饰符号》（图1-3-15），三部专著均是以"西蜀"冠名，前者内容

图1-3-13 《西蜀历史文化名人纪念园林》（赵长庚著）　　图1-3-14 《西蜀园林》（陈其兵、杨玉培著）　　图1-3-15 《西蜀园林传统装饰符号》（孙大江、黄远祥著）

以名人纪念园为主体，中者较全面地研究了西蜀古典园林造园背景、造园思想、造园风格及其园林类型、园林艺术、园林历史进程等，较为明确地阐述了"西蜀园林"的概念及定义。后者则是开展专项研究，说明西蜀古典园林研究开始具备了体系性和专业性。

近几年来，学术界对西蜀古典园林的研究主要集中在学位论文、专著和期刊等方面。其中，在参与研究的院校机构里，以四川农业大学、西南交通大学和重庆大学为主，发表论文数量最多。在对西蜀园林个案的研究中，以"杜甫草堂""三苏祠""武侯祠"和"望江楼公园"为案例研究的文章居多，尤其是"杜甫草堂"和"三苏祠"，无论是其悠久的历史文化，还是极具代表性的造园艺术均具有很高的研究价值。在研究的作者中，以陈其兵、廖嵘和刘庭风参与发文较多，而以第一作者发文最多的是天津大学的刘庭风，他以景点说明的方式发表了11篇关于西蜀古典园林个案介绍的文章。孙大江、唐琴发表的《追忆王绍增先生 再探西蜀园林》（2018）一文，笔者再次辨析了西蜀园林称谓，结合"西蜀园林"一词列入中国大百科和科学技术名词，正式将"西蜀园林"称谓进行了固化，使之与江南园林、北方园林、岭南园林等并列于中国古典园林大体系（图1-3-16）。

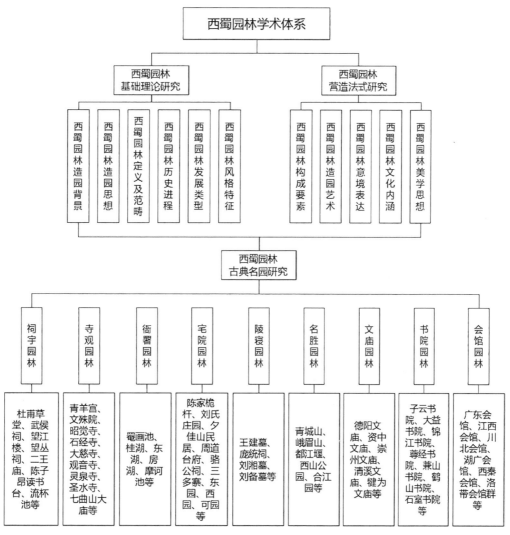

图1-3-16 西蜀园林研究现状与学术体系

目前，国内关于西蜀古典园林研究的学术内容主要体现在以下几个方面：

1. 历史与发展

贾玲利《四川园林发展研究》（2009）从西蜀古典园林整体出发，较为详细地梳理出了其历史演变；还有不少学者关注于个体案例历史的研究，如廖嵘等人《晚唐名园——新繁东湖》（2008）通过详细考究大量史料分析了新繁东湖自唐代李德裕开凿以来数次修复扩张和东湖山水结构演变的进程。

2. 美学与意境

如郭树杰《西蜀园林的文艺美学特征初探》（2017）说明了西蜀园林古朴自然的美学特征和西蜀人民朴素纯洁的审美意识。侍虹利《西蜀园林中的文学意境研究》（2015）首次探究了西蜀园林赋诗题联、悼念人物的文学意境，强调了意境与文学紧密交织的特点。

3. 文化与特性

竹文化是西蜀古典园林文化研究的热门主题。姜涛和陈其兵等人《西蜀园林中的竹文化研究》（2014）、戴秋恩和刘春茂《竹文化影响下的西蜀历史名人纪念园林》（2011）等文章通过解析西蜀园林中的竹文化构成，概括出了西蜀古典园林中的竹文化内涵，揭示了竹文化之于西蜀古典园林纪念性景观营造的重要性。纪念性是西蜀古典园林最为典型的一大特性，也是历来学者最青睐的研究方向。刘梦婷在《西蜀名人纪念园游赏系统分析》（2014）中发现西蜀园林的"纪念性"是通过空间的游赏序列来实现的。

4. 艺术与空间

刘庭风通过对西蜀地区十余座园林的逐一考查，结合当地地域文化详细描述了杜甫草堂、武侯祠、望江楼、桂湖、三苏祠、房湖等多个西蜀名园的造园艺术；周雪倩、孙大江等《浅析罨画池空间布局特征》（2020）通过对罨画池的平面结构、区域功能、景观要素方面深入探究，并通过与杜甫草堂等其他西蜀名人纪念园的空间布局进行横向比较，进而挖掘出罨画池在精神感观和实际空间上的特征。

5. 要素与景观

针对西蜀古典园林造园要素和景观的研究，主要涉及假山、植物、建筑、水体等方面。如严文丽、郭丽等《西蜀园林山石造景艺术研究》（2018）中以西蜀园林山石这一造园要素为切入点，分析西蜀园林山石造景的自然特性与文化内涵，研究西蜀园林山石独特的营造手法，并借此为今后在地域园林中的山石创作给予启示。另一方面，不少学者开始从视觉、听觉等角度入手，对园林景观的视觉、色彩、声景等进行了系统研究，反映出西蜀古典园林研究方向逐渐进入了更加深入全面的层面。譬如姚鳗卿《成都市西蜀园林声景观调查研究》（2021）等从声景的角度对西蜀园林进行了调查分析与研究；陈祖炭《西蜀园林景观色彩研究》（2015）总结出了西蜀园林的建筑、植物、园路、山石、水体景观元素的色彩的特点，并提取西蜀园林的各种基本色彩图谱。

6. 旅游与开发

还有一部分学者对西蜀古典园林的旅游价值与开发利用进行了研究，主要包含西蜀园林旅游资源、旅游文化和旅游品牌的开发与保护，以及对游客感知和体验的研究。雷洋等《我国名人故里旅游品牌开发研究——以江油李白故里为例》（2013）以江油李白故居为例，阐述了名人故里旅游品牌的开发应从公益旅游出发塑造与名人故里相得益彰的地方文化品牌形象；蒲涛《大邑刘氏庄园博物馆形象游客感知的实证研究》（2016）通过研究游客对刘氏庄园博物馆形象的感知，为进一步促进刘氏庄园旅游发展提供了借鉴。

西蜀古典园林既是宝贵的历史文化遗产，也是公园系统的重要组成部分。党的十九届六中全会通过的《中共中央关于党的百年奋斗重大成就和历史经验的决议》，深刻总结了党的十八大以来我们党推进文化建设的战略部署和重大成就，强调"推动中华优秀传统文化创造性转化、创新性发展"。坚定文化自信，建设文化强国，需要我们结合新的时代条件传承好、弘扬好中华优秀传统文化，守正创新、推陈出新，放出新的时代光彩。成都拥有深厚的历史文化底蕴，其中，深受入蜀文人影响浸润与海量诗词歌赋熏陶的西蜀园林更是最重要的文化遗产。成都打造践行新发展理念的公园城市示范区，要全力打响"雪山下的公园城市"品牌，打造高品质生活宜居地。城市的园林建设与文化遗产保护就成了当今成都发展建设的重要内容。西蜀古典园林作为承载着浓厚历史文化底蕴的关键内核，对其的形成发展以及其造园要素、园林特性与园林艺术等方面进行系统且全面的研究既是顺应时代要求，势在必行，也是成都公园城市建设的重要课题。

（五）西蜀古典园林概念

1. 西蜀古典园林称谓演绎

历来学者们对四川地区园林的称谓大致按"川"或"蜀"二字的延伸词分为两类："川"，如"四川古典园林""川派园林""川西园林""四川园林"等；"蜀"，如"西蜀园林""蜀派园林""蜀汉园林"及合巴蜀两地的"巴蜀园林"等。事实上，虽所用称谓习惯各有不同，但综合前贤研究也可见，其研究范围及对象均具有一致性：即基本集中于受汉文化与蜀文化共同浸染的成都平原及周边丘陵地区，辐射区域均限制于四川盆地中西部。相较于"川派园林""川西园林"等称谓，"西蜀园林"有更准确的地域标识性、更深入的民间亲和度及更符合的历史文化内涵。

"西蜀园林"作为专利名词是由四川大学黄德昌教授于2000年申请的，又无偿捐赠予社会。后经四川农业大学风景园林学科组多年努力，2016年通过全国科学技术委员会认定，"西蜀园林"正式成为全国科学技术名词（即成为规范性术语名词），并列入中国大百科全书。实际上，西蜀古典园林的研究先驱者赵长庚先生早在1989年就使用"西蜀历史文化名人纪念园林"作为其专著之名，现今川内园林研究者也多数默认使用"西蜀园林"之名，以指代该地域古典园林，相关方向性的研究文章已达百余篇，如周佳《基于精神建构序列分析的西蜀园林研究》（2010）、唐俊峰《西蜀园林景观视觉分析》（2013）、陶蔚《西蜀园林中的竹文化探析》（2014）、陈祖荧《西蜀园林景观色彩研究》（2015）、王艳婷，孙大江《国内西蜀园林研究状况分析——基于CNKI（1999—2018）的文献计量》（2019）等文章。"西蜀园林"这一称谓得以成体系、成为科学技术专有名词，可以认为是基于"西蜀"二字对西蜀地域形成了较明晰的地域标识、悠久的历史积淀及多层次的内涵所指，具有不可复制的地标性、历史性、复合性。从历史视角、古典园林文化以及中国古典园林其他流派的称呼来讲，"西蜀园林"与"西蜀古典园林"均为统一地域传统园林文化的一个概念、在西蜀地区从古蜀以来截至民国之时，存在过的传统园林的称呼，故为一致。

2. 西蜀古典园林

西蜀古典园林与中国古典园林一脉相承又自成体系，与北方园林、江南园林、岭南园林、西域园林等共同构成中国古典园林大体系。西蜀古典园林分布在以成都平原为中心的四川盆地中西部，即古"西蜀"文化区。西蜀古典园林受西蜀自然地理、历史文化、政治经济、社会宗教影响，萌芽于先秦古蜀，兴盛于唐宋五代，复兴于明清，延续至今。形成了以祠宇园林、寺观园林为主，衙署园林、宅院园林、陵寝园林、会馆园林、文庙园林、书院园林等为辅的多种园林类型。受"文人入蜀"历史现象以及蜀地人们对文化推崇延续影响，确定了西蜀古典园林的文化指向和动态发展的景观基因，发展和衍生了园林游园赏园的风习和纪念性特征，使西蜀古典园林具备了"纪念性、诗意性、公共性、传承性、交融性、史诗性"等特性；其滋生于蜀地自然山水，位居于川西林盘生境画意中，成长于后世敬仰和传承，形成了"朴素自然、宁静致远、文风氤氲、雅俗共赏、诗意传承、布局礼序、飘逸清幽、史诗浪漫"等园林艺术美学特征。

西蜀古典园林承载着蜀地2300年以来城市建设中的历史文化积淀，深刻体现着"敬仰前贤""师法自然"的朴素自然观和"道家为本，儒释道互融"的哲学思想，循自然脉理、含诗文画意、重人情内涵。园林中的山水、林木、建筑、书画等均有西蜀特质，无论是园林要素材质，还是其所组合产生的园林空间，以及综合发酵而成的园林气质，在历史的涤荡、文化的浸润之下，共同构建了西蜀古典园林本质的地域特征。

自古蜀先民定居盆地、发展农业生产、建立古蜀国，就拥有了早期的蜀国文明。由古蜀王蚕丛、柏灌、鱼凫发展至杜宇、开明时期，古蜀已然具备了完整的国家形态。随后经秦汉、蜀汉、魏晋南北朝的初期发展，在隋唐、五代及两宋时期达到高潮，而拥有统治权利的王室也拥有了享乐的资本，结合传统农耕社会的天地崇拜思想，"祠""囿""园""台"作为西蜀园林的雏形，已开始存在于社会初期形态中，并逐渐演变为具备园林要素及游赏功能的古代园林。园林风格及特点形成并趋于成熟稳定。元及明末清初时期，由战争引起的社会衰落导致园林被大量毁坏，城市中的西蜀古典园林发展陷入低迷，造园基本无所进展。清康熙、顺治等年代，随着社会经济的复苏而有所恢复，西蜀古典园林也获得重建，并影响到今天的格局。在延续园林的基本山水格局及园林主题思想之下，诸多园林建筑、植物得以重构，现今所见大部分园林均为彼时修缮或重建。

目前，西蜀园林学术研究更趋独立和完整，与北方园林、江南园林、岭南园林等共同构成了中国古典园林文化体系，承担了蜀地相应的历史文化功能，支撑和明晰了成都文化地标，将文化触角蔓延渗透至长江、川南、川东地域，使文化互融，西蜀园林边界渐晰。

第二章

西蜀古典园林
发展历程与类型

西蜀古典园林的发展与类型与中国古典园林一脉相承，具备相同的历史规律，同样受到中国社会经济发展和时代演进时序影响，也经历了"萌芽—发展—兴盛—缓滞—复兴"五个时期。古蜀文明启蒙了蜀地造园活动，此时处于极强的地域性限制；秦灭巴蜀后，多种文化大融合，蜀地造园与城市发展相结合，迎来了发展时期；至隋唐、五代进一步兴城建园，并讲究规程礼制，园林类型趋于多元化。此后经历元、明、清初时期的战乱毁损，且屡毁屡建，西蜀古典园林发展基本陷入停滞和缓慢发展时期；清后期，以祠宇园林为代表的一大批名人纪念园林迎来转折，开始重建和修缮，并进一步扩展园林面积，增加纪念内容，完善园林系统，实现了西蜀古典园林的复兴，形成了西蜀古典园林独有的园林艺术风格，该阶段的营造格局和纪念程式延续至今，影响深远。

一、西蜀古典园林发展历程

（一）萌芽期——古蜀时期

1. 历史背景

蜀是一个历史悠久的古国，从原始社会到史前的大部分时间里，蜀与中原其他地方是隔离的，直到公元前316年才并入秦国。其历史可以追溯到公元前4000年，传说中的黄帝、昌意、颛顼时期，蜀族嫘祖与黄帝族联姻，昌意、颛顼、韩流均娶蜀族女子为妻。古蜀国有国王的记载，目前只追溯到约公元前21世纪，历经了蚕丛、柏灌、鱼凫、望帝杜宇和他的继承者丛帝鳖灵五个王朝，时间约夏朝建立到秦朝初期。《古文苑》章樵注引《先蜀记》曰："蚕丛始居岷山石室中"，艰难的地理环境促使蚕丛氏开始向成都平原迁徙。

柏灌一族很可能是蚕丛氏向平原地区迁徙的一支队伍，柏灌氏的迁徙为文化中心由高山高原转移到西蜀的成都平原做出了重要贡献；鱼凫氏则完成了古蜀先民从西部高山高原地区到成都平原的迁徙，开始有了集体定居的"氏族聚落"；杜宇时期的园囿艺术初步得以发展。从历史文献和传说中，可推断古蜀国在杜宇、开明时代已具有相当恢宏的规模，其农业生产、治水技术丝毫不落后于同时期的其他发达地区，园林建设活动亦然。

2. 鱼凫奠基

古蜀国早期的三代——蚕丛、柏灌、鱼凫（相当于夏、商、西周前期）是西蜀古典园林的萌芽时期。《蜀王本纪》记载："鱼凫田于湔山"。湔山，即今都江堰境内，地势广阔，土质优良，水源充沛，鱼凫先民在此耕作生息，开始有了集体定居的"氏族聚落"，主要开展治水和渔猎为主的集体功能性活动。根据三星堆考古发现的城墙、祭祀坑、房屋基址，出土的青铜雕像以及十二桥遗址充分证明在鱼凫时期古蜀国已有了集体定居的城邑，具备一定经济文化发展水平，为西蜀园林萌芽创造了条件（图2-1-1）。《华阳国志》记载："鱼凫王田于湔山，忽得仙道，蜀人思之，为立祠。"后来，蜀人纪念先王而建鱼凫祠，在鱼凫时期，已有"祠"这种纪念建筑的出现。

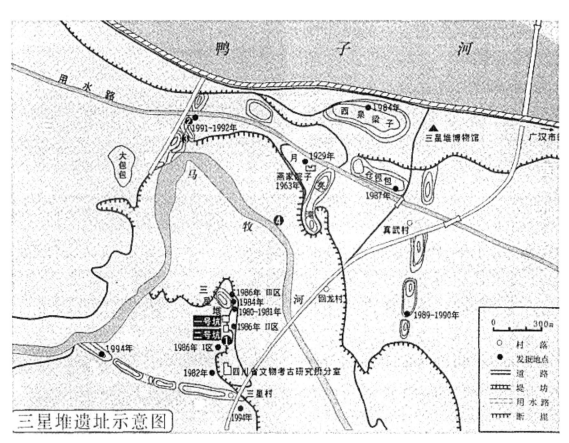

图2-1-1 三星堆遗址示意图（《雾中王国——神秘的三星堆》）

3. 王族园囿

鱼凫以后，杜宇称王。《华阳国志·蜀志》道："后有王曰杜宇……七国称王，杜宇称帝，号曰望帝，更名蒲卑。自以功德高诸王，乃以褒斜为前门，熊耳、灵关为后户，玉垒、峨眉为城郭，江、潜、绵、洛为池泽。以汶山为畜牧，南中为园苑。"可见杜宇王朝已有帝王园囿的营建，出现专用的"池泽""园苑"以及畜牧的场地"汶山"。"其山林泽渔，园囿瓜果，四节代熟，靡不有焉。"此时仍然以满足生活条件为主，游观虽非主要功能，但已具备园林多种观赏功能的雏形，园林要素逐步丰富，户外空间格局已有雏形，对水患治理已初具成效，杜宇王时期是四川园林的滥觞。

西蜀物资丰厚，先民有条件探索这一区域的宗教哲学，原始宗教体系的核心思想是万物有灵，人神相通，通过祭祀消灾祈福。古蜀国的杜宇王至开明时期，王族拥有南北两处园囿，即北之羊子山园囿，南之南中园囿。北之羊子山园囿即为古蜀先民进行宗教活动的场所，它反映了古蜀国的政治、经济、文化、军事、宗教、信仰和社会生活等内容。

羊子山土台于1956年在成都北郊被发掘，该土台为四方形台阶式建筑，台身占地面积约一万平方米，高10余米，宽100余米，是国内所见先秦时期最大的祭坛，属商末周初遗址，是当时蜀国的一处大型礼仪建筑（图2-1-2、图2-1-3）。冯汉骥《西南古代的奴隶王国》："以羊子山的土台而言，是属于蜀人较晚期的遗迹，其时代在春秋战国之际。"土台原初的功能是登高以观天象、通神明，台游观功能的逐渐上升，促使台向着园林的方向转化。羊子山土台的发现，以具体实物证实了约商末周初蜀地园林建筑和多功能性空间雏形的出现。

图2-1-2 羊子山土台建筑复原图
（《成都羊子山土台遗址清理报告》）

图2-1-3 羊子山土台现状

杜宇王朝之后的开明王朝至先秦时期，随着经济与国力的强大，统治者生活富裕，开始建造奢华环境，由此孕育了早期的园林雏形。《蜀王本纪》记载，成都城西北隅因王妃墓而闻名的武担山（图2-1-4），后又建祠庙、园亭，衍生出园林建筑，发展成为蜀地现存年代最早的名胜之地，是纪念故人而建园的开端。另"蜀王有鹦鹉舟""祠蜀侯"等则记载了古蜀的鹦鹉舟、蜀侯恽祠等早期园林。

宋陈皋《杜宇鳖灵二坟记》称："杜宇、鳖灵墓，在郫县南一里，二冢相对峙若丘山。"为蜀地最古老的帝王陵墓。杜宇史称望帝，鳖灵（即开明氏）史称丛帝。望帝、丛帝大力发展农业，持续治理水患，促进了社会经济繁荣，为祭祀他们，

图2-1-4 武担山现状

后人于南北朝时期建立祠宇。望帝祠原在都江堰市玉垒山麓，名崇德祠，齐明帝建武年间（494—498年），益州刺史刘季年将其迁至郫县，与丛帝祠合祀，即今日闻名的望丛祠（图2-1-5）。

图2-1-5　望帝、丛帝之陵墓

古蜀时期园林萌芽时间较长，演变较慢，造园要素逐步丰富，功能需求从简单变为多样，满足了祭祀、居住及贵族物质和精神生活需求。其动态化的城址布局、神秘的宗教崇拜、质朴粗犷的文化艺术都对后代西蜀古典园林发展影响深远。

（二）发展期——秦、汉、蜀汉与魏晋南北朝时期

1. 历史背景

秦时手工业兴盛、经济繁荣，中原文化和移民入蜀。秦昭王时，蜀地与中原之间栈道千里关联，加速了西蜀地区人民与外界交流的进程，促进了西蜀地区城市的扩展和文化融合，给该地区园林的兴起提供了契机。李冰任蜀守期间，总结前人经验，创造性地修成了都江堰水利工程，为成都平原农业生产以及临水而居的生活方式奠定了空间基础。三国时期农田水利、城市发展都进一步完善，宗教文化、农业生产、手工业、建筑园林、私家庭院、水利交通等领域，都有了较大发展。魏晋南北朝时期，社会动荡不安，国家长期处于凋敝状态。西蜀古典园林发展缓慢，唯寺观园林受到皇权喜好而有所发展。

2. 修城筑池

秦朝修筑之风盛行，秦灭巴蜀后，派张若入蜀筑成都城。秦所筑成都大城，"以象咸阳"仿都城之式，规模宏大，筑城之土取自城外，取土之处形成众池，湖泊众多、城池环绕，成为成都水城相依的优美格局和诗意画面（图2-1-6）。《华阳国志·蜀志》记载："张仪筑城取土处，去城十里，因以养鱼，今万岁池是也……城北有龙坝池，城东有千秋池，城西有柳池，西北有天井池，津流径通，冬夏不竭，其园囿因之。"将池沼配以花木，逐渐作为达官贵族游玩赏景的地方，成为成都城早期的宫室园林。《读史方舆纪要》载："张仪即筑大城，后一年又筑少城"，即张仪筑大城后，又在城西筑少城作为经济重心。筑城后，人们为纪念其功绩在城内筑张仪楼，随着城市的修筑，当时的建筑水平也有所提升。

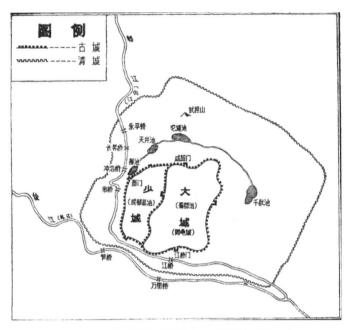

图2-1-6　秦朝时期的成都城（《成都城坊古迹考》）

至此，成都城的结构和布局基本定型，形成了大小相并连接、街道呈方块式的布局模式，城内河水沟渠纵横，"江众多作桥"，形成了西蜀都城布局独有的特点。成都城以宫室、城楼等建筑为主体，掘池植树，园林要素较为单一。城楼主要用于确定南北方位，然因其登高望远而成为休闲场所，并由此扩充花木，由宫室出资营建享用，成为当时的休闲园林。

1）张仪楼

唐代岑参《张仪楼》诗曰："传是秦时楼，巍巍至今在。楼南两江水，千古长不改。曾闻昔时人，岁月不相待"，任豫《益州记》曰："诸楼年代既久，榱栋非昔，惟西门一楼，虽有补葺，张仪时旧迹犹存。"张仪楼又名白菟楼，李膺记云："成都有百尺楼，后名为白菟楼也。"也有载此楼是用来定方位的，如《古今集记》云："张仪楼，高百尺。初，张仪筑城，虽因神龟，然亦顺江山之形，以城势稍偏，故作楼以定南北。"吴汉，公孙述在西蜀的宫室被焚，张仪楼也不能幸免。蜀汉刘禅好兴土木，张仪楼亦当有所修饰。晋代张载在《登成都白菟楼》诗中描述张仪楼时写道："重城结曲阿，飞宇起层楼，累栋出云表，饶薜临太虚。高轩启朱扉，回望畅八隅。西瞻岷山岭，嵯峨似荆巫。"从张载文中我们可以想象到张仪楼规模的宏大与建筑的雄伟，且建筑当时已具备游赏观景之能。

2）万岁池

《方舆胜览》载："万岁池在府北十里。"《宋史·王刚中传》云："成都万岁池，广表十里，溉三乡田，岁久淤淀。王刚中知府，日集三乡夫共疏之，累土为防，上植榆柳，表以石柱。"隋唐时游赏习俗的兴盛后，万岁池成了好游者的聚集之地。《岁华纪丽》称："三月三日，张伯子于学射山上升，巫觋卖符于道，游者佩之以宜蚕避灾。太守出游，日晚宴于太池。"唐代司空曙在《晦日益州北池陪宴》写道："临泛从公日，仙舟翠幕张。七桥通碧水，双树接花塘。玉烛收寒气，金波隐夕光。野闻歌管思，水静绮罗香。游骑萦林远，飞桡截岸长。郊原怀灞浐，陂涟写江潢。常侍传花诏，偏裨问羽觞。岂令南峴首，千载播馀芳。"这些文字描绘出万岁池怡人的景色，深受人们喜爱，叙述了从平民百姓、文人墨客到达官贵人都悠游于此。

汉武帝时期少城向西南发展，成为成都交通枢纽、物资云集之地。南市区域位于市桥之南，即今西较场一带，或更西至青羊宫，与外江两岸锦官城、车官城隔江相望。锦官即公营织锦厂，左思《蜀都赋》："贝锦斐成，濯色江波。"车官城随其交通发展而设，所在地又筑城环之，城之四周皆有军营城垒。锦官、车官皆属大、少之卫星城，此乃少城西南极盛时代之景象（图2-1-7）。

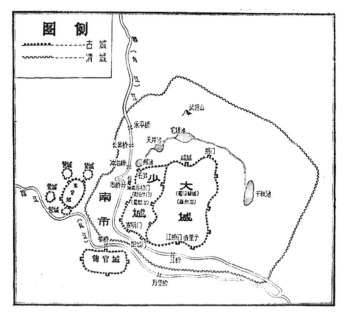

图2-1-7　汉代少城西南发展图（《成都城坊古迹考》）

东汉末，献帝建安十九年（214年），刘备定蜀，二十六年（221年），接皇位建国，史称"蜀汉"。后主刘禅虽不善于治理国政，但在位期间进行城市建设，修葺被战争破坏的遗址，并修建了华丽的蜀汉宫室，极大地促进了西蜀园林的发展。

3. 宅院私园

成都城市建设趋于成熟，格局愈加明显，富庶人士开始追求高质量的生活形式，地主庄园开始出现。成都平原出土的大量东汉画像石、画像砖淋漓尽致地表达了当时的休闲生活状态（图2-1-8）。多重院落，功能分区明显，建筑形式多样，围墙、阙楼、厅堂、疱屋等形式突出，具备居住生活、娱乐休闲、生产劳作、家禽养殖、会客雅集等多项极为讲究的时代功能，可以视为私家园林的一个新兴类别的雏形。

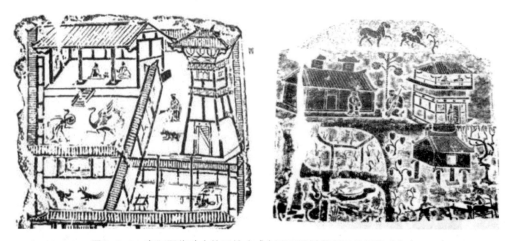

图2-1-8　东汉画像砖中的园林（《中国巴蜀新发现汉代画像砖》）

西蜀早期私家园林当属邛崃之卓王孙家庄园。庄园颇具规模，园内垂柳依依，楼台亭榭密布。今邛崃市内还有纪念司马相如和卓文君的园林胜迹——文君井，小巧别致，池树宜人，极具西蜀内涵和江南风情。《汉书·文翁传》中称"至今巴蜀好文雅，文翁之化也"。汉时蜀郡太守、教育家文翁自拨经费修建学官培养人才，蜀中学风之盛，学校以石料修建，称为"石室"，千年来一直为成都学府，文翁去世后，亦立祠纪念。两汉时期迎来西蜀文学的首次辉煌。"汉赋四大家"，西蜀占司马相如、杨雄、王褒三人，而其中又以司马相如最为杰出。他们留下的珍贵文化精神，深受人民的尊敬与喜爱，也留下了少许斑斑旧迹，后成为缅怀和纪念故人之地。

1）琴台

历代所称的琴台，即司马相如居住之地。王褒《益州记》曰："司马相如宅，在州笮桥北百步许。"又李膺《益州记》曰："市桥西二步，得相如旧宅，今海安寺南有琴台故虚。"六朝至宋，皆为名胜古迹。唐代卢求《成都记》载，梁武帝之侄萧渊藻镇蜀时，在琴台原址上"增建楼台，以备游观……隋蜀王秀更增五台并旧台为六焉"，可见琴台在五代十国时已成为名胜。梁简文《登琴台》诗曰："芜阶践昔径，复想鸣琴游。音容万春罢，高名千载留。弱枝生古树，旧石染新流。由来递相叹，逝川终不收。"但唐以后，琴台便趋于凄凉，唐代卢照邻《相如琴台》诗曰："闻有雍容地，千年无四邻。园院风烟古，池台松槚春。云疑作赋客，月似听琴人。寂寂啼莺处，空伤游子神。"高适《同群公秋登琴台》诗曰："古迹使人感，琴台空寂寥。静然顾遗尘，千载如昨朝。"到宋，琴台已荒芜不堪，宋祁诗曰："故台千古恨，犹对旧家山。半夜鸾凤去，他年驷马还……"琴台的旧景，也只能从这些文字记载中细细感受。而今的琴台是为纪念司马相如而另重建，琴台故址所在，已不知何寻。

2）子云宅

子云宅，为扬雄在蜀中的住宅，位于何处，说法却不一。《寰宇记》云："子云宅，在少城西南角，一名草玄堂"，宋代何涉《读易堂记》载："扬雄有宅一区，在锦官西郭，隘巷著书，墨池在焉。"但晚唐撰《蜀记》则载子云宅位于秦大城内唐节度署西北二里二百八十步，与《寰宇记》所言有异，推测子云宅在唐后又异地重建。王勃诗："乱竹开三径，飞花满四邻。从来扬子宅，别有尚玄人。"据文字可知，唐时子云宅花木繁盛，多条小径植以翠竹，整个宅院花团锦簇，翠竹依依。宋代高惟几《扬子云宅辨记》载："中兴寺，即西汉末杨雄宅。南齐时有僧建草玄院……"宋代袁说友《成都文类》载："益州中兴寺内有墨池，扬子云读书处，画像存焉"，《图经》载："中兴寺有子云载酒亭是矣。"中兴寺，在龙堤池旁。宋朝，扬雄宅旧址遂被指在龙堤池畔，此池又称洗墨池。宋祁诗："宅废经池在，人亡墨溜乾。蟾蜍兼滴破，科斗共书残。蠹罢芸犹翠，蒸馀竹自寒。"宋京《补亡》诗曰："君不见子云草玄西郭门，一径秋草间朝昏。何须笔冢高百尺，池墨黯黯今犹存……如今却作给孤园，吐凤亭前池水寒……"可知，墨池几经兴废，当中还转宅为寺。明万历年间，再次修建。池边构栏，前建西蜀子云亭，规模扩大。清初，墨池淤泥沉积，水面缩小渐无，其故址改为了民居。1946年，政府命人将子云亭拆迁至茶店子横街。

4. 宗教文化

1）寺观园林

从古蜀王时期至东汉末年，巴蜀就有千年以上的仙道思想存在，此基础上产生了道教，并在西蜀地区得到很大的发展。东汉末年张陵在大邑鹤鸣山和青城山学仙创道布道，为道教传播作出重要贡献，青城山成为道教发源地和圣地。《广弘明集》载："张陵谋汉之晨，方兴观舍……祭祀二十四所，置以土坛，戴以草屋，称二十四治。治馆之兴，始乎此也。"当时道观隐于山林，建筑简单古朴，如古籍记载的玉局观、绵竹严仙观等均为陋简之处。

古蜀仙道为道教提供思想养料和宗教组织资源，也为后世蜀地的寺观园林意境赋予了仙气，这种云雾缭绕、飘逸如仙的气质逐渐渗透到蜀地多种园林类型中，成为其特质之一。道教文化亦成为西蜀古典园林思想的哲学渊源，对整个西蜀古典园林意境的生成起到了自然象征作用。"儒"源自文翁治蜀，开风气之先，传播儒家学说，办水利、兴学风，自此以后，蜀地出现诸多文学大家，蜀学在古代学术界能够独树一帜，追根溯源都可归功于文翁化蜀，此后形成的以文、哲、史、经为核心的蜀学是西蜀文化的重要内容。

佛教在东汉从印度经西域传入中国。东汉初，峨眉山便有以药农舍宅为寺的"初殿"。据史籍记载，郫都、华阳、雅安、峨眉、遂宁、三台等地均有建于汉代的寺庙，至今大多消失或仅存遗迹。清嘉庆《四川通志》载："雾中山寺大邑县丛林，禅教之总持，肇自东汉永平十六年。"说明此时西蜀地区已受到了佛教的影响，出现了早期的寺观园林。

魏晋南北朝时期，社会动荡不安，国家长期处于凋敝状态，西蜀园林发展缓慢，大多呈现停滞状态，唯寺观园林因皇权推崇而有所发展。西蜀的自然风景和良好的宗教基础，吸引了一大批僧人入蜀。佛教传入西蜀的明确文字记载现能追溯到晋哀帝兴宁三年（365年）。魏晋南北朝时，西蜀各地寺庙逐渐兴起，始建于此时的游览名胜有大邑高堂寺，距今已一千六百多年，还有成都的万佛寺、多宝寺、石犀寺等。南北朝时期佛教绘画逐渐在蜀地兴起，石刻艺术也随之发展，绘画与石刻艺术成为蜀地寺庙文化历史展示的主要手段。此时寺观园林还是以体现自然景色为主，园林形式和造园要素相对简单，建筑空间主要服务于宗教活动。

（1）万佛寺

相传此寺建于汉延熹年间，清同治时出土的残佛石像有刘宋时元嘉年号，则推断此寺建于南北朝。此寺在六朝时名安浦寺，唐至北宋名净众寺，南宋至明初名净因寺，习惯上称万佛寺，历代来为蜀中名胜。唐开元十六年（728年），重兴此寺，寺内有大钟，武宗灭佛时将钟移入大慈寺。经过几次辗转，钟于中华人民共和国成立后移入文殊院。此寺后又经过多次的培修，在唐末已是禅院幽深、溪流林泉、松竹交茂。《西蜀净众寺松溪八韵兼寄小华崔处士》诗："松因溪得名，溪吹答松声缭绕能穿寺，幽奇不在城……淡烹新茗爽，暖泛落花轻。此景吟难尽，凭君画入京。"《净众寺杂题》诗："竹院松廊分数派，不空清泚亦透迤。"《忍公小轩二首其一》诗："松溪水色绿于松，每到松溪到暮钟。闲得心源只如此，问禅何必向双峰。"宋范镇《净众寺新禅院》诗："凡逢似仙境，鲜不属僧居。岸绿见翘鹭，溪清无隐鱼。"文字记载中可以得知万佛寺园林当年的美景，但此寺在1646年毁于战火之中。

（2）多宝寺

民国《华阳县志·古迹》载："寺为魏晋时宝掌禅师道场"，唐重修，道因法师藏经于此。其后李俨为撰碑记，即今传世之欧阳通所书《善因法师碑》也。寺于明正统、崇祯及清康熙、雍正间屡有废兴。龛前石幢二，圆盖方棱，高三尺许，围径二尺有……记中叙述寺迹及释百城为里人攀留来主兹寺。《旧志》（指嘉庆《华阳县志》）载："而之兴废始末亦赖以显于世焉……顾寺虽古，以僻在郊外，游赏所不至，渐即颓废。然林树翁翠，清渠环之，亦伽蓝胜地也。"民国时，军阀乘主持戒律不严夺其庙，斩伐一空，寺址遂尽，仅余一殿。

（3）石犀寺

石犀寺名源于李冰开二江时所立石犀，因石犀流于庙内，世人见之，遂之以寺名。《舆地志》载："邓艾庙前有石牛"，曹学佺《蜀中名胜记》载："今寺正殿阶左，有石蹲处，状若犀然，额曰圣寿寺，古之龙渊寺也。乃晋王舍宅为寺，改名龙渊。根据记载可知，寺建于魏晋南北朝，后又名圣寿寺"，《高僧传》载："晋惠持刀蜀，止金渊精舍。"隋朝，蜀王杨秀赐竹园六十倾。吴任臣《十国春秋》载："孟蜀宰相王处回舍宅以广寺基，并建屋四百楹。于是发展至三十六院，与大慈寺东西并峙，号为成都第二大寺。"至元、明逐渐衰落，清初毁于战火之中，此寺不复存。

2）祠宇园林、陵寝园林

秦汉之前西蜀巫风盛行，敬鬼神，重祭祀，汉晋之后多祀先贤。秦汉由于政府的推动，西蜀地区庙祀得到迅速发展。《汉书·郊祀志》："秦并天下，立江渎庙于蜀。"可见江水有祠，秦汉皆然。汉景帝至汉武帝时期的蜀郡太守、教育家文翁"修起学官于成都市中，招下县子弟以为学官弟子"，培养了大批人才。班固在《汉书·文翁传》中称"至今巴蜀好文雅，文翁之化也"。文翁逝世后，即在石室立像祭祀，为立祠堂，岁时祭礼不绝。东汉灵帝中平年间（184—189年），学校失火，惟石室尚存。汉献帝时，蜀郡太守高联重建石室，并筑礼殿以祀周公，此为礼殿之起源。魏晋南北朝时期西蜀祭祀之风仍然盛行，如祭祀李冰父子的二王庙、祭祀望帝与丛帝的望丛祠。

（1）江渎庙

《史记·封禅书》记其始建于秦代。《汉书·郊祀志》："秦并天下，立江渎庙于蜀。"可见江水有祠，秦汉皆然，其祠专主江水之神。秦汉众多江渎庙而能追溯其渊源的有成都江渎庙。《括地志》载："江渎祠，在成都县南上四里。"成都江渎庙之创建时间，考诸记载，最早为隋代开皇二年（582年），唐天宝六年（747年）重建；宋初又改建，宋仁宗、高宗两朝，均加以培修；明代铸神像及巨钟，明亡后祠被毁，像与钟尚存；清康熙六年（1667年）复加重建；民国时庙被军阀所卖，部分物品后移入少城公园内。

（2）望丛祠

望丛祠原在玉垒山麓，今二王庙处，祭祀望帝，叫崇德祠；南北朝时（494—498年），孟州刺史刘季连将其迁往郫县，与丛帝庙合并，称望丛祠；北宋仁宗康定二年（1041年），邑令赵可度修葺望丛祠；北宋皇祐四年（1052年），郭侯任郫县县令时"修杜宇、鳖灵二坟"，望丛祠墓便初具规模；明末清初，望丛祠为战乱所毁，仅剩坟冢两座；清道光十四年（1834年）重修，占地22亩；光绪三十三年（1904年），在祠东建听鹃楼；1915年，于此后建公园，后荒废；1919年，四川总督熊克武拨款修建祠宇；1984年，郫县人民政府扩建，面积由22亩增至82亩。

纪念祖先之礼源于原始宗教文化。秦并巴蜀后，蜀地风俗习惯受中原影响，四川地区豪族显贵墓园多仿中原，大、中型墓地一般都修筑围墙，设祠堂有专人看管，墓冢多堆为山形，形状主要为圆形、三角形、马蹄形，现存墓园大都保留了此种形制，如刘备墓、庞统墓。东汉时期蜀地富人墓葬盛行墓前建立石阙，应当是受当时大石文化影响。汉代陵寝以墓冢为主，配以少量简单纪念建筑，注重植被的栽植，相比于秦时墓园形制稍有完善，但总体上仍较为简单。

建安十九年（214年）刘备在德阳白马关选址为庞统建立庞统祠，祠墓周围古柏参天、郁郁葱葱、自成方阵，祠墓旁有车辙深邃，长满苔藓的古驿道、将台，奇石沟壑，溶洞山泉，堪称蜀汉遗迹之一绝。古往今来，许多军事家、政治家、文人墨客常来此凭吊忠烈。诸葛亮治蜀鞠躬尽瘁二十年，据《本传》注引《襄阳记》载："亮初亡，所在各求为立庙，朝议以礼秩不听，百姓遂因时节私祭之于道陌上。"不久，后主刘禅便于公元263年在沔阳（今陕西勉县）立庙，这是最早的一座武侯祠。诸葛亮去世之后大约四五十年，陈寿见闻时说："至今梁、益之民咨述亮者，言犹在耳，虽《甘棠》之咏召公，郑人之歌子产，无以远譬也。"从此，建祠之风尤盛，蜀中各地陆续修建了祭祀诸葛亮的祠庙，仅成都先后就有六处。自古而来的尚祀之风使得祠宇园林的发展长盛不衰，祠宇园林渐成西蜀代表性园林。

（3）庞统祠

庞统祠原名汉靖侯祠，史料载："《秦蜀驿程后记》上有诸葛公庞靖侯祠，有碑题汉代龙凤二师祠，又有古落凤坡碑，今名白马关。"现位于德阳市罗江区鹿头山白马关，东距城区5公里。庞统，字士元，号凤雏，襄阳人。入蜀之初，刘备与益州牧刘璋明争暗斗，庞统极力协助刘备，运筹于帷幄之中。曾向刘备谋上中下三策，刘备择其中策而行之。建安十八年（213年），刘备攻打刘璋时，"进攻雒城，庞统率众攻城，为流矢所中，卒，时年三十六岁。"（《三国志·蜀志·庞统传》）刘备痛惜，称帝成都后，追赐庞统为"关内侯"，单谥"靖"，故称靖侯，又在归葬庞统的地方建祠祭祀。自刘备为庞统建祠后，庞统祠墓几经兴废。现存祠墓是清康熙四十六年（1708年）在王屏藩乱蜀时（1682年）摧毁的祠墓原基础上重建的。古往今来，许多军事家、政治家、文人墨客常来此凭吊忠烈，并留下观感诗文。南宋诗人陆游《过庞士元墓》有"士元死千载，……父老岁时思，……"的咏叹。2006年，庞统祠墓成为全国重点文物保护单位。

（三）兴盛期——隋唐、五代与宋时期

1. 历史背景

589年，隋文帝统一全国，蜀地经济文化也得以大发展，成都人口增多，城市规模更大。兴修水利，农业发展迅速，手工业兴盛。隋唐时成都成为当时有名的商业中心，蜀中经济已进入全国的前列，有"扬一益二"之称。隋朝益州刺史杨秀为修建子城，掘土筑成，留坑成池，名曰"摩诃池"。摩诃池至前蜀王建之时改为龙跃池、宣华池，规模达数百亩，引得文人竞相游览，留下千古诗篇。成都的游赏之俗促进了类似摩诃池此类名胜园林的发展，同时，寺观园林在皇室的推崇下也平稳发展。隋末、晚唐的中原战争对蜀地波及较小，安稳的西蜀社会使"文人入蜀"的现象渐明显，催化了西蜀古典园林的发展，祭祀先贤的祠宇园林与入蜀文人所造衙署园林逐步发展。五代前后，蜀地君王兴建宫殿园苑。宋时，蜀地经济保持唐时的繁荣，出现世界上最早的纸币——交子。西蜀园林也延续盛唐的建设水平，保持了平稳的发展。此阶段园林花木之盛、工艺技巧之精、文学著述之富，都为西蜀园

林进一步发展创造了良好的条件。祠宇园林继续发展，寺观园林完成世俗化，西蜀古典园林整体风格倾向于公共园林，园林发展更为成熟。

2. 城池发展

隋朝的统一带来了西蜀经济文化的发展，随着人口增多，城市的扩建实属必要。蜀王杨秀便在少城、大城的基础上筑城，史称子城，卢求《成都记》载："隋蜀王秀筑子城。"高骈《请筑罗城表》又载："隋杨秀守藩之日，亦更增修。"杨秀筑城时取土于城南、城西二隅，以至取土之处形成一个巨大的湖泊，史称摩诃池。据考摩诃池当时占地约500亩，水面宽阔，得名于"摩诃宫毗罗"，《方舆胜览》载："隋蜀王秀取土筑广子城，因为池。有胡僧见之曰：'摩诃宫毗罗。'盖梵语呼摩诃为大宫，毗罗为龙，谓此池广大有龙尔。"（图2-1-9）。

图2-1-9　隋代展筑子城南西二隅图（《成都城坊古迹考》）

唐中叶，玄宗乃于东郊建大慈寺，东郊更为繁荣。唐贞元年间（785—805年）韦皋于万里桥创设南市，张君房《云笈七签》："太尉中书令南康（郡）王韦皋节制成都（任西川节度使），于万里桥隔江创置新南市。发掘坟墓，开拓通衢，水之南岸，人逾万户。廛闸楼阁，连属宏丽，为一时之盛。"后韦皋复开凿解玉溪，由城西经大慈寺前而后入江。大中年间（847—860年）白敏中开金水河由城西引水入城，经中心城区流向东南与解玉溪汇入外江，韦皋于内外二江合流处建合江亭，后为送客宴饯游赏之地；又于城外东南隅建宝应寺，与城东先建之大慈寺，城外东南二江合流附近之菩提寺，均为一时名胜。凡此种种，足见都市在不断地向东南方向发展，惟新兴之区尚在城垣之外而已。高骈扩筑罗城时，大慈寺、解玉溪均包入城中，东垣亦展至合江亭边。

唐僖宗年间，高骈为加强对成都的守卫，动员民工、将士10余万人在成都秦城之外扩筑罗城。周长25里，高、宽各2.6丈，城墙上部宽1丈，陴高4尺，并建楼榭廊庑5608间。外砌砖壁，既丽且坚，为成都砖城之始。高骈所筑罗城虽为砌砖，然斜坡亦露泥土，后孟蜀后主于城墙上种遍芙蓉，故称芙蓉城。罗城建好后，正式名称为"太玄城"，因其环绕秦城，故也称"大城"，但习惯仍称"罗城"，罗城规模奠定了现代成都的基本格局（图2-1-10）。

927年，五代后蜀主孟知祥发民丁20万修筑羊马城，为成都罗城的外廓（羊马城系古代一种特殊的军事防御设施。因城内外墙面都有马面、羊角楼和城门，故名"羊马城"）。羊马城周长42里，高1.7丈，基阔2.2丈，上阔1.7丈，城外修濠一重，城建门楼9座，白马舍4957间，又在罗城四周增筑敌楼。修筑后，对保护成都安全起了重要的作用，成都城也就因此而叫羊马城。由于此城系土筑，年久失修，至宋代倾颓，南宋时期废没。

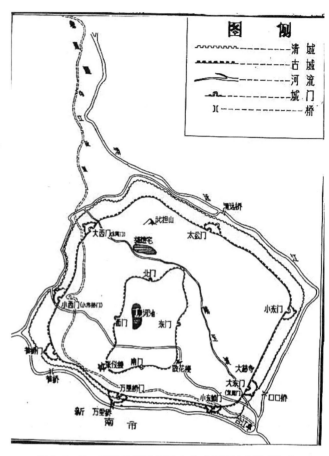

图2-1-10　唐季扩筑罗城图（《成都城坊古迹考》）

3. 西蜀古典园林与中国古典园林

西蜀古典园林是中国古典园林中不可或缺的重要组成部分，其产生与发展既有中国古典园林一脉相承，同时由于地理位置的特殊，具有其不同的特质属性。中国古典园林最早由王族园囿发展起来，到汉代封建社会形成宫廷贵族园林，经历了漫长的形成、发展过程。而在同一时期的西蜀地区，同样也萌芽了蜀王园囿。秦汉三国时代，封建帝国建立，雄伟庄重、气势磅礴的皇家园林成了此时造园活动的主流，中国古典园林由此步入成长期。此时的西蜀受道教产生、佛教传入的影响，寺观园林开始出现，西蜀古典园林逐步进入发展期。因此，西蜀古典园林和中国古典园林从生成而言是一致的。

西蜀古典园林在整个中国古典园林发展过程中，具有举足轻重的历史作用：其一，西蜀地区自然地理优渥，植被种类丰富，园林素材多样，这为北方园林和城市建设提供了丰富的造园资材；其二，西蜀本土滋养道教思想，丰富了中国古典园林哲学解构，提供了多元化的造园思想，同时这些园林也是儒家文化进入蜀地后，最佳的儒家文化实践场地；其三，西蜀自古名人辈出，西蜀人又善为其立祠纪念，故唐之后出现了不少名人纪念园林，既成了西蜀古典园林的代表，也是中国古典园林中纪念园林的典范；其四，西蜀地区敬仰前贤，园林大多为地方官署出资修建和经营，保存较好，形成了中国留存至今保护最好、分布面积最广、数量最多的古典园林集群之一，这为中国古典园林留下了大量宝贵的遗产。祠宇园林、衙署园林的完整留存填补了中国古典园林的相关空白。

西蜀地区山水资源丰富，造园多随自然地势，较少人工挖池堆山，相对于北方皇家园林和南方江南园林而言，西蜀寺观园林的山水模式自成风格，质朴自然，以衙署园林和祠宇园林为主的名人园林大多位居成都平原川西林盘中，更具田园风貌。名人园林在造园布局上非常合乎中国古典造园的精辟论述"园有异宜而无成法"，如成都新繁东湖、新都桂湖与崇州罨画池皆是以水为主，环湖点缀亭、台、楼、阁、榭、舫，形成环湖游览路线，与江南园林的布局相似，但受到西蜀造园思想的影响，布局更考究空间序列的起承转合，每一建筑均会承担相应的文化功能，因此更显公共性、纪念性、文化性。水系规划考虑农业灌溉，更多的是利用原有沟渠堰塘，因势利导，无明显聚合的"湖"，而是与建筑巧妙穿插、渗透、融合，如成都杜甫草堂、郫都望丛祠、崇州罨画池与眉山三苏祠都是如此。建筑选择和造型不追求规整对称和精致细腻，讲究"式征清赏""精在体宜"，突出与山水、花木相结合，注重体现"崇尚自然、朴实无华"的川西民居风格。在山石处理上，西蜀古典园林既有叠石假山，又创造了人工土山、卵石垒山、以墙代山、综合材料、盆景假山等形式（图2-1-11、图2-1-12、图2-1-13），这类山石独具西蜀地区自然质朴的特征，综合了中国古典园林造景技艺，同时也有别于其他园林类型。

图2-1-11　新繁东湖包砖土山　　　图2-1-12　新都桂湖综合材料垒积成假山　　　图2-1-13　望江楼公园盆景技艺营造假山

从先秦、秦汉的园圃，到融合宗教观念的寺观园林，再到唐代之后的名人纪念园林和官署园林等，西蜀古典园林在保持本土古蜀仙道之神韵的同时，又吸纳了南北方园林风格和造园技法，使其既具备北方园林的庄严大气特征，又体现了南方园林的诗情画意，随着纪念性的增加，西蜀园林更多了闲散浪漫，增添了浓郁的家国情怀。

西蜀古典园林的研究曾经一直游离于中国古典园林研究体系的边缘，学术界尚未对该地域园林的称谓进行认定，多称谓同存共用的现象引起诸多不必要的文化混乱，致使该地域园林的相关研究长期停滞于初步阶段，全国性、系统性、深入性的研究成果较少。近二十年以来，四川农业大学牵头对西蜀园林的称谓、概念、园林艺术风格、造园思想等方面做了修正和补充完善，建立起了类似岭南园林、江南园林、北方园林的研究体系。研究成果获得学术界的认同及重视，统一地域学术见解，明确学术地位，共识造园特征。可见西蜀古典园林与中国古典园林一脉相承，是中国古典园林之典范，拥有大规模的园林遗存、丰富的园林类型以及深厚的人文内涵，别具一格的园林艺术特征，存在极高的园林艺术、文学和美学价值。

秦汉以来大量文人入蜀寓居、仕政、游历等历史行为，使蜀地文化得以进化、丰富和融合形成了汇纳百川、兼容并蓄的文化特征，促进了蜀地文化多样性；是蜀地历史健康发展和城市的高雅之风以及游园赏园的休闲风气形成的根源；从文化、政治、礼制礼仪、教化等方面给发展延续西蜀古典造园活动注入了新的理解和认识；建立了西蜀名人纪念园群的历史关联与文学唱和，具有极强史诗性、纪念性。

4. 文人兴园

隋唐是中国历史上极为繁盛的时期，西蜀地区因地理条件优越、社会环境稳定以及山水胜景繁多等因素，成为皇室王府、文人商贾向往胜地；尤其是中原动荡期间，西蜀地区仍旧保持相对稳定，更加促进了"文人入蜀"的现象的发生。入蜀为宦的文人大家，普遍具备较高的文学素养和审美素质，加上蜀地气候温润适合种植花木以陶冶情操；因此，在蜀的大多文人仕宦都在这个时期进行了园林营建活动，西蜀地区也由此产生了一种新的园林形式，即衙署园林。杜甫初入蜀时，见如此安定繁华之景象，作《成都府》诗："曾城填华屋，季冬树木苍。喧然名都会，吹箫间笙簧。"此后大批中原诗词大家、文学巨擘纷纷入蜀，促进了西蜀与中原等地的文化交流，一时间，西蜀园林文化繁荣兴盛，西蜀之地文人荟萃、学术隆盛，大批杰出的文学家和诗人涌现，文学、绘画、音乐等文学艺术发展达到新高度。这种文人云集的现象以及宋代教育制度的发展，推动了书院园林的出现，也为西蜀园林的发展和演变起到了极大的促进和催化作用，为西蜀古典园林打下了深厚的文化基因。

杜甫之草堂、薛涛之薛涛井、李德裕之东湖、房琯之房湖等，因文人们寓居、述职等原因而在西蜀留下的大量私人宅院、衙署园林，为明清祠宇园林的兴起与发展奠定了基础。这些园林的历史文化与艺术内涵在时间长河的流淌中不断沉淀、凝固，逐渐构成了今日西蜀古典园林之中璀璨的历史财富。

5. 游赏之俗

唐宋时期，城市经济蓬勃发展，是西蜀文化史上的光辉时代，蜀地文化艺术与游赏习俗的结合，使得成都地区园林游乐之风盛行。《岁华纪丽谱》载："成都游赏之盛，甲于西蜀。"隋王杨秀筑子城取土为摩诃池，大量诗歌赞其美景。成都游赏之俗的盛行，促进了西蜀园林的发展，各地造园兴起，以楼阁单体建筑作为主题的园林也流行起来，如东城楼，即散花楼、彭县望雪楼、成都锦楼。山水形胜之处，无论城郊，均建置亭榭楼阁，点缀奇花异木，大兴池苑庙观，如浣花溪沿岸植花木，营造宜人景色，从唐到宋游人络绎不绝。除新建外，亦对以往破败园林、名胜古迹进行了翻修扩建，如对杜甫草堂的修葺、新繁东湖的扩建等。此游赏之俗，不仅促进了西蜀园林的全面发展，同时也刺激了西蜀私家园林的营建，如东园、西园都属当时私园上乘之作。

1）散花楼

锦城散花楼是成都历史上著名胜迹，一般认为是距今一千三百多年前，隋朝蜀王杨秀所建《方舆胜览》。隋朝，以楼阁单体建筑作为主题的园林也流行起来，其中较出名的属东城楼，即散花楼。《舆地纪胜》载："散花楼，隋开皇建，乃天女散花之处。"到唐朝，散花楼亦为一处游览胜地，张承吉《锦城》诗："锦江城外锦城头，回望秦川上轸忧。正值血魂来梦里，杜鹃声在散花楼。"李白

《登锦城散花楼》诗："日照锦城头，朝光散花楼。金窗夹绣户，珠箔悬银钩。飞梯绿云中，极目散我忧。暮雨向三峡，春江绕双流。今来一登望，如上九天游。"又在《上皇西巡南京歌》道："北地虽夸上林苑，南京还有散花楼。"从文字记载可见，此楼足以与今望江楼媲美，但在南宋末年战乱之中，散花楼亦毁。

2）浣花溪

浣花溪位于成都西郊，因草堂而名，历代为西蜀游览胜地。在古时又名百花潭。《冀国夫人任氏碑记》载："夫人微时，以四月十九日见一僧坠污渠，为濯其衣，顷刻百花满潭，因名曰百花潭。"《寰宇记》载："浣花溪在成都西郭外，属犀浦县，一名百花潭。"《方舆胜览》载："浣花溪在城西五里，一名百花潭。"可知古时浣花溪和百花潭本是一地。浣花溪有石刻浣花夫人像，每年三月三日为夫人生辰，全城出游，促进了浣花溪的发展。《蜀梼杌》载："王衍出游浣花溪，龙舟彩舫，十里绵亘，自百花潭至于万里桥，游人士女，珠翠夹岸。"牛峤李殉有浣花词云："昨日西溪游赏，芳树奇花千样。锁春光。"宋祁《忆浣花泛舟》载："早夏清和在，晴江沿泝时。岸风摇鼓吹，波日乱旌旗。醉帘牵细蔓，游鬓扑绛蕤。树来惊浦近，山失悟舟移。雅俗西南盛，归韬东北驰。北欢那复得，抛恨寄天涯。"田况《四月十九汛浣花溪》诗："浣花溪上春风后，节物正宜行乐时。十里绮罗青盖密，万家歌吹绿杨垂。画船叠鼓临芳漵，彩阁凌波泛羽卮。霞景渐曛归擢促，满城欢醉待旌旗。"马铺《浣花溪》云："浣花溪边濯锦衣，百花满潭溪水香，宝食散尽有霜戟，草莽匹马不可当，当时濯衣只偶尔，岂似取履张子房。烈烈遽见蔽此蜀，丧乱怀尔徒悲伤。年年春风媚杨柳，彩缆掩妌云霞张。溪边游冶红粉娘，了不识字空悠扬。采花荡浆不归去，暮隔烟水眠幽芳。"

3）合江亭

唐中叶，韦皋凿解玉溪，又于郫江与流江汇合处建合江亭，其地在今安顺桥稍东的锦江北岸。唐符云："一都之奇胜。"曹学佺在《蜀中名胜记》这样描写道："亭鸿盘如山，横架赤霄，广场在下，砥平云截，而东南西北迥异然矣。"可见合江亭当时是如此雄俊。此亭与郫江北岸的张仪楼、散花楼构成一条自西向东的游览风景线。后来，于亭旁又增筑了楼阁台榭，种植美竹奇卉，名曰"合江园"。逐渐附近也多了其他园林，如"赵园"，也是景致幽雅之处。晚唐，高骈筑罗城，改郫江，仍与合江亭下与江流汇合。二江拱亭，商舟渔船错落其间。俯而观之，沧波修阔，渺然数里之远。东山翠绿，与烟林篁竹，列崝于其前。一时游人云集，即是游乐的风景区，又是文人荟萃、吟诗作对的风雅地。从唐至宋，一直为西蜀名胜。南宋末，成都城被毁，合江亭与合江园均不存。现所见合江亭为中华人民共和国成立后所建。

6. 宗教兴园

1）寺观园林

隋唐时期，隋文帝对道、佛教均采取支持复兴的政策，于隋兴建寺庙宫观，如青城山之道观，眉山之大明寺、成都文殊院、岳至县报国寺等，皆建于隋。《通志》云："大明寺，近东馆镇，隋建。有九楼十八殿，屋厦三千，井亦四十八眼，基迹犹存。又有烛壁寺，在东馆乡、宋绍兴建。"隋时的寺观已是殿宇重檐，建筑布局颇有规模。

安史之乱，唐玄宗避入西蜀，唐末唐僖宗再度入蜀，常寄居于寺庙，这也促进了西蜀寺观园林的发展。一时远、近郊以及城市中心寺观林立，寺观园林全面兴盛，初步奠定了寺观园林现有的规模。此时寺观已开始注重自身品牌建设，追求显赫地位，因此在园林景观营造大为讲究，营造思想体现山水要素和精神文化空间的融合，注重水木搭配及意境营造，如大慈寺、宝光寺、修觉寺、青羊宫、青城山等诸多寺观皆是当时的名胜之地（图2-1-14、图2-1-15）。

图2-1-14　成都大慈寺　　　　　　　　　　　　　　图2-1-15　新都宝光寺

（1）大慈寺

《通志》载："大慈寺，唐至德年建。旧有肃宗书'大圣慈寺'四字，盖敕赐也。"《旧志》引《佛祖统记》称："敕建大慈寺；凡九十六院，八千五百区。"可见当时大慈寺规模的宏大。《旧志》又云："寺明宣德乙卯（1435年）毁于火，至正统丙寅（1446年）重修。"宋李之纯《大慈寺画记》："举天下之言唐画者，莫如成都之多。就成都较之，莫如大圣慈寺之盛。"根据记载可见，大慈寺还是一座极其珍贵的艺术宝库。唐宋时游乐与艺术的结合，为大慈寺留下了大量的艺术载体，寺内的壁画堪称一绝，代表了西蜀绘画的鼎盛时期。

（2）修觉寺

《通志》载："（新津）南一里，修觉山，神秀禅师结庐于此。唐明皇驻跸，为题修觉山三字。寺有左右二井，春夏汲东，秋冬汲西，水则甘洌其下为宝华山，横跨江表，俯瞰平川。"杜甫《新津寺寄王侍郎》诗："何限依山木，吟诗秋叶黄。"又有《游修觉寺》诗："野寺江天豁，山扉花竹幽。"可知修觉寺依山造势，利用周围山川河流，当时已是一派山水园林景色。上述的古井仍发挥其作用，在五津中学中，2006年11月，定为文物保护点。在修觉寺旁还有玉皇观，也是年代久远，今已古色苍凉。

宋朝实行儒、道、释三教并行的文化政策。各地寺观也陆续重建和扩建，一时寺观园林极盛。苏轼在《大圣慈寺大悲圆通阁记》中说："成都西南大都会也，佛事最盛。"当时著名的寺庙就有成都文殊院、石经寺，都江堰灵岩寺（图2-1-16），平武报恩寺，内江圣水寺，什邡

图2-1-16　灵岩寺

龙居寺，乐山凌云寺和乌尤寺等。此时寺观园林建设主要是以新建、扩建为主，如宋真宗时扩修成都昭觉寺，将旧殿宇百间扩建为三百余间，并建正殿，塑金释迦牟尼像一尊。

同时，许多寺观亦是体现世俗文化、进行娱乐商贸，以及文人吟诗作画的场所。宋代成都大慈寺"商列贾次，茶炉药榜，篷占筵专，倡优杂戏之类，垒然其中，以游观之多而知一方之乐"，说明了寺观是宗教文化与世俗文化互相影响、相互渗透的公共处所，其世俗化影响的结果，同样也反过来影响着寺观园林自身的发展。

2）文庙园林

唐朝，李唐皇族崇尚儒学，故而佛寺道观盛行。唐玄宗封孔子为大成至圣先师文宣王后，祭孔之风盛行，出现了专祭孔子的文庙。两宋时期，四川民俗之一便是广修祠庙，有记载说："凡守之贤者，蜀人必为建祠或绘其像，天下名镇未是有也。"蜀人修建祠庙，多为纪念前贤名人，如孔子、张飞、关羽等。在尊孔重儒之风下，所修祠庙以纪念孔子最多，较为有名的有德阳文庙、资中文庙、富顺文庙和崇州文庙等。四川文庙在形制上基本沿用曲阜孔庙的格局，但是在具体的修建中，又根据地形灵活多变，体现四川传统建筑因地制宜的特点，形成了新的园林形式——文庙园林。其园林规划讲究尊卑关系，布局严谨，园林景观分布在各层院落之中，形式简单，主要以乔木烘托氛围。四川现存的文庙园林中，德阳文庙在保持原有格局的基础上，又在启圣殿后开辟了文庙后花园，成为蜀地文庙中少有的单独建园案例。

（四）缓滞期——元、明时期

1. 历史背景

自史前文明到秦汉，历隋唐、五代至两宋的漫长岁月里，西蜀的发展史上曾书写下了诸多如"二十四城芙蓉花，锦官自昔称繁花"等辉煌发展的美丽篇章，然而这世外桃源般的西蜀胜地，却在元末宋时开始显露衰退之象。长达五十年的宋元战争，熄灭了西蜀的生机，昔日"二十里中香不断"的繁荣风光就此消亡。南宋末年，蒙古军进攻西蜀，以成都为中心的蜀中平原遭受战火摧残，众多美轮美奂的古典园林毁于此间，摩诃池等园林名胜损坏惨重，部分园林建设几乎荡然无存。此战后，西蜀地区城市建设与社会经济虽有复苏，却始终不及当初，其园林建筑方面的损毁也再不能弥补。1371年，朱椿被封为蜀献王，他继任后，将大半个摩诃池填平，在原后蜀宫殿旧址上仿照南京故宫修建蜀王府，又称"皇城"。此府北起御河，南到红照壁，东至东华门，西达西华门，西蜀皇家苑囿因此而得到一定程度的发展。明朝统治期间，西蜀经济文化有所发展，文学家与思想家的产生体现了文学发展的进步，同时推动了书院的兴起。艺术成就则主要体现于寺观的壁画与雕塑，如西蜀古刹龙藏寺、平武报恩寺等，西蜀古典园林在此期间缓慢发展。明末清初，社会矛盾尖锐，战乱四起，张献忠放火焚城，整个城池被燃烧殆尽，变为一片废墟，蜀王府损毁大半，西蜀园林再次遭到毁灭性打击。成都武侯祠、杜甫草堂及桂湖等均遭到严重破坏，三苏祠仅剩东坡盘陀画像碑一通及明天顺元年所铸铁钟一口。

2. 城市变迁

经端平、淳祐两次烧杀，成都人民生活困苦不堪，西蜀园林殆无孑遗。元代无筑城记载可考，罗城子城形势大体仍宋代之旧，间有培建，均属临时修葺性质。明代大城曰府城，天启《成都府志·城郭》："成都府城省会同。"总计明代修筑大城之可考者，自洪武至崇祯一共五次，均无唐宋子城之记载。天启元年（1621年）之《三衢九陌宫室图》，亦只有大城及蜀王府。蜀王府气势恢宏，府内景致玲珑巧致，府内"菊井秋香"为成都八景之一，到清雍正荒废。历史资料中子城记载空缺，可见子城在蒙古人破成都后已经湮没，此后成都的城市格局转化为中国传统的城郭形制（图2-1-17）。

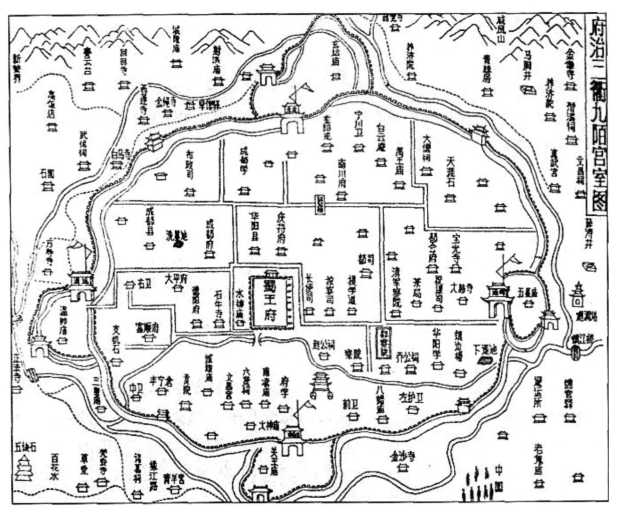

图2-1-17 天启成都府图（《成都城坊古迹考》）

　　蜀王府位于今成都城的中心地带。1385年，朱元璋派人景川侯曹震等人赴成都为朱椿修建蜀王府，历时五年竣工。《四川志·藩封·蜀府》载："震等祗奉，营国武旦山之阳，砖城周围五里，高三丈九尺。城下蓄水位濠。外设萧墙，周围九里，高一丈五尺。南为棂星门，门之东有过门，南临金水河，为三桥九洞以度。桥之南设石兽、石表柱各二。红桥翼其两旁。萧墙设四门：东曰体仁，西曰遵义，南曰端礼，北曰广智。端礼在棂星门之内，……端礼门之内为承运门……承运门内为承运殿；……后为圆殿。圆殿后又存心殿。及后为宫门，红墙四周，外左、右顺门相向。门内为正宫，鳞次五重。山川坛在萧墙内西南隅。……承奉司在遵义门左。其他长史、仪卫司、典宝、典膳、典服、典仪、良医、工正、奉祠、审理八所、广备仓库、左护卫俱错居萧墙内外。"至明嘉靖二十年（1541年）又复增修。从文字记载可知，蜀王府气势恢宏、宫宇雄伟，城外凿有护城河，筑有防御墙，是一座具有典型皇家风范的皇宫。

3. 文人兴园

明时，蜀地经济文化有所恢复和发展，蜀献王治蜀期间，"聘方孝孺为世子傅，以风蜀人……椿独以礼教守西……蜀人由此安业，日益殷富。川中二百年不被兵革，椿力也"，聘方孝孺为世子傅，表其居曰"正学"，以风蜀人，文化的进步带动了书院园林的兴起。明代书院在办学风格上有自己的特点。明人李长馥《修子云书院启》说，书院"多以名贤遗址为之。其在蜀者，如北岩、紫岩、青莲、金华数书院，皆名人遗址"，即北岩、紫岩、青莲、金华等著名书院便分别是程颐、张浚、李白、陈子昂4位名人住过、生活过、读过书的地方或故乡。子云书院在犍为，其地即为宋邵伯温故宅。成都当时著名的书院有子云书院、大益书院、浣花书院等，书院环境幽静，花木繁盛，有赏玩之趣，成为别具文人意趣的书院园林。

1）子云书院

子云书院在郫都城西。明成化年间（1465—1487年）明蜀府丞奉正宋景为纪念扬雄所建，因与子云亭同建一处而得名。书院环境优美，有堂室3间，中曰"恩贤"，左曰"规矩"，右为"准绳"，大门榜曰"子云书院"。堂后有楼房5间，藏书万卷，榜曰"宋书楼"。清末废科举后，书院改为文昌宫，1913年始设小学堂，现为郫筒镇第一小学校。

2）大益书院

大益书院在成都府治东城内大慈寺一带。明正德十三年（1518年）提学金事王廷相建。明嘉靖三年（1524年）巡抚许廷光等修。明嘉靖十三年（1534年）巡按熊爵等重修。明万历五年（1577年）因张居正禁革天下书院，遂毁；学使郭相奎将其改为大儒祠。

明统治期有所发展的园林有：纪念杨升庵的桂湖、纪念"三苏"的三苏祠、恢复和重建的杜甫草堂、武侯祠与昭烈庙的合并等，这一时期，西蜀地区的园林建设和风格艺术特征开始逐步形成。

4. 宗教兴园

元明时，西蜀寺观园林经"武宗灭佛"、宋末与明末清初战火损失已极为惨重，现状所见遗留下来的寺观园林大多是清时重修。在此期间宗教文化发展不容乐观，佛教状况较隋、唐、宋时大为逊色，一方面是因元朝皇帝崇尚喇嘛教，佛教与道教地位不高；另一方面是西蜀名士高僧在元军破西蜀后大批东去，使西蜀出现人才空乏，道教在民间的影响也逐渐减小。明代，因明皇室与正一道关系密切，蜀王府对西蜀著名道教宫观、道士仍捐资扶持，才得以维持道教的延喘。明代经济稍有复苏，寺观壁画与雕塑艺术得以发展，西蜀古刹龙藏寺、平武报恩寺的壁画雕塑都是艺术珍品。

（五）复兴期——清、民国时期

1. 历史背景

明末清初西蜀多战乱，曾经的天府之国如今已满目疮痍，张献忠撤离成都时命令部下放火焚城，公私府宅、亭台楼阁全部陷入火海，城市遭到毁灭性打击，西蜀园林发展中断。清代四川历史可分为前期、中期、后期三个阶段。前期明末清初战争使城市严重受挫，各项发展停滞。中期"湖广填四川"大量的移民进入四川，在蜀地优越的自然条件和经济基础上，农业、工商业迅速发展，使蜀地的经济逐步恢复，后达繁盛，又被称为"完富之省"，《玉昆奏折》甚至称："川省财赋，占全国十分之一。"但其在全国的经济地位仍不如唐宋之时。中期经济文化的复苏为西蜀古典园林的复兴提供了经济和物质基础。后期受鸦片战争以及民族资本入侵等影响，西蜀古典园林呈现末世衰废，但由于西蜀地理封闭，半殖民半封建社会进入缓慢，才得以继续发展。清末民国之际，西蜀园林延续渐变到近代园林阶段，西方文化的逐步传入使东西方文化交汇互动，对园林的影响逐渐扩大深入，主要体现为私家园林向宅院园林演变以及城市公共园林的兴起和发展。

2. 园林转折与复兴

由于南宋末年与明末清初的战乱，大部分西蜀古典园林随着城市的毁灭已无迹可寻，仅有部分祠宇园林尚存遗迹。大量的文人入蜀为官，儒家文化与崇礼思想是主流，对先贤思想的崇拜与领悟是他们管理蜀地的重要思想指导，因此开始了对西蜀古典园林整修重建，并对原居住者的情怀、诗文进行了准确表达，如望江楼、杜甫草堂、武侯祠等，并成为蜀中纪念名人的游览胜地，具备了公共性、诗意性。很多在战火中毁坏的寺观园林也得到修缮，如文殊院、青羊宫、峨眉山、青城山等多处寺庙建筑。唐代出现的书院到清代中期发展到高峰，书院园林在蜀地大量出现，成为西蜀园林的新类型。四川历史上的著名书院如锦江书院、芙蓉书院、墨池书院和尊经书院其功能大多保留延续至今，成为现代教育场所。

清后期开始进行的西蜀古典园林整修重建格式和形态保留至今，是其发展中的重要转折点，从此园林迈入新的阶段，这体现了西蜀古典园林文化的一脉相承，使得古典园林在近代得以延续，是近代现代城市园林发展的基础，也是继唐宋以后西蜀园林发展的又一高潮。

1）锦江书院

锦江书院，"在成都府（今成都市）学明伦堂后，旧名文翁石室"，康熙四十三年（1704年）按察使刘德芳建。康熙六十年（1721年）学使方觐增葺。乾隆三十九年（1774年）总督文绶、布政使钱鋆等重修。嘉庆二十三年（1818年）总督蒋攸铦重建书院。光绪二十七年（1901年）与尊经书院合并。次年四川总督奏准在锦江书院原址设成都府中学堂，于尊经书院原址设立四川通省大学堂，旋即改名四川省城高等学堂。

2）芙蓉书院

芙蓉书院创建于嘉庆六年（1801年）。清成都知县张人龙比较重视教育，认为"化民须先隆学校、教士应首重师儒"，自捐银二百金，集绅耆募资七千余金，与县儒学教谕王子诏一起筹办，在成都北暑袜街拐枣树购民房一所扩而新之，建立成都芙蓉书院。书院颇具规模，"自门而庭、而讲堂、而山长书斋、诸生书院，共卅余间"。并置买水田二百余亩，"为修脯膏火之资"。咸丰二年（1852年），地方官准备把帝官公所迁到墨池书院，地方人士反复要求，愿意将原芙蓉书院地址作为公所，墨池多余之地为芙蓉书院。经有关部门批准，芙蓉书院从拐枣树迁入墨池书院，中间划墙，右为芙蓉书院，左为墨池书院，外仍悬墨池书院匾额，中留一堂为聂公祠（聂铣敏祀祠），后与墨池书院合并为成都县中学，现为成都七中。

3）墨池书院

墨池书院创建于道光元年（1821年），较芙蓉书院的建立晚二十年。学使聂铣敏游览"杨子云洗墨池"，怀念故人，"遂生办学之念"，除自己捐俸，并集资购买前剑南道郑氏私宅，"绵亘三院，内屋二百余间，外空地四亩，后有洗墨池"。把中院作为墨池书院，左为东园，右为廉泉精舍。经增修补茸，房舍作为讲堂、学舍，其余亭榭作为游览之所，园圃有蔬菜之利。墨池书院的环境比较幽静，空地较多，花木繁茂，"墨池者既有键户下帷之地，又有赏玩之趣，学者藏修息游地，以共讲所闻，则墨池为最也"。光绪三十三年（1907年），芙蓉书院、墨池书院改为为成都县中学，1952年，更名成都第七中学。

4）可园

清末，西蜀的私家园林继宋代西园、东园又得以继续发展，其中著名的有可园，可算是清朝西蜀园林再次全面繁荣的代表之一。可园园主吴敬诚，曾做过武昌知府，后来率家入蜀，落户成都。在今成都忠烈祠北街买下一块不大的空地，修建起了私家园林，这便是可园的前身。后来，到了光绪十一年（1885年），吴敬诚不惜重金购买了比园址大十余倍的地皮，并派专人到江浙一带请来沿海造园名师，一边对旧园进行改造，一边在新购的土地上进行大规模的扩建。从光绪十一年至光绪十五年（1885—1889年），历时四年竣工。

3. 会馆园林

清初"湖广填四川"使很多外来人口入蜀定居，各地乡民思念故土，常聚一起思乡祭祖，逐渐产生了同乡会馆，经营相同产业的从商者也需要集中议事的场所和供奉行业先祖的空间，遂产生了行业会馆。会馆经营者往往同心同德，具备较大财力和发展共性，一直也保留了原籍的风俗和景观原真性，成为清代以来西蜀古典园林的新类型。移民一方面带来了自己家乡的建造技术和建筑风格，另一方面吸收四川的乡土材料和乡土技术，形成了融合南北风格的会馆建筑艺术和会馆园林特色。

例如，成都洛带的广东会馆具有典型的南方特色的封火墙和狭小的天井，而中间宽阔的院坝又形似四川乡间民居。陕西盐商集资修建的同乡会馆——自贡西秦会馆，又称关帝庙，整体布局轴线对称，建筑沿等高线层层升高，武圣宫歇山屋顶，正中置瓦制宝顶一束，其独特造型是建筑史上的孤例。院落奥旷交替，营建别致的园林意境。

4. 近代园林

园林的发展受当时社会政治、经济文化的影响，西方文化的传入以及社会的变革导致园林的发展产生历史性的转变，开始由传统的西蜀园林进入近代园林。此时期的城市公园主要有三种类型，一种类型是完全新建的，如成都"少城公园"（今人民公园）（图2-1-18）；第二种类型是利用原有的

图2-1-18　人民公园（成都市人民公园提供）

古迹、庙宇改扩建的公园，如"郊外第一公园"［今望江楼公园（图2-1-19）］、邛崃临邛公园；第三种类型是将原有的西蜀古典园林改扩建的公园，如新繁东湖、新都桂湖、崇州罨画池等。第二种与第三种城市公园类型体现了西蜀古典园林延续渐变至近代园林这一特征。

图2-1-19　望江楼公园

二、西蜀古典园林类型

西蜀古典园林营造源自古蜀，历史悠久，特色分明，分布广泛且数量巨大。因历代战乱和人为原因损毁的园林虽多不胜数，但至今留存各种类型的园林仍有数百处。结合不同朝代的社会经济影响，人文环境变化以及这些园林本身特征，特别是蜀地后世对前贤的纪念而形成的众多名人园林，成为西蜀古典园林最重要的特色和类型，与其他类型的园林共同构成西蜀园林的完整的体系，并融入中国古典园林大体系。参照中国古典园林分类依据，综合西蜀各代园林规模、数量、功能、区位、历史价值等信息，将其分为祠宇园林（名人园林）、寺观园林（寺庙园林）、衙署园林、宅院园林、陵寝园林、名胜园林五大类别，另外还包括规模和数量较小的文庙园林、书院园林、会馆园林等类型。历史上还有更多的不同类型的园林已经消失，这些保留下来的园林都是时代的人文艺术和建造技艺的结晶，对不同时代和后世文化艺术和造园等方面产生了极大的影响，其各自功能特征所对应的空间布局、美学风格，都拥有极高美学和文学价值。

（一）祠宇园林

"祠宇"指旧时祭祀祖宗或先贤的庙堂，《文选·夏侯湛》："徘徊路寝，见先生之遗像；逍遥城郭，观先生之祠宇。"张铣注："祠宇，亦庙也。"《华阳国志》记载："鱼凫王田于湔山，忽得仙道，蜀人思之，为立祠。"西蜀祠宇园林源于古蜀时期，是西蜀社会对帝王功德和先贤文德之人的崇拜与敬仰的习惯。除了郫县望丛祠，目前古蜀时期的纪念建筑鲜有留存，或仅余台地之类，时间古远，参照极少，后世只能立碑标明地标而已，如温江鱼凫王墓、柏灌墓以及残存城墙。"建祠立庙，年年祭祀"已成为西蜀上下共同延续的社会民俗习惯。文翁任蜀郡太守，开启蜀地教育，崇教尚文的优良传统，去世后立祠塑像以作纪念，唐代裴铏在《题文翁石室》诗句："文翁石室有仪形，庠序千秋播德馨。古柏尚留今日翠……"，北宋宋祁在《成都府新建汉文翁祠堂碑》中写道："蜀之庙食千五百年不绝者，秦李公冰、汉文公翁两祠而已……蜀有儒自公始，班固言之既详……殿右庑作石室，舍公像于中……"，《汉书·文翁传》："文翁，终于蜀，吏民为立祠堂，岁时祭祀不绝。"后结合"好游赏"之俗，祠宇的园林化功能明显，纪念名人逻辑发展迅速，形成了"园必名人""名人名园"的主要特征，成为西蜀各代园林的主要类别，兼具游赏与纪念性特征。祠宇代表园林有纪念杜甫的成都杜甫草堂（图2-2-1）、纪念刘备和诸葛亮的武侯祠（图2-2-2）、纪念古蜀国望帝杜宇和丛帝开明（鳖灵）的郫县望丛祠（图2-2-3）、纪念李冰父子的都江堰二王庙（图2-2-4），以及纪念杨慎的桂湖、陆游的罨画池、薛涛的望江楼，纪念陈子昂射洪读书台、扬雄的西山公园、黄庭坚的宜宾流杯池、眉山三苏祠等名人园，近现代还有李劼人故居、彭大将军专祠以及众多的革命烈士陵园。

图2-2-1　杜甫草堂

图2-2-2　武侯祠

图2-2-3　郫县望丛祠

图2-2-4　都江堰二王庙

西蜀祠宇园林以纪念性、文学性、公共性为主要特征，该类型旨在表达"拓张胜迹，景仰前贤；藉兹观感，大启文明"，造园以文化名人的丰功伟绩和家国责任为主线，依据文章表达意境，营造游览有序、逻辑清晰的园林空间序列，形成了文风氤氲、质朴清旷、诗情画意、宁静致远的园林环境。历史之"古"，形成了怀古、思古和鉴古的境界。文化之"雅"，形成了文雅、高雅的氛围，让人感受到一种浓重的敬仰文化氛围。这种"古雅"的风格持续引导后人追怀这些历史杰出人物，感悟他们先天下之忧而忧的家国情怀，感受他们淡泊明志、宁静致远的高尚精神世界。在西蜀各代园林中，采用不同的营造方式对这些历史人物进行纪念，西蜀祠宇园林场景的塑造有章可循、有遗可考、有文可做，这在中国古典园林中最具备精神特质和家国情怀的，并且这种营造精神一脉相承。

一是文化精神层面　将名人名句名联融入整体格局，赋予建筑空间文化表达。历各代文学家、书法家、篆刻家的演绎，成为园林空间最重要的精神文化因子，触景生情，情景交融，构成一种具有极高品格的审美境界和浓郁的文化氛围。草堂名联"诗有千秋，南来寻丞相祠堂，一样大名垂宇宙；桥通万里，东去问襄阳耆旧，几人相忆在江楼"。将杜甫的谦逊和崇高地位进行了表达。武侯祠名联"能攻心则反侧自消，从古知兵非好战；不审势即宽严皆误，后来治蜀要深思"，将治理手段和儒家文化进行融合，劝导后人做事要攻心为上，审时度势。

二是营造层面　用诗意内涵营造园林环境，既体现空间的物质环境，又彰显精神气质，如根据"锦官城外柏森森"确定了武侯祠以柏木为主的园林环境；"浣花流水水西头，主人为卜林塘幽"，杜甫在成都寓居期间留下240多首诗篇，其中大量有关植物、水系、建筑、生活、种植等方面的诗句均成为后世修缮草堂、造园构景的依据；西蜀祠宇园林的纪念场景与纪念逻辑，严谨规范，但所有空间环境组织、功能布局以及表达意图都体现诗意诗景。

三是纪念层面　将名人的崇高思想通过庄严的纪念空间序列进行叙事性的表达。纪念轴线或主体游线，将祠宇建筑、诗词碑廊、亭榭台墙、山水植物等进行穿插关联，形成了更为丰富和自由的园林空间，即祠宇主体建筑群呈中轴线有序分布，园林布局和景观组织仍追求自然疏朗灵动，潇洒无拘一格。如望丛祠陵墓区、武侯祠惠陵、王建墓、罨画池中的陆游祠、刘湘墓等主要的纪念轴线就规则有序，起始循规蹈矩，列植翠柏和神兽，体现了纪念性园林的形制和气度气势。望江楼公园、桂湖、东湖、文君井等园林采用红墙、雕塑等形式增加纪念空间的物质感观和精神特性。

（二）寺观园林

寺观园林即佛寺和道观的附属园林，也包括寺观内部庭院和外围地段的园林化环境。宗教的感染力是透彻的，一旦成型成势，会浸润到社会各个阶层和不同的人群维度。西蜀是中国唯一的本土宗教——道教的发源地，道观在蜀地分布甚广，和佛寺园林一样，居平原，立高山，屺崖壁，傍河边，整体发展平稳。道家思想源于本土而具备平和的乡土气息，透出简朴的哲理观念，一直都融于社会各个层面，是西蜀文化的重要组成部分。道教不具有极强的格式化用以传延，强调天人合一，顺应自然，自然而然，追求逍遥神游，对西蜀古典园林飘逸洒脱的风格和蜀地散漫豁达的人文性情发展起到了重要作用。秦灭巴蜀后，入蜀通道被贯通，西蜀也是南北僧人必经之地，佛学至东汉传入后，发展昌盛；晋以后，高僧云集，有"言禅者不可不知蜀，言蜀者尤不可不知禅"（《蜀中高僧记》）之说。佛教思想具有强烈的格式化和循规蹈矩的模式，在空间布局、建筑形制、祭拜礼仪等方面要求甚严，因此对西蜀园林（包括祠宇园林）等都具有引导。儒家思想在这些方面具有综合性，但也坚持利益规程。儒家思想、佛教文化和本土道教在相同的历史时空中互为补益，甚至融合发展。佛教思想和儒家文化的融合产生了禅宗思想，对园林营造来讲更追求礼法秩序，注重道德和空间序列，同样体现人与自然和谐。道、儒、佛三家文化思想深刻影响着西蜀寺观造园，注重自然和人为的统一。

西蜀寺观兴建自秦汉兴起后，至魏晋南北朝时期便有大规模的普及和建造，园林化更为明显，至隋唐时期，因皇室的推崇而全面兴盛。两宋时，寺观园林的布局已形成较为稳定的规制，园林环境和功能趋于成熟。寺观园林在西蜀地域分布广泛，数量众多，其中成都城区、青城山及峨眉山等地修建了大量的寺观园林，青城山和峨眉山是闻名全国的两大道、佛圣地。代表性的道教园林有成都早期的伏龙观、严真观、玉局观，青羊宫（图2-2-5）、青城山上清宫、彭州阳平观等；佛寺园林有新津观音寺（图2-2-6）、梓潼七曲大庙山（图2-2-7）、遂宁灵泉寺、绵阳圣水寺、峨眉山伏虎寺，成都的石犀寺、石经寺、宝光寺、大慈寺、昭觉寺、近慈寺、文殊院（图2-2-8）等。清时，受到国外传教士影响，在成都兴起了清真寺、基督教礼拜堂的修建，其中清真寺达12处之多，如清真皇城寺、清真鼓楼寺等，各地也新建了天主堂和福音堂。这些新式宗教场所，更加注重建筑本来的规程形式，但也参考成都民间建筑形式、乡土植物等种类进行创造，如成都平安天主教堂就是将两者融合成功的案例。

图2-2-5　成都青羊宫

图2-2-6　新津观音寺

图2-2-7　梓潼七曲大庙山

图2-2-8　成都文殊院

　　"天下名胜寺占多"，宋代赵抃言"可惜湖山天下好，十分风景属僧家"。西蜀寺观园林选址首选自然环境优越、山形地貌奇特、茂林修竹之名山胜地。将这些西蜀的独特风光赋予宗教内涵，使一花一世界、一水一山川实现了新的空间语境。从此，自然景色优势与精神信仰倾向达到高度融合，如青城山的幽秘与道教的朴质相得益彰，形成了鲜明的识别意向，同样峨眉山秀峻与寺庙的宁静协调一致，具备了优美的画面感。寺观园林内部气氛与外部自然环境有机结合，融为一体，成为西蜀寺观园林一大优势和特色。其思想结合道、儒、佛三家思想所长而立意，注重宗教本来意识，选址依山取势、因地制宜，造园巧借自然地理特征，运物于景，超凡脱俗，风格朴素宁静，富有自然天趣。对自然的利用，张弛有道，体现"藏"与"隐"，"露其要处而隐其全"，隐于林、隐于雾，充分依据自然地貌特征和属性造景，精准把握自然尺度，精巧安排空间大小，合理组织游览路径，就地取材，实现了对自然风景资源的适宜利用，不费人事之功，自成天然之趣。当然大部分佛寺园林为体现佛教本来意境，佛教的原真性通过塔、宗教器物、礼法仪式、浮雕、壁画、植物进行传承与体现，如种植"五树五花"，或形态相似的植物进行替代，常见的用朴树或无患子代替菩提树。

（三）衙署园林

"衙署"是中国古代官吏办理公务的地方，《周礼》称官府，汉代称官寺，唐代以后称衙署、公署、公廨、衙门，是城市的重要功能建筑，衙署园林即为衙署建筑的附属园林，由地方官署或中央机关职能部门牵头兴建，多位于衙署内、官府邸宅之后，并与之毗邻（即官衙廨署所附属的内部花园）。

自秦汉实行郡县制以来，蜀地也开始实施中央集权制管理。为便于官员政务的便捷和高效，官员的治所与住所往往集中安置于衙署。唐宋时期，社会繁荣昌盛，各地政府开始了衙署附属园林的兴建，或在衙署庭院中稍作绿化点缀，或于衙署内住房后院建置休闲之所。此外，一些由官方修建的城郊园林尽管脱离于衙署建筑，但若其修建目的主要是为官员提供雅集、宴饮、赏游的功能，便与前者共同组成了衙署园林这一独特的园林类型。部分在当地有功绩的官员离开后，后人为纪念其在此处立祠，衙署园林转变为祠宇园林。西蜀衙署代表园林有新繁东湖（图2-2-9）、崇州罨画池（图2-2-10）、新都桂湖（图2-2-11）、广汉房湖（图2-2-12）等。

图2-2-9　新繁东湖

图2-2-10　崇州罨画池

图2-2-11　新都桂湖

图2-2-12　广汉房湖

衙署园林与私家园林不同，除了提供休憩、游赏的娱乐功能以外，还包含着政治、经济、军事、事务管理等多种功能。这些功能相互作用，形成衙署园林自身的特色。西蜀衙署园林选址优越，无论是择中而立、临水而建，还是选于风水佳穴、角隅之处、交通要道，衙署园林都处于城中显要的位置。因此，衙署园林可常借景远眺，以全观城池、农田庄稼、山川美景等。部分衙署花园与独立园林依附于庞大的衙署建筑群，一些独立园林、亭台楼阁及驿站虽脱离衙署建筑，但通过依城墙而建或高耸楼阁以彰显官产园林宏伟壮丽、颇具官威的特色。

值得一提的是，衙署园林存在着一定的礼制秩序与等级差异，各地位和品级不同的官员所拥有的庭园在其规模和布局上都有所区别，而形成一种主从分明、尊卑有序的礼制秩序，但总体仍然保持西蜀独有的清逸朴雅的气质。西蜀衙署园林多以宽阔的湖面结合土山、石山并配以高大乔木形成粗放而宏大的景致。园内视线开阔，以旷景为主，以奥景为辅，道路取直，直中求曲，体现自然、疏朗、古朴的风格。对于这种风格的追求多与官员崇文尚雅、清正廉洁、不好"富丽堂皇"的品性和心理有关。

（四）宅院园林

宅院园林为中国传统居住建筑的附属园林，经历了庄园到宅院的过程，是集居住、休闲、雅集、甚至养殖等功能于一体的院落，一般包含庭、院、园等多种户外空间形式，以满足园主休闲娱乐、待人接物之用。西蜀在秦汉时园圃业十分发达，许多皇室和地方豪族拥有大量土地和资源建造郊外庄园，"高楼连阁，波陂灌注，竹木成林，六畜放牧，鱼嬴梨果，檀棘桑麻，闭门成市"，可见当时庄园规模之宏大，林木之广阔，庭院功能之丰富，这是西蜀宅院园林的早期类型。至隋唐后，文人仕族扩大，城市空间富裕，社会中层拥有更多资产，私家宅园兴盛，但历经数朝，大多毁于战火。现存私家宅园多为明清所遗留，具有明显的川西民居风格，或者说是川西民居的一种精致类型，代表有成都周道台府、成都骆公祠、自贡三多寨、宜宾夕佳山民居、温江陈家大院（图2-2-13）等。

图2-2-13 温江陈家大院（又名陈家桅杆）（张志强摄）

西蜀宅院园林多指住宅及四旁的园林景观，为了居住的舒适安全和私密，都会设置围墙，内部种植林木，挖掘湖池，对外相对封闭。这种园林平面布局灵活、空间变化有序。宅院结合建筑空间，根据院落数量和距离形成天井，采用廊道串联；四周建造望楼、角楼或碉楼等；后部作为室内空间的延伸，营造花园，因地制宜，如掇山理水、配置花木、培育盆景，部分种植果木时蔬，也点缀亭台楼阁，总体形成"外封闭内开敞"的空间格式。同时，西蜀宅院园林有中轴线而又不受中轴线的束缚，体现着一种自由灵活空间关系，打破了传统对称谨严的格局。山区的宅院建设各方面均要注重风水条件，或采取相应的措施，讲究因地制宜，使建筑随地形起伏变化，节奏明显，充满自然情趣和人文严谨态度；宅院园林布局相对简单规则，轴线明显，通过不同建筑高度体现建筑规程和风水理念。整体上，建筑空间大、中、小有序有机结合，不同的建筑空间组合层次丰富；室内外空间交融，善于利用室外空间，将建筑空间结合环境自由延伸，使人工建筑与自然环境相映增辉；建筑精致高雅，图案装饰繁细、陈设讲究。川西一带的富贵人家宅院建设都极其注重宗族文化延承、儒家礼教、家风家教，一般人家也特别注意勤俭致富、耕读传家，可见这些建造思想都是注重儒家文化内涵体现和对中国传统优秀文化的传承，具有独特的文化和审美价值，这种文化与蜀地地域特色、空间审美、历史人文和民风民俗等因素息息相关，既展现了使用者的社会地位、经济实力，也凸显了其人格品质、文化素养，实现了宅院多维度的社会和家族价值。

（五）陵寝园林

《荀子·礼论》讲道"丧礼者，以生者饰死者也，大象其生，以送其死，视死如生，视亡如存。"受礼教影响，中国古代社会，上至皇帝，下至皇亲国戚、达官贵人、一般百姓都非常重视死后的埋葬形制，尤其是历代君王，他们认为陵寝建设将影响国运和子孙万代之气运，因此制定了严格的埋葬等级制度，并以会举国之力建设皇陵。陵寝园林是"为埋葬先人，纪念先人实现避凶就吉之目的而专门修建的园林"。其建设思想基本符合民间风水观念，即以最佳风水处为条件选址，并在此基础上进行精心营建。这种陵寝园林的修建主要从宏观和中观维度审度山形水势，分析天人关系；从微观维度，依据严格的礼制形制进行规划布局，体现"避凶就吉"和"天人感应"的观念。

陵寝园林主要是指地面上的建筑、植被、雕塑、水系等要素，等级越高的陵寝园林在建设规模、环境要素等方面更宏大、丰富。其典型代表如庞统祠墓、蒋琬墓、刘备墓（惠陵）（图2-2-14）、王建墓（图2-2-15）、明蜀王陵、刘湘墓园等。这些园林大部分原始建造已被损毁，现状景观多为清代以后所重建。

图2-2-14　刘备墓（惠陵）　　　　　　　　　　　图2-2-15　王建墓

王建墓，又名永陵，千年以来一直被误认为是抚琴台遗址而得以完整留存下来，由墓冢区和园林区（宣华苑）两部分组成。园林包括假山、花架、廊、花墙等，植物主要使用香樟、桂花、塔柏、芙蓉、雪松、玉兰、梅花、海棠等品种。刘湘墓园是严格按照古制规程进行营建的民国陵寝园林，整体布局轴线对称，经历"石桥—三门牌坊—阙楼—碑亭—贡殿—墓冢"等纪念序列。轴线两侧对植塔柏，肃穆庄严，建筑仿制清陵形式，园林区植物丰富，百花齐放，湖面洁净，天光一色，具有北方陵寝园林特征。西蜀陵寝园林的祭祀对象涵盖了帝王、皇亲国戚，以及树立过丰碑的历史名人，因此，这些陵寝园林普遍等级高、规模大，空间以主轴线联通南北，列放石兽，列植松柏，营建规整庄严、氛围肃穆静谧，体现了陵墓主人的珍贵身份和不朽的历史功勋。

（六）名胜园林

名胜园林一般指没有固定的具体服务对象、带有公共游览性质的古代园林。本书所列举的名胜园林也属此类，即悠久历史，拥有得天独厚的自然资源和深厚的文化底蕴，具有完整的园林要素和造园技艺，具备区域的公共性、游览性和文艺性，占据重要的学术和历史地位，历来为人们所颂扬的公共园林。西蜀名胜园林按其所处位置不同可分为城市名胜园林、郊野名胜园林两种；根据功能的不同可分为山水名胜园林、古迹名胜园林。城市名胜园林位于城内，多为具有较高文化价值的历史古迹，常是古时前人所咏怀的名楼、名台、名水、名桥、名石；郊野名胜园林则处于城市近郊，一般因风景优美、泉林巧致而受众人喜爱，成为远近闻名的郊游胜地。也有不少郊野名胜园林因位于城市外围的交通要道之处，逐渐成了古时离人送别之所，进而在此基础上筑亭修楼，逐渐称谓公共园林。西蜀历代名胜园林（多已湮灭）在城市中具备完整的体系，也为历代所颂扬，有摩诃池、合江亭、张仪楼、散花楼、万里桥、九眼桥、驷马桥、武担山、五块石、天涯石等。然现今名胜园林多被俗称"风景名胜"，其代表主要有浣花溪、青城山、峨眉山及都江堰等。

南北朝之后，山水名胜资源逐步开发成名胜园林，至唐宋已成常态。游山玩水成为人们的生活休闲习惯，在风景区科学地布置不同的功能区，辅以亭台楼阁，加载文学表达，实现文、景相得益彰，日积月累，都成名胜之境。依托于成都丰盈水系，因水成景的山水名胜园林大多或利用寺观和祠堂等纪念性建筑的旧址或借历史名人所遗留的古迹，综合园林营建等手法形成了古迹名胜园林。西蜀名胜园林大多数在城内依河而设，少数在近郊风光秀美之处，如古时成都府内的合江园、宣华苑、芳华苑、散花楼、望江楼、万里桥等名胜园林多分布于抱城环流的二江沿岸。名胜园林因地制宜，历史氛围厚重，风格不拘一格，空间自成体系；又经历代文人墨客畅游，留下了诸多精美诗篇，故而也承载着浓厚的纪念情谊与文学内涵。这种城内城外厚重的历史文化氛围，共同构建了成都完善、良好的公共游览园林体系，每月一庆的民风民俗活动，也丰富、提高了成都人民的生活质量与文学素养。

1. 青城山

青城山是"十大洞天"之一、中国四大道教名山之一和五大仙山之一，古称丈人山、天国山、赤城山等，三国时期称为"汶山"，秦时为"渎山"，隋至唐开元时期为"清城山"，此后才名为"青城山"并一直沿用至今。青城山是世界文化遗产、国家重点风景名胜区、国家AAAAA级旅游景区。为邛崃山脉南段的分支，背靠岷山雪岭，面向川西平原，位于四川省都江堰市西南，为道教十大洞天之第五洞天，名为"宝仙九室之洞天"。

青城山分前、后山。前山是青城山风景名胜的主体部分，约15平方公里，景色优美，文物古迹众多，主要景点有建福宫、天然图画、月城湖、天师洞、朝阳洞、祖师殿、上清宫等；后山总面积为

100平方公里，水秀、林幽、山雄，高不可攀，直上而去，冬天则寒气逼人，夏天则凉爽无比，主要景点有金壁天仓、圣母洞、山泉雾潭、白云群洞、天桥奇景等。

青城山自古便为道教圣山。东汉顺帝汉安二年（143年），"天师"张陵学道于鹤鸣山中，以大思想家老子《道德经》为本底，并附以庄周等人的学说，做成道书，创立了"五斗米道"，即天师道，使青城山成了中国四大道教名山之首。自张陵在青城山传教后，历代都有道士来此传道修行，山中仙迹不绝。晋代以后，山中道教渐盛，极盛时有道观70余处，胜景108处。隋唐时期道教兴盛，统治者对道教的扶持，使这一时期的青城山实乃"神仙都会之府"，山上宫观遍布、高道辈出。唐玄宗时竭力倡导道教，在《青城山置祠室》诏书中，亲手书"观还道家，寺依山外旧所"，遂使青城山的道教宫观有了更大的发展，最盛时山上有道教宫观70余座，至今完好保存有数十座。

青城山自古就有"青城天下幽"的美誉。唐代诗人杜甫"自为青城客，不唾青城地，为爱丈人山，丹梯近幽意。"（杜甫《丈人山》）的优美诗句，更使青城"天下幽"美名远扬。唐代以来，很多文人墨客都到青城山游览题咏，如唐代诗人岑参、钱起，宋代诗人陆游、范成大，清代诗人黄云鹄、高溥，以及近代书画家赵熙、谢无量、张大千等都在这里留下许多珍贵的墨迹。

青城山林木资源极其丰富，常年叶色青翠，置身其中，诸峰环峙，状若城墙（似青城之形象，故名青城山）。经历千年岁月的发展，植被更为葱茏，文化愈加厚重，形成了以建筑为载体、山路为联络、林木为背景的道教文化景观。其天人合一的自然解析，上善若水的人生哲理，讲究道法自然，各类道家见解在蜀地影响广远，深入民心。如源于自然，中得心源，巧借自然，高于自然等自然条理影响了西蜀古典园林的因地制宜、乘势而为的营造手法和质朴清幽的风格（图2-2-16）。

图2-2-16　青城山

2. 都江堰

都江堰是世界自然和文化遗产的重要组成部分，也是世界灌溉工程遗产、全国重点文物保护单位、国家级风景名胜区和国家AAAAA级旅游景区。都江堰位于四川省都江堰市城西，居岷江主干流，是由渠首枢纽（包括鱼嘴、飞沙堰、宝瓶口）、灌区的各级干流、支渠等渠道，相附属的相关建筑、水库和塘堰等组成的庞大水利工程体系，主要承担了成都平原甚至四川盆地中西部的农田灌溉、生活供水等功能。都江堰是目前世界上年代久远、唯一留存、以无坝引水为特征的水利工程。

都江堰水利工程始建于秦昭王末年（约公元前256—前251年），是蜀郡太守李冰父子在前人开凿的基础上修建完成的大型水利工程。都江堰风景名胜区主要范围即为重要的水利工程核心，包括鱼嘴分水堤、飞沙堰溢洪道和宝瓶口进水口、二王庙等景点（图2-2-17）。鱼嘴工程是在岷江江心精准选点，利用河心洲修建分水设施，建设迎水端头，将岷江河道一分为二，一部分进入成都平原（内江）满足灌溉和生活；一部分仍为老河道（外江）排洪。飞沙堰工程是将当内江多余的水和大量泥沙、石块自行外溢至外江的巧妙设计，确保内江通畅和干净。宝瓶口，是指在玉垒山上凿开的一个峡口，是控制内江进水的咽喉，也是控制进入成都平原水量的关键，其宽度和底高都有严格和科学的控制，以前治水者在岩壁上刻水位标志，取名"水则"，这是我国最早的水位标尺。鱼嘴、飞沙堰、宝瓶口三者有机配合，相互制约，协调运行，引水灌田，分洪减灾，具有"分四六，平潦旱"的功效。

图2-2-17　都江堰水系

都江堰水利工程运行多年，经久不衰，并日趋壮大，至今仍发挥效益。《华阳国志》记载西汉时文翁治蜀"穿湔江口，灌溉繁田千七百顷"。其治水、管水从古蜀至今，历代延续不绝，治水的成功和科学施策，让成都因水而兴，因水而盛。都江堰存留至今，不仅在于其工程设计的科学，更在于其哺育了以都江堰灌溉区为核心的成都平原，对整个成都平原的发展和繁荣起着至关重要的作用。

都江堰水利工程的成功造就了成都平原"水旱从人，不知饥馑，时无荒年，天下谓之天府也"富庶和美誉。都江堰水利工程的千年实践，因地制宜，就地取材，结合自然规律、地理特征，将人类的智慧发挥到了极致，其营造措施和精准的水文控制技术影响至今，并成为蜀地人们的人生哲理。"破竹为笼，圆径三尺，以石实中，累而壅水""深淘滩，低作堰""遇弯截角，逢正抽心""六字传，千秋鉴。挖河心，堆堤岸。分四六，平潦旱。水画符，铁桩见。笼编密，石装健。砌鱼嘴，安羊圈。立湃阙，留漏罐。遵旧制，复古埝"。这些都江堰治水口诀和准则，是成都城市建设中河湖治理的参考，也是西蜀古典园林水系的西蜀流通保障，对不同类的西蜀古典园林理水、用水尤其是水文化的形成起到了促进和生成作用，后人在园林山水景观营造形式、材料选择、工程技术和措施等方面都继承甚至复制了都江堰水利工程的智慧。

3. 峨眉山

峨眉山是中国四大佛教名山、世界文化遗产，被誉为"佛国天堂"，是普贤菩萨的道场，是我国享誉世界的佛教圣地，也是著名的风景名胜区，与山西五台山、浙江普陀山、安徽九华山并称为"中国四大佛教名山"。峨眉山地势陡峭，风景秀丽，有"峨眉天下秀"之称。清顾祖禹《读史方舆纪要》载："亦曰蛾眉山，以其两山相对，如蛾眉然。"《峨眉郡志》云："云鬟凝翠，鬓黛遥妆，真如蟆首蛾眉，细而长，美而艳也，故名峨眉山。"

峨眉山早期为道教的"洞天福地"，为道教"第七洞天"，后为普贤菩萨的道场。汉代以前，峨眉山就有隐士在此修炼，晋代开始有营建宫观的记录，道士曾在白云峰下建造乾明观。唐代，佛教盛行，峨眉山佛教势力逐渐加强，形成佛、道共处一山的局面。宋代，峨眉山佛教进一步发展，其势力已超过道教。至明代，佛教进入鼎盛时期，道教发展微弱。至清初，道教泯灭，全山宫观改为寺庙，独尊普贤。

峨眉山是人类文化的宝库，自然与文化遗产极其深厚。《杂花经·佛授记》中说道："震旦国中，峨眉者，山之领袖"。唐代诗人李白则有"蜀国多仙山，峨眉邈难匹""峨眉山月半轮秋"等千古绝唱，更有"一山独秀众山羞""高凌五岳"的美称。

峨眉山寺观园林体现的是"仙禅合一"的普贤文化，山中既有报国寺、万年寺这样的佛教大殿，亦有清音阁、伏虎精舍这样的道教建筑遗存。其"雄、秀、神、奇、灵"的自然景观和道佛共存的深厚的宗教文化成为千年来人们向往的境界，稳定于山间的灵逸古建筑、烟火旺盛的庄严殿堂，跨于山涧的古石桥梁和因山就势、逶迤而上的朝圣道路，云蒸霞蔚的气象景观充分体现了峨眉山的秀，浑然一体的自然人文景观交相辉映，与青城山共同影响和构建了西蜀古典园林的飘逸清幽、自然本真的意境。

4. 其余胜景

成都名胜之景至古蜀王朝开始，历朝历代，数量甚多，然留存至今的却是极少，如成都城西北角的武担山传为蜀王派遣五丁从武都担土而来为妃建冢，《华阳国志·蜀志》载："盖地数亩，高七丈，上有石镜。"至今高台依在。唐诗人杜甫《石笋行》："益州成西门，陌上石笋双高蹲"，石笋今不在，仅余石笋街道而已。另有天涯石存于天涯石北街，地角石已不见，《成都城坊古迹考》认为均为古蜀国墓石。现成都文化公园内存有支机石，材质为红砂石，高约五尺，呈方柱状。历代对其均有描述，后人解读认为是古蜀遗物后被用作一种发石器，作为发炮之用途。还有古蜀人祭祀使用的五块石也已不存，仅有相关地名。

成都是司马相如与卓文君居住之地，后人仰慕遗风，营建琴台以求意向，被纪念传唱成为名胜。卢求《成都记》："增建楼台，以备观游……蜀王秀更增五台，并旧台为六焉。"唐时萧条寂寥，宋时荒废。宋田况《题琴台》："游人不赏凌云赋，只说琴台是故基。"明时琴台意向模糊，建金花寺。再之后，此处与王建墓混淆一时，也使王建墓才能完整地保留下来。

秦汉以来，成都各类楼阁数量众多，如张仪楼、锦江楼、散花楼、筹边楼、雪景楼、万佛楼、望江楼等，这也是成都最浪漫的地标之一。王象之《舆地纪胜》："散花楼（隋）开皇时建，乃天女散花之处"，在唐代即为胜景，引来众多名人观瞻咏颂，李白有诗云"日照锦城头，朝光散花楼""北地虽夸上林苑，南京犹有散花楼"可证。严武任剑南节度使修建筹边楼，后毁，李德裕复建，用以地图明察之用。宋四川制置使范成大再次重建，南宋末再毁于战火，明清均有重建，民国时期拆毁。

成都历来游赏之风极为盛行，城北之学射山（又名石斛山），曾经为唐时演武之地，自宋代成为射箭游乐场所，成都人每年三月三登山以射箭为目开展竞技。明代被划为蜀王府墓葬区后，习射游赏之风由此中断。清时名为"凤凰山"，沿用至今。

（七）文庙园林

文庙也称孔庙、夫子庙，是古代人民尊祀孔子和开展儒学宣传教育活动的官方学校的地方。唐开元二十七年（739年），唐玄宗追谥孔子为"文宣王"，并且进一步明确规定各地的地方官学都必须设立孔子庙，文庙是"文宣王庙"之意。各地文庙是自上而下奉命修造的功能性建筑，是以培养人才为主的各级官方学校，兼及祭孔。文庙园林具有严格的等级制度，修建必须依据国、府、州、县各级不同的规制，自唐代以来，各地文庙均以曲阜孔庙建筑组群为基本模式，其礼制必须低于曲阜孔庙。除曲阜孔庙享九进院落，地方文庙以三进院落为主，四进院落和五进院落也是较少见的。

在尊孔重儒之风下，四川文庙在型制上基本沿用曲阜孔庙的格局，南北中轴线进行功能布置，左右均衡对称，呈坐北朝南布局，从前到后依次为影壁、泮池泮桥、棂星门、大成门、大成殿及两廊庑、崇圣祠、明伦堂、尊经阁等。这种规制性，表现出文庙整齐划一、井然有序、均衡对称的庄严美，部分文庙至今还举办祭孔大典传统仪式。四川代表寺庙园林有德阳文庙、资中文庙、清溪文庙、犍为文庙、雅安文庙、温江文庙、富顺文庙、崇州文庙（图2-2-18）等40多处。

这些文庙建制循规蹈矩，体现了儒学思想上的"中""正""和""序"等礼制观念在蜀地的直接反映，这种空间维度是各地崇文重教、空间礼法的象征，影响了蜀地尤其是西蜀古典园林建筑美学、园林文化等方面的发展。在建筑材料、园林植物、山水营造、地域建筑特色、匾额楹联等方面也形成了西蜀特色，如犍为文庙大成门为木结构宫殿式建筑，屋面创新为三重檐牌楼（图2-2-19）。例如崇州文庙在泮池两侧有绿地环绕，配以紫薇、银杏、香樟、竹林等多种树木，成为轴线上最丰富的园林景观。崇州文庙又与罨画池有机统一，形成完备的景区式的格局。文庙园林建筑规格等级高，

图2-2-18　崇州文庙

图2-2-19　犍为文庙

建造穷尽工艺，精雕细琢，粉饰极繁，包括万仞宫墙、棂星门等均是如此，泮桥、庭院、道路就地取材，也有花岗石、大理石的点缀，但都是造型合宜，精工雕琢。水景（泮池）不追求山环水绕、诗情画意，而是体现泮宫的礼仪和制度，规整有序，大多为半月形状，与泮桥形成浑然一体的礼仪空间。四川文庙的泮桥基本为三座三孔拱桥，跨于泮池之上，材料因地有差异。植物均为乡土化，如银杏、香樟、桢楠、紫薇、桂花等。四川文庙园林总体上呈现严谨肃穆、礼序渐进、金碧辉煌、文风氤氲的风格特征。

（八）书院园林

书院是中国古代重要教育组织形式之一，集讲学、祭祀、藏书、修书、习艺、游憩等功能为一体，兼具私学和官学的性质，延续和弘扬了中国传统文化尤其是儒家学说的实体空间。《华阳国志》记载："始文翁立文学精舍讲堂作石室"，后来人们称为"文翁石室"。《汉书·循吏列传·文翁传》提道："蜀自文翁倡其教，相如为之师，受以七经，而岷络之地风教大行，人才蔚起，班氏谓天下郡国皆立学官，自文翁始，然则谓书院之设亦始于蜀，无不可也。"可见书院为文翁所创，主要是以建筑空间形式为主要形式。书院园林与中国书院园林发展历程基本一致，起源于唐朝，发展于宋元，明清达到书院发展史巅峰，晚清时期迫于西学东渐的影响和书院自身积弊而改制，退出历史舞台。

由于教育机构的礼制性，书院园林主要沿着主轴线依次进行院落式布局，形成封闭的教育空间。在平面功能的组织中，以主轴线来强调书院的讲学、祭祀和藏书这"三大事业"，由此形成以讲堂、祭祠和藏书楼为主体的三大空间，空间相互连续，以此组成对外封闭的具有纵深感的建筑群。西蜀书院园林都由文人雅士参与建设经营，寓教化于游憩之中，其造园主要还是源于儒家思想，但也传达士人的隐逸文化。从某种程度上，书院园林借鉴了私家园林的雅致与寺观园林的清幽，诗意中蕴藏禅意，朴素中透出清雅，由此便形成了其有别于华丽恢宏的皇家园林与灵巧细腻的私家园林的独特风格。

西蜀书院园林造园注重环境的选择和建设，书院一类位于山川秀美、溪水长流之处，多"依山而居，邻水而建"，融入自然山水中，整体空间依山就势，灵活自然，园林风格幽静平和，例如宋代沧江书院于成都之合江、元代紫岩书院于绵竹紫云岩，以及彭州九峰书院、蒲江鹤山书院、射洪金华书院、绵竹紫岩书院等。另一类位于市区，融入市井，整体规整有序，空间清晰明朗，植物根据不同院落进行适当点缀，如成都西蜀石室书院、锦江书院（图2-2-20）、墨池书

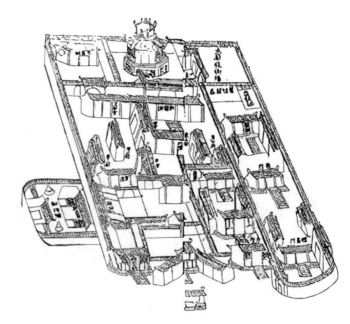

图2-2-20 锦江书院（根据《四川书院史》改绘）

院（图2-2-21）、少城书院、芙蓉书院（图2-2-22）、尊经书院等。还有部分位于近郊川西林盘聚落，周边大多环绕水渠，渠岸配以竹丛乔木林，一片沃野环抱、密林簇拥、小桥流水的田园画卷。

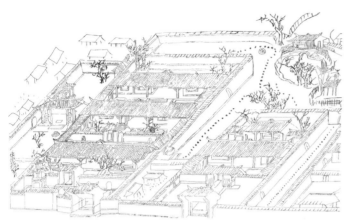
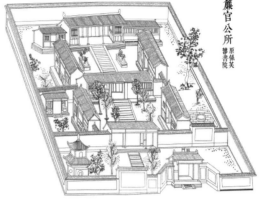

图2-2-21 墨池书院（根据《四川书院史》改绘）　　　　　图2-2-22 芙蓉书院（根据《四川书院史》改绘）

西蜀植被茂盛，园林植物配置在展现季相色彩变化的同时，也极为注重植物的文化内涵和人赋品格，而书院园林植物营造尤其强调"君子比德"思想。池与古井是书院园林重要而独特的水体形式，成都墨池书院、芙蓉书院同享墨池。植物与水系等景观元素的相互搭配，逐步形成了书院园林朴素灵动的自然山水园特征。

康熙四十三年（1704年），四川按察使刘德芳为振兴蜀学、培植人才，在文翁石室遗址上重建讲堂斋舍，取名锦江书院。刘德芳说："今建此书院，延访贤士，可为人师者主其席，定课试之约，筹膏火廪饩之资，日与诸生揖让讲习乎其中，且以继石室之流风于无穷，俾后之周览学舍，自文翁以来，上下千百年间，其间之延而废，废而兴者。"清朝四川唯一的状元骆成骧先后就读于锦江书院、尊经书院。光绪二十七年（1901年），成都锦江书院与尊经书院合并，光绪二十八年（1902年）设成都府中学堂，后改名四川省城高等学堂，成为四川大学的历史源头之一。

（九）会馆园林

"会馆"在《辞海》中的解释是："同籍贯或同行业的人在京城及各大城市所设立的机构，建有馆所，供同乡同行集会、寄寓之用。"会馆通常分为两种：一是来源地相同的移民自发组织修建的以祀神、集会的同乡会馆；二是从事某一行业的人为了交流行业信息、体现行业势力而建的行业会馆。人们在建筑庭院中筑以亭廊、戏台以休闲交往，逐步发展为会馆园林。西蜀会馆园林大多是因清中期大量湖广、广东、江西等地的移民入蜀而产生，正因如此，会馆园林的建筑风格兼容了外来建筑文化与西蜀本土风格，极具历史价值。代表园林有自贡西秦会馆（图2-2-23）、自贡王爷庙、洛带会馆群（包括广东、湖广、江西、川北四大会馆）等。

会馆或祀奉乡神，或彰显团体势力，是属于中国传统的儒家尊卑思想之下的建筑形式，平面布局上呈轴线对称式。轴线上主体建筑有大殿、戏台，规模较大的会馆还有多重殿堂、过厅等。大殿为供奉乡神或行业神灵之用，戏台为演戏以聚乡民之用，此亦正是会馆的两大功能。此外，轴线两侧一般有多间厢房，作为休闲聚会、商业会谈之用。由于会馆园林起源于湖广移民，建筑大多体现出移民来源地与川西民居风格相融合的特点，正所谓"蜀地存秦俗，巴地留楚风"。会馆园林的空间主要用于集会或观演休闲活动，因此中间的院落敞开，常配以小型植物。主院落之外的空间，

图2-2-23　西秦会馆

会利用空隙设置一些紧凑的园林景观，如西秦会馆；用地宽裕的会馆则不受院落空间影响，自由栽植花木，叠石堆山，如自贡王爷庙。

（十）消失的名园

成都历史上社会动荡不断，仅元、明、清时期就遭遇了两次毁灭性战乱，其城池经历多代的重塑与更新，历史上众多声名显赫的桥梁建筑、古典园林等几乎都消失殆尽，仅有断壁残垣遗存。建于隋代、消失在民国时期的摩诃池，见证了1500年成都城市的变迁与发展，其本身也是成都社会历史的一个缩影，具有深厚的历史文学价值与艺术美学价值。诸如此类者，还有故蜀别苑、合江园、西园、东园等，这些古典园林的造园艺术和社会影响力延续至今，是西蜀古典园林学术体系重要的组成部分和历史环节，填补了西蜀古典园林学术研究中非常多的历史信息空白。这些泯灭在历史长河中的古典园林，今依靠成都市园林志编纂委员会1998年编写的《成都市园林志》、四川省文史研究馆2006年编写的《成都城坊古迹考》作为参考方可窥见一斑。

1. 摩诃池

《方舆胜览》载："隋蜀王秀取土筑广子城，因为池。有胡僧见之曰：'摩诃宫毗罗'。盖梵语呼摩诃为大宫，毗罗为龙，谓此池广大有龙，因名摩诃池。"隋蜀王杨秀筑子城，取土于城西、城南二角，形成巨大湖泊，占地约500亩，时称摩诃池（图2-2-24）。唐德宗贞元元年（785年）节度使韦皋从解玉溪引水入池，唐宣宗大中七年（853年）节度使白敏中从金水河引水入池，并连接解玉溪，汇入油子河。五代时王建

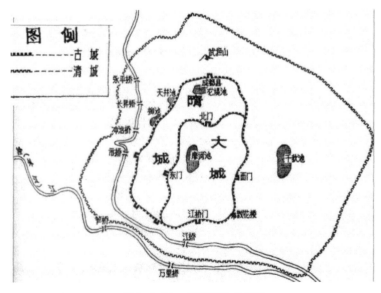

图2-2-24　隋摩诃池位置图

将摩诃池改为龙跃池，四周修建了行廊宫院、水榭亭台，后毁于火灾，至王衍乾德元年（919年），改龙跃池为宣华苑，环池建殿，更为壮丽。花蕊夫人《宫词》曰："三面宫城尽夹墙，苑中池水白茫茫。直从狮子门前入，旋见亭台绕岸傍。"池中有岛屿亭台、荷叶田田，且有渔家捕鱼，此时是摩诃池极盛时代。后蜀亡后，宫殿多被拆毁，园林荒芜，水面减缩，水面仅靠雨水而存。唐宋以来，摩诃池的规模虽然被压缩，但园林景观依然令人向往，引来众多文人雅士竞相称颂，留下了千古诗篇。唐代诗人杜甫、李白、武元衡、薛涛、高骈、五代孟昶、花蕊夫人，以及宋诗人陆游等都留下了浪漫诗篇，如高骈"画舸轻桡柳色新，摩诃池上醉青春"，陆游"摩诃池上追游路，红绿参差春晚。韶光妍媚，海棠如醉，桃花欲暖。挑菜初闲，禁烟将近，一城丝管。"明洪武十八年（1385年）蜀王朱椿依据南京故宫格式建规模宏大的蜀王府，填平摩诃池之大半。明曹学佺《蜀府园中看牡丹》诗："锦城佳丽蜀王宫，春日游看别院中。水自龙池处碧，花从鱼血染来红。平台不到林间日，曲岸时回洞口风。尽道今年当大有，何妨行乐与人同？"至明末清初，全城被毁，摩诃池仅存一池。清康熙四年（1665年）在蜀王府废墟上兴建贡院，西北角仅存少许水面。1914年摩诃池被填平用作军队操场，兴盛近1500年的摩诃池彻底消失。

2019年7月，成都考古工作队在东华门遗址发掘摩诃池苑（图2-2-25），发掘出池岸、步道、庭院、殿基、沟渠、水井、小型水池等遗址，出土文物包括大量的陶瓷器皿和建筑构件，基本展现了摩诃池东岸一带的建筑格局面貌（图2-2-26）。据考证，其遗迹具体位于今成都人民南路四川科技馆及四周一带。2023年，摩诃池依据历史文献、考古发现进行了局部恢复，使这座历史名园再次以新的面貌出现在今天。

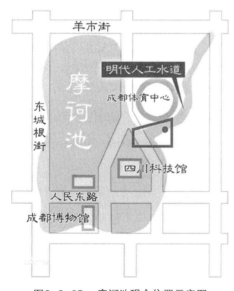

图2-2-25　摩诃池现今位置示意图
（四川省文物局）

图2-2-26　摩诃池遗迹考古照片（四川省文物局）

2. 合江园

"合江"之名最早见于唐代，取清江与长江会合之意。最初是唐代西川节度使韦皋在郫江与流江的汇合处修建了合江亭，该亭"鸿盘如山，横架赤霄，广场在下，砥平云截，而东南西北迥然矣"；后又在亭旁增建楼阁台榭，扩展园林空间，种植奇花异草，才形成合江园。唐宋时，合江园是著名的赏花和送别游宴之地。五代时期，合江园曾被前后蜀王辟为专属御苑，以赏梅为主。《野人闲话》云："蜀主园苑，异花毕集其间。有人进花两株，曰红桅子，其叶婆娑，其花六出，其香袭人，蜀主甚爱重之。"北宋时期，官府治理不力，合江园逐渐荒废。幸而北宋熙宁年间（1068—1078年），吕大防任成都知府，出资修缮合江园亭，逐渐恢复为公众游乐之地，其繁华美景仅次于唐时。吕大防《合江亭记》描绘道："渚者，合江故亭，唐人宴饯之地，名士题诗往往在焉……俯而观水，沧波修阔，渺然数里之远。东山翠麓，与烟林篁竹列峙，于其前，鸣濑抑扬，鸥鸟上下，商舟渔艇，错落游衍。春朝秋夕，置酒其上，亦一府之佳观也。"可见合江园景色优美，游赏极佳，实为宴行之佳处，成为文人雅士于此迎朋送友、临行钱别、放灯祈福的一处胜地。周煮《合江亭》："山疑九叠张云势，滩激千岩落布声。巾履从来在丘壑，愿陪闲日此间行。却暑追随水上亭，东郊乘晓戴残星。余歌咽筦来幽浦，薄雾疏烟入画舲。"说明这时合江园山水天象，美景如画。合江亭梅花与对面赵园相得益彰，好梅诗人陆游亦言："几年不到合江园，说著当时已断魂。""政为梅花忆两京，海棠又满锦官城。"南宋末年，合江亭连同周边美景一同毁于战火。亭、园皆毁。明代于此设置锦官驿，清代在此征收船舶税，设置船税所，后仅存一处三角空地。1989年，成都市重建合江亭，双亭双层交接，均为攒尖顶、八角共十柱、琉璃瓦飞檐，与听涛舫共同构成供市民游乐的公园。

3. 东园

东园为宋代益州路兵马钤辖厅后花园，曾名噪一时。李良臣《钤辖厅东园记》载："偶新泉破地而出，从而导之，则故泉继发，鬐沸衍溢。种公筑堂其北，命之曰双泉。挟以二轩，一曰锦屏，以海棠名。一曰武陵，以桃溪名。梁池而南，为亭曰寒香，以梅名。后为茅亭，曰幽芳，以兰惠名。池东为大亭，曰三雨，以桃、杏、梨名。池南两亭，东西对峙，曰净绿，曰连碧。双泉之北，有老柏数十株，巨干屹立，为亭其中，曰翠阴。复楼其东，曰朝爽。西因垣而山，曰五峰，下曰五峰洞。前为山馆，水绕环之，宛如山间也。"园内"馆舍亭旁，星罗棋布，廊台楼榭，错落相映，名花佳木，葱郁扶疏，更有潺潺流水，清清池泉，名噪蜀都"。可见东园虽不大，山水植物、亭台楼阁都一应俱全，且极为精巧雅致。整个园子植物蔚然成林、清泉饶堂、溪水穿林，植物、建筑、溪流、泉水，合理布局，颇有桃园诗意。惜在南宋末年毁于战火，今已无迹可寻，仅留诗词可见旧景一番。

4. 西园

西园，又名"转运西园"，位于转运司（相当于蜀郡太守）之西而得名，建于五代十国末期，为五代权贵故宅，其名已杳不可考。章楶《运司园亭十咏 其一 山堂》诗云："古木郁参天，苍苔下封路。幽花无时歇，丑石终朝踞。水竹散清润，烟云变晨暮。何必忆山林，直有山林趣。"吴师孟诗："乔木不知秋，名花数逾百。远如山林幽，近与尘埃隔。"玉溪堂是西园主厅，楠木为材，建造精致，前俯玉溪，后临方沼，四周有竹柳和花木。此处环境极清幽，为饮宴、纳凉之所。园之西北立雪峰楼，与池相近，楼下竹林，林中小溪，淙淙作响。楼旁苍柏接簪，登楼可远观西北雪山，近俯锦江。海棠轩在一岛上，轩旁密植成片海棠，配置竹、松，在池面中形成灿若云霞的浓艳倒影。此岛距雪峰楼不远，并傍玉溪，属该园色彩最华丽处。月台高逾百尺，位置在园的东南方，与雪峰楼形成对峙，四周为乔木和成片桂花林，登临此台，可远目天际下俯市容。玉溪堂之东，有一精美建筑翠锦亭，四面有窗，并挂着帐幔，四周植竹和成排的楠木，环境显得清阴冷漠。潆玉亭傍于玉溪，玉溪水自园外，入园落差，形成曲折潺潺的溪流，渠底乱石，水声更胜。池不远处有一茅庵，圆形茅顶，四周环竹、松，颇具川西民居风味。"花边二小亭，双跨清渠上。规模虽甚隘，幽僻良可赏。"（章粢《运司园亭十咏》）园中有双亭，精巧秀雅，跨于玉溪之上。

该园整体紧凑又疏朗，建筑类型也丰富而不累赘，植物与建筑之间形成和谐关系。楼榭亭池繁多，古木参天，苍苔封路，竹清兰茁，池清波净，百种花卉，四时不歇。然西园却并不以金碧辉煌取胜，而是讲"谁知园亭胜，似与山林同"的自然之趣。最后西园也毁于南宋末年战火之中，今亦无迹考寻。

5. 可园

可园是清代西蜀古典园林复兴的私家宅院代表之一。可园园主吴敬诚之父亲吴竹齐任武昌知府后，后率家入蜀，落户成都。在今成都忠烈祠北街买下空地，修建起一座规模不大的私家园林。光绪十一年（1885年）吴敬诚重金购地，并请来沿海造园名师，重新建造，至光绪十五年（1889年），历时四年方才营造结束。门楣上匾额上书"可园"，园林序列先抑后扬，先简后繁。建筑及景物的具体位置已不可考，查阅文献可知园内有凉亭暖阁、楼台水榭、大小轩、鸟园、马厩、奇花异木、怪石假山、曲径荷花、小巧流水等。园林特色更别致在其"四林"和"四园"。"四林"指梅林、柳林、银杏林、紫荆林，"四园"指橘园、李园、橙园、桃园。每林有其独有的形状：梅林呈圆球形，银杏林呈弯月形，紫荆林为长条形，柳林则为正方形。橘园为弯钩形，李园为椭圆形，橙园为"工"字形，桃园为尖锥形。各园林中所余空地，或筑精巧的花台，或建玲珑的小亭。每座园子之间，各有园墙围绕，上有小门相通，将雨花五色石作为小径将各园林连成一体。出入各园林时，满目万紫千红，花天彩地，百鸟欢歌，蜂飞蝶舞，使人心畅神舒，恍如人间仙境。20世纪30年代，可园随吴家败落而凄凉荒芜，如今已湮没不见。

第三章

西蜀古典园林造园艺术

　　蜀地历史源远流长，蚕丛、柏灌、鱼凫、杜宇、开明等蜀王建立和维持的古蜀国，在原始崇拜思想下，集全国之力，以宗教祭拜的形式出现了早期的建筑和园林艺术，排除洪涝、修建祠宇，树立巨石。然秦灭巴蜀后，成都的建城史就是一部具有2300年历史的悲壮而又坚强的叠加过程，屡毁屡建。随着中原文化浸润，古蜀原始朴质思想和造园艺术融入了儒家文化的全新体系，蜀地造园思想从此对自然理解、人文纪念等均有了新的诠释。

　　此后，西蜀古典园林造园思想和技艺伴随城市发展和演绎而开始了同步变化。一是哲学思想。对待自然的态度强调"天人合一"，造园要根据地理乘势而为、顺应自然与自然协作协调。二是宗教思想的交融共进。"道"影响了西蜀古典园林的朴质意境；"儒"限制和影响了规程礼制，使西蜀古典园林营造有章可循，与中国古典园林一脉相承，同步发展；"释"综合了多方思想，实现园林禅意和诗意的纪念功能。三是蜀地的自然风光和造园材料影响。成都主要的村落、祠宇等多数位于川西林盘中，植被、水文、建造材料均是因地制宜、就地取材，形成了乡风浓郁、平和质朴等风格，尤其是对水系以及竹林竹材的运用都是川西林盘生活的体现。四是厚重的纪念特性。除佛寺园林之外，西蜀古典园林都具有名人居住使用或其他的纪念特性。造园思想升华至景仰前贤、后世继承的时空维度，因此在选址定位、规划布局、纪念路径和纪念功能、思想加载等方面尤为注重，这也是蜀地造园艺术的典型特征。寺观园林、书院园林以及会馆园林等沿用既定的规程和营造礼制，造园思想具有一致性和普遍性，祠宇园林、衙署园林等造园思想也受到其影响，甚至建造等级、色彩使用等都高过其他的中国古典园林类型，具有明显的造园特征，研究价值更大。故本书始终以西蜀古典园林中的祠宇园林、衙署园林这一类园林研究为主。

一、造园要素

（一）建筑艺术

1. 建筑

蜀地自然资源丰富，地形地势变化多样，人与自然协作共融，形成了良好的人居环境。人们的衣、食、住、行极大地依赖本土资源，追求道法自然、天人合一的境界。蜀地也为各类建筑和造园提供了多样化的材料，建筑选址和建造均因地制宜、就地取材，具备了科学防灾避险功能，形成了鲜明的地域特色。如古蜀时期典型的干栏式建筑、"木骨泥墙"的墙体，秦汉时期院落式的庄园庭院，唐宋时期的街道形制和建筑风格，明清时成熟的建造体系包括形成的川西民居风格等，尤其影响到园林建筑建造。蜀地建筑类型繁多，建造精美，装饰华丽多彩。西蜀古典园林中的建筑更是多样，亭台楼阁兼具、轩馆斋室相配。建筑风格特色质朴洒脱、秀丽淡雅。这些建筑主要承担着保存遗迹、纪念名人和陈列展览等众多功能作用，通过建筑表达主人、纪念对象的思想和意识形态，承担场所精神，大多数西蜀古典园林遵循传统营造规则，注重儒家礼教和布局序列，凸显使用和纪念功能。

1）照壁

照壁，又称影壁、影墙、照墙，古称"罘罳"，如《尔雅·释宫》中载："屏谓之树。"其中"树"即"屏"。《三国志·魏·明帝纪》裴注引《魏略》："筑阊阖诸门阙外罘罳。"两者也均为照壁的古称，所讲就是"小墙当门中"的照壁。将照壁这类建筑称为影壁，大约始于宋代，按古时礼制，有天子外屏、诸侯内屏、卿大夫以帘之说。照壁一般由壁座、壁身、壁顶构成，作为西蜀古典园林中分割、转换和隐藏空间、隐藏空间关系的重要屏障类建筑，具有重要作用。虽为墙壁，但设计严谨又精巧，施工精细，在形式上独立，常常筑于建筑群入口内或外。照壁可用于寺观园林、衙署园林、宅院园林、祠宇园林等各种类型的园林建筑中，对整个建筑群落的轴线起到屏障、序幕和先导的作用，同时也具有观瞻、调节空间的功能。立于成都杜甫草堂正门对面白墙黑边的砖砌照壁（图3-1-1），便是依寺观祠庙的形制而设，既与建筑形成相互抗衡之美，又在草堂建筑群与外部环境之间形成一道屏障，起"障景"之用。成都武侯祠因祭祀等级较高，照壁高大且呈肃穆的灰黑色（图

图3-1-1 杜甫草堂的正门照壁

3-1-2），同时结合石狮，既是整个建筑的前导，又为祠庙增添了威严气氛，颇为壮观。邛崃文君井（图3-1-3），于井后立有一影壁，红墙白瓦，白栌斗，浅出檐，影壁南面为清代进士曾光曦提楷书"文君井"，而北面有郭沫若撰书之诗："文君当垆时，相如涤器处，反抗封建是前驱，佳话传千古。会当一凭吊，酌取井中水，用以烹茶涤尘思，清逸凉无比。"如此诗书双绝，更是衬托出文君古井之意蕴。西蜀古典园林中的照壁常常采用石基作壁座，青砖作壁身，青瓦做壁顶的结构模式，不同等级可采用青瓦或琉璃瓦作顶，屋顶硬山式、悬山式、歇山式、庑殿式都有，屋脊雕刻各类传统装饰图案，壁身框心装饰以石板或青砖组成规则纹路并斜向45度铺砌，四周边角和中间镶嵌吉祥图案或文字。

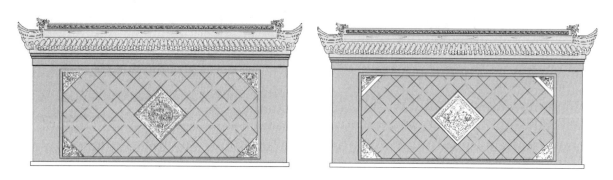

图3-1-2　武侯祠的照壁正反面

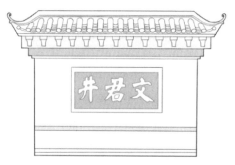

图3-1-3　文君井的照壁

2）园门

园门，又叫门楼，是园林的入口，又称为大门。主园门在西蜀古典园林之中是园林的门面和身份象征，是园内外空间转换的过渡地带和交通枢纽，亦是园内景观和空间序列的起始。大门作为门户，建有广场、照壁、门楼，部分还有石狮等。除了满足集散功能，还通过建筑形式、匾额对联等识别标志彰显本处园林的特征和气质。成都杜甫草堂南大门包括照壁、石狮和门前广场以及门楼。东大门包括石桥、门前广场，门楼为一座歇山式川西风格建筑，四柱三开间，配以左右耳房，有青砖素瓦、粉墙丹柱，尽显古朴素雅（图3-1-4）。成都武侯祠园门同样采用照壁屏障道路，门楼为硬山式建筑，青灰简瓦，平面略呈矩形，严肃庄重（图3-1-5）。眉山三苏祠园门为三檐歇山式建筑，位于主轴线之上，庄严肃穆。不同园林的园门都体现了各自特征（图3-1-6）。

在西蜀古典园林和民居院落中，形式除了大门这类形式外，其内园门地类型更是多姿多样，园林内的小园门，又称圆门、门洞。布置尤其讲究，造型轻盈得体，门洞形式以圆形、方形、花瓶形、椭圆形等为主，具有明显的引导和画框功能，构成园林空间的渗透和功能转换，以达到园内有园、景外有景、诗情画意的构图作用（图3-1-7）。温江陈家大院内的多个园门采用砖石材料精致营造，门洞通园光洁，质感细腻。文君井整个空间就采用了"绿漪""竹径""香泉"等多种形式的园门进行分割。杜甫草堂兰园入口的园门既分割了空间，又隐喻了前方是"洞天福地"以圆形为"画框"，在园林内部构成了一幅动态的诗意画面，引人入胜。

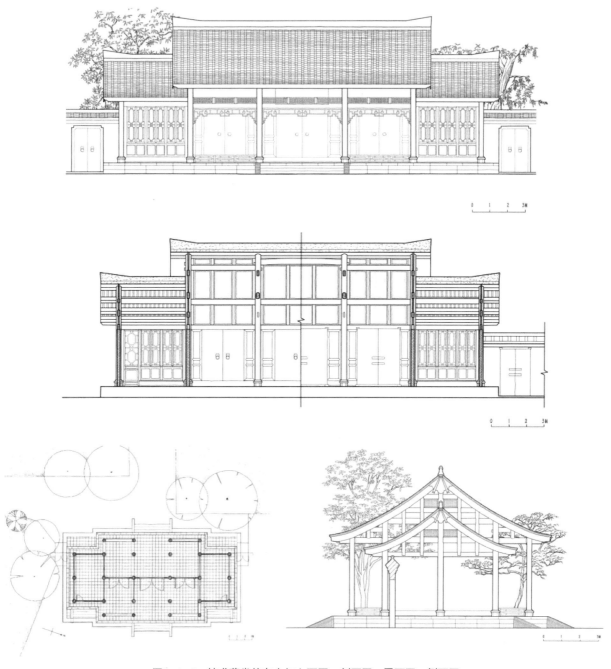

图3-1-4　杜甫草堂的东大门立面图、剖面图、平面图、侧面图

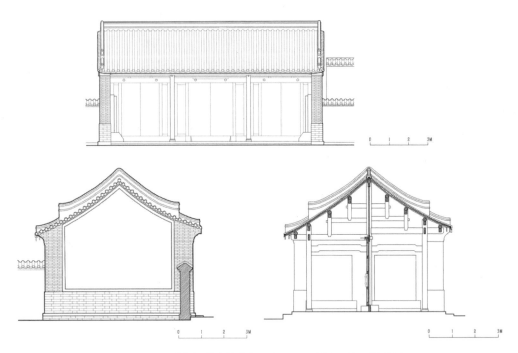

图3-1-5 武侯祠的惠陵山门正立面图、侧立面图、剖面图

图3-1-6 园门

图3-1-7　西蜀古典园林院内园门

3）厅堂

何谓"殿""厅""堂"？在中国最早的建筑规范《营造法式》一书中，便定义了"殿堂"与"厅堂"两种类型——既是构架方式，也与使用场合及等级相关。"殿"是指多用于礼制、宗教等大型建筑群中的主要建筑体，一般规模较大，形式复杂，为层叠式建筑架构方式，建筑等级较高。"厅"指单层房屋，也是官府听事，即在衙署中处理事务的地方，所谓"治官处"。"堂"一般指宅第的厅堂或堂屋，另如宗祠、衙署、园林等的主要建筑也常称为堂。在《园冶》中"屋宇"篇有云："古者之堂，自半已前，虚之为堂。堂者，当也。谓当正向阳之屋，以取堂堂高显之意。"

"凡园圃立基，定厅堂为主，先乎取景，妙在朝南"。在西蜀古典园林中，最重要的祠宇建筑往往皆是殿堂、厅堂类建筑。既是会客活动、议事聚会、纪念祭祀等活动的场所，也具有赏景的功能。因此，殿堂、厅堂一般高大宽敞、正面向南，装修考究，陈设精丽，且在不同的园林中，具有不同的特色。西蜀古典园林厅、堂皆为一体，"厅"主要是堂的一部分，因此更多的还是称为"堂"，其中具有代表性的殿堂、厅堂建筑甚多，如下诸例：

杜甫草堂之典型建筑包括大雅堂（图3-1-8）、工部祠（图3-1-9）、诗史堂、大廨等。其中大雅堂是在原大雄宝殿的基础上，采用雕塑和壁画的艺术形式，打造的一座展现中国诗歌文化和杜甫一生诗歌造诣的艺术文化殿堂。"大雅堂"之名，出自宋代诗人、书法家黄庭坚所作《大雅堂记》，有推崇杜诗为中国诗歌正统之意。"大雅"原为《诗经》的一种体裁，后常被用作指代《诗经》《离骚》。杜甫草堂沿用"大雅堂"之名，可以理解为以承续中国优秀诗歌之传统。大雅堂内除挂有一幅反映杜甫生平及诗作的巨型磨漆壁画《诗圣杜甫》外，还陈列着十二位中国古代杰出的诗词作家的塑像，大雅堂便是以杜甫为核心而贯穿起中国诗歌的发展线索，彰显了我国从先秦以来代代相传的优秀诗歌创作传统。

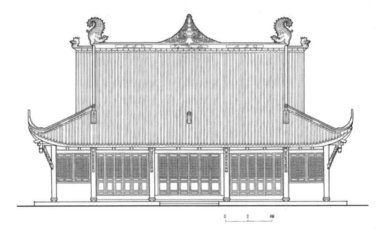

图3-1-8 杜甫草堂的大雅堂立面图

图3-1-9 杜甫草堂的工部祠立面图

成都武侯祠的主要建筑包括孔明殿（图3-1-10）、刘备殿（图3-1-11）等。刘备殿即昭烈殿，高大宽敞，宏伟古朴，殿内不施彩绘，无天花和藻井，尽显典雅。两侧有低矮廊庑陪衬，具有强烈的空间纵深感、对比感，同时两侧数十名的蜀汉文臣武将更是增添了刘备殿的威严。殿正中祀刘备，刘备塑像之东西两偏殿略小，东偏殿为关羽塑像和其子关平、关兴及其部将赵累、周仓的陪祀塑像；西偏殿则是张飞及其子张苞、孙张遵的塑像，三组塑像反映了刘备、关羽、张飞以忠义相投、肝胆相照的亲密情谊。主殿的东、西两偏殿之侧，为放置钟、鼓的偏室。

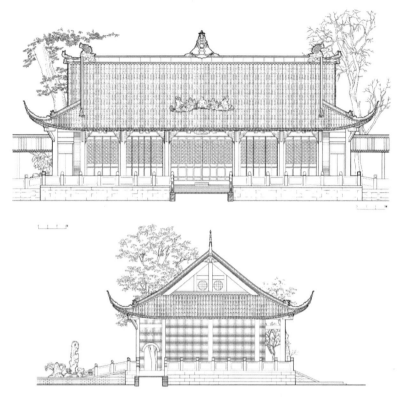

图3-1-10　武侯祠的孔明殿正立面图、侧立面图

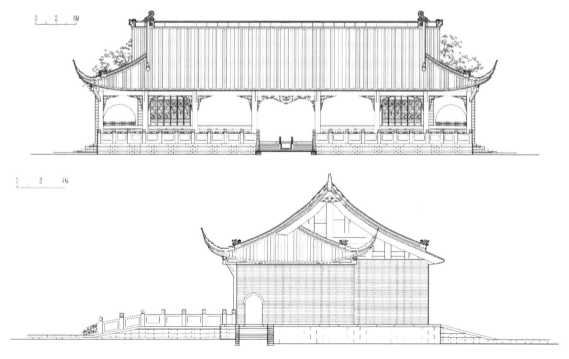

图3-1-11　武侯祠的刘备殿正立面图、侧立面图

眉山三苏祠的木假山堂（图3-1-12）。木假山中锋突起，意气端庄，神圣不可侵犯，体现了三苏父子做人的气节及文学品质。现存三苏祠内的木假山堂系清代重建三苏祠而建，背靠启贤堂，正面为来凤轩。崇州罨画池的琴鹤堂为纪念赵抃而建，"琴鹤"一词意为颂扬赵抃的清正廉洁。琴鹤堂是整个园林立意的基础。琴鹤堂正南相对有暝琴待鹤之轩，造型粗陋，体量则有过大之嫌。二者之间有一大型钟乳石假山，山势俊俏，小径幽回，有西蜀山形之意。

新繁东湖的怀李堂为纪念唐代著名宰相李德裕而修建，堂前立有李德裕像，也是园内主体建筑。怀李堂最早建于宋代，重建于清同治年间。整体建筑位于园址中部偏北，堂共六柱五楹，坐北朝南，两翼有廊伸出而半抱湖面。整体建筑屋面高大宽阔，形成较强的压抑感，对比强烈，具有一定的寓意。东端连瑞莲阁，西端接珍珠船，西南隅面对青白江楼。

图3-1-12　三苏祠内的木假山堂与新繁东湖的怀李堂

4）楼阁

"楼"与"阁"最早是两个独立的概念，但由于两者形制相似，如今界限已不严格，因而同一建筑有时称"楼"，有时称"阁"，"楼阁"二字也时常连用以形容多层建筑。关于"楼"的定义，如《尔雅》曰："狭而修曲曰楼。"《说文解字》曰："楼，重屋也。"《墨子·备蛾傅》曰："隔为楼，楼必曲里。"此外，"楼"也是古代城楼的称谓，如《墨子·号令篇》载："门将并守他门，他门之上，必夹为高楼，使善射者居焉。""阁"的概念，《三辅黄图》云："石渠阁，萧何造，其下礲石为渠以导水，若今御沟，因为阁名。"唐代杜牧《阿房宫赋》曰："五步一楼，十步一阁。"其实，阁的功能与位置同楼相仿，有时依山临水建一层，也称"阁"，相比之下，阁的造型比楼更为轻盈、通透，且四面开窗。

在西蜀古典园林中，楼阁众多，形式丰富；除基础性的使用功能之外，楼阁建筑凭借高度扩展赏景视线，使得观景范围更大，层次更为丰富，同时也承担着名人纪念园林中最重要的纪念功能。西蜀古典园林中的楼阁，按照功能性质可以分为宗教、文化休闲、交通性、防卫性、楼阁式塔五种类型，同时受到战乱、移民潮等历史因素的影响，使得传统楼阁式建筑形成了自身的风格特征。具有代表性的楼阁建筑如下诸例：

成都望江楼公园的崇丽阁（图3-1-13）位于锦江岸线的凸出处，共四层，下两层为四方形，上两层为八方形，寓意"四面八方、四平八稳"，是望江楼园林的主体建筑。其名取自晋代大文学家左思《蜀都赋》"既丽且崇，实号成都"中"崇丽"二字。建筑整体结构为全木穿榫结构，朱柱彩绘，碧瓦黄梁，翼角凌空，鎏金宝顶，屹立江边，格外崇丽。望江楼为中国历史上保存原建的三大楼阁之一，登楼眺望，江天风物，一览在目。

宜宾流杯池的涪翁楼（图3-1-14）相传是北宋大诗人、大书法家黄庭坚谪居宜宾时读书会友、挥毫泼墨之地，后世为纪念黄庭坚而建，是流杯池公园主体建筑之一。今日所见，为20世纪重建，共两层，呈长方形，飞檐翘角，是园内一大胜景。楼之风雅，引众文人传唱其佳话，皆磨墨濡毫，如曾任民国时期屏山司法胡湛青的"曾是昔贤楼遁地，荒祠花落更徘徊"、宜宾女诗人陈大任的"瞻罢涪翁像，小憩涪翁楼。溪山无限好，静守寸心秋"。

新都桂湖的坠月楼（图3-1-15）位于桂湖城头，突出在城堞之外，月夜登楼，皓月东升西坠，也隐喻杨慎被贬谪戍云南永昌卫并终老这里，一代著名状元沦落自此，故名。除此之外，还有南充的万卷楼（图3-1-16），成都武侯祠的钟鼓楼（图3-1-17）、桂荷楼（图3-1-18），新繁东湖的望雪楼（图3-1-19），崇州罨画池的尊经阁以及广汉房湖的红楼等。

图3-1-13　望江楼公园的崇丽阁

图3-1-14　流杯池的涪翁楼

图3-1-15　新都桂湖的坠月楼

图3-1-16　南充万卷楼

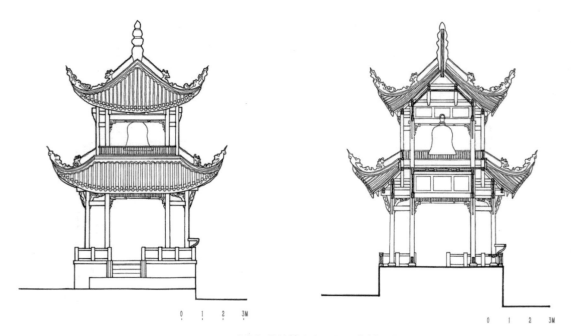

图3-1-17　武侯祠的钟楼南立面图、南剖面图

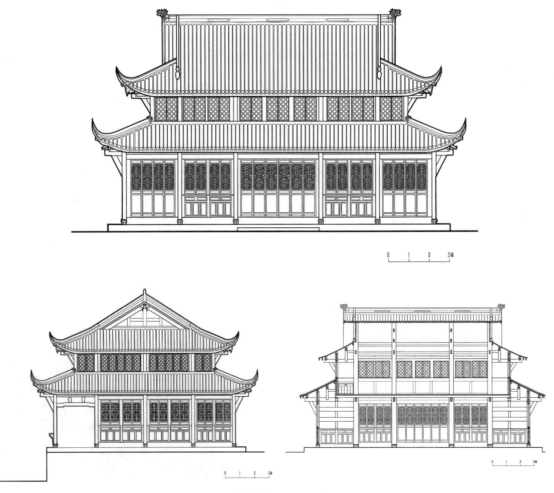

图3-1-18　武侯祠的桂荷楼北立面、东立面、正剖面图

图3-1-19 新繁东湖的望雪楼

5）亭

《释名》云："亭者，停也。人所停集也。"亭，最早可追溯到商周时代，作为边境上以供瞭望敌情的小堡垒。后功能与性质发生了变化，逐渐成了园林之中最重要的建筑要素。西蜀古典园林中，亭的式样繁多，造型别致，或置于岛上、水畔、路旁、山侧、石间等位置以供人群休息或畅聊，或者作为一种文化标志而非使用功能而存在，如文君井大门内山体上的凌云亭。正因如此，西蜀古典园林之亭类建筑，大都具有一定的纪念性质，呈现为飘逸自然、文秀清幽的风格特征。亭按平面类型可分为单体亭、组合亭；按立面类型可分为单檐、重檐；按屋顶类型可分为攒尖顶、歇山顶、卷棚顶；按材质类型可分为木、石、砖、草、瓦。西蜀名人纪念园中具有代表性的亭如下诸例：

成都杜甫草堂碑亭（图3-1-20）。杜甫草堂屡经兴废，相继修缮。按乾隆福康安绘制的《少陵草堂图》和嘉庆朱鼎绘制的《杜公草堂图》，草堂"碑亭"形制为长方形，瓦顶覆盖，遗址即在今少陵草堂碑亭同一位置。两图中"碑亭"建筑形制完全不同。而今少陵草堂碑亭形制为六角圆形建筑，草顶覆盖。通过两图可见碑亭建筑形制发生变化，乃清末至民国间重修改建所致。

成都合江亭位于府河与南河交汇而成的府南河之处，唐

图3-1-20 杜甫草堂的碑亭

代川西节度使韦皋始建，至今有1200多年历史。受到战乱影响，此亭一度荒废，于宋时重建，并达到鼎盛，成为官民宴饮和市井游玩的热闹场所。现亭为当代新建，该亭"鸿盘如山，横架赤霄，广场在下，砥平云截，而东南西北迥然矣"，且垒基高数尺，10根亭柱支撑着连体双亭，构思巧妙，意味隽永，拾级而上，二江风物，尽收眼底。后在亭旁又建芳华楼，在亭楼附近栽植奇花异草，尤其以梅花最盛。此后，又在合江亭周边建设楼阁，形成合江园。又因其美好的寓意和优越的地理位置，合江园成为文人雅士常常光顾的地方，同时无数舟船从此处扬帆驶入长江，很多人在此迎朋送友，故此处的临行饯别也成为成都的一处胜景。

绵阳子云亭位于西山公园内，是为纪念西汉文学家、语言学家、哲学家扬雄而建。扬雄（公元前53—公元18年），字子云，蜀郡成都人。此亭最早建于何时已不可考。但其成名于刘禹锡《陋室铭》中的"南阳诸葛庐，西蜀子云亭"，并成为中国一代名亭。历史上子云亭尚有多处，如成都武担山、郫都子云墓前、犍为城南子云山，今仅有此处保留，但也为后建。1917年子云亭为三重檐八角盔顶式，1976年毁，1978年改建为六角盔顶式，1987年长虹机器厂捐款重建为三重檐盔顶式，高达23米，由阙门、前院、过厅、围廊、阁亭、扬雄花岗岩石雕组成。园区占地0.7公顷，建筑面积1400平方米，登临子云亭，可尽揽全城风貌。

新都桂湖的亭亭位于升庵祠与南侧杭秋水阁之间，下为八角，上为四方的重檐草亭。作为桂湖园林特色代表，亭亭始建于道光年间，与东部的聆香阁遥相呼应，为东部园区的主要观景点。亭亭匾下书有一联"文章迥出珊瑚树；笔力远追王孟端"。此联摘抄自《升庵集》，刘东父书，意为杨升庵道德高尚，气节不凡，为人为书都硬如山湖，同正人君子王绂作比，以表述自己品性高风亮节，怀揣远大人生抱负，抒发政途不顺却不愿同流合污的无奈心酸。

罨画池的同心亭为六角双亭，由双亭交加而成，如桂湖之交加亭，暗喻陆游与蜀州先贤张季长的友谊。除此之外，还有望江楼公园薛涛亭、望丛祠的荷风亭、杜甫草堂的春夜喜雨亭（图3-1-21）、广汉房湖的醉月亭（图3-1-22）、宜宾流杯池的涪翁亭（图3-1-23）、罨画池的罨画亭（图3-1-24）、青城山的雨亭等均为古典园林亭之典范。

图3-1-21　杜甫草堂春夜喜雨亭立面图

图3-1-22　房湖的醉月亭

图3-1-23　流杯池的涪翁亭　　　　　　　　图3-1-24　罨画池的罨画亭

6）台

台，即用土堆筑而成的方形高台。《吕氏春秋》高诱注："积土四方而高曰台。"《说文解字》："台，观，四方而高者也。"段玉裁注："《释名》曰：'观，观也，于上观望也。'观不必四方，其四方独出而高者，则谓之台……高而不四方者，则谓之观，谓之阙也。"

古蜀时代，生产力水平低下，人们对自然怀着极大的敬畏、崇拜之心，认为台可以登高以观天象、通神明，还可登高远眺。秦汉后逐渐向园林功能转化，也具备了纪念特征，如成都的琴台、读书台等。

文君井琴台（图3-1-25），重建于明代，又重修于清代嘉庆年间，实为开敞水榭，其名可理解为古时琴均放于台上进行演奏，利于观赏。相传当年司马相如酒酣之时，正是在此临台抚琴，以一曲《凤求凰》获取卓文君的芳心，台上篆刻对联"井上风疏竹有韵，台前月古琴无弦"，如今古井、竹林、石琴之音韵已不存在，令人唏嘘。

陈子昂读书台（图3-1-26）位于射洪市金华观后梧岗峰梧最高处，凭栏远眺，可纵览涪江之胜。其大门上有碎瓷镶嵌的"古读书台"四个大字，门前竖"唐右拾遗陈伯玉先生读书处"石碑。门两侧

图3-1-25　文君井琴台　　　　　　　　　　图3-1-26　陈子昂读书台

有对联："亭台不落匡山后，杖策曾经工部来。"大厅内悬有"海内文宗""三唐冠冕"巨幅匾额。厅中板壁上刻有陈子昂《感遇诗》，正中设有陈子昂塑像。

除此之外，蜀地还有绵阳扬子云读书台、眉山李白读书台、江油李白读书台等，这些共同构建了西蜀文风兴盛、纪念成传的优良作风。

7）榭

在中国古典园林建筑漫长的发展史中，最早的榭是必须要依附于"台"而存在，《说文解字》中对榭的解释："台有屋也。"即台上之屋，便为榭，到隋唐之后，榭越来越多地被修建在水边，或是突出于水面，与园林水景相辅相成，因此也越来越多地以水榭加以命名。其类型大致可分为林中榭、泉旁水榭、水岸榭、精致水榭、沿江水榭、近水赏玩的游榭。《释名》云："榭者，藉也。藉景而成者也。或水边，或花畔，制亦随态。"因此园林建筑——榭的产生与发展都与欣赏建筑周围景观地行为密不可分。西蜀古典园林水榭众多，在园林空间中既是观赏园景的重要观景建筑，也是营造水岸景观的重要点景建筑。水榭风格多样，既从本土川西民居中取材提炼，也受到其他外来因素的影响，体现出了崇尚自然、朴实无华的特征。具有代表性的榭有如下诸例：

成都杜甫草堂的水槛（图3-1-27）。此榭横跨园林中水体而建，呈矩形，结构灵巧，东西开敞，南北通透，槛下有一弯碧波向西穿石桥，流经花径，向东流入荷池，北通花墙达梅苑，水槛东西两侧设飞来椅，环境幽静。

新都桂湖的沉霞榭。清咸丰三年（1853年），太平天国起义军谢子澄葬身战火，朝廷褒奖于他，便将此地更名为"谢公祠"。至1949年之后才恢复为沉霞榭，现为黄峨著作陈列馆，内置黄峨雕塑与东边升庵祠隔水相望，颇具诗意。

眉山三苏祠的披风榭（图3-1-28）。此榭位于瑞莲池北岸，于清光绪二十四年（1898年）修建，整体建筑坐南朝北，为重檐歇山式，一楼一底，底层设飞来椅。面阔进深九米，榭高十米。披风榭以巨大的体量和高耸的气魄，与苏轼石雕构成完美的画面，也成了景观轴线的视觉汇聚点。

图3-1-27 杜甫草堂的水槛

图3-1-28 三苏祠的披风榭

代表性的水榭还有望丛祠水榭（图3-1-29）、罨画池的爽心榭（图3-1-30）、望江楼泉香榭等。

图3-1-29　望丛祠水榭

图3-1-30　罨画池的爽心榭

8）廊、景墙

廊为走廊，原本是位于厅堂四周的附属建筑，后来作为中国古典园林中主要起连接作用的独立或附属建筑。其造型轻巧玲珑，立面多开敞，也有作漏花墙，廊柱间砌矮墙，覆砖板，上悬挂落，呈连续装饰，天花常做成各种轩式，整齐美观。廊应用广泛，可以与亭相媲美，西蜀各代园林之中几乎皆有使用。形式有直廊、曲廊、波形廊、折廊、复廊、墙廊。彭一刚在《中国古典园林分析》中总结廊最主要的功能是连接建筑，其所受限制较少，最大的特点便是随形而弯，依势而曲，可蜿蜒山坡，凌空水上，或穿花丛，或入竹林，凭借着廊的串联，园林中的单体建筑物便可组合成为具有空间流动性的群体建筑空间。如果从廊的横剖面上来分析，廊的基本类型大致可分成双面空廊单面空廊、复廊、双层廊，其中最基本、运用最多的是空廊。

在西蜀古典园林之中，廊多被使用在园林建筑、园路、水体等园林要素之间，作连接穿插之用。形态长度各异的廊，既能连接单体建筑分隔的空间，起到便捷交通的作用；也能引导游人的游览路线，使园林空间富于变化；还能成为动态的赏景建筑，赏景视线随着廊的变化也迂回曲折，从而达到步移景异的效果。如杜甫草堂的杜诗书法廊（图3-1-31）、武侯祠的东西厢房（图3-1-32）和文武廊（图3-1-33）、崇州罨画池的比邻廊（图3-1-34）等。东湖的月波廊（图3-1-35），全长100余米，如折叠屏风，从瑞莲阁连篁溪小榭、怀李堂、冰玉轩和珍珠船，其布局流畅，建筑轻巧。西蜀古典园林中更多的廊单纯是作为园林造景的辅助，无单独名称。

图3-1-31　杜甫草堂的杜诗书法廊立面图

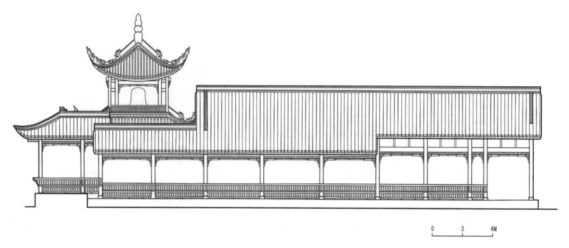

图3-1-32　武侯祠的西厢房西立面图

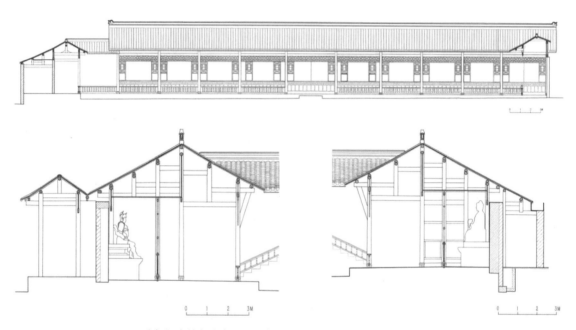

图3-1-33　武侯祠中的文武廊、武将廊立面图、剖面图，文臣廊剖面图（周文龙绘）

图3-1-34　罨画池的比邻廊

图3-1-35　东湖的月波廊

西蜀古典园林中廊的形式除了多采用中国古典园林常用的"长廊"外，还创新地使用了普通围墙、云墙、漏窗花墙等景墙的形式进行空间分隔和路径关联，这些景墙与各种园门相结合，形成"廊"的景象。这种构景在江南园林常见，而在西蜀园林中少有。这类廊的墙面常粉饰白色或红色或灰色，与竹林、乔木、攀缘植物形成斑驳之光影，使得景墙更具装饰性。景墙是具有防护功能的围墙、院墙、廊墙等的总称，其具有云墙、阶梯形墙、漏明墙、平墙等形式；按材料划分，景墙有砖墙、粉墙、石墙、版筑墙等类型；在园林中，景墙用以划分空间，同时以其平面的线形引导与控制游人的游览路线与视线，是园林造景的重要手段。景墙色彩多为红色、白色以及灰色，宜与园林环境谐调，这极大地丰富了园林空间和廊道形式，由此而了形成西蜀古典园林最具特色的红墙景名、曲墙云巷、红墙竹影等园林标志景观。

崇州罨画池中的曲墙云巷（图3-1-36）将罨画池、水榭隔断设小路，几经曲折，忽不见人影，有"疑无路"之感，放心走去，转过迷径，豁然开朗，使"又一村"景色突现。西蜀古典园林大都使用景墙点名，如杜甫草堂的景墙（图3-1-37）、望江楼公园（图3-1-38）、文君井（图3-1-39）、望丛祠景墙（图3-1-40）等均是如此，且形式多样。

图3-1-36　罨画池的曲墙云巷

图3-1-37　杜甫草堂景墙

图3-1-38　望江楼公园景墙

图3-1-39 文君井景墙

图3-1-40 望丛祠景墙

9）轩、馆、斋、室

轩在《园冶》中描述为："取轩轩欲举之意，宜置高敞，以助胜则称"，即轩为高敞，置于高处，增加园林景致。在西蜀古典园林中，"轩"接近"榭"的形制和功能，大多也临水。规模大小不及厅堂建筑，选址布局上也更为随意，不似厅堂般关键与考究，整体给人以轻快、随意的感觉。

成都杜甫草堂的恰受航轩（图3-1-41），取杜诗"秋水才深四五尺，野航恰受两三人"（《南邻》）之意而建，虽不为舫，但借境于杜诗，步入其中，颇有水中行舟之感。再如眉山三苏祠来凤轩，建于明嘉靖十七年（1812年），是三苏祠主要建筑之一。与飨殿、启贤堂和木假山堂从平面视角看，沿中轴线次第展开，布局巧妙。这四座建筑从功能来看是三苏祠的控制中心，统领全局。除此之外，还有罨画池的木樨轩、瞑琴待鹤之轩（图3-1-42）、东湖的冰玉轩等。

图3-1-41 杜甫草堂的恰受航轩

图3-1-42 罨画池的瞑琴待鹤之轩

馆在《园冶》之中为"散寄之居，曰馆，可以通别居者。今书房亦称馆，客舍为假馆"，即短时居住的地方称为馆，而书房也可称为馆。馆的功能，可居，也可读书、作画，其尺度宜人，空间灵活，形态不一定庄重，有时表现出欢乐的情趣。西蜀古典园林中的馆与轩一样，属于中等规模，虽小但气氛更轻松惬意，尺度宜人，布局也更灵活。具有代表性的数量不多，大多成为纪念馆之类，如望江楼有纪念薛涛的五云仙馆、罨画池纪念陆游的问梅（梅）山馆（图3-1-43）等。

斋本是斋戒的意思，后发展为建筑形式。在《园冶》屋宇篇中被形容为："斋较堂惟气藏而致敛，有使人肃然斋敬之义。盖藏修密处之地，故式不宜敞显。"在西蜀古典园林中，斋是修身养性之处，也是收藏之所，空间氛围更加收敛与静谧。因其建筑形式不高大显露，故而在西蜀古典园林中较少出现，有的如东湖的晚香斋。

室在《园冶》中有"古云：自半已前，实为室"，古制乃是指大厅的后一半，空间封闭作为室。在西蜀古典园林中，室的体量较小，整体空间感受与厅堂相比较为内敛封闭，往往作为园林中的辅助用房，加之其部分功能与馆相近，且蜀地对"室"也有"居室"之解，故而此类建筑在园林中也少有。其典型如成都望江楼清婉室（图3-1-44），三面通透，典型川西民居之风格，其红墙之上嵌入石碑11个，其中有薛涛道装像。

图3-1-43　罨画池的问梅（梅）山馆　　　　　　　图3-1-44　望江楼公园的清婉室

10）舫

舫是仿照船的造型在园林水体中建造起来的一种似船舟的建筑物，修筑于园林水滨，一般尺度较小，供人们在内游玩饮宴、观赏水景，身临其中，享受乘船荡漾于水中之感。舫在构造设计和布置时注重与水体的紧密结合，强调与船的神似，特别是在舫内视线的处理上，其与水体的结合方式大体有"点""凸""飘"三种。如童寯《江南园林志》中描述道"往往一部高起，有若楼船""或称为舸，亦曰不系舟"。西蜀古典园林之中的舫模仿江南园林船舫之形态，但更朴素自然，少繁复装饰，如新繁东湖的珍珠船、成都武侯祠的船舫（图3-1-45）、邛崃文君井的漾虚楼（图3-1-46）建于1913年，船舫式二层楼阁，登高可见全园景致。眉山三苏祠船坞（图3-1-47），建于1928年。船身有一株桂花树，恰似撑船的蒿竿，船身到船舱下二级楼梯。若登船舫上下踌躇不前，好像于峡谷碧潭中泛舟荡漾。

碑，《说文解字》云："碑，竖石也。"即石碑，石上刻着文字，作为纪念物或标记，也用以刻文告。秦代称刻石，汉以后称碑。碑是碑刻的载体，碑刻作为书法艺术的表达方式之一，其选材、雕刻技法与镌刻内容都与书法形式、碑文内容及表达的情感思想形神合一。古蜀时代就有大石崇拜，石已经被赋予了承载历史文化的景观语言。此后，西蜀古典园林中碑的运用更为普遍，主要承担着历史记录、地标说明等园林纪念性的功能。同时碑刻作为园林景色的点缀，具有文物、历史和艺术鉴赏价值，如三苏祠"南园"碑亭是集苏轼手迹碑刻的丰富宝库，碑亭内还竖有苏轼亲笔写的《马卷碑》《乳母碑》《柳州碑》等名碑。这些碑刻十分珍贵，百代过客，于此拓字者不胜其数。武侯祠的碑碣数量众多，大多有碑亭维护，其中最著名的"蜀丞相诸葛武侯祠堂碑"系唐名相斐度撰文，著名书法家柳公绰书写，蜀中名匠鲁建篆刻，后世称为"三绝碑"，留存至今，可见对诸葛亮文治武功推崇备至（图3-1-48）。杜甫草堂千诗碑（图3-1-49），将杜甫传世的一千四百五十五首诗歌全部完整书写（或摘句篆刻），是近代一项弘扬传统、普及国学、受益当下和造福后代的重要文化工程，也是中华优秀传统文化的一次有力实践与当代呈现。成都桂湖的碑林（图3-1-50）位于升庵书屋东侧，建于1990年，其中含有大量苏轼、黄庭坚、董其昌、石涛、何绍基等墨迹碑刻，尤为名贵，现存一百余

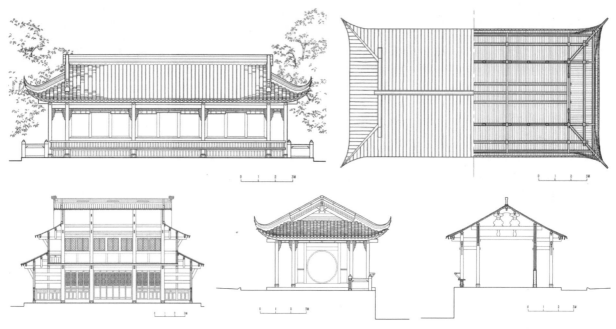

图3-1-45　武侯祠的船舫正立面、屋顶/仰视、正剖面、侧立面、侧剖面

图3-1-46　文君井的漾虚楼

图3-1-47　三苏祠的船坞

通。成都望江楼薛涛井为清康熙六年（1667年）由成都知府冀应熊手书"薛涛井"立石碑于井前。彭云苏先生《望江楼志》引旧《华阳县志》云："出东门城外三里许薛涛井，翰林院编修江西周厚辕书王建诗一首，末附己诗一首，乾隆乙卯仲春立此两诗碑，分在薛涛井三字左右旁，与薛涛井三字合为一碑，今存。"除此之外，还有眉山三苏祠的碑刻等皆为西蜀古典园林中碑之精品。

图3-1-48　武侯祠的唐碑、明碑

图3-1-49　杜甫草堂的千诗碑

图3-1-50　桂湖碑林

　　西蜀各代园林中还有很多碑刻作品组成系列，统一存放于"碑林"或"诗碑院"内，形成蔚为壮观的时空艺术景观。最为著名的当属桂湖碑林，碑林中几十通碑刻，堪称书法经典。其中明正德十一年（1516年）杨升庵撰书的《新都八阵图记》和道光十九年（1839年）绘制的《桂湖全图》等石碑，这是研究杨升庵和桂湖的宝贵资料。此外，碑林中著名的碑刻有《访太狂草堂》《送渊师归径山》等。这些碑刻不仅在书法史上鼎鼎大名，而且也增加了园林的历史文化内涵和审美艺术。

　　2. 装饰

　　蜀地大多建筑的建造均为就地取材，形式相对质朴简洁。一是民居类主要以川西民居为主，土木、砖木结构，青瓦屋面。建筑本身除了龙门、屋脊、门窗简单装饰之外，少有装饰，室内陈设除了家具，其余未作过多装饰。二是寺庙类、文庙类、陵寝类建筑遵循宗教和儒家等礼制特征，装饰依循章法约定俗成，并无大的差异，此处不做赘述。三是蜀地纪念名人类的建筑，除尊重规制礼制外，对建筑和园林文化空间的装饰极为重视，如对联、匾额、雕塑、碑刻、地面、桥梁、祭拜设施等，均形成了西蜀古典园林的标志特色。雕塑也是纪念建筑文化的思想外延，也是园林空间的精神地标，与整体空间融为一体，如杜甫草堂轴线上的几座建筑过厅内就仅有雕塑熏染氛围，也影响了整体环境的怜悯和历史悲壮之格调，故将雕塑也放在此节。各类不同功能的装饰构建、构造和符号是中国优秀传统文化的传承，是蜀地崇尚先贤、礼拜前人的文化教养的体现，更是西蜀各代园林造园思想和工匠精神的汇集。其装饰范围是全方位的，从建筑到园林，从墙壁到门窗，处处皆体现出造园者精心安排和巧妙设计，是西蜀各代园林艺术的重要组成部分。

1）漏窗、空窗、洞门

漏窗、空窗、洞门作为西蜀古典园林建筑中最重要的装饰元素，在满足实用功能的同时，对于意境表达起到了画龙点睛的作用，将造园思想和匠心艺术体现得淋漓尽致。

漏窗（图3-1-51），又叫"花窗"，通常是用砖瓦磨制镶嵌在墙面上，构成玲珑剔透的花纹图案，用以装饰墙面漏窗。漏窗作为园林中的点睛构件，具有形式造型多样化、意义表达符号化的艺术特色，同时具有采光通风、空间分割、视线通透的实用功能和装饰、审美、文化隐喻的艺术功能。在西蜀古典园林中，漏窗的形状（外形）丰富多样，大多为矩形、圆形、扇形、方形、多边形，也有少量异形，框内图案以单独纹样、连续纹样为主，拼花图案居多，也有一些动植物题材。材料多以木作、瓦做、砖做为主，也有泥塑成型的。窗位较高者，仅作围墙装饰和通风之用；窗位适中者，面积较大，用于空间内外景致渗透，扩大景深。

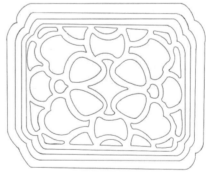

图3-1-51 文君井、望江楼、桂湖的漏窗

空窗（图3-1-52），又名"月洞""窗洞"，顾名思义，空空如也的窗洞，即为不装窗扇的窗孔，往往置于园林中的院墙、走廊和亭榭等建筑的墙上。在西蜀古典园林中，空窗有采光和通风的实际功能，强调点缀园景和组织风景画面，故"空"即留白，其"框"本身的材质、肌理、纹饰的艺术性就很重要了，相当于"裱画"。空窗的细部做法、构造与洞门相同，因形状不受限制，所以空窗比洞门更加丰富多样，而园林造景中的框景、借景、漏景大多也是用空窗来实现的。

洞门，即围墙内外供人出入的门，因为没有门扇，所以叫洞门。在西蜀古典园林中，洞门（或称门洞）数量甚多，是围墙（景墙）和建筑的构成部分。洞门特别讲究造型和引导性，造型景致形象、门框圆润细腻，甚至与门匾、对联、边饰相结合，且部分有门扇；同时也作为取景画框，起借景、框景之用。在洞门前后着意布置花木石峰诸景物，犹如画框中的图画小品，自然生动，而任何形状的洞门，两侧的墙体都很厚，所以洞门的直径较大，呈圆筒状，使人产生一种幽深之感。各式各样的洞门除了通行作用，本身也极具欣赏价值，它以丰富的形式给人带来了美的视觉享受，其形式对称均衡，平和稳定，如长方形、圆形（月门、月洞门）、花瓶形、宝瓶形、葫芦形、如意形等。如桂湖圆形洞门、罨画池的宝瓶形洞门（图3-1-53）。

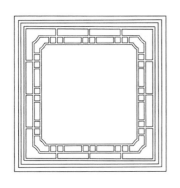 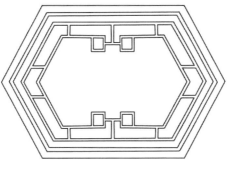 

图3-1-52　房湖、罨画池的空窗

  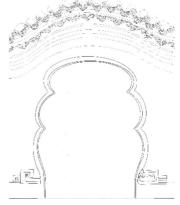

图3-1-53　桂湖的洞门（左1）、罨画池的洞门

2）室内陈设

园林建筑的室内陈设主要包括室内挂饰、室内摆饰、室内家具三大类。室内挂饰流行至今，其主要方法是在建筑室内的墙壁上或建筑空间之间悬挂屏、字画以及古琴等进行装饰，彰显主人的高远情趣，有间接抒情达意的作用。室内摆饰主要包括花卉、盆景、艺术品等。室内家具的摆设基本上沿用明清形成的家具摆放规制，通常以临窗迎门的桌案或室内隔断为中心，布置成组的桌案、几、凳、椅、台等，具有居家使用、宴会宾客的实用功能，再辅以挂屏、书画悬轴、盆景等室内装饰，极为讲究。

西蜀古典园林的各类陈设极为丰富，是显示古典园林相关内涵最为重要的一种展陈形式，包括室内或廊道的挂饰、摆饰、祭祀要素、家具、花卉等，其设计布置不仅满足当时人的生活起居所需，更是注重与建筑的协调和主人的喜好。当今为恢复和展示历史原貌、突出名人的文学贡献和历史功勋，都会重新布置和展陈千年以来的纪念物品，并结合时代要素，形成一套新的陈设格式，用以宣传传统人文精神和家风家教等中国优秀的传统美德和家国情怀。如杜甫草堂兰园将琴棋书画与兰草进行灵巧布置（图3-1-54），三苏祠、东湖等均将名人雕塑与室内其他陈设相结合，形成了浓郁的纪念氛围（图3-1-55、图3-1-56）。

图3-1-54　杜甫草堂室内陈设

图3-1-55
三苏祠室内陈设

图3-1-56　东湖室内陈设

3）栏杆

栏杆一般由望柱、寻杖、栏板等几部分构成，多用于高台、临水建筑、亭台楼阁、走廊等处，装于两柱之间或窗下等，既起到维护安全的作用，又是极好的装饰物。在西蜀古典园林之中的栏杆，根据材料主要分为木栏杆、石栏杆、竹栏杆、砖栏杆以及其他几种类型；根据空间可分为建筑栏杆和园林栏杆，建筑栏杆主要指不同楼层的栏杆，部分既保证安全又可以舒适坐靠；园林栏杆则包括桥梁、梯步、滨水、花园、文物保护等边缘以满足装饰、坐靠和安全功能。这些栏杆都具有物质和文化两种内涵，其中物质功能较为简单，即是提供安全保障和以坐与靠为主的休憩功能；文化功能主要包括造型美和寄情性。造型美是指无论何种类型的栏杆，皆具有相同的造型美法则。园林栏杆的造型要求与园林环境协调统一，使其在衬托环境、表现意境上发挥应有的作用。如崇州罨画池的半潭秋水一房山，两柱之间的美人靠，赏水观鱼，与望月亭遥相呼应，形成空间景深之感。寄情性则是指寄于诗情画意的情态性。西蜀造园者多为文人，园中设栏杆，一是讲究形制，辅以良好寓意；二是寄情于诗词，如薛涛《牡丹》："只欲栏边安枕席，夜深闲共说相思。"此外，还有造型美与寄情性相结合的类型，如陈家桅杆中忠义祠的石栏杆（图3-1-57）；广汉房湖城门之上的栏杆（图3-1-58）；武侯祠具有田园风格的精致竹栏杆保护绿地，装饰性明显（图3-1-59）；望江楼公园石桥栏杆，讲究形制，类似官帽或腰带，配以祥云图案，寓意明显，山石造景也起到了栏杆作用，极为巧妙（图3-1-60）；七曲山大庙也是如此（图3-1-61）；桂湖连接升庵祠的这处双孔桥栏杆随桥面空间变化而变化，不拘一格（图3-1-62）。

图3-1-57　陈家桅杆中忠义祠的石栏杆

图3-1-58　广汉房湖城门之上的栏杆

图3-1-59　武侯祠的竹栏杆　　　　　　图3-1-60　望江楼公园里的雕花石栏杆、山石栏杆

图3-1-61　七曲山大庙中的雕花石栏杆　　　　　　　图3-1-62　桂湖的石栏杆

4）装饰符号

符号，预示着一种人类所特有的想象力和智慧。符号并不是一种简单的记号或标记，而是对事物的定义，更是对政治、经济、文化、历史、宗教和民俗等的综合反映。在受自然崇拜、宗教影响、生育崇拜、崇文之风、博众僭越、休闲享乐和谐音传意等普遍意识影响，纹样题材通常涉及自然山水、飞禽走兽（祥禽瑞兽）、花果树木、卷轴文字、生活器物、人物故事等，它们根据装饰构件的功能形态要求，以不同的形式组合，经砌、磨、雕、镂等表达技法，重构在装饰构件上，形成装饰符号，传达吉祥观。西蜀园林传统装饰符号提示所在区域的独特历史和祖先留存下来的思想意识，是感知四川传统文化丰富性的重要途径，更是传承和发展西蜀文化特色的重要形式。西蜀古典园林之中的建筑装饰符号，通过视觉、触觉对游园者传情达意，充当了文化传承与发展的载体，具有建筑结构、建筑保护、传世记志的物质功能和厌避灾祸、祈福求祥、教化劝诫的精神功能。同时，这些变幻莫测、内涵丰富的装饰符号也极大地丰盈了西蜀古典园林的意蕴之美。以下图3-1-63至图3-1-82均为摘取本书大体系之一《西蜀园林传统装饰符号》中的部分符号。

（1）水纹装饰

图3-1-63　罨画池建筑飞檐的水纹

图3-1-64　望江楼公园桥栏杆的水纹、云纹

（2）冰裂纹装饰

图3-1-65　罨画池建筑门洞、窗花

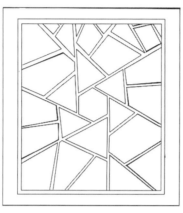

图3-1-66　望江楼公园建筑门扇

（3）植物纹装饰

图3-1-67　陈家桅杆屋脊脊线——葡萄纹

图3-1-68　罨画池建筑飞檐——卷草纹

（4）动物纹装饰

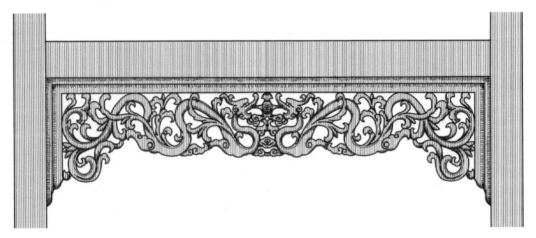

图3-1-69　元通古镇建筑雀替——龙纹

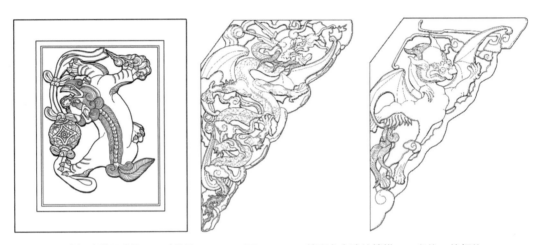

图3-1-70　流杯池墙面装饰——动物纹　　　　图3-1-71　德阳文庙建筑撑拱——龙纹、蝙蝠纹

（5）器物纹装饰

图3-1-72　杜甫草堂屋顶中花——瓶纹　　　　图3-1-73　陈家桄杆屋顶中花——铜钱纹

图3-1-74 罨画池墙面装饰——博古纹

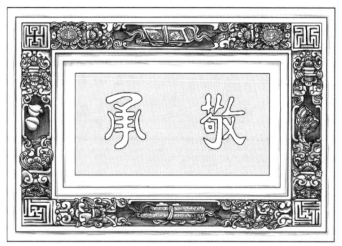

图3-1-75 东湖匾额——文房四宝纹

图3-1-76 陈家桅杆屋脊——兵器纹

（6）文字纹装饰

图3-1-77 罨画池墙面——寿字纹

图3-1-78 房湖棂星门——寿字纹

图3-1-79 德阳文庙
垂脊——回字纹

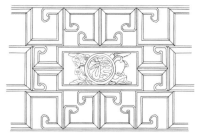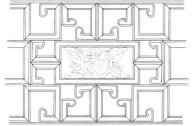

图3-1-80 元通古镇建筑窗花——福字纹

（7）人物故事纹装饰

图3-1-81　武侯祠——三国故事

图3-1-82　陈家桅杆——八仙故事

5）匾额、楹联

所谓"匾联"，即"匾额"和"楹联"的合称。其中匾额是挂在城墙、厅堂、轩斋或庭榭上的题字横额，汉代在门户上题字谓之"扁"，由此引申出挂在门户上的题字横牌也叫作"扁"；后来"扁"写为"匾"，双音词又叫作"扁牍""匾额"。楹联，最早起源于成都，是悬挂或粘贴在门坊或堂柱上的联语，又称为"对联""对子"。从形式上看，匾联语言精炼、文字对称、体制短小、结构灵活；从内容上看，匾联或直接点题，说明建筑名称，或含蓄隐喻，或雅或俗、亦庄亦谐，深藏哲理，令人回味，集教化、启迪、言志、咏物、抒情、娱乐于一体。在西蜀古典园林中，匾联运用广泛，亭廊楼阁、文物古迹、山墙桥门等方面，其材料多样，制作精良。这些匾联不仅体现出园林空间深厚的历史底蕴，串联了千年来人们纪念先贤的文学故事，凸显了园林场景的文化意蕴，也承载着西蜀地区灿烂的文化内涵。

成都杜甫草堂的正门挂有匾额"草堂"二字与楹联"万里桥西宅，百花潭北庄"一幅。此"草堂"二字，系康熙皇帝十七子果亲王爱新觉罗·允礼所书；楹联则选自杜甫《怀锦水居止二首》中的诗句，点明了草堂的地理位置。"万里桥"即成都老南门大桥，蜀汉时费祎出使东吴，诸葛亮在这里为他送行时说"万里之行，始于此桥"，因而得名，而"百花潭"在今浣花公园南龙爪堰附近。

成都武侯祠的昭烈殿匾额"业绍高光"与楹联"使君为天下英雄，正统攸归，王气钟楼桑车盖；巴蜀系汉朝终始，遗民犹在，霸图余古柏祠堂"。其中匾额中"高"指西汉开国皇帝汉高祖刘邦，"光"指东汉第一个皇帝光武帝刘秀，意指刘备继承汉高祖和光武帝的事业，其功可与二帝相提并论。楹联的上联源自陈寿《三国志·蜀书·先主传》两个关于刘备的典故。其一，曹操曾对刘备说："今天下英雄，唯使君与操耳。"其二，史载刘备幼时，屋篱东南角有一株桑树高五丈余，远望如皇帝出巡时的车盖，风水家认为此树非凡，刘家当出贵人；而下联意为巴蜀是汉朝开始和结束的地方，遗民还在，刘备的宏伟霸业余留下了古柏祠堂。联语之所以说"巴蜀系汉朝始终"，是因为史称刘邦创立汉朝，先从汉中还定三秦，然后统一天下，而刘禅在成都降魏，王朝才最后灭亡。

望江楼崇丽阁的楹联可谓天下第一长联，共212字，为清代钟云舫撰写，其上联为"几层楼独撑东面峰，统近水遥山，供张画谱。聚葱岭雪，散白河烟，烘丹景霞，染青衣雾。时而诗人吊古，时而猛士筹边。最可怜花蕊飘零，早埋了春闺宝镜，枇杷寂寞，空留着绿墅香坟。对此茫茫，百感交集。笑憨蝴蝶，总贪迷醉梦乡中。试从绝顶高呼：问问问，这半江月谁家之物？"下联为"千年事屡换西川局，尽鸿篇巨制，装演英雄。跃岗上龙，殉坡前凤，卧关下虎，鸣井底蛙。忽然铁马金戈，忽然银笙玉笛，倒不若长歌短赋，抛撒些闲恨闲愁；曲槛回廊，消受得好风好雨。嗟予蹙蹙，四海无归。跳死猢狲，终落在乾坤套里。且向危楼俯首：看看看，那一块云是我的天？"此联言辞华丽，用典丰富，文情并茂。其中，上联描绘的"画谱""葱岭"指龙门山，"白河"指白水江，"丹景"指丹霞山，"青衣"指青衣江，并以"雪""烟""霞""雾"突出蜀地山水的绚丽色彩和神奇的自然天象；而下联描写"英雄"，以"岗上龙""坡前凤""关下虎""井底蛙"分别比喻诸葛亮、庞统、李崇、公孙述等历史人物。作者凭楼怀古，惆怅忆昔，叹三国英雄，悼薛涛诗笺，更惜自己一片天地，成为千古佳话。

凡西蜀古典园林中建筑，几乎皆有匾联装饰，如新都桂湖的匾额（图3-1-83）、罨画池的匾额"问梅山馆"（图3-1-84）、陈家桅杆的匾额"皇恩祖德"（图3-1-85）、德阳文庙的匾额"道冠古今"（图3-1-86）、罨画池的启圣殿匾额（图3-1-87）。

图3-1-83　新都桂湖的匾额

图3-1-84　罨画池的匾额

图3-1-85　陈家桅杆的匾额

图3-1-86　德阳文庙的匾额

图3-1-87　罨画池的"启圣殿"匾额

6）雕塑

西蜀古典园林是中国古典园林中最大的名人纪念园林群，每个园林都有名人的雕像或塑像，不同的朝代都有雕刻于壁、雕塑于园，千年至今仍然如此。最早蜀地已经有古蜀时代的石镜、秦汉时代镇水神兽石犀、东汉李冰石像等雕塑作品，其已经具备了神灵的形象。民国前雕塑材料多为本地石材整体雕刻，近、现代除了石材、金属材料和复合材料外已经更为普遍了。杜甫草堂有明、清、现代多处石刻杜甫像、石雕群。其中遗存最早的石刻像是明万历三十年（1602年）石刻杜甫半身像，而最具代表性、感染力的是以现代雕塑大师刘开渠所塑杜胸像和中国历史博物馆雕塑家余庠所塑杜甫坐像（图3-1-88）。刘开渠先生以石膏为材料，仿青铜效果，像高85厘米，人物目光和五官都深刻地体现出历史的厚重感。余庠先生作品仍以石膏为材料，着古铜色，塑像高108厘米，人物身躯前倾，身形单薄，体现出杜甫一生贫病交困、郁郁不得志的经历。雕塑低头捋须，沉思苦吟的深情，亦体现出诗人忧国忧民的情怀。浣花溪公园内诗词大道两侧的雕塑以石雕为主，大部分在底座上标明人物及对应的诗歌，增强游客对的记忆，烘托浓郁的西蜀文化氛围。雕塑因石材的纹理使人物沧桑的感觉更加生动，与诗人坎坷的人生呼应。诗歌大道两侧有16位诗人形象，按照时间顺序依次排列，整条大道由诗人诗句贯穿始末，是具有西蜀文化氛围的园林空间。

图3-1-88　杜甫草堂铜像雕塑

图3-1-89　三苏祠东坡石雕

图3-1-90　望江楼公园薛涛汉白玉雕塑

图3-1-91　望江楼公园吟诗石雕群

为了造景和意境的需要，眉山三苏祠把苏轼、苏母程氏及八娘雕塑放于水中，令人肃然起敬。东坡盘陀坐像坐落于披风榭正前方三分莲池的中央，斜坐于水中巨石之上，再现了东坡的精神面貌，象征了苏东坡一生性格洒脱宽阔、半世造福黎民百姓的丰功伟绩，该雕塑其形象深入人心，形成了三苏祠的地标和典范（图3-1-89）。望江楼公园有一座由汉白玉雕成的薛涛像，塑像周围绿草如茵，薛涛似行吟于茂林修竹之间，颇具优雅和朦胧之美（图3-1-90）。吟诗楼玲珑秀巧，其中最大的亮点是一组雕塑群（图3-1-91），即为纪念女诗人薛涛与诗友吟诗唱和的神交意象场景，以此景衬托，展示女诗人薛涛的诗词歌赋书法等方面的艺术才华。其余如东湖、桂湖、罨画池、西山公园、宜宾流杯池、望丛祠、武侯祠、青羊宫、二王庙等都有不同的雕塑融入纪念环境中。

（二）植物造景

文震亨在《长物志》中曾把植物喻为"园林之容"。郭熙在《林泉高致》中说："山以水为血脉，以草木为毛发……故山得水而活，得草木而活。"草木使山有了生机。西蜀地区土地肥沃，植物种类丰富，植物种类选取和多样性配置受川西横断山脉和川西林盘植物群落影响较大，同时，蜀地千年形成的"竹文化""花文化"融汇其中，使"宁可食无肉，不可居无竹"植物精神成为西蜀古典园林重要的意向。西蜀自古栽花植木就颇为兴盛，杜甫曾称赞"晓看红湿处，花重锦官城""曾城填华屋，季冬树木苍"；诗人陆游游览青羊宫至浣花溪梅花盛开之景："当年走马锦城西，曾为梅花醉似泥。二十里中香不断，青羊宫到浣花溪。"这些古时名胜，通过诗人描述，千年咏颂，也影响了蜀地城市园林意境营造。花草树木在园林中的重要作用正如童寯老先生所说："园林无花木则无生气，盖四时之景不同，欣赏游观，怡情育物，多有赖于东篱庭砌，三径盆盎，俾自春迄冬，常有不谢之花。"

西蜀名园荟萃，古木扶疏，佳卉妖娆。西蜀古典园林中植物营造与中国传统园林植物造景一脉相承，讲究师法自然，着力营造自然而然的朴素野趣。配置手法较为古朴，除在庭院中、建筑旁采用孤植、对植外，大多用群植手法，形成山水画般的意境，让人感叹天然的美感。植物配置注重诗情画意和构图造景，呈四时之景，展示时序景观的变化。花木与山石、水系、建筑相和谐，收四时美景，纳花木百态，入园林生境、画境和意境。

西蜀古典园林植物造景各有千秋，各负盛名，或因历史典故为胜，或因名人诗句闻名。武侯祠因杜甫云"丞相祠堂何处寻，锦官城外柏森森"而遍植柏树；杜甫草堂以"风含翠篠娟娟净，雨裛红蕖冉冉香"而保持茂林修竹和亭亭荷花，其梅花、桢楠也为特色；新都桂湖因有"接天莲叶无穷碧，映日荷花别样红"的诗句和杨升庵手植桂花的典故，故形成了"三秋桂子，十里荷花"的景致。其他如望江楼公园、三苏祠的竹、罨画池的梅花等均具代表性。

1. 古树名木

古树名木是有生命的历史，其保护成就是一个地方历史地理的生态象征。蜀地历来都有保护古树名木的习俗，甚至制度，如剑阁县有一株古柏木两千年以来都受到政府的制度保障，形成了官民共护的历史机制。在风景园林中挖掘古树名木的历史、文化、生态等多元价值，使古树名木悠久的历史与园林景观交相辉映具有重要的时代意义。《园冶·相地》中尚有："多年树木，碍筑檐垣；让一步可以立根，研数桠不妨封顶。斯谓雕栋飞楹构易，荫槐挺玉成难"等记载，主张即使枯干朽木，也不应轻易挖去，而要采用"因境适树"，给老树缠以紫藤、凌霄等使其枯木逢春，蔚然成景。

西蜀古典园林常因人而园，名园名木。古树名木作为有生命的史书，不仅有其独特的文化内涵，更烘托出古典园林古朴高雅、悠久厚重的氛围，西蜀古典园林是蜀地保存古树名木最多、最好的地方之一。杜甫草堂的古树名木历经沧桑、树荫浓郁，可谓"乔木参天，虬枝拂地"，融自然景观和人文景观于一体，见证成都百年历史。杜甫营建草堂时，于百年古楠旁建宅，"楠树色冥冥，江边一盖青。近根开药圃，接叶制茅亭。落景阴犹合，微风韵可听。寻常绝醉困，卧此片时醒"，后楠木被暴雨拔起而毁，杜甫写下了《楠树为风雨所拔叹》："泪痕血点垂胸臆"，楠木的倒下，让杜甫悲痛不已，同时也感慨自己的命运也如楠木一般，怀才不遇，恨不逢时。杜甫情感从田园生活转向感叹乱世，"楩楠枯峥嵘，乡党皆莫记。不知几百岁，惨惨无生意"。明清时期人们开始有目的地在草堂内广植楠树、银杏等树种，如今已蔚然成林。大雅堂前古香樟在其上有5根榕树根，十分壮观。在树顶之上，榕树根环抱古香樟，两种树叶交替出现，景观奇特。藏经楼内有一对古银杏，其树顶所在位置是草堂的最高点，映衬在藏经楼古朴雅致的建筑群中，透露出历史美感；其挺秀的树干，衬以草堂的青瓦白墙，更显草堂厚重的历史文化底蕴和西蜀古典园林的秀美和雅致。草堂正门至大廨处两棵直耸云霄的古黄葛树、工部祠门前的古罗汉松、北门古香樟树等皆是草堂珍贵的古树名木。

青城山中古银杏相传为张道陵亲手栽植，距今已有一千多年历史，见证了青城山的历史变迁，是青城山的神树和镇山之宝；东湖园内有一古柏，相传由李卫公手植，在60年代尚有遗存，干粗达三四人合抱；西侧梅园中栽植的"龙爪苏铁"，超过八百年的树龄，至今仍生机勃然，形态奇特（图3-1-92）。

"丞相祠堂何处寻，锦官城外柏森森"——柏木是武侯祠园林特有植物，曾引起无数文人墨客慕名而来，吟诗撰联。柏树最初为诸葛亮和大臣们在惠陵陵园所植，杜甫的诗句将武侯祠与古柏融为一体，形成了识别地标，也成了武侯祠的文化符号。三苏祠中古树名木的生命历程既是苏东坡的艰难历程的体现，也是他对家乡故土的深情怀念的象征，这些树木见证了三苏祠的兴衰。三苏祠现存有银杏、黄葛树、乌桕、紫薇、黄荆等古树名木。南大门前两棵有着300多年历史的银杏，仍昂然挺拔，象征三苏父子的傲然节气。大门内左侧有一株黄葛树（图3-1-93），被称为"眉山第一树"，此黄葛树有上千年的历史，盘根错节的树根清晰可见。黄葛树原址为榆树，相传为苏洵亲手所植，后黄葛

图3-1-92 东湖的龙爪苏铁

图3-1-93 三苏祠的黄葛树

寄生在榆树之上，进而取代了榆树，体现了"榕抱榆"奇特现象。南大门处的古树，目睹了三苏祠及纱縠行街千年的变化，也象征着三苏父子挺拔、超逸的精神品格，万古流芳。

2. 常用树木

《花镜》曰："有名园而无佳卉，犹金屋之鲜丽人。"西蜀地区自然条件优越，气候湿润，河湖纵横，古树名木遍布，名花异草繁多，这都为西蜀园林的生物多样性和丰富的景观提供了得天独厚的条件。如桢楠、香樟、银杏、朴树、无患子、柏木、梅花、海棠、紫薇、芙蓉、桃树、松、竹、兰、菊、荷等，这些树种使用都很普遍。

西蜀古典园林中广植各种竹子，闻名全国的望江楼公园有"竹类博物馆"之誉，公园一百多亩的土地上大部分被"凤尾森森，龙吟细细"的竹林所覆盖。五百多个品种，争奇斗艳，成为主体景观。唐代诗人刘希夷在《蜀城怀古》诗写道"蜀土绕水竹"。宋代大诗人范成大在《吴船录》中记述成都郊外"家家有流水修竹""浓翠欲滴"。和对竹的青睐一样，蜀地自古以来有栽花养草之风尚，梅花、茶花、兰花、菊花、牡丹花、杜鹃花、紫薇花、海棠花、芙蓉花等都是西蜀栽培久远的传统花木。各种花卉与其他本土绿色植被交织在一起，展露出古朴粗犷而又繁花似锦的自然色彩。木土花卉同本土文化的结合造就了西蜀园林以竹和花为主的花木特色，这种有别于其他地区园林的特色，也正说明了西蜀园林的花木与西蜀文化所代表的人文精神关系的密切。

西蜀古典园林受到川西林盘生境影响，或直接位于林盘之中，使其园林内植物景观和川西林盘保持高度的一致性，呈现出郁郁葱葱、紧凑密实、四季分明的唯美景象。乡土树种是基本格调，诗情画意是园林氛围。园林背景树采用成林成片的形式进行群植，点景树或临溪傍湖，或搭配建筑，以突出万绿丛中一点红或摇曳生姿的个体之美。建筑前列植乔木庄严规整，片植的花乔缤纷灿烂、暗香浮动。西蜀古典园林中常用乡土树木见下表：

表3-1-1　西蜀古典园林常用乡土树木

序号	树种	科	属	拉丁学名
1	银杏	银杏科	银杏属	Ginkgo biloba L.
2	黄葛树	桑科	榕属	Ficus virens
3	楠木	樟科	楠属	Phoebe zhennan S. Lee et F. N. Wei
4	樟	樟科	樟属	Cinnamomum camphora（L.）J. Presl
5	黑壳楠	樟科	山胡椒属	Lindera megaphylla Hemsl.
6	柏树	柏科	柏属	Cupressus funebris Endl.
7	国槐	豆科	槐属	Styphnolobium japonicum（L.）Schott
8	皂荚	豆科	皂荚属	Gleditsia sinensis Lam.
9	红豆树	豆科	红豆属	Ormosia hosiei Hemsl. & E. H. Wilson
10	无患子	无患子科	无患子科	Sapindus saponaria L.
11	枫杨	胡桃科	枫杨属	Pterocarya stenoptera C. DC.
12	杜仲	杜仲科	杜仲属	Eucommia ulmoides Oliv.
13	朴树	榆科	朴属	Celtis sinensis Pers.

序号	树种	科	属	拉丁学名
14	刺楸	五加科	刺楸属	Kalopanax septemlobus（Thunb.）Koidz.
15	榔榆	榆科	榆属	Ulmus parvifolia Jacq.
16	麻楝	楝科	麻楝属	Chukrasia tabularis A. Juss.
17	罗汉松	罗汉松科	罗汉松属	Podocarpus macrophyllus（Thunb.）Sweet
18	喜树	蓝果树科	喜树属	Camptotheca acuminata Decne.
19	垂柳	杨柳科	柳属	Salix babylonica L.
20	桂花	木樨科	木樨属	Osmanthus sp.
21	女贞	木樨科	女贞属	Ligustrum lucidum Ait.
22	紫薇	千屈菜科	紫薇属	Lagerstroemia indica L.
23	海棠	蔷薇科	苹果属	Malus spectabilis
24	红梅	李亚科	杏属	Prunus mume
25	蜡梅	蜡梅科	蜡梅属	Chimonanthus praecox（Linn.）Link
26	木芙蓉	锦葵科	木槿属	Hibiscus mutabilis L.
27	玉兰	木兰科	玉兰属	Yulania denudata（Desr.）D. L. Fu
28	石榴	石榴科	石榴属	Punica granatum L.
29	核桃	胡桃科	胡桃属	Juglans regia L.
30	荷花	莲科	莲属	Nelumbo nucifera Gaertn.
31	慈竹	禾本科	慈竹属	Bambusa emeiensis L. C. Chia & H. L. Fung
32	凤尾竹	禾本科	簕竹属	Bambusa multiplex cv. Fernleaf Rob. A. Young
33	绵竹	禾本科	簕竹属	Lingnania intermedia（Hsueh & Yi）T. P. Yi
34	硬头黄竹	禾本科	簕竹属	Bambusa rigida Keng & P. C. Keng
35	孝顺竹	禾本科	簕竹属	Bambusa multiplex（Lour.）Raeusch. ex Schult. & Schult. f.
36	苦竹	禾本科	大明竹属	Pleioblastus amarus（Keng）P. C. Keng
37	毛竹	禾本科	刚竹属	Phyllostachys edulis（Carrière）J. Houz.

3. 特色花木

西蜀所有类型的古典园林中的植物造景均具有一致性，也具有特色性。一致性表现在：蜀地植物均质化使用，峨眉山、青城山、七曲山、龙泉山、长秋山等山地园林营造因地制宜，植物进行梳理、移栽，稍事人工即可，其古树名木数量众多也是这些园林的一致性特征；独特性是指：园林营造中各自独立文化的发展趋势影响，形成的园林艺术的独特性，植物也呈现一园一特色的情况，将花草树木的文化内涵、品格指向与该园林的内在精神相匹配，如受到"楠木林诗"影响的宝光寺已经形成了楠木特色，浣花溪形成了梅花特色等。

杜甫草堂植物营造还原了杜甫诗词中安静、闲适的林盘田园生活，其安居时作《为农》一诗："锦里烟尘外，江村八九家。圆荷浮小叶，细麦落轻花"，池中荷花为宁静的草堂增添了生机（图3-1-94）。草堂兰园以各类兰草为胜，从园门而入，约五亩的兰园古树繁茂，内有百平方米鱼池，池中一岛一亭，岸边堆砌点缀山石，翠竹掩映，其余便是满园的兰花，如蝉兰、蕙兰、春兰、素草，以及悬挂于树上、种在枯桩中的石斛等。全园芳香沁润，云雾缭绕（图3-1-95）。杜甫草堂还被公认为我国赏梅胜地。梅园位于草堂西北角，品种繁多，有蜡梅、红梅（图3-1-96）、素梅（图3-1-97）等数十个品种竞相争艳。杜甫亦被誉为"古今咏梅诗第一人"，如"巡檐索共梅花笑，冷蕊疏枝半不禁""梅蕊腊前破，梅花年后多。绝知春意好，最奈客愁何"。近年来园中开展了大量与梅花有关的专题活动，如"梅花妆""踏雪赏梅""梅花喜神谱""赏梅习俗""梅花书画"等。

图3-1-94　杜甫草堂里的荷花

图3-1-95　杜甫草堂里的兰园意境

图3-1-96　杜甫草堂内的红梅

图3-1-97　杜甫草堂内的素梅

陆游爱梅高洁，咏梅寄怀，"插瓶直欲连全树，簪帽凭谁拣好枝"，在成都浣花溪、罨画池等均留下了咏梅诗篇。杜甫的"东阁官梅动诗兴"，高适的"梅花满枝空断肠"，这都是在罨画池中赏梅之感怀，后世在罨画池内设"问梅山馆"，园内广植各种梅花。历史上罨画池以梅、荷著称，"三千官柳""百亩湖竹"的历史现场描述蔚为壮观。

望江楼公园内茂林修竹、竹径通幽，竹影婆娑、红墙竹影等传统竹林景观形成了公园的典型意象，为望江楼竹文化的传承奠定了物质和精神基础。作为全国竹品种最多的专类公园，拥有国内外200余种竹子，被誉为"天下第一竹园"，以丛生竹为主，散生竹大多数为集中栽培，并建有竹种园。建筑之后植竹作背景，湖池旁立竹为映衬，道路两侧植竹成夹道，广场间簇竹为庇荫，竹林与望江楼、与薛涛等文化景观相得益彰（图3-1-98）。

苏轼对种竹、写竹、画竹十分痴迷，"宁可食无肉，不可居无竹；无肉令人瘦，无竹令人俗"。其对竹子的精神建构影响了中国人的品格塑造。三苏祠内竹类品种丰富，与建筑、雕塑、山水形成完整的文风风骨之画面（图3-1-99）。

图3-1-98 望江楼公园里的竹　　　　　　　　　　图3-1-99 三苏祠里的竹

桂湖被誉为全国八大荷花观赏胜地和五大桂花观赏胜地之一，"红莲一朵千秋艳，金桂满城万里香"。夏日赏荷，红花绿浪；秋季赏桂，飘香万里。自1994年始，桂湖便有赏桂之习，年年如此，文景相融。

4. 川派盆景

川派盆景种植培育和制作历史悠久，相传始于蜀汉时期，诸葛亮管理国事，刘禅清闲之余在成都营建安乐宫专事花木盆景制作。他采用各种花木进行盘扎，用石料、木材做成各种盆钵，在其内栽植矮树配以山石，以体现奇峰危崖之感，并将所做的作品在建安宫内呈"八"字摆设以供观赏。此后，地方官员和绅士商贾家宅纷纷仿效，这种盆栽造景的庭院休闲形式也渐渐流传开来，逐步形成了盆景植物种植、销售以及几架木作、山石块料等盆景资材的供应体系。历代匠人涌现，大师辈出，逐渐融入中国盆景文化体系，自成一派，发展成为川派盆景。

川派盆景一般分为树桩盆景、水旱盆景和山水盆景三大类。树桩盆景主要以四川本地植物为素材，如罗汉松、金弹子、紫薇、银杏、六月雪等，以独特的棕丝盘扎，分为规则式和自然式。以规则式的十个基本身法为主要艺术特征的盘扎方法，枝法规律严谨，枝干曲折多变，大多以单株或数株植物为主，可以观形、观叶、观果和观花。水旱盆景较多地应用成形树桩和山石材料，通过组合布置，展现多种树桩等为主表现蜀地山水局部的主题景观；山水盆景则多以山石为主表现蜀地名山大川、奇峰异谷的整体性景观。

西蜀盆地，群山环抱，层岩叠嶂，奇峰异石，这些自然景观为创作山水盆景提供了素材和模式。西蜀地区具有丰富的石材和植物优越的条件，盆景艺术家采用绘画原理中高远、深远、平远的手法，形成西蜀盆景独特的地方风格。川派盆景在蜀地历代各类型的园林建设中都有较多的展现，现在西蜀古典名园中还保存有大量历史悠久、艺术价值极高的盆景实物。杜甫草堂盆景园是极具代表性的一座专类盆景园，现存有数件历代川派盆景大师的代表作品，如盆景园入口处李忠玉、甘如才合作——双松（图3-1-100）；杜甫草堂内的"蜀山秀色"为川派盆景的巅峰代表性作品，展现了巴蜀大地雄奇险秀的山川景色（图3-1-101）。杜甫草堂中，川派盆景及盆景手法的运用极为广泛，盆景本身的摆放，形成聚焦的观赏点，盆景艺术和手法直接指导了草堂的造园艺术。苍古的百年古梅、紫薇、银杏等或置立于亭旁，或斜飘于水岸，或立于假山古道，无一不凸显了古风雅韵、诗情画意。

图3-1-100　杜甫草堂内的盆景——双松　　　　　　图3-1-101　杜甫草堂内的盆景——蜀山秀色

都江堰离堆公园也有大量的川派盆景。其中典型代表是张松银杏，相传为三国名士张松亲手所植。唐代中式镂空花瓶造型的古桩紫薇以及宋代镂空的紫薇屏风至今仍保存良好，每到夏季，繁花盖顶，叹为观止。

武侯祠的听鹂苑位于武将廊之西，取自杜诗"隔叶黄鹂空好音"，东侧有山水盆景一座。听鹂苑左侧为香叶轩，轩侧有"静香径"长廊，内设盆景花卉，幽静芬芳。苑内七座大型树桩盆景位于院落四个要点处，构成听鹂苑的主要观赏点，其余千百盆中小型盆景，千姿百态，竞相争艳，泱泱大观（图3-1-102）。

三苏祠现存清代的木假山堂，是一座枯木质山峰顶立的造型假山。据传当年苏洵偶然得到几件乌木，形似一组自然天成的"木假山"，因而深爱之，并写下《木假山记》，赞誉中峰奇伟瑰丽，两侧俊秀挺拔，如人不谄不骄，因此而为世人广知。当年苏洵所得木假山已不复存在，现呈放的为清代眉山书院主讲李梦莲所赠。

望江楼公园以竹为特色，在薛涛纪念馆中，以竹石制作的盆景常常能引人注目，这些特色盆景通过与园内的竹类搭配，融合园内文化艺术，更体现出竹类高雅清洁的文化韵味。

广汉房湖中也有一处著名的川派山水盆景（图3-1-103），位于棂星门前，以沙积石为主要材料，经过精心选择和加工造型，展现悬崖绝壁，险峰幽壑，所谓"一峰则太华千寻，一勺则江湖万里"，这种"缩地千里""小中见大"的艺术造型，巍峨雄伟。

图3-1-102 武侯祠与环境融为一体的盆景　　　　　图3-1-103 房湖的川派山水盆景

图3-1-104 罨画池、望丛祠、望江楼公园、桂湖盆景式景观

　　川派盆景艺术在西蜀古典园林里面的应用极广,作为一门独立的造型艺术,无论是孤芳自赏,还是盆景联展,都极具观赏价值和文化价值。其艺术内涵和制作手法不仅影响了园林本身,处处起着点睛和烘托主题的妙用,也推动了西蜀园林的造景艺术发展,如采用盆景艺术和技艺指导了大型假山的堆叠,形成了类似山水盆景的园林景观,如文君井、罨画池、武侯祠、东湖、桂湖、陈家大院、青城山、宝光寺等园林中均有明显表达(图3-1-104)。

(三)山水布局

1. 水系

以成都平原为中心的四川盆地,河流众多,人居环境均为因水而生、因水而兴。公元前256年,秦任蜀郡守"蜀守冰凿离碓,辟沫水之害,穿二江成都之中"。从此,西蜀成为富庶之源,灌溉良田数千万亩,孕育西蜀雄秀奇景,传承西蜀璀璨文明,造就"天府之国"。园林选址建造与分布均依水靠水,一方面是对良好水利资源的顺应利用,另一方面是成都水系周边环境优美,景色宜人。古人云"水生民,民生文,文生万象",流经成都平原的江河滋生了丰富的水文化,包括治水、用水、敬水,水利万物,水润成都,西蜀古典园林也得益于水才具有了诗人的灵性,才有了诗情画意。

《成都园林志》记载:"成都平原缺少像皇家园林和江南园林那样的叠石材料,但是因成都地区多浅丘平原,降水丰沛,河流众多,湖池星罗棋布,所以水景成了成都园林重要的景观。"西蜀园林因其独特的自然条件,给不同类型的园林提供了不同的山水基础。寺观园林大多依山傍水,自然成势。祠宇园林多位居平原,以江流为源,顺势引入活水,依水而居,或挖泉设湖,营造人工山体,增添园林自然生机。如望江楼借锦江长流而高耸河畔,杜甫草堂借浣花溪植物茂盛,水从门前过,可泊万里船,亦无须耗时费力理水,也能自然天成。

西蜀古典园林追求"师法自然""自然而然""顺势而为",造园和理水就是一次自然做功、生产劳作的过程,不加过多的修饰。部分园林中河、湖、池、塘、沟渠、泉、瀑等较为齐全,具备了水系的丰富性。《成都园林志》所记:"在园林的内部,水景也是成都园林中最重要的景观之一。大多不去叠石造山,而是以水造景,园中池沼众多,著名的如万岁池、摩诃池、浣花溪、江渎池、东湖、桂湖等,可谓无水不园。"

1)江、河

成都平原的水文化促进了西蜀古典园林的造园发展。先秦以来,水利工程的动态变化和逐年成熟,都是西蜀古典园林水文化的累积。造园者都善于将途经的水系巧妙引入园林空间,进行艺术加工,形成了委婉曲折、幽暗灵动的自然山水园林特征。杜甫草堂就是利用浣花溪水系的佳例,既满足了生产、生活功能,又赋予了浣花溪千年的历史魅力。草堂是一个三面环水、一面临壑,花木葱茏、景色秀丽的村落,"浣花溪水水西头,主人为卜林塘幽"(杜甫《卜居》),"清江一曲抱村流"表达了杜甫悠然自得与闲适的川西林盘生活情趣,溪水、池塘、河岸、花草、老农等组成了朴野灵动、清幽美好的画面(图3-1-105)。

图3-1-105　浣花溪水水西头

图3-1-106　锦江河畔的望江楼

都江堰二王庙和乐山乌尤寺位于岷江边，耸立高山绝壁，面对碧波起伏，给人以"振衣千仞岗，濯足万里流"的雄阔气象和蓬勃生机。望江楼公园的崇丽阁、濯锦楼稳居江岸，与锦江风物浑然一体，刚柔并济。楼上对联为千古绝对："望江楼，望江流，望江楼上望江流，江流千古，江楼千古。"道出了江与楼的千年绝唱（图3-1-106）。

2）湖、池、潭

成都早期城市建设都是掘土筑城，因此会产生很多坑洼，并随降雨形成很多大小不一的湖泊、池塘之类的水体。其中一些被赋予了园林属性，通过引水造园，修筑亭台，引来文人无数咏叹，成为历史上著名的园林胜景，如千秋池、龙堤池、柳池、摩诃池等，惜已不存。西蜀古典园林多数都会引水筑堰、掘池造湖，并形成以湖面为中心的园林格局，围绕湖面布置亭台楼阁。湖与池，本有大小之异，但在蜀地仅有称呼之别，其他运用除文庙为"泮池"，其余并无讲究，如东湖中有瑞莲池。潭面积偏小，且多在山区，园林中也有"荷塘"之塘。湖和池的大水面以较为规整的方形为主，整体上也有聚有分，多采用自然式土石岸；小水面形状或为自然式，以条石垒砌成石岸，如杜甫草堂（图3-1-107）、武侯祠（图3-1-108）、东湖（图3-1-109）均是如此。东湖全园以湖为中心，布局分明，林水相间、溪湖相接。桂湖修建最早可溯至两汉时期，卫常在此凿湖修堰，修水利以灌溉民田，故后谓："卫湖"。全院以水景取胜，以"湖"为重，亭台楼阁散布于湖边，相辅相成（图3-1-110）。房湖阔达数百亩，也是以"池"为中心，"决渠信浩荡，潭岛成江湖"（《题汉州西湖》）。整个园林中部以湖面为主，南北向假山将湖面分为东西两片水域，西部水面为房湖，东部水面称荷花池。望江楼公园也有较大湖面，相对茂密的竹林空间则产生了较大的留白（图3-1-111）。罨画池引水造园，因水得景，通过"三折廊桥"巧妙地分割了内外两个湖面空间（图3-1-112）。

图3-1-107　杜甫草堂水面

图3-1-108　武侯祠水面

图3-1-109　东湖湖面

图3-1-110　桂湖湖面

图3-1-111　望江楼公园湖面

图3-1-112　罨画池水面

3）沟渠、溪涧

　　西蜀古典园林中的沟渠，颇似《园冶》中所说的"涧"，即一种带状水面，它以形体的连续性造成引人入胜的感觉。西蜀的沟渠形状一般取平直之形态，沟渠纵横，表现当地乡村的自然风貌。溪涧则为泉瀑从山间流出的一种动态水景。溪涧宜多弯曲以增长流程，显示出源远流长、绵延不绝，常采用自然石岸，以砾石为底，溪水宜浅，可数游鱼，又可涉水。青城山溪涧丰富，理水因地制宜，在登山途中常会听到溪涧流水声，水边的亭、阁、桥多为原木留节带皮为柱，切实地体现了道教"天人合一"与"道法自然"的思想。草堂理水，按照乡村沟渠水系纵横之形态，取其田园自然风光之神貌；沟渠巧妙地穿插渗透在正门与大廨间、诗史堂与柴门之间，茅屋前池塘与"南邻""西岭"之间，使得纪念祠宇气氛更显生动，于整齐中生出变化（图3-1-113）。曲水也是溪涧的一种，宜宾流杯池的"曲水流觞"就是以自然山石采用理涧法做成的，望江楼公园也有如此立意（图3-1-114）。虽有用水之便捷，但亦有所管控，大多流经之水渠为城市生活和农业灌溉之用，因此水渠景观往往也体现出了田园之境况，甚至设有管水、控水之设施（图3-1-115）。

图3-1-113 杜甫草堂沟渠

图3-1-114 流杯池、望江楼公园"曲水流觞"

图3-1-115 园林中的灌溉管控沟渠

4）泉、瀑

西蜀古典园林中的泉、瀑、潭多位于自然风景区，这些地区的寺庙园林既可借景自然瀑布景观，亦可依山势、顺崖壁开凿水道，形成飞流泉瀑为景，如峨眉山和青城山均有飞瀑、泉、深潭等景观。但成都平原地势平坦，其间园林只能依靠人工措施实现飞泉、瀑布之景，如武侯祠中的叠山落水、罨画池入口的假山瀑布、三苏祠多处瀑布，以及杜甫草堂的"西岭落水"均是山石堆叠后人工给水，结合盆景艺术，才能模拟自然流水，实现动静结合。"假山当依水为妙，如果高峰处不能注水，麪熟无水就缺少了生意。因此山水相依，一动一静，一刚一柔。"武侯祠香叶轩前假山，山体植物茂盛，假山水景是园林水体的端头。从入口小门进入，经一石桥，便能看到假山瀑布的整体景色（图3-1-

116）。罨画池入口处的假山石由红砂石堆叠而成，出水口掩映在植物之中，让人只闻其声不见其形（图3-1-117）。

草堂茅屋向西，有叠山瀑泉、山石飞瀑之景色。自然山石的堆叠使飞瀑顺流而下，瀑布自假山流于潭间，于茅屋处闻潺潺流水声。观景之时，颇有"窗含西岭千秋雪"之意景，仿佛将远方的西岭浓缩于此，使人不知水源在何处。其形似境更深，生动地描绘出一幅水墨淡彩的写意画（图3-1-118）。

图3-1-116　武侯祠山体飞瀑　　　　　　　　图3-1-117　罨画池飞瀑　　　　　　　图3-1-118
　　　　　　　　　　　　　　　　　　　　　　　　　　　　　　　　　　　　　杜甫草堂假山瀑布

2. 山石

中国古典园林是一种特定的山水模范表达，人们通过风景园林再造自然而寄情于山水。一方水土，不同地域的自然审美都有较大差异性，但对于山、石却具有趋同性，"一池三山"就是最早进行造园思想的体现，人们一直以来都有崇拜和欣赏名山名石的习惯，甚至出现太湖石艰难北移的历史现象，宋徽宗、清乾隆等都对天下名山名石推崇备至，可谓"无园不石，无石不园"，还有众多园林以石而出名，不胜枚举。计成在《园冶·掇山》中写道："蹊径盘且长，峰峦秀而古。多方景胜，咫尺山林，妙在得乎一人，雅从兼于半土……欲知堆土之奥妙，还拟理石之精微。山林意味深求，花木情缘易逗。"西蜀古典园林道法自然，向往"雄、险、奇、峻、幽、秀、静、秘"的山水特征，讲求"虽由人作，宛自天开"，叠山置石则更追求"外师天下名山之造化，中得西蜀造景之心源"，山石营造亦追求"归真、反璞、守拙"的哲学思想。

蜀地石材虽无江南园林山石之名贵和精致，但却极具地域性和创造性。整体造园思想受到江南园林影响，在山水关系、山体综合要素等方面进行了借鉴。西蜀古典园林中假山类型多样，形式自然而随意，有挖湖而堆成的土山、叠石而成的石山、土石相间或鹅卵石镶嵌的土山等，造型遵循山体自然规律和机理特征，结合周边环境，营造多姿多态的山形态势，手法极为讲究。特别是挖湖之土石堆山，用鹅卵石甚至砖材来进行固定和模拟假山纹理。这些都是西蜀古典园林堆土造景的鲜明特色，"自成天然之趣，不烦人事之工"。另一大特色是川派盆景大师参与了山石景观营造，将蜀山神韵熔铸于园中，增加园景层次，山水互借，相得益彰。清后期开始使用水泥等材料进行造山，至今各类综合材料进一步广泛使用，但都是在模拟真山之气韵。

据文献记载，最早的石假山是汉武帝时茂陵富商袁广汉在私园"构石为山，高十余丈"。但根据当时仿祁连山而建成的霍去病墓来看，那时的石假山只是以石包土，而且石头间并不粘接。这里也提到了石包土，说明这种造山习惯一直存在。唐代孙位随唐僖宗入蜀，在其《高逸图》中绘有湖石假山和钟乳石假山。《蜀中名胜记》引《丹渊集》中记载，后蜀孟昶园囿中多巨石，"质状怪伟，势若飞动"。

1）自然山体

寺观园林基本都位于风景优美的名山大川之中，如峨眉山、青城山、长秋山、龙泉山等，自然山水条件都得天独厚，寺庙建筑背靠大山、融入山林，这些山本身就是心中的象征和理想。在山涧路旁，绝壁陡崖，一些自然山石被赋予了宗教灵魂，寄予了希望，或刻字，或雕刻图案图像等。峨眉山中一些巨石既无灵异传说，也无独特形态，但仍然是山中重要的景观。这样的审美可能一方面来源于古蜀人对巨石崇拜的延续，另一方面可能是山区使用巨石作为地标的需要。具有特殊形态的象形巨石也是峨眉山的特色，如"牛心石"是一块形状和颜色与牛心相似的岩石。

2）堆土为山

蜀地造园土山居多，少叠石假山。土山之材来源于挖湖或园中其他地方所得，通过人工堆土加固成型，来体现西蜀山的地理地貌。以土地为基，上小下大保持土山平衡，山上可零星点缀的石块或以砾石镶嵌，用来固定土壤。新繁东湖有一山名"蝠岩"，其形状如蝙蝠，故取名蝠崖，以"蝠"寓意"福"，相传为李德裕为宰相时所堆成。根据五代的《北梦琐言》"于土中得一蝮，径尺余，乃投之水"的记载，说明"蝠岩"是当年挖池堆土而成。北宋《新繁县东湖瑞莲歌》又有描述"火云烁尽天幕腥，水光弄碧凉无声。荷华千柄拂烟际……"足见当时池面并不小，由此推断所垒之山应不会小。若非人为原因导致山石搬动，只经元明两代，所垒之山也不至于消失。因此，我们今天所见之蝠岩为李德裕所垒应是可信的。城墙拆除时所剩砖石用以包裹山体，凸显唐代"以壮为美"的鲜明特色，每块砖石何处产出、文号等均有记载。岩上设有见山亭，是园区的制高点，可观南北园之全景，采用对景的手法，与怀里堂隔湖相望，遥相呼应。"蝠岩"所垒年代久远，其山脚用鹅卵石相嵌合或砖石围护，十分古朴。我们依然可以从中观察到西蜀古典园林创造性的假山做法（图3-1-119）。

图3-1-119　东湖蝠岩假山

图3-1-120　桂湖翠屏山假山

桂湖中的翠屏山（图3-1-120）是一座以小鹅卵石满覆盖土层而形成的川派假山，山体也点缀了砖石、陶器碎片、钟乳石等多样化的材料，手法不拘一格，质朴之极，又浑然一体，妙趣横生而独具魅力。整个山脉体量宏大，高低起伏，巧妙地分隔了不同的园林空间和层次。此山为清道光十九年（1839年）所建，给人群山峻岭之视觉感受，是"桂湖八景"之一。这座假山对西蜀古典园林甚至整个中国园林都具有特殊意义，是全国唯一的一座以鹅卵石完成主体结构的清代鹅卵石假山。

3）竖石为山

西蜀古典园林"园林叠山用石多就地取材，简阳一带的花岗石，中江一带的黄石、青石等应用较多"，也多选用岷山河谷或滩涂之卵石、砾石、青石、黄石等，山涧洞隙之钟乳石等，平原埋积之砂积石、卵石等，较少运用外地的石材。在川派盆景艺术家的指导营造下，主要采用砂积石、钟乳石，辅以红砂石、卵石等材料。堆土为山和竖石为山都是西蜀古典园林人工造山最独特的手法。一般先结合园林空间，布置山体走势，综合考虑与水体、建筑等交叉关系；然后采用红砂石、砖材等做好基础和轮廓，做好稳固预判，最后采用条状钟乳石或砂积石进行正式营造。这些石型都是竖直向上，形成林峰联排、气势恢宏、峰回路转、洞庭梯阶的群山效果（图3-1-121），如罨画池、文君井、望江楼公园等都具有庞大的山体在园中延绵逶迤，道路、山洞、石梯、亭台等融入其中，至今留存完好。

图3-1-121　西蜀古典园林竖石为山示意

罨画池内大型钟乳石假山，山形连绵，层次错落，整体峥嵘林立，草木遍布其中，很好地把水体、建筑、道路进行了串联与分隔，是目前西蜀古典园林中保存最完好的大型假山之一（图3-1-122）。桂湖中除翠屏山以外，还在拐角处，荷岸边乃至建筑周围竖石造景。桂湖北门入口，有一座如屏般红墙，取障景之妙，于中间最大的空窗之后群置钟乳石，以窗为框，作天然画卷。越过景墙，从后而观，可见群石模拟万壑千岩，颇有磅礴之势。文君井入门临假山一座，将园中景致玩于眼前，此列障为屏的手法在古典园林中实为罕见。大假山由钟乳石堆砌而成，怪石林立，峰峦嶙峋，从小道蜿蜒而上，或从山洞盘旋而行，景色随曲折小道而异同，光线随高低洞穴而明暗，给人以神秘莫测之感（图3-1-123）。

图3-1-122　罨画池琴鹤堂假山

图3-1-123　文君井大型假山（上右、下图）

4）置石为山

西蜀古典园林中的置石布局大气，采用散置和群置的手法，随势而置，或用以分割空间或引导游览路线，或作为园林入口的对景、障景等。散置一般是根据特定的空间需求，放置一块或数块石头作为点缀，这类置石布局简单，主要体现石头本身之美；群置则指具有一定数量的石头，依据美学原理和石头特性进行组景，形成山体。川西平原不同于山区，大型石材取之不尽，因此置石较为谨慎和保守，大都还是堆土、竖石是为主，即便使用，数量也较少，一般会用来作点景、雕刻之用。草堂为了满足民众的游赏习俗和先贤崇拜心理之需已经成了一种开放性的公众场合，各种置石极为精彩，数量多，雕琢也多出自名家（图3-1-124）。浣花溪公园内的置石与蜀地历史、诗歌、典故等西蜀文化结合，将文字镌刻于置石上，让人领略西蜀诗歌豪情雅志，阐明园内文化主题和人文情趣（图3-1-125）；武侯祠中孤赏置石（图3-1-126）；步入文君井大门，即刻看见群山之下《凤求凰》刻石：

"凤兮凤兮归故乡，遨游四海求其凰"，开门见山，一目了然（图3-1-127）；三苏祠利用原有山体，在山上群置数块石头，形成新的景观"峰回路转"，更为聚焦，算是锦上添花之举（图3-1-128）。

图3-1-124 杜甫草堂置石

图3-1-125 浣花溪置石

图3-1-126
武侯祠"喜神方"置石

图3-1-127
文君井"凤求凰"置石

图3-1-128 三苏祠群置山体

西蜀古典园林中还有很多作为主景的置石，善于结合西蜀历史、神话传说、民间民俗，赋予石头神秘的感情色彩。成都武侯祠主园门右侧有一方巨石刻有"三国圣地"，彰显地标；院内也有一方巨石上刻着"喜神方"三字，是西蜀近200年来传统的民间"游喜神方"习俗地点之一。游喜神方的民俗可以追溯到宋代，成都某些道教宫观中流行喜神、喜神方的观念，并经常举行"接喜神"等活动，一年之初，游喜神方，易得喜神福佑，保佑人生吉祥如意。因此人们以能烧到第一炷香、能喝到武侯祠的早茶为最吉。

（四）园林路景

1. 园路

西蜀园林中的道路一般是顺应地势而建，既不宽阔，也不加装饰，铺地基本都采用石板，也有少数采用青砖和卵石铺地的，但图案简单。罨画池园路，青石铺地，绕湖四周，整体风格简洁古朴，湖面北侧的环湖园路由青石板铺路并以卵石镶边，两旁古树参天，形成了浓荫密闭的氛围。望江楼公园、杜甫草堂、武侯祠等主园路都采用青砂石板，铺设规整，有极强的韵律感，与竹林景观共同形成竹径通幽的园林意境，也成为西蜀古典园林一大特征，如图3-1-129至图3-1-131所示。

图3-1-129　望江楼公园园路

图3-1-130　杜甫草堂园路

图3-1-131　武侯祠园路

以两红墙相夹形成甬道的形式，曲折蜿蜒，约3~4米宽，墙仅2米高左右，墙外翠竹优美地弯曲，远高于红墙。红墙夹道形成的优美纵深路径，宛若规制峡谷，墙壁光影婆娑，变幻无穷，两侧竹林遮天蔽日，意境深邃，引人入胜。"红墙竹影"同时也是西蜀古典园林典型特征，杜甫草堂红墙夹道，因"花径不曾缘客扫"的诗句而取名"花径"。

西蜀古典园林园路、庭院等地面铺装少有精致烦琐，甚至土石路面都还存在，体现了随性、自然、朴质的造园理念。文君井的园路和庭院还大量使用邛崃本地的陶瓷碎片进行铺贴，凸显了乡土本质特色（图3-1-132）。三苏祠全园主要也是石材和青砖铺地（图3-1-133）。

图3-1-132　文君井庭院陶片铺地

图3-1-133　三苏祠庭院青砖铺地

2. 园桥

成都古桥数量极多，每一座桥都是一段历史记忆，不仅彰显了成都富饶浪漫的城市形象，承载了无数名人的精彩往事，还具有浓厚的文化底蕴，如九眼桥、驷马桥、升仙桥、玉带桥、万里桥、洗面桥、安顺廊桥等。这些石桥也是成都建城史上的辉煌成就，其形制、材料、内涵都直接影响了西蜀古典园林的园桥营造。园林中并无大水、阔水，水系也仅为观赏和灌溉之用，故园桥都小巧精致，赋予了其独特的造型和传统文化内涵。《园冶·相地》中有"架桥通隔水，别馆堪图"的描述，园桥既可联通两端，还强化了空间条理，使水、桥、建筑、植物等层次感与进深感进一步凸显，也是传统园林诗情画意的要素。如三苏祠长桥和桂湖双孔石桥（图3-1-134、图3-1-135）。武侯祠内的桂荷桥漂浮荷塘之中，荷香馥郁。明嘉靖年间，杜甫草堂新增"存梅亭"，于两亭间凿池。巡抚刘大谟又在其基础上，"沿池加以栏槛，桥其上而屋焉，更引百花潭水流于下，植荷数本。凡亭之未备者，咸葺而新之"（刘大谟《草堂别馆记》）。园林中的园桥多以石桥为主，少有木桥，造型主要有平桥、折桥（图3-1-136、图3-1-137）、曲桥、拱桥（图3-1-138）、廊桥等。《园冶》中记载："疏水若为无尽，短处通桥。"崇州罨画池中问梅山馆东侧三曲廊桥，名"飞虹桥"，桥体分为三楹，为了桥下能通过小船，中间一楹抬高（图3-1-139）；桂湖也有一座小青瓦卷蓬式木结构廊桥，连接升庵祠与湖面南岸的杭秋；广汉房湖公园连接两端的石拱桥，增加了水景的层次感和水面的宽阔感；眉山三苏祠

图3-1-134　三苏祠长桥

图3-1-135　桂湖双孔桥

图3-1-136　杜甫草堂折桥

图3-1-137　东湖折桥

中的桥亭——百坡亭，不仅点缀了园中景色，也是观鱼、赏荷的好地方。园桥栏杆形式和装饰也别具一格，有"梅兰竹菊""鸟兽虫鱼"等多种纹饰，承载了使用者的理想，丰富了园桥和整体空间的艺术形式（图3-1-140）。

图3-1-138　三苏祠石拱桥

图3-1-139　罨画池廊桥

图3-1-140　园桥栏板形式与装饰纹样（《西蜀园林传统装饰符号》）

（五）园林意象

西蜀古典园林具备与中国古典园林一致的表现物质意象和传达诗情画意的意境，都是模范自然山水、直抒胸怀，且对山、水、植物、建筑、地形等物质构成要素的运用具有明确的意境指向性，如"竹径通幽"之"竹"，"曲径通幽"之"径"，"三分水二分竹"之"竹""水"，"三千宫柳，百亩湖竹"之"柳""竹"等都将物象进行了诗意组合，形成了中国传统园林文学特色。川西林盘是蜀地典型的聚居区，其自然环境历经数千年的人类活动干扰，形成了和谐稳定的人居环境聚落，环境物质要素如竹林、民居、沟渠、田地等具有浓郁的地域美学象征，构成了蜀地典型的意象和意境，西蜀古典园林置身于其中，也保持了意象的一致性，由于文人雅士的文学迭代垒积，逐步形成了独具区域特色的西蜀古典园林意境。

1. 植物意象

1）茂林修竹

西蜀古典园林植物种类多样，高大茂密，整个园林郁郁葱葱，四季分明，高大乔木与建筑、竹林、山石等形成隐约的动态画境，尤其是在成都平原，植物呈包裹组团状，突兀醒目，由"树林"和"竹林"构成了明显的"茂林修竹"之意境。这种良好的园林生境和组合形态与川西林盘典型意象是一致的（图3-1-141、图3-1-142）。

图3-1-141　川西林盘竹、树景观意象

图3-1-142　西蜀古典园林竹景观意象

"宁可食无肉，不可居无竹"，"竹"是西蜀古典园林植物意象最具代表性的文化景观。每个园林都有竹子种植，且种类多，种植形式多样，呈现出竹径、竹廊、竹海、竹墙、竹影、竹画等景观意象，与建筑、水体、石头、围墙、树木等艺术构图，形成如"粉墙竹影""红墙竹影""竹径通幽""茂林修竹"等经典意境。景观的营造上，一方面注重竹子品种选择，突出观赏特性，体现造景手法的变化，彰显其美学价值；另一方面，通过与多种造园要素的合理配置营造出雅致的人文画面，实现物、境合一。修竹多姿，巧于搭配，或置于山石之侧，衬托山石形态和质感，突出彼此的意象特性；或布于厅堂周围，美化小庭院，成为园子里与人最亲近的一处竹景；或种于园林之墙角、假山坡脚，往往取矮生形的箬竹起点景作用，避免死角。除了小景的经营外，园林中也有意识地创造出绿竹

成荫、万竿参天的竹林景象，创造出"独坐幽篁里，弹琴复长啸；深林人不知，明月来相照"的景观效果（图3-1-143至图3-1-147）。杜甫草堂为烘托杜甫雕塑意境而配置了竹、梅背景意象，突出了诗人冰霜傲骨之气质（图3-1-148）。望江楼公园北门入口处的翠竹长廊，列植观音竹，形成了浓绿柔美、清秀幽静的廊道意境（图3-1-149）。

图3-1-143　杜甫草堂竹径

图3-1-144　武侯祠竹墙

图3-1-145　望江楼公园竹景（薛涛亭）

图3-1-146　文君井竹石组景

图3-1-147　罨画池竹石组景

图3-1-148 杜甫草堂竹石组景

图3-1-149 望江楼公园竹长廊

2）堆云叠翠

李白在《上皇西巡南京歌十首·其二》中赞美成都平原美景："九天开出一成都，万户千门入画图。草树云山如锦绣，秦川得及此间无。"成都平原有数十万个林盘密布，树林竹木葱茏繁盛，层叠起伏，阡陌纵横，与广袤的田园组成了星罗棋布的优美画面，田园之上，每一处小森林如翠色堆叠、云雾缭绕，成了成都平原最典型的人居意境（图3-1-150）。每一处林盘皆古朴自然，文脉深厚，可谓开创了西蜀自然式山水园林之先河，特别是西蜀古典园林中的历史文化名人纪念园多以林盘启示而发，从其植物造景中便可见一斑。西蜀古典园林植物意象与林盘一脉相承，亦大量采用松柏、楠木、

图3-1-150 堆云叠翠

竹类等常绿植物成片种植，配以海棠、桂花、梅花、紫薇、荷花等观花植物，效仿川西林盘自然植物群落，形成高林巨树、静谧清幽、堆云叠翠的密林景观。杜甫草堂以楠木、慈竹为主形成了郁郁葱葱、浓荫盖地的景观意象（图3-1-151）；望江楼公园的万竿翠竹，千姿百态，构建了清雅幽静、苍翠繁茂的景观意象（图3-1-152）；武侯祠的古柏枝繁叶茂、高大耸立、青翠浓密，体现了"丞相祠堂何处寻，锦官城外柏森森"的意境（杜甫《蜀相》）；东湖与三苏祠也是林水交融、浓郁繁翠，呈现出堆云叠翠的植物景观效果（图3-1-153、图3-1-154）。

图3-1-151 杜甫草堂繁茂植物景观

图3-1-152 望江楼公园翠竹景观

图3-1-153 东湖繁茂层叠的植物景观

图3-1-154 三苏祠层叠植物景观

3）疏影暗香

西蜀地区植物资源丰富，品种繁多，既林茂常青，又色彩丰富，加之水景、光影等晕染，形成色彩斑斓、多彩云影般的画境。西蜀古典园林常用的彩叶、香花类植物有水杉、银杏、枫杨、紫薇、石榴、海棠、玉兰、蜡梅、红梅、栀子花、红枫、海棠、杜鹃、蔷薇、李树、桃花等。园林中，这些植物之姿态与色彩为实景，影与味则可视为虚景。若以建筑为静，草木为动，植物疏影乃动静结合，是极其巧妙的景观意象。光影在西蜀古典园林中的应用含蓄且优雅，最常见的则是以墙为纸，以影为墨，光照射到植物上，阴影投覆于墙上，似一幅意趣盎然的中国写意水墨画。如常见的"红墙竹影"，在院墙植竹，竹影投于墙上，呈现出疏密、明暗、虚实的对比，将光影的运用表达得淋漓尽致。在围墙和穿廊的侧墙上开辟一系列形式各异的漏窗来透视窗外或园外之景，窗外远景借疏朗的竹影透漏过来，生成一幅幅动人的景致，窗框为前景与远处之景构成远景的层次，竹子构成两者之间的中观层次或过渡层次，令画面丰富而耐人寻味。漫步墙边，沿着一系列的窗洞欣赏窗外竹景时，虚实交替、时断时续，产生愉悦的节奏感。西蜀古典园林大量的园路与围墙，假山和水面之上，有竹枝、树叶投下斑驳的光影，显得恬静淡然，有着雅致、深邃的光影意境（图3-1-155）。

过去许多历史文化名人留下了大量描写成都植物色、香、味的诗句，陆游更将浣花溪梅花之香传唱了数千年。植物之间的配置不仅能丰富园林的色彩、优化空间构图、强化空间的场所精神，同时散发出特有的香气，营造出一片沁人心脾的暗香之境，如桂湖中的荷花，夏日花色娇艳美丽，香气四溢。更有"香世界"这样以荷香为主题的景观，罨画池望月楼坐落在内湖水池东面，额题"水面风来菡萏香"，诗意地描绘出了微风拂过水面带来荷花的清香。除了荷花，在中国传统文化中象征品格高尚、坚贞的梅花也是植物配置的重要题材，如在冬日中凌寒独自开的蜡梅，幽香清雅，带给游人舒朗、暖心的感受。杜甫草堂的兰花和梅花、武侯祠的古柏、房湖的贴梗海棠、桂湖的荷花以及各园区的香樟、栀子花等等，这些植物散发出特有的香气，营造出园林宜人雅致的馥郁氛围（图3-1-156）。

图3-1-155　西蜀古典园林疏影斑驳

图3-1-156　西蜀古典园林暗香浮动

2. 建筑意象

1）穿斗格墙

西蜀古典园林建筑与中国古典园林建筑一脉相承，受到纪念性本质和传统川西民居影响，也逐步形成了独具特色的建筑形式和风格特征。宗教建筑、文庙建筑在尊重规制同时，同样呈现出了明显的川西民居风格。川西民居"青瓦出檐长，穿斗格子墙"的结构意象在园林中得以沿袭。各类园林建筑多沿用川西传统民居的建筑材料和营造工法，同样显得质朴简约，与环境高度融合，满足了多样化的功能，承载了以纪念为主的文化场景功能：建筑结构形式以悬山穿斗结构为主，屋面使用青瓦，墙体便是立柱与穿枋组成的"格子墙"，一般采用竹夹墙粉饰白灰，显现了粉墙黛瓦、朴素淡雅的格调（图3-1-157）。

西蜀古典园林中建筑意象多样，在保持川西民居的统一风格特征的基础上，又根据不同的纪念功能产生相应的变化，如杜甫草堂、武侯祠、望江楼公园等出现了庑殿式、硬山式、卷棚顶等屋顶意象，既体现了名人纪念建筑的本真特点，也具有川西穿斗结构的体现。还有一种是乡土材料直接使用形成的"草堂""茅屋""草亭""竹墙""木亭""石屋"等外貌意象，这一类建筑更多地表达了简陋的生活状态和忧国忧民的家国情怀（图3-1-158）。纪念轴线和滨水建筑大多开敞豁亮，或前后墙开窗，一般不做其他装饰，有些墙体会用花砖做成通透花格，丰富景致。格墙多以青瓦、木材作为墙体漏窗花格，拼接样式变化丰富。通过格墙将室内外的景色分割，打破空间限定，使空间的营造具有延展性和渗透性（图3-1-159）。

2）青瓦折廊

谈及园林景观建筑意象，除建筑单体之外，最为重要的便是连廊。中国古典园林中，廊最主要的功能是连接建筑，它所受限制较少，最大的特点便是灵活多变、可长可短，形态也可高可低、可曲可折，凭借着廊的串联，园林中的单体建筑物便可组合成为具有空间流动性的群体建筑空间。西蜀古典园林中，廊多被使用在园林建筑、园路、水体等园林要素之间，作连接穿插之用。既连接了单体建筑分隔的空间，起到便捷交通的作用；又能在景观营造中成为游人游览的引导空间，使得园林空间富于变化。

西蜀古典园林中的各类长廊，大多采用穿斗结构，青瓦屋顶，木柱石础。具有曲折有度、串联连灵活、色彩厚重、小巧灵动的意象特征。长廊串联形式精巧，连接各类建筑，缓冲不同地形高差，化解空间矛盾，形成不同视角下的动态画卷，达到了步移景异的效果（图3-1-160）。如东湖月波廊，东起瑞莲阁，往北折而向西连接篁溪小榭、怀李堂、冰玉轩，又折而向南，连接珍珠船。游人由南面正门入园，游至瑞莲阁，沿月波廊曲折前进，视线向西可收纳珍珠船、怀李堂与东湖湖景景观；折而向西，赏景视线转而南向蝙岩之上见山亭，前景东湖景观，尽收眼底。同时，廊的风格与西蜀建筑风格一脉相承，屋瓦灰青，质朴清雅，又在曲折蜿蜒中显出无限意趣（图3-1-161）。桂湖"天然图画胜西湖"长廊也具同样之妙（图3-1-162）。

3）曲墙云巷

墙是园林中围合院落空间、限制和引导游赏路径，以及分隔不同场景的实体低矮呈线性延展的建筑。一般由砖、石、木、竹等材料建造，大多以砖墙为主，或称"云墙"。西蜀古典园林中多呈现双

图3-1-157 西蜀古典园林川西民居建筑结构意象

图3-1-158 西蜀古典园林川西民居外观建筑意象

图3-1-159 西蜀古典园林建筑内部空间意境

图3-1-160　西蜀古典园林中的各类长廊

图3-1-161　东湖月波廊　　　　　　　　　图3-1-162　桂湖"天然图画胜西湖"长廊

墙夹道的形式，便形成了"巷"。"巷"既是道路空间，又起到空间的收束、氛围的变换与情感的过渡，配以植物，借以天光，通常营造出宁静、幽婉、无限的意境。"曲巷"，或称"云巷"，巷路更加蜿蜒，变化更加多样，意趣更加丰富，意境、趣味、情感的表达都更加深刻。直巷的肃穆与曲巷的清幽都将园林意趣更加丰富地呈现出来，是西蜀古典园林最突出的景观意象，如房湖"三弯九倒拐"之青砖夹道，蜿蜒若蛇，趣味横生，加上苍天古木，更显幽绿意境（图3-1-163）。曲墙云巷两侧之墙，蜿蜒自如，或红色，或白色，或装饰嵌窗而漏景，或光影斑驳（图3-1-164）。如罨画池中，从罨画池园区通往陆游祠园区的曲巷云墙，行过三折廊桥，与桥相接的便是一面蜿蜒曲折的云墙，游人行至此处疑为无路，实则柳暗花明又一村（图3-1-165）。云墙动势，游人心境亦在穿梭中随其起伏。曲巷在严肃的宗教氛围中亦有运用，如宝光寺中的长巷，收束视线和路径，最后聚焦宝塔，形成了极强的引导性和时序感官效果（图3-1-166）。

图3-1-163 房湖的曲墙云巷

图3-1-164 西蜀古典园林中的曲墙云巷

图3-1-165 罨画池曲墙云巷

图3-1-166 宝光寺曲墙云巷

3. 山水意象

1）青峰幽岩　池山层峦

中国古典园林掇山理水一直延续和尊崇"一池三山"的早期园林思维。西蜀古典园林与中国古典园林一脉相承，也延承了传统的山水意象，又有用水之便利，因此常掘土成池、堆岛成山，模拟蜀地山水意境。西蜀园林山石具有独特的乡土性与地域性，山石堆叠则利用凿池淤泥和西蜀常见石材，如卵石、青砂石等，虽显简朴，但颇为独特。山石是文人园林中的神圣意象物质之一，使用时既要保证山石的自然原真，又要赋予其精神指向。蜀地山水意象多姿多彩，有高山磅礴之气势，有平原婉曲之意蕴，有葱茏多样之幽境，有疏朗简明之单纯。植物丰富茂盛，气候温润，水雾缭绕，常使山石染上绿意，呈现青峰幽岩之意境。西蜀古典园林中很多山石以土堆叠成自然式的生态山体，再堆砌石头，栽植草木，形成山林景观意象，营造山水自然意境。望江楼之吟诗楼北侧堆石做假山，修建石阶，两侧种植竹子，增添自然雅趣。杜甫草堂沿路临水设石，山势连绵不绝。文君井造园体现了山水相依，气势雄壮，层峦林立的效果。罨画池琴鹤堂假山堆砌自由、富有变化，栽植翠竹与古木，刚柔相济，在植物的掩映下展现西蜀园林小巧朴素的风格等（图3-1-167）。西蜀园林山石与植物的组合，多是与竹结合。竹坚韧不拔、刚直不阿的品格寓意，与山石互为衬托，是西蜀造园特色，更是蜀地墨客的精神寄托。

广汉房湖是凿池堆山之典例，系由唐代宰相房琯亲自主持修建，园林中部一座清幽岛山与自东南角延绵而上的一座连绵岛山交相辉映，将水面分隔为房湖与荷花池两部分。岛山疏林丛竹，亭台坐落。罨画池湖中同样坐落岛山一座，其上浓荫蔽日，罨画亭隐匿其间，古朴幽森（图3-1-168）；桂湖营造有"荷塘月色"一处山水景观，荷塘、石壁、茂林形成特有的诗情画意（图3-1-169）；东湖造园山环水抱，山之意象或土峰，或其奇石高耸，峻峰壁立（图3-1-170）；桂湖之中池中岛山更胜，沿水面散落布置，将水面分割成大小不等、具有韵律变化的几部分，形成水面的开合变化，使得岸线景观层次变幻多端、趣味横生。

2）方池盘渠　溪涧云瀑

西蜀古典园林的水池，多呈方形或规整形态，是最具代表性的自然和文化景观意象：利用途经沟

图3-1-167　罨画池层峦叠嶂山体

图3-1-168　罨画池水岛

渠、水塘，进一步挖湖堆山，形成开阔明朗、山环水盘、廊榭临边的意象。西蜀园林多方池，岸线平直、无纷繁复杂的装饰，同时在方池的基础上，顺应方池随势而曲、以曲辅方，曲方相叠，形成似方若曲的复合水型，令小小方庭顿生曲意。方池有了园林装饰，便成湖面；沟渠有了山石植被，便成了小溪，方池与沟渠，形成一阔一幽、一方一曲、一喧一寂的山水优雅空间。方池为方，容量更大，便于农业用水枯季存水以及应时灌溉，也利于形成开阔的湖面，布置亭台楼阁、点缀岛与桥梁、种植花木、丰富园林意象，形成诗情画意的意境（图3-1-171）。

西蜀古典园林中的沟渠曲折回环、蜿蜒盘绕。水渠为带状，不作过多的开合变化，岸型或刚直，

图3-1-169　桂湖荷塘月色山体

图3-1-170　东湖青峰幽岩

图3-1-171　西蜀古典园林方池意象

或弯曲，多用条石、鹅卵石、青砖进行砌筑，起到与园外江河活水关联的作用。院内常营造自然清新、生机盎然的小桥流水之意境；西蜀地区夏季多降雨，作为园林的"排水沟"，掘地开渠还有利于园内排蓄雨水，调节气温和净化空气。水渠四周点缀山石、花木、藤萝，则呈现萦回环抱、似断似续的景色，如琴鹤堂庭院内的假山。西蜀园林中，常用水渠贯通不同的园林空间和主题内容，如三苏祠，三苏祠内水型丰富，理水既有集中又有分散，渠水环岛贯通，连接不同的园林空间，形成"三分水两分竹"的岛居特色，如东湖的柳溪、草溪、盘溪，运用几何曲线型青条石砌岸，水面与驳岸高差大，可蓄可排，连接花湖、瑞莲池和南池，贯通全园。虽称其为溪，然水面简单，驳岸几何曲线型规整，是为盘渠，望丛祠、宝光寺、杜甫草堂、望江楼公园等均营造了此等意境（图3-1-172）。

图3-1-172　西蜀古典园林盘曲意象

　　溪是曲折而蜿蜒的水体，水流因势而绕，不受拘束。涧是山间汇水集流而成，用自然石假山叠岸，水位较低，表现山高水深的效果。西蜀古典园林中除山地园林，在成都平原往往因水成溪，为山涧意象；汇流成池，为平湖方池意象；如有落差，装饰景石则可飞云流瀑，为云瀑意象。方池盘曲的营造人工痕迹相对明显，具有强烈的园林功能表达，建筑语言大于自然语言，而溪涧飞瀑是西蜀古典园林中最为委婉优雅的一种自然生境，并无特定章法，是因地制宜而随形就势、顺应自然又道法自然的一种表达（图3-1-173）。

图3-1-173　西蜀古典园林溪涧飞瀑意象

二、空间特征

（一）空间格局

西蜀古典园林包含祠宇园林、寺观园林、衙署园林、宅院园林、名胜园林、文庙园林、书院园林、陵寝园林等类型，根据所处环境还可分为山地园林、平原园林。不同类型的园林其造园艺术和空间特征也具有差异性，而大部分寺观园林、文庙园林、书院园林、陵寝园林等相对具有沿袭的规制和约定俗成的章法，从初建至今格局未有太大变化，相关研究也甚为成熟，故在此不必一一列举。以纪念名人为代表的祠宇园林、衙署园林、宅院园林等营造伴随城市的历史进程一直动态变化，其造园艺术和空间格局也经历了萌芽到成熟的阶段，其由于城市发展、纪念特性加强等原因形成的空间格局更具代表性，在中国古典园林大体系中，这一类园林是西蜀古典园林的代表和典范。

以成都的杜甫草堂、武侯祠、望江楼公园，广汉的房湖，邛崃的文君井，新繁的东湖，新都的桂湖，崇州的罨画池，眉山的三苏祠，宜宾的流杯池等为代表的名人园林，在千年以来的历史进程中，这些园林都已融入城市高密度的街区格局，逐步形成了具有浓郁纪念性的空间特征。其空间格局逐年形成了以水为空间脉络、地形为空间纽带、建筑为空间点缀的布局特征，根据各园林最典型的特征主要分为自然式、规整式、综合式三种布局类型。

1. 自然式布局

位于山川名胜之地的古典园林均为自然式布局，顺应自然地形地势，巧借溪涧流瀑，梳理花草树木，即成自然之景。位于峨眉山、青城山、龙泉山、长秋山等山间的寺观园林，除了遵守建筑礼序之外，皆因地制宜进行自然式布局。居于平原的西蜀古典园林的水系大多流向一致，难以形成曲水环绕的自然局面，都是单一方向流动。受到文人雅趣和农耕灌溉以及水利安全影响，会形成一定规模的湖池景观；挖掘湖池，余土堆山，也弥补了无山的缺憾，形成自然式山水园林。根据山水、地形、建筑等要素的布局特征，自然式布局可分为环绕型、辐射型两类。

1）环绕型布局

该类布局以宽大的湖池水面为中心，并作为整个园林的结构重心，各类建筑、游赏路径等围绕水系展开。由于水域面积占比大，故通过设置水岛，布置亭、台、阁、榭来分隔和丰富水面空间。湖池周围则通过园路、长廊、台榭等有机组合，形成利用率最高的环湖空间。其余沟渠溪涧在园中遵循水流规律，最大化呈自然状态延伸，与湖池形成环绕式布局。这种水体空间交错，建筑灵活散落其间的空间布局方式，形成了彼此牵引的空间体系，既有秩序，又体现着灵活与变化。由于园内存在大面积水体，因此节点和建筑都临水而建，在结构上作为二重骨架，植物穿插于其他要素之间，或簇团单独成景。桂湖、东湖、罨画池、文君井等均为这类布局。

桂湖的湖池约占全园面积的一半，居中间，湖面宽阔、水系悠长，四周种植桂花和垂柳，建筑围绕湖池北侧自由布置。湖中各岛、长堤等均布置了最重要的建筑，如升庵祠、湖心亭、交加亭、沉霞榭、聆香阁等，它们位于水面长轴线，被水分隔，又遥相呼应。因这些建筑立于岛上，故散步其间，难以明显区分纪念空间和游赏空间之间的界限，往往一步一景，自然转换中交替感受，这样的布局形式可使游人在轻松游园的过程中，既感受了山林的乐趣，又潜移默化地感受到先贤的高尚情操和德行，使得整体园林的空间达到了天人合一的精神境界，引人入胜。南侧为城墙为屏障，上耸立各类亭楼。桂湖中段湖面最为宽阔，呈长方形，半岛伸入水面，湖池尽种荷花，岛上列植垂柳，充满了诗情画意之境。北侧为建筑和园林区，郁郁葱葱，层次丰富。南侧城墙横断、中部长水静卧、北侧茂林修竹，整体空间格局呈"王"字形布局，明朗有序（图3-2-1）。

东湖的湖池居全园中心，其余要素环湖四周。瑞莲池（砚湖）居中，呈方池式样；万花湖居北狭长幽暗；南池位于东南角，为盘曲形式。三处南北向的溪涧将这三大湖进行了贯连，形成"互"字形水系，环湖沿溪点缀大小建筑植物，构成环绕型的连续景点整体空间格局。全园以山、水、岛、墙、建筑等构成浑然一体的纪念空间，怀李堂位于全园核心，也是湖池中心，居方岛之地位，前后均为湖面，左右廊阁相连，既是全园视觉焦点，也是全园纪念的情感高点。北侧为城墙和梅岭横亘，中部为湖池和建筑，南部为岛屿，植物堆云叠翠，芳香四溢，整体空间北高、中平、南低，各要素分布均匀，山水格局交错融合（图3-2-2）。

2）辐射型布局

西蜀古典园林具有景点多、点位分散的特点，尤其是名胜园林，没有固定的轴线，而是以水、园路为脉络进行贯连，园林布局简洁明了，大部分园林均有这类特征。一些园林由于建设时序跨度大，

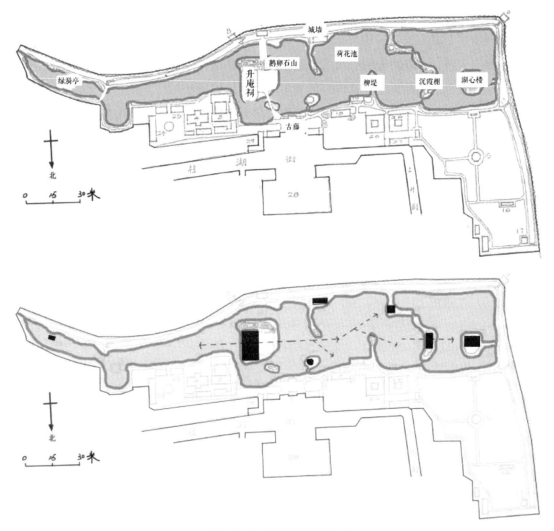

图3-2-1 桂湖空间格局示意

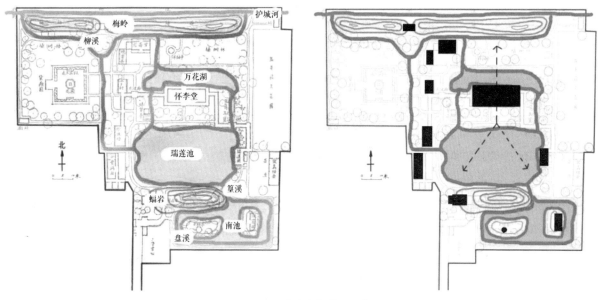

图3-2-2 东湖空间格局示意

面积广阔，园路长，纪念空间不断累积，形成了较为复杂的空间格局，如望江楼公园、流杯池等。该类园林空间呈现出多个核心景点，建筑与景点布局与自然水体在空间上呈分团组合且为辐射型关系，这样就形成了多点聚焦、水路贯连的公园式游览系统。流杯池整体空间错落，地形变化多样，纪念要素丰富，总体以三个湖面和曲水流觞峡谷等形成多中心，呈辐射状布局，最后实现高度的关联，整体游赏空间环环相扣，格局一脉相承。望江楼公园将其崇丽阁、吟诗楼、濯锦楼等建筑沿锦江布置，并立江岸，间距舒展，古木相间，修竹掩映，以高耸的崇丽阁作为视角焦点，统领全局，这一组建筑与锦江形成辐射关系，使过去在锦江行船皆能所见；以薛涛井为核心与吟诗楼、崇丽阁、五云仙馆、薛涛纪念馆、清婉室形成辐射关系；薛涛墓、薛涛亭等皆为如此。因此，望江楼公园的布局模式自由散放，用辐射型的方式恰到好处地营造多中心聚焦的格局，做到了游览的舒适性、纪念的序列性、空间尺度的合宜性，体现了构园无格的园林之趣。尤其是崇丽阁的布局，能在视觉上统领全园，成为江岸边的构图中心，增强了园内其他几组建筑的凝聚力（图3-2-3）。

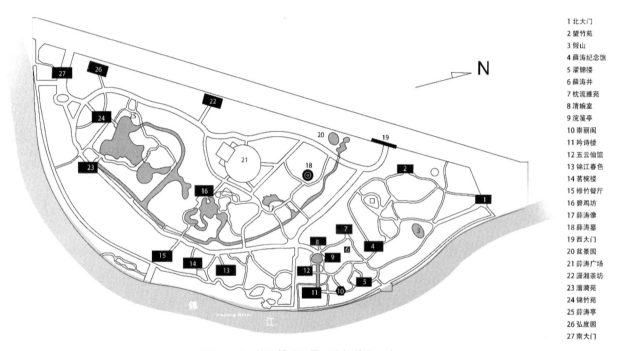

图3-2-3 望江楼公园平面空间格局示意图

1 北大门
2 望竹苑
3 假山
4 薛涛纪念馆
5 濯锦楼
6 薛涛井
7 枕流雅苑
8 清婉室
9 浣笺亭
10 崇丽阁
11 吟诗楼
12 五云仙馆
13 锦江春色
14 茗婉楼
15 修竹餐厅
16 碧鸡坊
17 薛涛像
18 薛涛墓
19 西大门
20 盆景园
21 薛涛广场
22 潇湘茶坊
23 清漪苑
24 锦竹苑
25 薛涛亭
26 弘度园
27 南大门

2. 规整式

位于平地的西蜀古典园林更利于规整式布局，尤其是寺观园林，虽少了山林台地之空间变化，但在建筑礼序、空间规程等方面却事半功倍，如大慈寺、近慈寺、宝光寺、青羊宫、昭觉寺等。此外，名人纪念园林、陵寝园林的纪念轴线、纪念建筑群等也是如此。随着部分园林的纪念性渐循增强，历代对其增建培修之时越发注重纪念氛围的营造，建筑发展至院群连接，建筑群成为园林的主体，山水植物布置于建筑院落之间，形成规整式布局。园林空间整体上或局部主要以建筑群为结构主体，沿一定的轴线形成较为规整的平面空间。这一类园林也具有综合式特征，如杜甫草堂、武侯祠、三苏祠等。

武侯祠，整座园林呈现双轴线并列布局，西侧为陵墓区，东侧为纪念园区。东侧沿轴线单体建筑及两翼四合院群体建筑由南到北组成的空间布置明显，大门、二门、刘备殿、过厅、诸葛亮殿、三义庙、结义楼七重建筑依次列于主轴线上，文臣廊、武将廊、钟楼、鼓楼分布两侧，香叶轩、听鹂馆、桂荷楼等功能性辅助建筑形成次轴线。主轴线上多重建筑殿堂廊阁围合成四进矩形院落。第一进院落视线较为宽敞，左右分立唐、明诗碑；二进院落由二门、刘备殿、文臣廊、武将廊围合而成，院内种植成片翠柏，威严古朴；穿过刘备殿为第三进院落，逐级而下至过厅，两侧零星种植松柏竹丛，小巧轻盈。经过厅，诸葛亮殿与左右出廊围合成第四进院落。最北侧与第四进院落两翼自然园林意蕴强烈，山水环绕，荷塘、桃园、溪涧、茂林修竹，形成了惬意轻松的园林氛围（图3-2-4）。

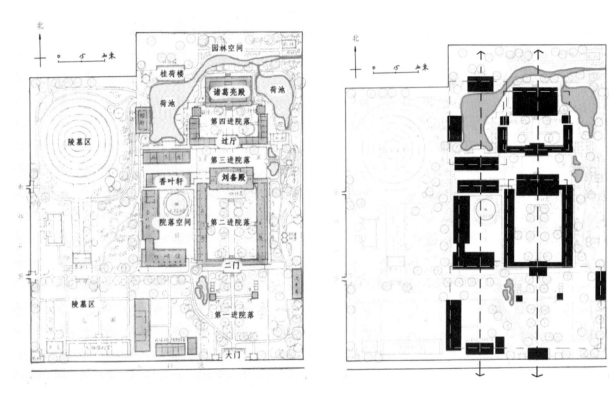

图3-2-4　武侯祠平面示意图、布局结构图

3. 综合式

位居于平原地区的西蜀古典园林易于形成中轴对称的建筑布局，体现出儒家礼制秩序和建筑规制，很好地体现了纪念先贤的空间序列性和仪式感。由轴线串联的建筑集院落，主要在室内或走廊展示这些名人丰功伟绩，采用塑像、书画、物品陈列等方式进行展陈。轴线空间周边更多的是自然式布局的山水园林区域，通过山水、亭廊、花草树木彰显纪念人物或事件的品格，更多地注重诗情画意的意境营造。又以自然式的道路、水系、地形将园林空间进行穿插融合，整体空间规整与自然式相结合，满足了多样需求，空间更为丰富。规则布置的建筑层层递进，围合而成多进的院落空间，形成中轴对称核心主体，自然式的园林空间，对规则的建筑组团进行穿插渗透，使其自然过渡，与周边环境相融合，园林空间与建筑空间均衡相融，平分秋色。此类园林易形成多轴线、多节点的空间格局，如

杜甫草堂、三苏祠等。

至唐代开始营建的杜甫草堂，历经数代，空间格局在清嘉庆年间基本定型，也形成了双轴线的空间格局。西侧"西南门照壁—正门—大廨—诗史堂—柴门—工部祠"的递进式轴线把控全园纪念主题；东侧"南门照壁—南门—大雅堂"南北轴线串联四大院落。通过花径红墙夹道将两大轴线建筑群进行连接，环状主园路将这两部分和万佛楼、盆景园、四处园门进行了连接，形成了"一环两轴、水绕全园"的空间格局。梅园、荷池、小丘、假山灵活布置于北端，溪水南下流淌萦绕于轴线西侧，中轴建筑群与自然园林景观均衡相融（图3-2-5）。

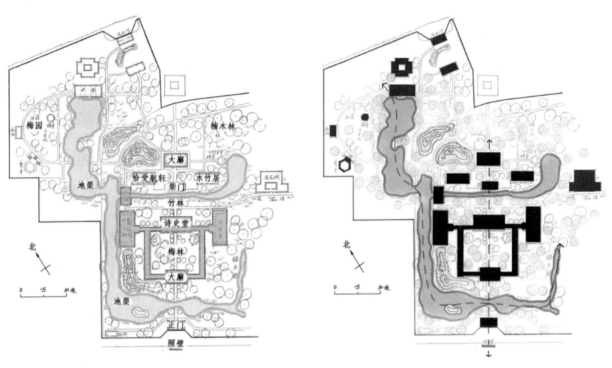

图3-2-5　杜甫草堂平面示意图、布局结构图

三苏祠全园分为东部祠堂建筑群与中西部附属园林两大部分，东部古祠坐北朝南，依次为"正门—前厅—飨殿—启贤堂—来凤轩"。轴线主要建筑与东西两侧厢房组成三进四合院，是整个园林的轴线控制核心。中西部为祠园附属园林，呈自然式布局。通过百坡亭、披风榭西侧步道向西延伸空间，东西布局自然过渡。园区三面环水形成"三分水两分竹"岛居格局，水面时分时聚，独具特色（图3-2-6）。

（二）园林游线

"游"是一个时间的延续过程，从最初进入园林境界开始，沿着特定的观赏游览路线，一步一步走下去，在时间的延续过程中，可以接触到不同的景观，即"步移则景换"。园林游线的设计，第一要把园内景点都贯穿起来，使观赏者沿路线自然前进，将景色各看一遍，无遗漏。第二，沿线而行有远观近赏的便利，能对园中的景色开展局部和整体相结合的观察和欣赏。西蜀古典园林具备极强的观

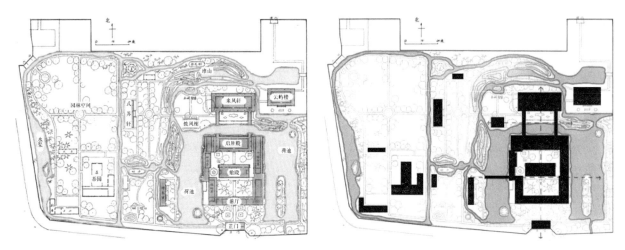

图3-2-6　三苏祠平面示意图、布局结构图

赏性、纪念性、文化性，一直以来都是以各种形式的游览为主，其营造过程尤其是后续修缮、复建，更突出了这一特征。以叙述性的逻辑，采用园路串联各个观景点，形成一定游赏体验序列，实现游园目的。由游赏路线、观景点以及纪念等主题共同组成综合游赏体系。其中多数西蜀古典园林都是综合型的游赏系统，亦有多条游线，只是部分园林更侧重于某一方面。一些注重名人纪念、祭祀或并重，一些以多功能的游赏为主，西蜀古典园林可根据营造和游赏目的的侧重分为纪念性游线、游赏性游线，如武侯祠惠陵、罨画池中陆游祠和文庙、望丛祠等内含有祭祀性的功能和游赏性的线路，建设之初，都为开展循规的祭祀活动，但到今天，少了祭祀原真功能，主要还是常态化的纪念游赏活动，因此这里一同作为纪念性游线分类。

西蜀古典园林中祠宇园林、陵寝园林、衙署园林占比较大，园林空间格局围绕名人名事或名句进行布局和营造，故侧重于纪念性，即使为陵寝区域，也表现为一般性的纪念游览功能。纪念性游线以纪念对象为核心，通过空间、环境的关联，依次营造浓郁的纪念氛围。杜甫草堂的纪念性游线安排是极其精彩的，从照壁起，踏入园门，门上楹联"万里桥西宅，百花潭北庄"拉开了纪念序幕。进入大门后，石桥、水面、梅林、翠竹掩映在大廨门前，廨中屹立杜甫雕像，拈须沉思，忧患之思隐于眉间，观者感受到杜甫忧国忧民的情怀。进入诗史堂，建筑广檐深廊，恢宏古朴。堂上有杜甫立像一尊，身形瘦薄，孤单寂寥，观者黯然神伤，纪念情绪高涨。以宽大的抄手回廊联系诗史堂、大廨以及左右陈列室，形成闭合而又虚透的主要庭院。诗史堂后，隔溪渡桥，穿柴门，仰视工部祠。祠内中坐杜甫，左右配祀对杜甫特别崇敬的宋代两贤黄庭坚、陆游。观者情绪在工部祠达到纪念情绪的高潮。除此主线以外，实际还有一条横向的轴线，经花径到达浣花祠，再通往草堂寺。另有梅园与土山两个相对独立的空间给草堂增加了新的内容，丰富了景观层次，让游人在瞻仰崇敬杜公之余，可以缓步至此，增强了游赏性。至此纪念性游线与横向观赏性轴线游赏系统以及梅园、土山观赏性环形序列共同构成了完整的杜甫草堂纪念性游赏系统。杜甫草堂游线相对清晰，以纪念性轴线为主，表现了对杜甫的追忆、哀思、凭吊与缅怀。然而其他观赏性游线则更好地诠释杜诗中的意境，为整个纪念情绪提供了大背景（图3-2-7）。

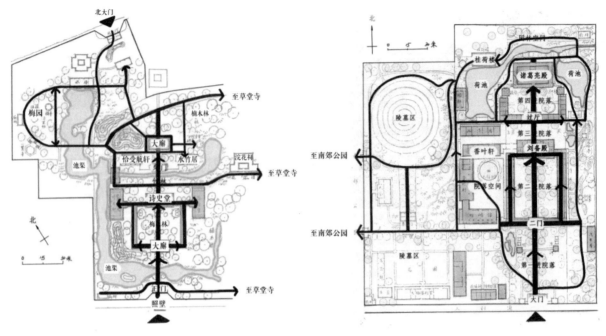

图3-2-7　杜甫草堂游线示意图　　　　　　　图3-2-8　武侯祠游线示意图

武侯祠主要纪念游线从南北中轴的南端园门起始，园门为三楹开间，大门正中悬"汉昭烈庙"横额，点明纪念主题。进入园门后，于甬道两旁，有唐、明、清石碑六通，形成了瞻仰祠宇肃穆氛围。过二门，正前方即为刘备殿，高大宽敞，气势雄伟，殿前又设丹陛，造成后高前卑，左右屈从的儒家尊君思想。正中祭祀刘备，关羽、张飞分别祭祀于东西两侧。左右为厢房，东厢房祭祀文臣，西厢房祭祀武将，君臣礼序，在此体现得淋漓尽致，也表现了刘备义于天下、宽仁有度的风度。穿"武侯祠"过厅，直面诸葛亮殿，为第二纪念主体。静远堂虽不如刘备殿之雄峻，但在过厅及左右廊、室的相衬下，亦颇庄重肃穆。殿内正中祭祀武侯诸葛亮，东壁祭祀武侯之子诸葛瞻，西壁祭武侯之孙诸葛尚。后至三义庙，使纪念氛围中的"情义"情绪得以最佳体现。惠陵区域有完整的祭祀轴线，自照壁、山门、神道、阙门、陵墓，陵墓外围圆弧甬道，红墙夹道，曲径通幽。武侯祠祠宇部分和陵寝部分的两条游览线，通过园林空间安排穿插巧妙，利用荷塘、溪涧、桃林等进行融合，左右合拍，纪念情绪与游览环境相得益彰，情景交融。武侯祠建筑布局与园林序列可见，武侯祠以由南大门到诸葛殿的纪念性游线为主轴线。通过游线的引导，体现祠堂的庄严肃穆，让游人在游赏过程中完成了对刘备、关羽、张飞以及诸葛亮的追忆、凭吊与缅怀体验。惠陵次游线则注重对刘备的祭祀、祭奠之礼（图3-2-8）。

罨画池构建了园林空间格局和三条纪念性游线，一条是罨画池园林区，游览全园湖池、坐享亭台楼阁，观赏植物景观；一条是文庙区南北向的纪念轴线，体验文庙建筑文化；一条是东西向的陆游祠祭祀路线。自陆游祠园门进入，为笔直的装点数个漏窗的夹墙甬道，此处视线延伸并聚焦至梅馨千代过厅。穿过梅馨千代过厅，到达香如故堂，其体量厚重，色彩凝重，庄严肃穆，崇仰之情油然而生。堂内陈列展现了陆游一生中的三个阶段，即"在国难中成长""九年川峡生活""离蜀绝唱"。继而前行，穿过香如故堂，进入游赏系统的凭吊区——放翁堂，放翁堂为陆游祠正殿，亦是凭吊陆游的主

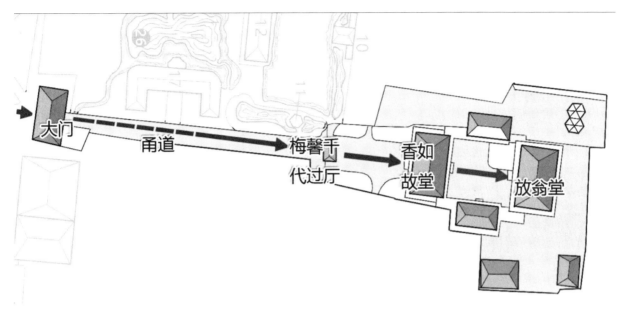

图3-2-9 罨画池——陆游祠游线示意图

要场所，堂内立陆游塑像，并陈列陆游在川的代表诗作和有关文物。四合院内配植红梅，象征陆游的高洁情操。游览至此，对陆游的尊崇达到了最高峰。陆游祠通过轴线式的线路组织串联起了陆游祠大门、甬道、梅馨千代过厅等各个观景点，通过营造各个空间的整体氛围以及对游人观景视线的控制，使游人的情感在此空间升华为对陆游追忆、凭吊与缅怀，成为一条完整的纪念性游线（图3-2-9）。

　　桂湖的游赏路径与桂湖的山、水、墙、岛、堤等空间格局完全一致。北侧主园门有郭沫若题门联："桂蕊飘香美哉乐土，湖光增色换了人间"。藏头"桂湖"二字进行引题。园门内左右覆盖古老紫藤，错综盘结，覆荫成廊。穿紫藤廊架，南向过折桥，至岛上升庵祠。升庵祠宏大庄严，控制全湖。祠前有平地可凭栏眺望交加亭、杨柳楼、小锦江、饮翠桥、枕碧亭、香世界等楼桥亭榭。升庵祠向南，沿湖顺墙，布置有杭秋、香世界、枕碧亭，皆三面临水，空透玲珑，依枕于碧波之上。过枕碧亭，有堤与沉霞榭相通，"沉霞"意为霞光照耀，水天交相辉映。沉霞榭与湖心楼隔湖相对，此楼体量大，隔沉霞榭与升庵祠东西相互呼应，成湖西之结景。

　　南侧的长段围墙横向延展，城墙之上亦为最佳游线，墙上多楼阁。登楼则有山色湖光，正应了杨升庵的诗"地静一尘不起，楼高四望皆通"。问津楼、坠月楼、观稼台等依次耸立城头。墙之对面、主湖北岸，有杨柳楼，楼有二层，登楼凭栏远眺，能得"画舫远汀迷柳树，一池明月侵荷花"之意境。小锦江在杨柳楼西面的湖中，亦有伤离别之意。东至交加亭，在北侧园门右方，通一桥，位于平台之上。两亭相依，有二柱共用，一亭在岸，一亭跨水，高低错落，浑然一体，此间赏荷最佳。这一系列景观布置都是对杨升庵与黄峨爱情故事的纪念。继而东行，有聆香阁，小阁跨水，山石雄奇，与飞虹桥相对，组成一完整的景观。过桥折向东，达湖之最东端绿漪亭。此间四周荷叶铺翠，竹树如屏，绿波涟涟（图3-2-10）。

　　桂湖以水为主体布局，全园分为东湖、主湖、西湖三个区域，符合中国古代一池三山的造园哲学。同时以城墙为山兼具防御与造景的功能。桂湖建于自然山水之上，多为自然景观。纪念性建筑与

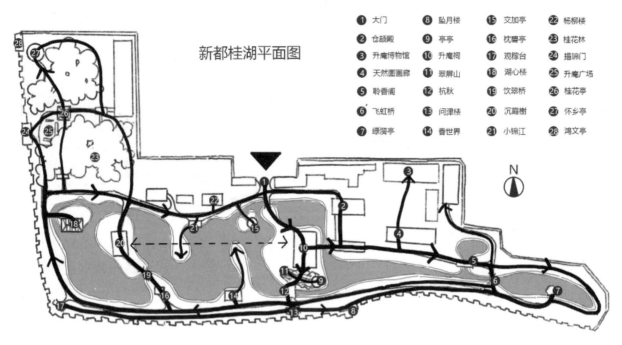

<table>
<tr><td>❶ 大门</td><td>❽ 坠月楼</td><td>⓯ 交加亭</td><td>㉒ 杨柳楼</td></tr>
<tr><td>❷ 仓颉殿</td><td>❾ 亭亭</td><td>⓰ 枕簟亭</td><td>㉓ 桂花林</td></tr>
<tr><td>❸ 升庵博物馆</td><td>❿ 升庵祠</td><td>⓱ 观稼台</td><td>㉔ 揖锦门</td></tr>
<tr><td>❹ 天然图画廊</td><td>⓫ 翠屏山</td><td>⓲ 湖心楼</td><td>㉕ 升庵广场</td></tr>
<tr><td>❺ 聆香阁</td><td>⓬ 杭秋</td><td>⓳ 饮翠桥</td><td>㉖ 桂花亭</td></tr>
<tr><td>❻ 飞虹桥</td><td>⓭ 问津楼</td><td>⓴ 沉霞榭</td><td>㉗ 怀乡亭</td></tr>
<tr><td>❼ 绿漪亭</td><td>⓮ 香世界</td><td>㉑ 小锦江</td><td>㉘ 鸿文亭</td></tr>
</table>

图3-2-10　桂湖游线示意图

景观点状分布于园区各处，并且由沿湖以及城墙的游赏线路将之串联，形成了游赏性游线。虽然全园无明显纪念性轴线，但依然具备纪念性。无论是对杨升庵及夫人黄峨单独纪念的升庵祠与沉霞榭，还是对与二人忠贞不渝爱情共同纪念的交加亭，都体现着对二人才情德行乃至坚贞不渝的爱情的推崇。

三、造园特性

西蜀古典园林与中国古典园林一脉相承，蜀地在不同历史阶段的政治经济、社会局面、文化思想、区域特征等方面影响下形成的造园特点与中国古典园林具有一致性，造园思想源于自然、高于自然的诗情画意空间，实现山水交融、文景一体的自然山水空间，以及遵照一定规整和礼序以满足不同功能的人造景观。造园活动的动机还是依照千年的文化延承序列，参考独具特质的山水风貌，尊重地域居住习惯和建造规则。唐以后，造园活动日趋成熟，参与面进一步扩大，游赏之风兴盛，园林屡毁屡建，越发增强了厚重的历史堆积，逐步积累了丰富的园林内涵和纪念要素。因此，以祠宇园林为代表的西蜀古典园林的造园特性与之呈现出来的艺术风格，都是经过历史逐步演绎才形成的，其产生的浓郁的纪念性、公共性、游赏性的公共特性，具备了以诗句为意境的传承性和交融性。

1. 纪念性

纪念性不仅是个人的情感，更是一种社会化的情感，这种情感在很大程度上受到社会观念与文化习俗的引导和影响。西蜀自古"尚祭祀"之风，蜀民亦秉持"尊贤崇德"的观念，对治蜀之先贤能人更是由衷敬仰。入蜀贤能或为官，或留寓，或游历，既是当代的造园之主，影响当时造园之审美思潮；亦常是造园所纪念之人，是后代园林重修再建的主题。西蜀大量的园林包括祠宇园林、衙署园林以及部分宅院园林，均具有不同程度的纪念性质，且纪念对象基本是惠泽一方、流芳千古的历史文化名人，有政治家、地方官等，如诸葛亮（图3-3-1）、李冰、房琯等；有诗文大家，如杜甫、陆游等；还有史法学者，如陈寿、卫元嵩等，所涉甚广。其数量之多，规模之大，是"国内以至世界都少见的纪念历史文化名人的园林群落"，杜甫、苏轼、诸葛亮等影响世界的文化名人都有一座影响世界的经典名园，如杜甫与杜甫草堂、诸葛亮与武侯祠、薛涛与望江楼公园、苏轼与三苏祠、卓文君与文君井、黄庭坚与流杯池等。这些名园凝聚了千年以来蜀民对他们的追思、崇敬之情，可谓西蜀人民的精神家园。纪念性的表达首先体现在整体空间格局上，依次建立的庄严的轴线和建筑群落；二是赋予建筑纪念文化，通过雕塑、对联、匾额予以充分表达；三是与园林相关氛围的营造，重构其生活场景，加载其喜好之物；四是拓展了公共空间，形成了游赏习俗，进一步增强了纪念本质，更加彰显西蜀古典园林的纪念特性，具体阐述如下：

第一，部分西蜀名人纪念性园林因此而产生。譬如杜甫草堂的建造，起初仅为杜甫流寓成都时的故居，后世对杜甫的尊崇与敬仰，于草堂遗址之上重结茅屋，又经历宋、元、明、清多次修复而成。文君井亦是如此，因后人仰慕相如的盖世文才、文君的忠贞勇敢和他们的传奇爱情，于文君当垆、相如涤器之处大兴土木，终使此处成为一座著名的西蜀名人纪念性爱情名园（图3-3-2）。诸如此类的还有望江楼公园、三苏祠、武侯祠等。

第二，纪念性使得西蜀古典园林得以顺利发展传承。现如今所留存的园林在历史长河的变迁中几乎都经历过诸如地震、战争等天灾人祸，这些都会给园林带来毁坏。正因蜀地从古至今一脉相承的纪念性观念与社会习俗，才使得每一次损坏后的纪念性园林都能"死而复生"、重焕生机。相比之下，那些仅仅为游乐而建、豪华奢靡、凝聚着老百姓血泪与苦难的皇家园林却往往难逃厄运。

第三，随着历史发展，西蜀古典园林逐步丰富了其纪念性内涵。纪念性的本质在于跨时代，越是超越时代，纪念性越强。正如赵长庚先生所说："除研究园林本身历史发展和规划布局外，还要研究纪念园所纪念的人以及与园林有过关系的不同时代的人士"，方能对园林的纪念性做出全面、中肯的把握和了解。譬如广汉房湖原本是为纪念唐代宰相房琯所建，在经历了时代的跨越与历史的变迁后，又于园中融汇了不同历史事件、人物的纪念性要素：为纪念明末农民起义军领袖张献忠而建立的圣谕碑；为纪念创建"蓝星诗社"的现代诗人覃基而建造的"覃子豪纪念馆"。杜甫草堂亦是如此，南

图3-3-1　武侯祠纪念性表达

图3-3-2　文君井纪念性表达

宋诗人陆游为纪念杜甫，屡次到访杜甫草堂，乃至后人亦将其雕像立于工部祠内，紧邻杜甫塑像，从此杜甫草堂的纪念性内涵又新增一语（图3-3-3）。新繁东湖原本为宰相李德裕所凿，清代乾隆五年（1740年）郑方城重建三贤堂，祀有功德于新繁的唐代宰相李德裕、宋代知县王益、龙图阁学士梅挚，1922年新繁县知事刘咸煐又迁建四费祠（图3-3-4），纪念费密祖父及儿子四代中的六位学者和诗人。

图3-3-3　杜甫草堂纪念性表达

图3-3-4　东湖四费祠纪念性表达

纪念性之于西蜀园林（尤其是西蜀名人纪念园林）的产生、传承过程中的作用，其内在本质和发挥途径是相同的，都是通过将后人对前贤、名人的纪念缅怀之情，寄托到纪念性园林这一物质载体之上，再通过对这一物质载体的修建、增扩、修缮等行为表现出来，是人们为达到"纪念"目的而产出的一种由心理活动转化而成的具体的外在行为，亦可反过来说这些行为是纪念性在纪念园中的一种表现形式。东湖园林的大门上，有一副石刻对联"大启文明，藉兹观感；拓张胜迹，景仰前贤。"纪念性之于西蜀园林的发展与意义而言，不外乎此。

2. 诗意性

西蜀乃大家辈出、文人荟萃之地，较之江南园林与北方园林，西蜀园林诗人之多、诗情之厚、诗意之浓便是其最为典型的园林特色。究其缘由，一是西蜀本土文人多，"天地有大文，吾蜀擅宗匠"（元·张翥《谒文昌阁》），司马相如、扬雄、王褒、"三苏"等均在其列；另因西蜀据西南一隅偏安之地，有奇秀山水，引得大量文人仕者或"细雨骑驴入剑门"（陆游《剑门道中遇微雨》）游历，或躲避战乱以留寓，或被贬治蜀而为官，尤其自二帝幸蜀后，开启"文人入蜀"的历史盛况。根据《唐五代文人入蜀考论》记载，唐五代期间文人共有813人次进入蜀地。另有学者据《全宋诗》考证出，北宋入蜀共有222人左右，如宋白、张咏、宋祁、石介、丁谓、蒋堂、张方平、黄庭坚、赵抃、范纯仁等；南宋入蜀的有100多人，著名的有王十朋、陆游、范成大等。西蜀不乏多文豪，园林自然有诗意。古往今来历代雅士云集园中，述景抒情，咏贤怀古，文采飞扬。如望江楼崇丽阁有212字长联（图3-3-5），情真意切、荡气回肠，实为名唱。"锦水春风公占却，草堂人日我归来""诗有千秋南来寻丞相祠堂，一样大名垂宇宙；桥通万里东去问襄阳耆旧，几人相忆在江楼"。杜甫草堂楹联

图3-3-5　望江楼公园诗意性　　　　　　　　　　　　　图3-3-6　杜甫草堂诗意性

跨越数百年，其文化传唱之盛令人叹为观止（图3-3-6）。

古时宦仕人群在"以诗取仕"的文化制度下得到自上而下的全面"诗化"，诗文艺术又通过蜀地仕人建造、游赏、吟记等园林实践而集聚了文风氤氲的审美风格。此时西蜀古典园林不仅是"公馀自得高吟赏"的文学发生地，也是文学传承与演绎的载体，园中自然处处文风浓郁。如唐宋衙署园林西园，是蜀中官宦之士最常游玩的宴集高会、幕僚唱和的风雅之地，产生过多首吟咏西园美景的诗词歌赋，园文交相辉映。宋代还曾在此延集名工巧匠镌刻了十卷的苏轼集帖《西楼苏帖》，陆游在《渭南文集·跋东坡帖》中道"成都西楼下有汪圣锡刻东坡帖三十卷"，具极高的文学艺术价值，西楼与苏帖相与闻名，呈现园林与文学水乳交融般的存在关系，深刻地影响着西蜀古典园林诗文性特征与特色的形成。

文学诗意与园林艺术结合的形式莫过于园林品题的诗化，如绵竹衙署园中的清映亭，取名韩愈《月池》诗："寒池月下明，新月池边曲。若不妒清妍，却成相映烛。""清""映"二字使园林清池映明月的意境之美跃入眼前，从而达到"涵液沈渍，神与形融"（李流谦《绵竹县圃清映亭记》）的审美体验。转运司在官署之右建楼，名"绿云"，乃取太白描写锦城散花楼之"飞梯绿云中"句，由眼前"茂林修竹，蓊然环翠"（晋·王羲之《兰亭集序》）之景象，联想至李白吟咏此诗时登楼望远以有"如上九天游"的浩然之感。文学品题不仅凝练出了园林景观的审美特性，还使园林艺术的意境层面得到再次升华，展现出西蜀古典园林中浓厚的诗意特征。诗意性作为西蜀古典园林的普遍特性，亦体现在古往今来文人墨客所留笔墨间。古时虽少有园林专著，但相关诗词歌咏却十分丰富。隋蜀王筑子城所得摩诃池，经前蜀扩修后，成当时名胜，花蕊夫人作《宫词》百首对其详细描述，历代文人墨客慕名前往游赏，留下诸多诗篇，现存就有畅当的《偶宴西蜀摩诃池》、薛涛的《摩诃池怀萧中丞》、高骈的《残春迁兴》、陆游的《摩诃池》等，不可胜数。唐宋众多诗人入蜀后，所作诗词歌赋数量陡增，诗圣杜甫更是在蜀地达到了诗文创作的高峰。这些文人雅客畅游西蜀各园中，因园成文，或述景抒情，或写史言志，雅士云集，名篇比比。历代遗留的大量书法碑刻、题额楹联陈列于园林之中（图3-3-7），映衬园林诗文之美，亦见证园林古今千年传承。

图3-3-7　流杯池诗意性

周维权先生称中国古典园林均具"诗画的情趣"，然若要细究，最独具"诗"意特性者非西蜀园林莫属。蜀地因文人汇集而建园，因诗篇而颂园，因诗意而营园，此般种种，皆是西蜀古典园林其诗文情意与园林景致两相融合，方才有王绍增先生所赞"秀者，文风鼎盛"的特征表现。西蜀古典园林的历史延承，前人的诗句中包含的文学和意象，都是后人续建园林的基因所在，根据诗句进行园林空间营造，形成西蜀古典园林诗意场景，是西蜀古典园林较之其他园林的独特个性和魅力所在。

3. 传承性

"尚祭祀""好游赏""出文宗"的西蜀特质为西蜀古典园林提供着持续的文化生命力，使其长盛不衰，千年犹存。王绍增先生曾慨叹道："唐代的新繁东湖，宋代的崇庆罨画池，明代的新都桂湖，清代的成都望江楼等，像这样至今还保留有唐、宋、元、明、清园林系列遗迹的地方，全国也恐怕是少有的。"（图3-3-8、图3-3-9）。

西蜀古典园林历史脉络之连贯与传承性不仅体现在留存有各时代园林遗迹，也体现在多数园林自身的延续性，后人根据相关诗文中的信息续建园林。唐肃宗乾元二年（759年），杜甫留寓成都，于浣花溪畔营茅屋。唐末，韦庄"欲思其人而成其处"，于"浣花溪寻得杜工部旧址……因命芟夷结茅为一屋"（韦庄《浣花集序》）。北宋年间，成都知府吕大防"复作草堂于先生之旧址，绘先生之像于其上……录先生之诗，刻石置于草堂之壁间"，建成纪念性祠宇庙堂。南宋年间，成都知府张焘"刻杜诗于石置堂之四周，高二十有六尺，气势伟然"。明代经地方官方孝孺、刘大谟等人的接连修葺，草堂渐具规模。明末毁于战火，清代经四川总督和成都知府如杜玉林、福康安、曹六兴等人官方

图3-3-8 1958年的薛涛井　　　　　　　　　　图3-3-9 民国时期的望江楼

重修，延续明时基本格局，扩大园林规模。中华人民共和国成立以后，地方政府多次重新修缮，仍然承袭轴线建筑群及非轴线串联式多景点的园林布局及草堂朴秀淡雅的园林风格，强化园林诗意氛围。经近一千三百多年兴废，今日草堂仍然可从园林草木中当年草堂"清江一曲抱村流""主人为卜林塘幽"的园林情景，亦成为追忆杜甫的"文学胜地"（图3-3-10）。

东湖自唐代始建，经宋言宗建炎二年（1128年），沈自予将前任所建卫公堂扩大，并添王益、梅挚两人之像，更名为"三贤堂"。又经明清多任新繁知事所增建补缺，才得以见到今日这番湖光水色。武侯祠（图3-3-11）作为全国唯一君臣合祀祠庙，被列为全世界影响最大的三国遗迹博物馆、国

图3-3-10 杜甫草堂图

图3-3-11 1973年的武侯祠

家第一批重点文物保护单位、国家一级博物馆。传承历史样本，延续崇敬祭祀传统，也是使这座园林经历时代变迁却长盛不衰的重要原因。传承保存至今的西蜀古典园林几乎皆如此类，可见蜀地历来讲求文脉的传承与崇仰延续，是当今地域园林建设与保护的典范。

4. 公共性

园林的"公共性"是在人、公共活动和园林空间的相互作用下产生的，园林中公共性质的活动、进行活动的人物及承载其活动的空间是"公共性"的重要体现。皇家园林、江南园林、岭南园林等多以服务于特定人群为主。西蜀自古以休闲之风盛名，追求"官民同乐""游赏之俗"和"崇尚纪念"，喜好在园林范围内进行公共性质活动。故而大多园林自建成起就体现出明显的公共性特征，而后续的重建活动尤为注重这一特点。不同类型的园林的公共性特征有所差异，寺观园林公共性特征最为强烈，得益于其宗教活动特性，寺院园林自秦汉三国时期萌芽时就已经具备了公共性特征，其空间的准入基本不受所有者的限制，面向所有阶层人群准入开放，其公共性活动也多种多样。纪念园林与衙署园林同样对各阶层公众开放，但并非在任何时期都准入开放，曾有部分纪念园林被封为衙署重地，不准百姓进入，因此可作长期或定期准入开放的推断。隶属于私人的宅院园林仅供园主及其挚友欣赏，极少数会对外开放，因此公共性最弱，然此类园林数量仅占少数。

"公私富实，上下佚乐"，西蜀地理、经济、人文环境共同形成西蜀民众"乐游"性格，尤以成都为盛，《岁华纪丽谱》载道："成都游赏之盛，甲于西蜀，盖地大物繁而俗好娱乐"。即便"衣食常苦艰，游乐不知还"（宋·苏轼《和子由蚕市》）。上至官府，下至平民，均喜欢前往风光旖旎、名人遗迹处赏景、拜谒、游舟、宴饮、集会等。"锦水春风公占却，草堂人日我归来"，清代何绍基于"人日"至杜甫草堂祭拜后，便题就此联，引得文人纷纷效仿，以至于每年农历正月初七"人日"之时人们都会来到此凭吊诗圣、告慰先人，"人日游草堂"（图3-3-12、图3-3-13）的习俗也因此从明清流传至今。古时三月三日上巳节前后，望江楼公园对士庶开放，供人们游赏设宴；至今日，园内也常举行各类主题的汉服出行活动，学者、居民、游客等集聚一处，共赏传统文化之美。西蜀古典园林，作为官民"驰骋游邀"之所，与历年民间人文活动及岁时节庆结合，成为多种民俗活动举办地。

图3-3-12　草堂人日活动　　　　　　　　　　　　　　图3-3-13　草堂汉服活动

除了前文"民风民俗章节"中提到的各类活动，还有如武侯祠大年初一"游喜神方"活动、房湖公园农历正月十六"拉宝宝"活动、浣花溪农历二月二日小游江活动、罨画池农历二月十二花朝节活动、流杯池公园农历三月三"流杯雅集咏戎州"活动、杜甫草堂农历四月十九日祭拜冀国夫人，以及桂湖农历八月的桂花会等。这种公共性特征致使西蜀古典园林不仅是文人隐于朝野的壶中天地，还同样成了社会各阶层的生活舞台，故而才具有了雅俗共赏、社会人文的开放包容之美（图3-3-14、图3-3-15）。

图3-3-14　文君井休闲活动　　　　　　　　　　　　　图3-3-15　房湖公共活动

5. 交融性

西蜀古典园林交融性特征体现在两个方面：一方面在"外部"，即西蜀文化受移民文化影响而表现出的兼容并蓄的特点。受历史上移民运动的影响，外来移民文化与本土文化交相辉映、融会贯通，共同影响并推动了西蜀古典园林的发展。不同地方带来的营造习惯产生了"入乡随俗"的交融，影响到本土的审美观，并体现在造园中。如唐代李德裕修建的东湖，引用了洛阳平泉山庄的造园技法；文君井中的舫和扇面亭亦是直接采取江南园林的做法（图3-3-16）；房湖公园在园中建立了一座极具江南风格的独立园中园——园艺园。绵阳西山公园也一样，承江南苏州园林营造之法，整个园林精巧秀丽，玲珑通透，又用障、隔、隐、回、漏等手法，将亭、台、楼、阁、榭、廊环绕湖池其周，形成颇具江南园林的意象（图3-3-17）。

图3-3-16 文君井江南园林意蕴 　　　　　　　　　　　图3-3-17 绵阳西山公园江南画意

　　另一方面则体现在"内部"的交流互融，即西蜀古典园林的公共性特征与民间的游赏之俗决定了园林文化之间的沟通与交融。其一，是文人之间的交集。众文人在园中与文会友，或有所作为，从而留下遗迹，如宜宾流杯池壁刻；或与园主有所交集，在诗词中互相描写提及，如杜甫草堂、罨画池、房湖等。以杜甫草堂为例，清代果亲王允礼拜谒草堂时，书"少陵草堂"四字；至近现代，著名学者郭沫若于草堂中题联："世上疮痍诗中圣哲，民间疾苦笔底波澜"。在草堂工部祠中，在杜甫像左右两侧，另立黄庭坚与陆游塑像，诗史堂塑有李白泥像；祠内楹联之上，还题有"荒江结屋公千古，异代升堂宋两贤"，上联指的是杜甫，下联即是指学杜有成的两位大诗人，可谓园林交融性之典型。又如著名的曲水流觞活动之地流杯池，自北宋黄庭坚建造以来，英贤云集，诸多文人骚客聚集在此作诗饮酒，在其两侧石壁之上，还留有各个时代名人大儒的笔墨丹青，如杜甫、苏轼、陆游皆有诗文镌刻于此（图3-3-18）。其二，则是官民之间的交融，西蜀古典园林的公共性与雅俗共赏性亦是体现在

图3-3-18 流杯池壁刻

此。于蜀地为官上任者，所建衙署园林多具备公共性，免费开放给平民百姓游乐，因此民间风俗活动与官员处理政务之迹常并存于西蜀园林之中。历史上还有多次名人到访园林、留下身影，丰富了官民交融内涵。其三，园林之间的交融唱和，也是西蜀古典园林的文化佳事，如望江楼公园名联"竹数江楼好，诗让草堂多""古井冷斜阳，问几树枇杷，何处是校书门巷；大江横曲槛，占一楼烟月，要平分工部草堂"，竟将望江楼与杜甫草堂的各自特征进行了谦逊表达。

6. 游赏性

园林指的是在一定地域范围内，运用工程技术和艺术手段，通过改造地形、种植花草树木、营造建筑、布置园路等途径，创作而成的供人观赏、游憩、居住的优美环境。游赏性是以上纪念性、公共性、诗意性等造园特性的集中表达，也是园林最为基础、最为普遍的特性。然而，不同地域的园林会因受不同历史文化、政治经济、风俗习惯等影响而展现出不同倾向的游赏特色，因此游赏性的园林特性，既是统一的，也是多样的。

西蜀古典园林的游赏性特征，首先体现在极具主题性和纪念氛围之上，即均以名人名园的形式出现，游览时，崇敬之感油然而生。相比于中国其他地域的古典园林，主题内涵是决定大多数游客慕名前来的首要因素，如对诸葛亮、杜甫、李白、陆游、薛涛、陈子昂等名人的崇敬。其二是极具观赏价值，茂林修竹、庄重精致的建筑、开阔的湖池、清幽暗香的溪涧等构成了诗意的川西林盘唯美景致。空间上，搭配近景、中景、远景的层次关系，远观峰峦起伏，前后相叠；中看殿宇萧森，檐牙高啄；近看亭台阁榭，花窗粉墙，俯瞰溪流潺潺，仰视密林参天，使得园林空间呈现出维度多、层次丰富的复合特征。道路巧妙安排，布局灵活多变，既有轴线式对称布置，以强调纪念性氛围；又有"曲轴"的运用，移步异景，达到曲径通幽的效果。其三是多样的文化活动极具参与性和教育性。其四是典型的景观意象，如竹林、红墙竹影、曲墙云巷等。不论是造园要素的美学性，还是造园手法、空间布局的巧妙性，又或者是游览路线、景观序列的合理性，丰富了西蜀古典园林中独具韵味的游赏性（图3-3-19）。

图3-3-19 西蜀古典园林游赏性

四、园林艺术风格

西蜀古典园林作为地域园林中的一朵奇葩，拥有丰富的园林遗存以及别具一格的园林艺术风格。王绍增先生曾多次感慨西蜀园林独特的艺术魅力，称其不同于"北方皇家园林那样宏丽庄重，齐鲁园林那样拘谨平稳，江南园林那样纤秀柔和，秦晋园林那样粗犷豪放"，而是"随意旷达，飘洒自然……放而不野，文而不弱"，有自己鲜明的特色，先生将其概括为"幽秀清旷，飘逸自然"。"'幽'者，幽深孤峭；'秀'者，文风鼎盛；'清'者，水木清华；'旷'者，洒脱疏朗"。赵长庚教授在《西蜀历史文化名人纪念园林》一书中，以"古雅清旷，飘逸乡情"精辟地概括了西蜀地区名人纪念园的风格风貌。"古雅"代表了沧桑、幽雅的历史，文化"清旷"指代水木清华、疏朗有致的外貌特征，"飘逸"体现了潇洒自然、返璞归真的园林精神，"乡情"则表现了源自民间的乡土风情。本文立足于众多学者对西蜀古典园林艺术风格研究的基础，结合时代发展，通过物质性建构所体现的风貌特征及精神性建构所蕴含的人文特质两方面探讨其园林艺术特征。西蜀古典园林造园意象、地域特征明显，具备川西地区"朗逸清幽"的人居环境特色，受传续千年的纪念性氛围影响，具有独树一帜的园林艺术风格。

1. 朴素自然，飘逸清幽，诗情画意

西蜀古典园林"朴素自然"的艺术风格，一方面是沿袭了中国古典园林的自然借鉴法则。魏晋以玄学、哲学为背景，崇尚返璞归真、清淡幽远的传统自然审美观，为我国自然山水园林的发展提供了思想基础。在得到唐宋蜀地人士的一致认同与长期遵循后，直观地体现在了宦蜀人士"以清虚为宴游，以朴素为玩好"的生活方式之上，为其后朴素自然的园林艺术风格的形成奠定了基础。另一方面，这种风格的形成与发展深受以道教思想为主的宗教思想影响。强调从自然为宗，以自然为运。"天有大美而不言""山林与，皋壤与，使我欣欣然而乐与"（《庄子·知北游》）是庄子对山水自然之美的认知态度，魏晋时期老庄思想的盛行开启了士人们对山水审美的自觉。西蜀本为道教发源地，影响更为透彻。造园主张"道法自然"，强调从自然为宗，以自然为运，营造了清静无为、朴质贵清、飘逸极简的民间审美观。再一方面，朴素自然的园林艺术风格更利于其纪念性本质的加载。无论是来蜀的地方官宦还是本地蜀民，对这种追求朴素自然的造园观都能达成审美的共识。它强调随形就势，不做大的土方改动，不破坏原有的生态环境，只稍加改造和利用原有自然或林盘条件即可。营构园林时，不饰丽藻，不求奢华，不以斧凿。不少园林建筑直接以茅草或杉皮为顶（图3-4-1）、枯树为柱、枯根为凳，如青城山雨亭（图3-4-2），以及以当地杉皮做顶，以树根做挂罩的草堂碑亭；更有常见于桂湖、东湖、武侯祠、罨画池、青城山、峨眉山等园林中的茅草亭（图3-4-3）。即便主体建筑，大多青瓦覆顶，竹编粉墙，砌上明造，漆作黑、红或原色，简约素雅。山石堆叠则利用凿池淤泥和西蜀常见石材，如卵石、青砂石等，虽显简朴，但颇为独特，桂湖翠屏山以卵石、钟乳石营造，成为"全国唯一的一座以鹅卵石完成主体结构的清代鹅卵石假山"。

在主流园林从"再现自然""师法自然"过渡至"创造自然"的嬗变中，西蜀古典园林徘徊在这场变革边缘，除偶有受江南园林造园手法影响外，大部分园林山水布局、空间意趣仍遵循民间审美，

图3-4-1　杜甫草堂朴素自然

图3-4-2　青城山雨亭

图3-4-3　罨画池朴素茅草亭

延续唐宋格局，追求"道法自然"，对自然无为思想的推崇使园林要素本真的美得以展现，造就西蜀古典园林朴实原真的园林艺术美。

西蜀古典园林在建造过程中最大限度地考虑了当地的地形地貌、水文条件、气候条件等，依靠天然的环境条件打造自然景观，尽量不显示出人工痕迹，给人天然质朴的感觉。如都江堰二王庙、乐山凌云寺等，不论是总体的选址布局，还是局部的建筑设计都体现了这种追求因地制宜、清新自然、质朴无华的造园艺术特征。

西蜀古典园林的"飘逸清幽"源自蜀地自然风貌，与道家飘逸幽秀意境和佛家宁静平和氛围融合一致。蜀地山川景象万千，云霞瑰丽，飘逸质朴气氛与园林游赏雅兴在园中相辅相成，构成了西蜀园林艺术物质性环境，这也是区别于其他地域园林的主要特征之一。"逸"既是由外（"安逸"的生活态度）而内，也是由内（"飘逸"的道风仙骨）而外渗透形成的园林气质，由形而上的园林哲学美学与形而下的园林物象共同体现，王绍增先生曾用"飘逸"二字标示西蜀园林的整体风格特色，理应如此。造园依据优美自然，稍事人工，如茂林修竹与曲径结合，成"曲径通幽"画意，或有文人点笔或借诗文造景，则成"门前万竿竹""二十里中香不断"（《陆游·梅花绝句》）之诗情。又以常绿阔叶林作天幕和背景，而以水面取虚放扩，创造空间变化和虚实对比（图3-4-4）。诸如广汉房湖、崇州罨画池、转运司园、铃辖厅东园、绵竹清映亭等诸多的西蜀古典园林凭借湖池与花木共胜的优势，"湖上环修竹""池前长林屏"等构景形式，造就了"翳然林水间""水竹散清润"的宁静清幽、堆云叠翠的温润园林景致（图3-4-5）。

图3-4-4　西蜀古典园林之清幽意境

图3-4-5　西蜀古典园林之林水诗意

中国古典园林具有明显的山水园、山水诗、山水画相互影响和支配的文化特征，大量的山水画家都会参与到园林营造和经营中去，既以山水为蓝本，又绘制园林山水，描述园林景象，形成了"诗情画意"的识别特征。西蜀古典园林少了山水画家造园，营造主要源自名人诗句，具有明显的诗意传承性。但也受到中国山水诗画艺术的影响与浸润，两者共同交织促进，形成了西蜀古典园林特别的诗意景观。园林"诗情画意"的产生离不开诗文、诗人，西蜀园林自建成起就因文人多、诗词富而呈现出诗意浓的特色。于显性层面，西蜀古典园林中注重诗词文化要素的布置而体现出独特的诗意性。诗廊、词碑，以诗刻石、以文饰墙，几乎所有园林中均有专为展览诗词而建立的文化长廊，如杜甫草堂千诗碑、望江楼文化墙、罨画池石刻（图3-4-6）等。于隐形层面而言，园林造园讲究"诗情"意境的营造（图3-4-7）。从物质性造园要素来看，西蜀古典园林跟其他地域园林一样都是由建

图3-4-6 西蜀古典园林中的诗意长廊

图3-4-7 西蜀古典园林中的诗情画意表达

筑、山水、植物等构成，并无特异之处，但是它似乎在有意无意之中不自觉地实现着对诗词意境的追求。"意"则直接来源于文人诗词所透露营造的意境，其所具有的超越物质层面的特殊文化内涵，使园林具有凝练、深远的情趣与意境，这种意境是诗化了的。建造园林讲究"意在笔先"，而诗化之"意"，自然营建出"诗情"化的园林意境。西蜀古典园林正是通过这样的显性与隐性相互结合交织、物质性要素与精神性要素相互作用建构，共同创造了西蜀古典园林的诗情意境。

童寯在《江南园林志》中提到"造园与绘画同理"。在西蜀古典园林营造实践中，同样有以画作构园、以画理营园之举。如灵泉邑令杨公指挥修建待鹤亭时，跨溪架桥，叠石累磴，营亭于山巅，两侧隆岗伏坡扶卫，草木朋附奔迎，自虎望之有"横桥如画"之景。可见西蜀古典园林在营构景点时对"画意"的追求，以使园景达到"景可入画"的美学效果。

2. 布局礼序，清旷疏朗，文园互构

西蜀古典园林布局艺术从空间上可以分为两类，一类是布局礼序，是以建筑院落为主的纪念性空间，布局规整，注重规程礼序，如杜甫草堂、三苏祠、西山子云亭等建筑院落强调庄重肃穆之感，按中国传统的轴线对称式布局。武侯祠的纪念性建筑空间遵守更为严格的等级制度，形成了前低后高的建筑格局，以示君臣礼制区别。寺观园林、文庙园林、书院院落选址因地制宜，但也严格按照一定的礼制布局。大多文庙整体以南北为中轴线，所有建筑左右对称布局，由南向北中轴线依次经"万仞宫墙—棂星门—泮池—泮桥—戟门—大成殿"这一格局（图3-4-8）。

另一类则清旷疏朗，是以山水园林为主的自然空间，布局自由，注重疏朗有致，给人以温润清旷

图3-4-8　西蜀古典园林礼序布局

之感。园林规模虽大小不一，但各要素分布却不拘狭，而是空间开合、灵动自然，巧妙融合建筑院落空间，使这两类整体园林浑然一体。桂湖以水面为布局中心，单体建筑则散立于水面周围；三苏祠则用水面将建筑包围，形成"三分水两分竹"的岛居格局；浣花溪可行船、捕鱼、耕作，一派田园野渡风光，具有"清江一曲抱村流"的清旷意境（图3-4-9）；望江楼的布局更具开创性，所有建筑均对应较为开敞的空间，均形成辐射型构图。还有的似随意散点，如峨眉山的清音阁，青城山的天师洞；有的平面随机，如峨眉山雷音寺是个大四合院，青城山的上清宫则主要向两侧展开，都不是沿中轴线多进院落的程式作法；有的没有任何总体轴线关系，寺庙山门开在一侧，而不在中轴线上，如乐山乌尤寺、凌云寺、峨眉山洪椿坪、灌县二王庙等。

西蜀古典园林多为雅士遗韵和名人故迹之处，都成了后世登临访古、凭吊先贤、延续营建的文化场所，每一处园林中拥有丰富并传唱千古的诗文句章、名联佳篇。这些皆因美景、美物、佳事而成好

图3-4-9　西蜀古典园林清旷疏朗之境

文采，又因好文采而成园林胜景，体现了文园互构、文景交融的艺术风格。一方面，历代文人因游园而吟咏园林美景、颂扬古人精神与情怀写下的诗文，又成为历朝各代重修园林的主要物质意象依据。胡宗愈因"得东斋之诗"而起重修东斋以景蒋公之意；因蒋公曾园咏清阴馆之句而复建清阴馆，植楠木于馆前，以延承"留得清阴与后人"的贤仁志向。另一方面，西蜀古典园林之景点、建筑、植物的营设均以诗意为先，诗意融于园景，成为后世营造园林精神文化参考，境由心生，寓意深远。如三苏祠取苏轼《前赤壁赋》中"挟飞仙以遨游，抱明月而长终"之意境，设抱月亭于竹下池畔；罨画池作三道云墙，辅以山石以隔，犹如穿行于曲巷小径，再现陆游名句"山重水复疑无路，柳暗花明又一村"（陆游《游山西村》）；武侯祠柏荫遮日的景观便是应杜甫名句"丞相祠堂何处寻，锦官城外柏森森"（杜甫《蜀相》）；东湖湖边水榭"瑞莲阁"源自北宋新繁知县王益为描写东湖并蒂莲花景所作的诗篇《新繁县东湖瑞莲歌》；杜甫草堂诸多景点亦是以杜诗所述意境而设，如得名于"花径不曾缘客扫，蓬门今始为君开"的花径，得名于"秋水才深四五尺，野航恰受两三人"的恰受航轩，为营造"风含翠筱娟娟净，雨裛红蕖冉冉香"意境的裛香亭等。

这种"因园得文"与"因文构园"的双向互动，使文学诗意全面地融入园林景观，通过建筑院落、自然空间、植物花草、雕塑碑刻等方面的多元化表达，使西蜀古典园林的空间诗意、文化景观独具特质，两者交相辉映，永续传承。剑州刺史蒋侑修建重阳亭得李商隐作《重阳亭铭》记之，"播美于当时，遗馨于后世"，后世文仕羡其得"名士大夫咏述"，重建重阳亭，再以文记之，形成穿越时空的文园循环互构模式（图3-4-10）。

图3-4-10　西蜀古典园的文园互构

3. 文风氤氲，宁静致远，雅俗共赏

西蜀古典园林建筑风格质朴厚重，秀丽简约；湖池溪涧清幽温润；山石地形古朴自然。园林整体蕴含了浓郁的文学气息和诗意之境。名人名园，名句名篇，园林营造文风斐然；这些名人艰苦朴质又忧国忧民，淡泊明志而宁静致远，体现在园林中，雅俗共赏，影响深远。因此西蜀古典园林尤其是名人纪念园林，在蜀地承担了传统文化散播和文学沁润功能，是了解历代名人家国情怀、文化贡献的重要场所。浣花溪公园诗歌大道长约200米，篆刻了自春秋至近代多首经典诗歌，形成了展示中国3000年诗歌史的雕塑长卷；更多的名人诗文效益还影响至当今城市景观意象，如绵阳、江油营造李白故里诗文意境；成都营造的"寻香道"是文风的历史延续与再现，"二十里中香不断，浣花溪到青羊宫"的名胜集群，涵盖百花潭、文化公园、浣花溪杜甫草堂等"名园"，青羊宫、二仙庵、琴台路等"名

胜"，送仙桥、遇仙桥、望仙桥、十二桥等"名桥"；三苏自三苏祠中漫延外溢，眉山整座城市打造诗书城，弥漫书香文墨之气；邛崃、新繁、新都、崇州等均依托名人进行城市文化和形象建设（图3-4-11）。

诸葛亮《诫子书》中道："夫君子之行，静以修身，俭以养德，非淡泊无以明志，非宁静无以致远。"文人宦仕于蜀地静心享受读书、弹琴、对弈、赏花、钓鲤以及宴宾、会友的雅致生活，这种追求以水木清心的生活方式影响了他们内心对园林宁静致远的审美偏好。文人追求宁静以致远，园林则要以此为营造内涵（图3-4-12），使人居之游之心境平和，沉稳淡然。雅客们"爱景物之幽远，乐世外之闲旷"的审美意趣，使西蜀古典园林呈现"古木郁参天""幽花无时歇""虚明静深，

图3-4-11　不同城市的人文景观

图3-4-12　园林中宁静致远的意境

如在山林"的沉稳平和的气质和特色。西蜀园林造园时"多小巧秀雅，石山甚少，水岸朴直，以清简见长"。整体风格清淡朴素，简约低调。因此，置身园中往往能感受到宁静致远、平淡和谐的环境氛围。

西蜀古典园林艺术鉴赏活动是对文化的领略领悟和对名人名事的崇敬形式之一。融合了纪念性、传承性、诗意性的园林空间是一种公共性质的文化场景，具备了雅俗共赏的特征。一方面，古时官宦士族尊崇"不远人"的儒家思想体系，造园强调公众的参与性和官民同乐的开放性，因而极显亲切。另一方面，西蜀自古游赏之风兴盛，官员甚至将造园为民视作政绩，几乎所有类型园林都对外开放。宋人梅挚曾作《和邑令王损之东湖瑞莲歌》，其中"朋簪峨峨尽才子，椽笔交辉云藻丽"一句描绘东湖才子雅集宴饮、诗歌唱和之盛况；唐人卢崇道于新都桂湖送别友人时赠诗曰："静深人俗断，寻玩往还迷。"（《新都南亭送郭元振》）可见当时桂湖大众游赏之景；罨画池也历来是泛舟游湖的胜地，闻名一时；房湖自清代以来每年举办大型"拉保保"民俗活动，届时城中百姓聚集于此，游园娱乐，欢度佳节。诸如此类皆是因休闲文化、包容之风与游乐之俗而形成的雅俗共赏的园林艺术特征。

不同于北方园林之雄，江南园林之秀，岭南园林之巧，西蜀古典园林得益于山川秀丽、植物丰茂、文士云集等因素，表现出的是一种朴素自然、飘逸清幽、诗情画意、布局礼序、清旷疏朗、文园互构、文风氤氲、宁静致远、雅俗共赏的独特园林艺术特征。园林内植被茂密，生态环境十分优越，建筑多以当地民居造型为蓝本，粉墙青瓦，朴素宜人，并采用了竹、木、石、泥、砖、瓦等多种建筑材料，与环境自然贴切地结合起来，水岸大多平直开朗，堆山手法古朴粗犷，虽少了几分江南园林的蜿蜒迂回、细腻温婉，却多了几分西蜀古典园林特有的大气疏朗、清旷温润。总的说来，西蜀古典园林在体现了"文、秀、清、幽"共性之上，又因特定的历史、文化背景，表现出不同的个性，真正体现出了"园林无定格"的旨趣，又因其各自特"清景各千秋"。

第四章

西 蜀 名 园

　　西蜀古典园林受中华传统文化浸润，在蜀地历经千年的拓创更新、守承传扬，形成了杜甫草堂、武侯祠、望江楼公园、三苏祠、罨画池、桂湖、房湖、文君井、东湖、流杯池等一批典型的历史纪念遗存，一直以来这些园林在不同时代的营造都关注极高、参与面广，影响深远，至今显现更为突出。古典园林数量众多，星罗棋布，在蜀地形成了庞大的园林集群。这些园林的历史建构与存续，支撑和明晰了蜀地各个城市文化地标，并彰显了人文精神和城市意象。园主不以物喜，不以己悲，简朴的川西生活质量和诗意的浪漫桃源美学，决定了朴质厚重的园林本色；大规模的园林遗存、丰富的园林类型，形成了"纪念性、诗意性、传承性、公共性、交融性、游赏性"等特征，具备"朴素自然、飘逸清幽、诗情画意；布局礼序、清旷疏朗、文园互构；文风氤氲、宁静致远、雅俗共赏"的园林艺术风格。独树一帜的园林艺术风格和极高的历史文化、古典文学和美学价值，是中国古典园林之典范。

　　本书所列蜀地十大历史园林典范，分布广泛，时空层叠，声名显赫。透露出中国古代圣贤的德行品格和家国情怀，显现了蜀地大启文明、景仰前贤的良好品格。千年至今的保护、续建、更新等行为，清晰地展现了这些名园的营造过程和文化叠加逻辑，形成了典型的园林艺术风格。这种本源文化与中原文化交流与共融的空间，突出了蜀地历史健康发展和城市的高雅之风以及游园赏园风气。这些千年遗迹胜景成了名胜园林，纪念园林，成了国家一二级博物馆，均为千年的文人入蜀现象延承与文学融汇的意境增扩；皆为中国儒家文化在蜀地的最佳实践；这些名园的历史典故、造园内涵、文学盛事等至今跌宕延绵，弦歌不止。

第一节　成都杜甫草堂

759年冬，为避"安史之乱"，杜甫举家迁蜀，卜居成都西郊林盘之中。锦城之西的林水之清幽、田园劳作之康乐、邻里友善之和谐，给杜甫一家提供安定悠闲的新居所。在这里，诗人写下了240余首描写浣花溪的林水景色、草堂建造过程、气候影响、邻里交往和朴实有趣的生活场景，将其忧国忧民的磅礴情怀进行了文学表达；史诗般的诗篇流传千古，形成了愈久弥新的浣花溪历史诗境。之后人们慕名而来，竞相追崇与唱和。从唐末诗人韦庄因"命芟夷，结茅为一屋"到清四川总督常明"费金五千五百余两，计造屋九十楹有奇……永护此堂"，1200年间的持续营造终使其成为万世敬仰之地。

杜甫草堂在成都的落成与千年沧桑叠变，促成了其内涵从林盘生活聚落到西蜀纪念园林的转变，又逐步发展至今，成了国内纪念杜甫最负盛名的文学胜地和国家一级博物馆、全国重点文物保护单位，是成都最重要的文化地标之一。

一、历史沿革

杜甫草堂位于成都城西浣花溪畔，目前占地800亩，由成都杜甫草堂博物馆区及浣花溪园区两部分组成。园林艺术具有浓郁的纪念性、公共性、史诗性等氛围特性，其清旷疏朗的空间格局、朴素自然的环境聚落、润物细无声的文学意境等形成了典型的草堂诗意园林风格。杜甫草堂跨越千年的营建，千年文士人群的文学集成至今大成，经历了"起承转合"等四个演变与发展阶段。

（一）草堂之始

杜甫自唐乾元二年岁末（759年）因避"安史之乱"携妻儿入蜀，流寓成都，暂寓居于浣花溪畔古寺中。初至蜀中，杜甫望见"巴、蜀、广汉本南夷，秦并以为郡，土地肥美，有江水沃野，山林竹木疏（蔬）食果实之饶"（《汉书·地理志》）。又见成都平原上随田散居、错落分布的川西林盘，写下"城中十万户，此地两三家"（杜甫《水槛遣心二首》其一）等诗句，表达了选址此处的惬意满足和快意心情，也描述了城外浣花溪郊野的聚落特点。

第二年春，在友人的资助下，杜甫开始营造"诛茅初一亩"的简朴居所。正如《园冶》相地篇中所述"探奇近郭，远来往之通衢；选胜落村，藉参差之深树……郊野择地，依乎平冈曲坞，叠陇乔林，水浚通源，桥横跨水……开荒欲引长流，摘景全留杂树……月隐清微，屋绕梅余种竹；似多幽趣，更入深情"。杜甫所相之地便是"清江一曲抱村流，长夏江村事事幽"（杜甫《江村》）"锦里烟尘外，江村八九家"（杜甫《为农》）的高墙城外河水环绕的小村庄，位于"浣花溪水水西头，主人为卜林塘幽"（杜甫《卜居》）之林塘幽深处，浣花溪边"楠树色冥冥，江边一盖青"（杜甫《高楠》）一株古楠旁，并开始营建茅屋，经营草堂。

唐代山水文学昌盛繁荣，文人园林兴起。文人雅士寄情山水，将自身对自然山水风光美的深刻理解熔铸于园林经营的同时，也将其对人生哲理的体验、宦海沉浮的感怀倾注于园林意境的营建之中，展现出文人园林所独有的文人情怀与修养情操。杜甫在营建草堂时，亦是如此，一方面在品德修养、文化艺术上均有着极高的境界要求；另一方面，多靠亲朋好友慷慨相赠。杜甫搭建草堂茅屋之时，表弟王十五司马送来建筑费："忧我营茅栋，携钱过野桥"（《王十五司马弟出郭相访，兼遗营茅屋赀》）；营造草堂植物环境之时，向友人何邕索桤木苗："草堂堑西无树林，非子谁复见幽心。饱闻桤木三年大，与致溪边十亩阴"（《凭何十一少府邕觅桤木栽》）；又向萧实索取桃树："奉乞桃栽一百根，春前为送浣花村"（《萧八明府实处觅桃栽》）；再向韦班索要松苗和瓷碗："大邑烧瓷轻且坚，扣如哀玉锦城传"（《又于韦处乞大邑瓷碗》）；就连拜访徐卿时，也向其觅求果树营园："草堂少花今欲栽，不问绿李与杨梅"（《诣徐卿觅果栽》）。历经数月造园活动"舍南舍北皆春水，但见群鸥日日来"（《客至》）的房屋营造、田园种植等基本告一段落，杜甫过上了"肯与邻翁相对饮，隔篱呼取尽余杯"（《客至》）的林盘田园生活（图4-1-1）。

三年零九个月的居住时间，杜甫在这里留下的千古诗篇，推动了蜀中文学达到继汉代和初唐之后的又一次高潮，其所建草堂成为后世营造草堂诗意园林的蓝本。著名诗人冯至说"人们提到杜甫时，尽可以忽略了杜甫的生地和死地，却总忘不了成都的草堂"（图4-1-2）。杜甫的离开，便是纪念园林和文学圣地的开端。杜甫于永泰元年（765年）春离开成都，行前写下"五载客蜀郡，一年居梓州。如何关塞阻，转作潇湘游。世事已黄发，残生随白鸥。安危大臣在，不必泪长流"（《去蜀》），显露出他对草堂生活的无限留恋。此后不久，草堂变为西川节度使崔旰小妾任氏之私宅，后由于其信佛又舍宅为寺，即梵安寺。后由于任氏抵御外侵有功，被封为"冀国夫人"，并建浣花夫人

图4-1-1　草堂林盘生活景象

图4-1-2　草堂置石

祠，又称冀国夫人祠。至唐末，草堂逐渐衰败。

（二）草堂之承

五代前蜀，诗人韦庄寻得杜甫所居旧址，此时草堂虽荒没已久，但柱础仍存，遂于旧址"命芟夷结茅为一屋"，恢复草堂本色，此为草堂"思其人而成其处"之肇始。北宋仁宗嘉祐年间，文学家宋祁漫步浣花溪，寻得少陵宅，不由感叹，写下"少陵宅畔吟声歇，柳碧梅青欲问谁"（宋祁《春日出浣花溪》）说明韦庄营建之草堂还有宅院，没有大的破坏。北宋元丰五年至八年（1082—1085年），吕大防出镇成都，"复作草堂于先生旧址，绘像于其上"。后胡宗愈任成都知府（1090—1092年），又录杜甫诗刻石，置草堂壁间。宋高宗绍兴九年（1139年）张焘出镇成都，植竹、柏，新建"沧浪"，再次修缮草堂，并全刻杜诗1425首于石上。自此杜甫草堂逐步增加石刻、画像、茅屋等建筑，具备了展示、祭祀、休闲等功能，开始具有祠宇的形态特征了。

南宋中叶，文人们又相继造访草堂，李流谦感叹："石刻摩挲病眼开，数椽茅屋老苍苔。"（李流谦《草堂》），陆游写道："虚堂尘不扫，小径门可款。"（陆游《草堂拜少陵遗像》）。此时可见草堂石刻、建筑、道路等尚存，可引人寻迹祭拜，但无人管护，趋于荒凉破败。元末战争，草堂和成都城一样遭受毁灭，数百年难有人问津。明初蜀藩朱椿兴工重建，把中部作为祠宇，两侧作为侧屋，后为草堂，取"存其旧"之意。明孝宗弘治十三年（1500年）又扩大了明初的范围，在草堂中建立书院。明世宗嘉靖十六年（1537年）成都知府邵经济在草堂筑"存梅亭"，凿池其中。后经四川巡抚刘大谟复加增修，更名为"草堂别馆"，引百花潭水流其中，置廊桥。嘉靖末年，成都经历王忠，又于祠内建"乾坤草庭"。万历三十年（1602年）华阳县令对杜甫祠稍事修葺，并携杜工像及本传于石，增种竹树，设置景点。由此，草堂在传承前几代修缮的基础上，面积增扩，引水设廊、绿化环境，造园内容更全面，功能更为丰富，由单一的祠宇变成了祠宇园林。

明末战乱，草堂再次被毁。清康熙十年（1671年），川湖总督蔡毓荣、巡抚罗森在明代中期的基础上修复和重建草堂。乾隆中叶，杜甫后代杜玉林为四川按察使，重修草堂"始于戊戌冬十月，岁杪工竣"，并撰写《重修成都少陵公草堂记刻石》。乾隆五十八年（1793年）再加修饰，绘"少陵草堂图"勒石刻碑，今存工部祠内。嘉庆十六年（1811年），四川总督常明、布政史方积等人"费金五千五百余两，计造屋九十楹有奇……以属草堂寺僧谨启闭、躬洒扫，且以金五百两畀寺僧为岁时补葺之资，使顾名思义，永护此堂"（曹六兴《重修成都草堂工部祠增寺僧岁修经费碑记》）存"杜公草堂图"勒石刻碑（图4-1-3），今也存工部祠内。清光绪十二年（1866年），在花径红墙的中部增修浣花祠。经约1000年的递序发展，历代传承，经历了"草堂房屋之功能—寺庙—草屋一间—草屋祠堂—祠堂群—祠宇园林"过程，实现了承上启下的历史功能，基本奠定了今日杜甫草堂规模和格局。

杜甫草堂的营造，一直遵循对儒家等级秩序观念的运用。从根本上看，儒家思想是关于修身、齐家、治国、平天下的理论体系，它强调建立秩序和规程。中国古代城市规划、建筑布局都符合这种儒家的哲学准则。这种严格空间秩序的布局手法也深刻地影响了后人对杜甫草堂的营造。草堂整体布局对称严整，以一条中轴线贯穿始终，由照壁作序景，正门、大廨、诗史堂、柴门、工部祠主要建筑依次排列在中轴线上，营造出肃穆稳重的空间格局。

图4-1-3 杜公草堂图

（三）草堂之转

民国时期，因地方军阀混战和抗日战争爆发，草堂陷入破损、荒芜的境况。草堂成为军队马厩和伤病者医疗的地方，主要建筑门窗、亭台水榭均被拆毁，所悬挂楹联匾额损失殆尽。中华人民共和国成立后，杜甫草堂迎来发展新机，实现了公园化的转变。1952年，成都市人民政府专项拨款，全面维修草堂建筑，增加约60亩的面积，同时将西侧梅园及东侧草堂寺一并并入，草堂成为集"祠宇园林""寺庙园林"和"私家园林"为一体的纪念性园林，随后才逐渐演变为公共空间，并正式开放为公园。1955年成立"杜甫纪念馆"，在园内广植杜甫笔下所描绘的"楠木、桤木、红梅"等植物，同时注重杜甫草堂园林营造，梳理草堂水系，发展川派盆景，使草堂面貌焕然一新。1959年，时任成都市副市长李劼人主持了杜甫草堂的大规模修建活动，修缮注重杜甫的人民性，突出了建筑的古朴和园林的幽静之美。1961年杜甫草堂成为首批全国重点文物保护单位。从此，杜甫草堂的文物保护工作，包括名木古树保护、古建筑保护、园林养护及书画版本收集整理等工作，都转入了一个科学、系统的阶段（图4-1-4、图4-1-5）。

草堂之转，受西方现代公园的影响，承继祠宇传统、扩大公园功能，成了保护文物及文化教育的公共场所，始终保持明清时的格局、杜甫的高尚品格及诗意的文化内核，保留和再塑了西蜀古典园林古朴清幽的风格。

（四）草堂之合

1985年，杜甫草堂成为首批国家博物馆，并正式更名为"杜甫草堂博物馆"。2005年，重建"万佛楼"，复原了历史文化名城——成都"东有崇丽阁，西有万佛楼"之风貌，万佛楼成为草堂又一标

图4-1-4　1965年草堂花径

图4-1-5　1955年草堂水槛

图4-1-6　万佛楼

图4-1-7　杜甫千诗碑

志性建筑（图4-1-6）。2006年，杜甫草堂博物馆被国家旅游局评定为AAAA级景区；2008年，杜甫草堂博物馆被国家文物局评定为一级博物馆；2010年，杜甫草堂博物馆被国家古籍保护中心评定为全国古籍保护重点单位。杜甫千诗碑在2018年12月1日落成并对外开放（图4-1-7）。

　　杜甫草堂由祠宇园林转变成博物馆和景区，具备更强的开放性、公共性、游览性，其纪念性和诗意性的历史文化内涵和影响力愈发突出，对成都甚至中国产生了深远的影响。千百年的文化崇拜和持之以恒的营建促成了草堂起承转合，目前形成了面积逾800亩，包含杜甫草堂博物馆、浣花溪公园、集祠宇建筑群落、湖池溪涧、茂林修竹等要素，展示诗歌文化、文人千年唱和、时代纪念精神等于一体的古典园林空间。

二、空间特征

（一）自然环境

"浣花溪水水西头，主人为卜林塘幽"（杜甫《卜居》）。从杜甫初建草堂至清后期的成型，都遵循了浣花溪这一区域的自然环境特征，整个修缮、续建都维持着这里的原始地理结构和自然环境之历史意象。草堂诗意园林和纪念环境塑造，离不开这里河流溪涧、林盘村落、茂林修竹的自然空间环境。

蜀地蓬勃发展所依赖的都江堰水利工程不仅对该地区的社会经济延展有着重要的推动作用，同时也保障了川西平原的林盘农耕生产、城市建设等无水患之忧；"江水沃野，山林竹木蔬食果实之饶"的平原景象也因此而成。浣花溪，又称清江，属岷江水系，《寰宇记》中载："秦李冰穿二江于成都之中，皆可行舟，今谓内江、外江是也。"外江即由温江西来，经苏坡桥而至成都，即为浣花溪。浣花溪在古时开阔宽泛，可舟楫往来，杜甫"窗含西岭千秋雪，门泊东吴万里船""渔人网集澄潭下，贾客船随返照来"之景，可见其当时交通境况。杜甫优选此处，浣花溪水系满足了诗人生活的基础条件，实现了诗人的精神需求。

草堂在杜甫营建时的自然状况便如《园冶》所述："梧阴匝地，槐荫当庭；插柳沿堤，栽梅绕屋；结茅竹里，浚一派之长源；障锦山屏，列千寻之耸翠，虽由人作，宛自天开。"草堂位居城外林盘之中，阡陌纵横，鸡犬相闻，这种桃源般的生活意趣极大地影响了诗人创作热情。林盘植物丰茂"翠竹深幽，古木参天，花满蹊径"，杜甫利用原始植被，增添果木花草药蔬，既具备生活之需，又显自然生机，后续营建无不遵循且有意识地按照杜甫诗句中的描述进行营造。今日草堂溪涧环流，湖池散布，流水淙淙，茂林森森，竹径幽幽。展现了"沧波老树性所爱""泪痕血点垂胸臆""草堂自此无颜色"之境。明清两代，人们广植楠木，至今蔚然成林，堆云叠翠；杜甫爱竹、用竹，诗歌描写翠筱、笼竹、翠竹的"娟娟净""和烟滴露梢""净晖晖"，造园索要"绵竹"（图4-1-8）。梅花、桂花、海棠、荷花等川西林盘固有的乡土自然资源成了文人特定的精神需求，成为杜甫气质和品格的象征（图4-1-9），丛丛竹林、条条竹径、满园花色等自然景观成了草堂诗意园林的重要意象。

图4-1-8　草堂自然环境

图4-1-9　松竹梅烘托杜甫雕塑

（二）建筑空间

"凡园圃立基，定厅堂为主。先乎取景，妙在朝南。格式随意，栽培得致。开土堆山，沿池驳岸。寻幽移竹，对景莳花。桃李不言，似通津信；池塘倒影，拟入鲛宫。疏水若为无尽，断处通桥；开林须酌有因，按时架屋。"（《园冶·立基》）即园林勘地后选取合适的位置，建筑宜背北朝南，建筑空间应当疏密有致，配以园林水系、山石及花木增加情致。

杜甫草堂建筑形式多样，空间布局既有通过轴线来贯连建筑院落群，并由此形成了两条南北、西南东北向的纪念建筑轴线；又有设置长廊关联的空间，如杜诗木刻廊、千诗碑回廊、花径等；还有点缀园林中的亭台楼阁，如万佛楼、碑亭、一览亭（图4-1-10）。全园作为最重要的纪念建筑轴线，受儒家礼制秩序影响，建筑布局对称严整，肃穆稳重，以一条西南、东北向的中轴线贯穿始终，自南向北依次为序景（照壁）—起景（正门）—发展（大廨）—转折（诗史堂）—高潮（柴门和工部祠）—结景（碑亭、茅屋和水槛）的建筑空间序列（图4-1-11）。其中正门与大廨、诗史堂与柴门之间曲折的水系不断穿插连接中轴线，由此形成"大廨、诗史堂、草堂留后世与诗圣著千秋展厅"及"柴门、工部祠、水竹居与恰受航轩"两种格局，其间再通过筑桥引水，使其隔而不断。这种手法不仅打破了

图4-1-10　草堂建筑空间图（根据陈颖《四川古建筑》绘制）

图4-1-11　草堂纪念建筑空间序列

固有的空间关系，串通园林水系及林木，改变了纪念性祠堂的单调刻板，更让整个环境顿添几分生动之气；同时也使游人自然地从仰慕先贤的肃穆空间过渡到祭祀杜甫的神圣空间，再过渡到诗情画意的结景景观。

（三）纪念空间

西蜀古典园林的纪念性空间是经历漫长历史阶段逐步成型的，是无数文人墨客追酬唱和、仕族迭代循序渐进地营造形成的。杜甫草堂的纪念空间从孤立的建筑单体，逐步增扩到建筑群体，再到丰富的园林景观；从简陋的四壁到各类纪念陈设的完备；从一亩微地展延到数十亩，甚至数百亩。

一是大量外地诗人、地方官员的寻访和修缮促使了纪念性空间的产生，如唐时李德裕、雍陶、卢求、郑谷、韦庄等人，这一时期的造访而留下的记录为韦庄等人后续的修缮提供了地标基础；宋时的宋祁、赵抃、吕大防、胡宗愈、张焘、黄庭坚、陆游等，这一时期使草堂具备了一定规模的纪念性空间；元明时期的纽璘、朱椿、方孝孺、钟蕃、杨廷和、邵经济、刘大谟、张时彻、陈文烛、何宇度等，这时期对草堂的保存、纪念内容的增加起到了重要作用；清代的蔡毓荣、冀应熊、李祖辉、爱新觉罗·允礼、杜玉林、福康安、常明、方积、黄云鹄、丁宝桢等人在这一时期奠定了杜甫草堂今天的格局。这些名人仕族留下的诗篇、书法作品、碑刻和营造的成果是草堂纪念空间的保证，又是后世延续纪念的蓝本，最后他们也成了被纪念的对象，同样"大名垂宇宙"，因此杜甫草堂的纪念空间是无限的。

二是史诗般的诗文留存，成为纪念空间的文学内涵和历史关联。唐雍陶《经杜甫旧宅》中写道："浣花溪里花多处，为忆先生在蜀时。万古只应留旧宅，千金无复换新诗。"宋王安石题《杜甫画像》，苏轼书杜诗《堂成》诗卷，黄庭坚《老杜浣花溪图引》诗云"拾遗流落锦官城，故人作尹眼为青。碧鸡坊西结茅屋，百花潭水濯冠缨"，陆游《感旧》："我思杜陵叟，处处有遗踪。锦里瞻祠柏，绵州吊海棕"，诸如此类借诗文以凭吊杜甫者，多不胜数。元赵孟頫题有《题杜陵浣花图》，清代果亲王允礼拜谒草堂，书"少陵草堂"四字（图4-1-12）；何绍基题"锦水春风公占却，草堂人日我归来"，促成了草堂"人日"活动的持续开展。到近现代，郭沫若题联："世上疮痍诗中圣

图4-1-12　少陵草堂碑

图4-1-13　草堂文化景观空间

哲，民间疾苦笔底波澜"，朱德撰写楹联"草堂留后世，诗圣著千秋"。他们同杜甫的诗篇一同通过匾联、石刻等形式彰显，成为最负盛名的文化空间，这是其他古典园林难以企及的（图4-1-13）。2018年启用的千诗碑廊结合当代大家的书法、雕刻技艺，再次复刻了千首历史诗篇，成为今天一大壮举。

其他还有依据历史诗篇、各种文献记录而营造的纪念园林空间，如水竹居、草堂茅屋、花径、春夜喜雨亭、大雅堂、相关场景化雕塑等建筑或园林空间。

三、园林艺术

（一）山水景观

1. 湖塘溪涧

"浣花溪水水西头"（杜甫《卜居》），"万里桥西一草堂，百花潭水即沧浪"（杜甫《狂夫》），"舍南舍北皆春水"（杜甫《客至》），"清江一曲抱村流"（杜甫《江村》），"门泊东吴万里船"（杜甫《绝句》）。依据杜诗草堂引水入园，园中水系回环，围绕建筑轴线展开。成都知府曹六兴曾书《成都草堂工部祠增寺僧岁修经费碑记》："引西北隅溪水，入注西南，而环其前，以桥度之。春秋假日，可泛舟也……前有小桥，桥西有阁曰'水槛'，分东西隅之水……"杜甫草堂中的水系是源自浣花溪，后又依据水的功能与造景特征，开展了植柳栽荷、搭桥修槛、建廊设轩等建造活动。近年来，草堂系统进行水系改造，人工造就高低落差，从东北角引入浣花溪水，送至苗圃高点，再从该处分三股水流，沿西、中、东三个方向串联沿途水塘，形成三条支流，将淤积阻塞的死水变为流动的活水，形成湖畔赏荷、池边植竹、沿溪涉趣、瀑布听声的绕园活水。

1）湖畔赏荷

"风含翠筱娟娟净，雨裹红蕖冉冉香"（杜甫《狂夫》），"圆荷浮小叶，细麦落轻花。"（杜甫《为农》）。草堂梅园等较大面积的水面，都根据杜诗意象种植了成片的荷花。湖水与草堂水系一脉相通，北边立水榭，为夏季赏荷之佳处。湖面置三折石桥，湖边散置钟乳石，时而围合，时而透漏，将湖面分割、连接，以小见大，形成丰富的水体空间（图4-1-14）。

图4-1-14　湖畔赏荷

2）林塘闲悠

"主人为卜林塘幽"。杜甫卜居于临水之处，宅旁有浣花溪之清水流绕，宅前池塘横卧。"叶润林塘密，衣干枕席清"，可见此处云水温润，宁静幽秀。"自去自来梁上燕，相亲相近水中鸥。老妻画纸为棋局，稚子敲针作钓钩"（杜甫《江村》）。诗人一家怡然自得的林盘田园生活显得安静祥和

（图4-1-15、图4-1-16）。而今，湖池水塘清波碧浪，周围茂林修竹，亭榭相依，池内浮岛，岛上置石，再现杜甫时期的"林塘之幽"（图4-1-17）。

图4-1-15　茅屋景区林盘意境

3）沿溪涉趣

草堂北面的高位水池为草堂水系最大的落差点和活水致动点，再分三股溪流向西、中、东流去，由此形成溪流跌宕、绿水潺潺的绕园活水。时宽时窄的溪流为草堂运用最多的水体形式，溪边驳岸多为自然驳岸和硬质驳岸两种，溪边石岸均植花草，充满了生机勃勃的原野效果。沿溪而行，草堂景点便依次延展，水型的变化、路径、建筑安排相映成趣，极为和谐，步移景异，柳暗花明，颇为有趣（图4-1-18）。

图4-1-16　画棋做钩雕塑场景

图4-1-17　林塘幽境

图4-1-18　溪涧清流

4）山水云瀑

园林山石营造往往缩移模拟自然山水的形态，从而形成以小见大、动静结合的远阔景观，草堂茅屋向西，有山石飞瀑，响水潺潺，闻声而至。整体山水巧而得体，草堂山石为原有土山基础之上堆砌而成"西岭"，本于自然而高于自然，蕴含"窗含西岭千秋雪，门泊东吴万里船"之意象，其形似而意蕴更深，对此关照，便能潜移默化，所谓引人入胜。其生动地描绘出一幅水墨淡彩写意画，塑造出西蜀古典园林特有的浪漫飘逸、质朴无华的诗意文化气质（图4-1-19）。

图4-1-19　瀑布听声

5）遇水叠桥

自明清起，草堂的格局不断变化，水系范围和溪涧数量逐渐扩展。明弘治十三年（1500年）"又其东偏为池，引桥下之水注其中，菱莲交加，鱼鸟上下相乐也"（杨廷和《重修杜工部草堂记》）。明嘉靖年间"沿池加以栏槛，桥其上而屋焉，更引百花潭水流于下，植荷数本。凡亭之未备者，咸葺而新之"（刘大谟《草堂别馆记》）。嘉庆十六年（1811年）"其南大厅三楹，左右廊各五楹，引西北隅溪水入流西南而环其前，以桥度之"（曹六兴《重修成都草堂工部祠增寺僧岁修经费碑记》）。由此可见，草堂一直极其注重理水导水，水的形态与园林、树林、建筑空间等穿插交融，各类小桥起到了关连作用。草堂的各类小桥数十处，如廊桥、折桥、直桥、平桥和拱桥等形式，采用石、木、砖等材料为主，造型和装饰精美，不仅起到了通行作用，也具有文化显示功能（图4-1-20）。

2. 山石塑像

西蜀古典园林追求古朴雅致，崇尚师法自然、无为而治，其山石营造亦追求"归真、返朴、守拙"的哲学思想。西蜀地区的石材有别于江南地区，因此掇山叠石的手法与其他地区亦有不同。杜甫草堂中"是石堪堆，便山可采""构土成冈，不在石形之巧拙"，选用黄石、青石、砂石、卵石等本土石材，自然堆叠，营造出返璞归真、古朴清幽的园林意境。杜甫草堂的山石不仅是自然的要素和传统的赏石对象，更多的是承担了其特定的纪念性，更具纪念性和诗意性。

1）垒石成山

中国古典园林坚持无园不石，无石不园，以此表达"道法自然"的一种山水理念。计成在《园冶·掇山》中写道："蹊径盘且长，峰峦秀而古。多方景胜，咫尺山林，妙在得乎一人，雅从兼于半土……宜台宜树，邀月招云；成径成蹊，寻花问柳……欲知堆土之奥妙，还拟理石之精微。山林意味深求，花木情缘易短。"草堂掇山，掘池之土，垒积为山，山石堆砌并至山顶，山顶设亭，邀月助景之美，招云增景之趣；山间设径，弯曲延绵，寻求苍茫古雅之乐（图4-1-21）；山脚成景，植翠竹夹道，曲径通幽之境。有此诗意，便使人寄情于山间沟壑，得趣于草堂诗史。

图4-1-20 草堂之桥

图4-1-21 堆土垒石为山

2）景石题名

"山石也，在厂之下，口象形"（许慎《说文解字》）。即山边方圆形的岩石之意。中国传统园林、名胜古迹等善用山石进行文学意图的表达，蜀地各园林也如此。杜甫草堂的山石运用表达更为艺术，体现在多方面。置石多选择川西地区的天然石材进行直接摆布，也有少数整饬为碑型，或孤赏，或刻文字雕饰纹样，或刻景名，或刻诗句，或饰图纹，或雕琢成形，如"茅屋故居""杜甫千诗碑""春夜喜雨园"等多处置石，这类置石与环境高度融合，互为补益。以石为载体，缅怀诗圣，彰显其风骨和伟大的家国情怀，增强草堂意境悠长的诗文属性，突出草堂历史文化胜地和成都文化地标的文学地位（图4-1-22）。

图4-1-22　草堂各种置石

（二）建筑景观

草堂自杜甫选址营建草堂之时，便是以浣花溪自然林水环境为依托，将建筑融于环境之中。后人为纪念杜甫，沿中轴线布置极为礼序，建筑均坐北朝南，材料采用木柱木构架、草屋面、篱笆墙、竹篱，形成川西民居式的建筑风格。杜甫草堂内建筑种类丰富，包括门、堂、祠、茅屋、亭、楼、榭、廊、轩等，各类建筑均有自身的特点及功能，不仅满足园林供人休憩、游玩的实用性，亦与园林中的山石、水系、植物密切结合，形成丰富的园林空间。

1. 草堂大门

杜甫草堂目前有东、西、南、北四处大门，北门曾为梅园入口，东门为近年来新修，而草堂正门位于草堂西南向，设照壁一处，是祠宇纪念建筑群的轴线起点。建筑为单檐硬山顶，面阔三间，青砖素瓦、粉墙丹柱，两侧设八字粉墙，与照壁呼应，尽显古朴庄重之感。正门悬匾额"草堂"二字，系由清康熙第十七子果亲王允礼所书；门柱楹联为"万里桥西宅，百花潭北庄"（杜甫《怀锦水居止》），以诗点景，以联示位，点明了草堂当年旧址之所在（图4-1-23）。正门外白墙黑边的砖砌照壁是依祠宇建筑的形制而设，既与正门相对，又在草堂建筑群与外部环境之间形成一道屏障，起"障景"之用。"幽栖地僻经过少"。实际上，由于位置等因素，目前经过此门进入草堂的游客也很少，大多都是正南方向的大门进入（图4-1-24）。该园门采用川西民居形式，歇山顶，格子墙，屋面装饰强化了屋脊，凸显了中花装饰，体现出了纪念的特性。悬挂"异代不同时，问如此江山，龙盘虎卧几诗客；先生亦流寓，有长留天地，月白风清一草堂"（清顾复初撰写，近代邵章补）。在园门处，这副对联就给人无限的怅然若失之感，又羡慕杜甫草堂之长留天地之幸运。草堂大量的建筑低调平和，但赋予的文化却是无限广阔，实现了诗意的传承、纪念的价值。

图4-1-23 草堂正门（西南侧）

图4-1-24 草堂正园门（南侧）

2. 大廨

"犹地有邮亭，为长吏廨也"。"廨"源起汉代，是指官署的意思，即指旧时官吏办公的地方，常称郡廨、公廨。杜甫草堂大廨是一座敞厅式建筑，是草堂中轴线上的第二重建筑。杜甫也算任过"拾遗""工部"之职，后人在此为其设简陋的行政场所，故建筑采用单檐卷棚顶，南北敞亮，左右山墙开圆门，连长廊。整体环境清幽疏朗，体现了后人的尊重与善意，既表其职，希望为民服务，又显清高，难以同流合污，这种表达巧妙之极。清嘉庆十六年（1811年）重修草堂时，考虑到杜甫曾经做官，应该有办公的场所，大廨便由此得命名。大廨正中杜甫的铜像偏离轴线而向一侧，整体身形消薄，与空敞的建筑形成强烈对比，无可奈何的神情是其一生流离失所、贫困交加却又忧国忧民的写照。厅内四副对联更加共情，渲染了纪念情绪。草堂建筑的布置礼序和由崇敬而产生的纪念空间，实现了雅俗共赏的目的，情景交融而宁静致远。建筑与雕塑完美的融合，这是文园同构的最高境界（图4-1-25）。

3. 诗史堂

"古者之堂，自半已前，虚之为堂。堂者，当也。谓当正向阳之屋，以取堂堂高显之义"（计成《园冶》）。堂的地位特殊重要，以彰显威严方正、公开敞亮之气势，后人修建诗史堂及大雅堂，以此展示杜甫"号为史诗"之文学贡献。

诗史堂是清代嘉庆十六年（1811年）所建，为过厅式建筑，单檐坡屋顶，砖柱木窗。建筑风格朴实古雅。杜甫诗歌被称为诗史，生动、真实地反映了"安史之乱"前后的社会现实，揭示唐朝由盛

图4-1-25　大廨及杜甫雕塑

转衰的历史背景，诗史堂之名，便由此而来。诗史堂正中立置了杜甫半身铜像（刘开渠塑　图4-1-25），堂厅开敞而无门扇，两侧墙体也以花窗为主，使得轴线上的诗史堂与大廨的视线贯通，但又为雕塑所聚焦，两者遥相呼应。史诗堂过厅中心的杜甫铜像通过明暗的对比，突出了杜甫忧国忧民的形象。堂正面砖柱挂有"诗有千秋，南来寻丞相祠堂，一样大名垂宇宙；桥通万里，东去问襄阳耆旧，几人相忆在江楼"对联（沈寿榕、彭毓松撰，1953年叶恭绰补书），这副对联讲到杜甫和诸葛亮的功勋都是名垂宇宙，但杜甫谦逊，入蜀先拜诸葛亮，但能相忆江楼者寥寥无几。该联将人、地名、历史融为一体，因此能传唱百年；铜像两侧刻有"草堂留后世，诗圣著千秋"对联，寓意草堂能够存留于后世，杜甫能流芳千秋万代，永远被后人所崇敬。史诗堂建筑空间，实现了建筑、楹联、雕塑、环境的交融性、诗意性，体现了布置方面的礼序和考究，极具游赏性（图4-1-26）。

图4-1-26　诗史堂

4. 柴门

　　史诗堂跨桥过后的第四重建筑便是柴门。柴门作为诗史堂与工部祠两座建筑之间的过渡空间，也为敞厅式，采用硬山屋面，砖墙木柱，体量较小，轻盈通透。"野老篱边江岸回，柴门不正逐江开""白沙翠竹江村暮，相送柴门月色新"，柴门因此命名。"岂有文章惊海内，漫劳车马驻江干""万丈光芒，信有文章惊海内；千年艳慕，犹劳车马驻江干"，几个字的修改，便将杜甫的谦逊，后人的仰慕表现出来。也可见柴门是杜甫进出或迎送客人的主要门户。"柴门"匾额为潘天寿所题。柴门正是利用前后开敞的建筑形式及景观的渗透呼应，自然地将游人引入祠前院落这片透露相依、虚实相连、意境相伴的诗意空间，此营造之法，颇为精妙（图4-1-27）。

图4-1-27　柴门

柴门通过漏窗矮墙将东西两侧的恰受航轩、水竹居相连，与工部祠形成小的院落。院落对称种植罗汉松、蜡梅等植物，整体氛围朴素清幽、庄严厚重。恰受航轩取杜诗"秋水才深四五尺，野航恰受两三人"之意而建，虽并非舫，但借境于杜诗，步入其中，颇有水中行舟之感。另一侧的"水竹居"，则由杜甫诗句"懒性从来水竹居"之境而成。

5. 工部祠

进入大门后，大廨—史诗堂—柴门这三重建筑，均为敞厅式建筑，整个中轴线完全贯通，直至工部祠，纪念氛围在此处达到高潮。杜甫曾被严武举荐为"检校工部员外郎"之职位，并入严武幕。后世尊称其为"杜工部"，祭祀杜甫场所称为"工部祠"。今工部祠为祭祀杜甫的中心飨殿，建于清嘉

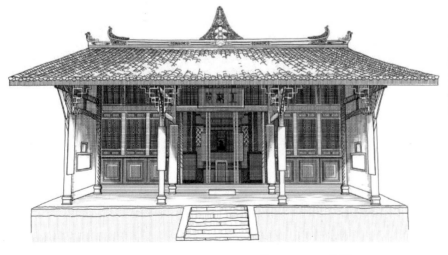

图4-1-28　工部祠

庆十六年（1811年），为典型的川西民居建筑形式，直面歇山顶，青瓦木柱，面阔三间，山墙为穿斗格子墙，建筑简洁朴素，素面无饰（图4-1-28）。但和主园门建筑一样强化了屋脊，凸显了两层鸱吻和中花装饰，强调了建筑的纪念属性，体现了崇高的礼序。整个建筑利用朴实简单的形式彰显了杜甫失意但坚强、落魄但清高，以及位卑不忘忧国的崇高形象。祠内设杜甫神龛，两侧设北宋诗人黄庭坚及南宋诗人陆游神龛配祀。"荒江结屋公千古，异代升堂宋两贤"（工部祠对联，清人钱保塘撰，顾复初书，商衍鎏补书）。"工部祠"匾额为叶圣陶所撰，外檐楹柱挂有清何绍基极为虔诚撰书的名联"锦水春风公占却，草堂人日我归来"，此联对杜甫的尊重进一步升华。此联一出，文人墨客竞相效仿，每年农历正月初七"人日"之时，集聚草堂，吟诗挥毫，人们至此凭吊诗圣，延续至今。在草堂，历代文人贤士和官府不仅建造建筑，增扩园林，更重要的是参与文化活动，形成了名人、名联、名宅，延伸了历史的纪念长度，这极大地增强了杜甫草堂的传承性和纪念性。

6. 亭

亭在杜甫草堂不仅满足游人停驻功能，更多的是要满足文化展示、文物保护、形象昭示等纪念性的功能。亭是草堂最重要的园林点景建筑，在园林中布局较广，如山顶、水岸、道旁。从形式看，有扇面亭、方亭，还有很多亭门、亭廊相结合的形式，材料上有草亭、木亭，如碑亭、喜雨亭、遣心亭、裹香亭等（图4-1-29）。

图4-1-29　草堂之亭

草堂碑亭位于工部祠东边，与茅屋故居隔溪南北相邻，均为草屋木构，古朴简略，掩映于高木翠竹之下，整体区域环境静谧，显得清旷疏朗、飘逸清幽。碑亭造型为六方木柱圆草顶，四周设有木栏杆和坐条。碑亭正中立有清果亲王允礼所题"少陵草堂"石碑，其笔力劲逸，健朗厚重。以茅草亭的简略粗糙的形式护藏皇族之高雅手碑，更显出杜甫的崇高地位和朴实亲民的形象，彰显了圣地纪念的礼序，实现了宁静致远、淡泊明志的意境（图4-1-30）。

7. 轩、榭

草堂全园水绕，湖池溪涧纵横，多在湖池边缘设置轩、榭等开敞类临水建筑，用以休闲和观景。北门入口内，高台建有"听秋轩"敞厅，可做游览集散之用（图4-1-31）。梅园湖池之北，临水设榭，可享赏荷观鱼之趣（图4-1-32）。茅屋故居南侧也设有临水之轩，为川西民居结构，屋面覆草，

图4-1-30　碑亭

图4-1-31　听秋轩

图4-1-32　荷塘水榭

图4-1-33　水轩

图4-1-34　水槛

原木门窗和护栏，甚为简朴，主要作为文创销售与形象展示之用，与碑亭、茅屋共同构成了茅屋景区的整体乡趣典型形象（图4-1-33）。

"去郭轩楹敞，无村眺望赊。澄江平少岸，幽树晚多花。细雨鱼儿出，微风燕子斜""蜀天常夜雨，江槛已朝晴"，水槛因此得名。现水槛建于清嘉庆十六年（1811年），位于柴门之西，东西临水，南北连通，轩楹开敞，两边设飞来椅为栏槛。再现杜甫凭栏观花鸟虫鱼，听细雨而发忧思之诗意景观（图4-1-34）。

（三）植物景观

西蜀地区土地肥沃，植物种类丰富，传统园林中植物配置受蜀中"竹文化""花木文化"影响深远。草堂的恢复重建至宋代开始具备纪念属性。此后，植物营造依据浣花溪自然环境本底，尊重杜甫诗词中特定植物描述，营造茂林修竹、清旷疏朗的园林环境，体现安静、闲适的林盘田园生活。植物种类如楠、竹、梅花、松树、桃树、桂花、兰花、荷花、紫薇、香樟、桤树等（表4-3-1）。

表4-3-1　杜诗中描写草堂植物的诗句选录

植物	诗歌题目	诗句
楠	《枯楠》	楩楠枯峥嵘，乡党皆莫记
	《楠树为风雨所拔叹》	倚江楠树草堂前，故老相传二百年
	《高楠》	楠树色冥冥，江边一盖青
竹	《狂夫》	风含翠筱娟娟净，雨裛红蕖冉冉香
	《堂成》	桤林碍日吟风叶，笼竹和烟滴露梢
	《从韦续处觅绵竹》	华轩蔼蔼他年到，绵竹亭亭出县高
	《江畔独步寻花七绝句其三》	江深竹静两三家，多事红花映白花
	《绝句六首其一》	竹高鸣翡翠，沙僻舞鹍鸡
	《正月三日归溪上有作，简院内诸公》	野外堂依竹，篱边水向城
	《寄题江外草堂》	嗜酒爱风竹，卜居必林泉
	《严郑公宅同咏竹》	绿竹半含箨，新梢才出墙
	《绝句四首》	青溪先有蛟龙窟，竹石如山不敢安
	《将赴成都草堂途中有作，先寄严郑公五首》	新松恨不高千尺，恶竹应该斩万竿
	《江梅》	梅蕊腊前破，梅花年后多
	《绝句四首》	梅熟许同朱老吃，松高拟对阮生论
荷	《狂夫》	风含翠篠娟娟净，雨裛红蕖冉冉香
	《绝句漫兴九首其七》	糁径杨花铺白毡，点溪荷花叠青钱
	《为农》	圆荷浮小叶，细麦落轻花
松	《四松》	四松初移时，大抵三尺强
	《寄题江外草堂》	尚念四小松，蔓草易拘缠
	《将赴成都草堂途中有作，先寄严郑公五首》	新松恨不高千尺，恶竹应该斩万竿
桃	《题桃树》	小径升堂旧不斜，五株桃树亦从遮
	《春日江村五首》	种竹交加翠，栽桃烂漫红

植物	诗歌题目	诗句
桃	《奉酬李都督表丈早春作》	江入桃花嫩，青归柳叶新
	《江畔独步寻花七绝句其五》	桃花一簇开无主，可爱深红爱浅红
	《绝句漫兴九首其二》	手种桃李非无主，野老墙低还是家
	《绝句漫兴九首其五》	癫狂柳絮随风舞，轻薄桃花逐水流
柳	《绝句漫兴九首其九》	隔户杨柳弱袅袅，恰似十五女儿腰
	《西郊》	市桥官柳细，江路野梅香
	《绝句漫兴九首其五》	癫狂柳絮随风舞，轻薄桃花逐水流
	《绝句四首其三》	两个黄鹂鸣翠柳，一行白鹭上青天
梨树	《独酌》	仰蜂沾落絮，行蚁上枯梨
麦子	《为农》	圆荷浮小叶，细麦落轻花
青苔	《绝句漫兴九首其六》	苍苔浊酒林中静，碧水春风野外昏
桑树	《绝句漫兴九首其八》	舍西柔桑叶可拈，江畔细麦复纤纤
柏树	《病柏》	有柏生崇冈，童童状车盖
	《蜀相》	丞相祠堂何处寻，锦官城外柏森森
橘树	《病橘》	群橘少生意，虽多亦奚为
棕树	《枯棕》	蜀门多棕榈，高者十八九
枇杷	《田舍》	榉柳枝枝弱，枇杷树树香

1. 峥嵘古树　楠木葱郁

以楠木为特色的草堂古树名木，数量众多，生长良好，这些乔木高冠入云，使草堂的园林环境郁郁葱葱，堆云叠翠，尤其是遍布全园的古楠木更是成都宝贵的植物资源。杜甫草堂内古树与古建筑交相辉映，极大地丰富了草堂空间层次和四季色彩，形成了良好的气候。草堂内树的品种丰富，包括香樟、桢楠、无患子、银杏、刺楸、柏树、榕树、枫杨、罗汉松等十余种。

"楩楠枯峥嵘，乡党皆莫记……上枝摩皇天，下根蟠厚地。巨围雷霆坼，万孔虫蚁萃。冻雨落流胶，冲风夺佳气……截承金露盘，袅袅不自畏"。"倚江楠树草堂前，故老相传二百年。诛茅卜居总为此，五月仿佛闻寒蝉。东南飘风动地至，江翻石走流云气。干排雷雨犹力争，根断泉源岂天意……虎倒龙颠委榛棘，泪痕血点垂胸臆。我有新诗何处吟，草堂自此无颜色"。杜甫营建草堂时选址于浣花溪边百年古楠旁，后古楠毁于一场暴风雨，诗人不禁"泪痕血点垂胸臆"。明清至今在草堂内广植楠木等树种，如今已蔚然成林，将自然景观和人文景观融于一体（图4-1-35）。

2. 笼竹幽径　红墙竹影

蜀地多生竹，文人多爱竹。竹对杜甫而言，也是生活必备的物质基础。杜甫在营建草堂之时，"平生憩息地，必种数竿竹"，以听"竹高鸣翡翠……凿井交棕叶，开渠断竹根"，进而"竹林为我啼清昼"，竹子被幻化成知己，与诗人心心相印、息息相通。今日草堂，根据杜甫诗意，广植笼竹，形成修竹茂林、竹径通幽、红墙竹影等诗意景观，整体环境体现地域审美和人格符号的双重意义（图4-1-36）。

图4-1-35 草堂古树名木

图4-1-36 竹径通幽

3. 百花满蹊　四季芬芳

蜀地自古栽花植木之风兴盛，成都更是"晓看红湿处，花重锦官城""四十里城花发时，锦囊高下照坤维。虽妆蜀国三秋色，难入豳风七月诗""四十里城花作郭，芙蓉围绕几千株""桃花一簇开无主，可爱深红爱浅红""黄四娘家花满蹊，千朵万朵压枝低"，可见成都自古都是繁花似锦，芳香四溢。草堂也是后人在复建时"因诗成景"。一是草堂观赏植物种类多，如梅花、海棠、桃花、玉兰等；二是芳香类植物种类丰富，如香樟、蜡梅、柑橘、桂花等；三是观赏及药用地被植物多，如栀子、萱草、兰花、芍药、荷花以及果树等。尤为突出的是草堂兰园，是培养兰花和展示兰花文化的园林庭院，品种丰富，蔚为大观（图4-1-37）。另外梅花也是主要特色树种，分布在梅苑和史诗堂前，成为草堂春天胜景之一。梅苑位于西北角，园中"一览亭"取自杜诗《望岳》："会当凌绝顶，一览众山小"。苑内也间植垂丝海棠、玉兰、李树、枇杷、梅花、桂花等植物，形成四季皆有景可观、有香可闻的景观（图4-1-38）。

图4-1-37　草堂兰园

图4-1-38　草堂梅花

（四）诗意景观

至唐以来，大量的文人学士、幕僚仕宦都在草堂留下大量的诗篇，后人在复建草堂和增扩园林的时，以杜甫诗句为蓝本，也参考后人诗篇，精心营造了浣花溪畔、万里桥西一草堂。草堂诗景相融、文园相构，集千年文学诗歌、匾额楹联、园林景观等艺术之大成于一体，营造出独具魅力和传唱千年的诗意园林。

1. 诗境相融

"入门四松在，步屧万竹疏""四松初移时，大抵三尺强。别来忽三岁，离立如人长""小径升堂旧不斜，五株桃树亦从遮"。诗意中松树、竹林、桃树等意象定格了场地营造的植物选择，后人便植四棵小松于茅屋左侧，栽五株桃树于其右侧，形成"四松五桃"的植物空间，增添茅屋庭院生机和田园诗意。再如"花径不曾缘客扫，蓬门今始为君开"的花径；逢"翠羽明珰尚俨然"的浣花祠（图4-1-39）；遇"锦里先生乌角巾，园收芋栗未全贫""肯与邻翁相对饮，隔篱呼取尽余杯""黄四娘家花满蹊，千朵万朵压枝低"的邻家之景，后营造的"好雨知时节，当春乃发生"的春夜喜雨园和千诗碑长廊，这些均为诗境的刻意营造。杜甫是中国历史上集大成的诗圣，是国际上所公认的世界文化名人，在蜀期间，杜甫写下了240余首诗歌，后人在纪念活动中，也留下了诗文、楹联，这些都是草堂诗意景观的文化本底，以至今日草堂中的一屋一亭、一廊一槛，乃至一草一木、一山一石都无不透露着浓厚的诗情画意，游者置身其间，"人在园中，园在诗中，诗在景中"的情境便油然而生（图4-1-40）。

2. 匾额楹联、碑刻

杜甫草堂博物馆作为全国重点文物保护单位，收藏了历代杜甫诗集、诗文篆刻、名人评价等。现存各类明清碑刻近三十通，刻录了重建草堂的过程、游赏凭吊诗句、草堂格局之面貌等。这些碑刻不仅见证着草堂历史的沧桑变化，给今天提供了参考蓝图，同时丰富了园林的历史文化内涵和古雅情趣（图4-1-41）。

图4-1-39　浣花祠

图4-1-40　诗境相融

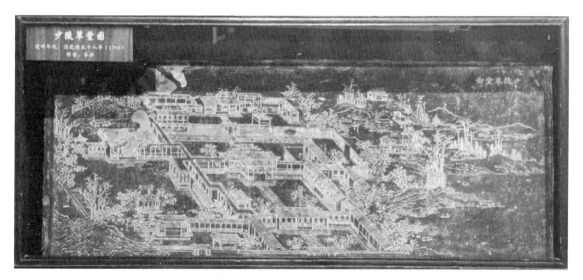

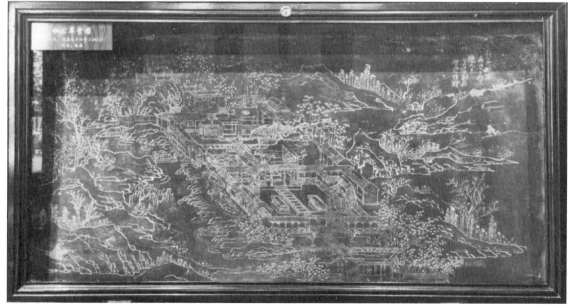

图4-1-41　清代草堂石刻图

北宋元祐初年，胡宗愈知成都府，录杜甫在成都的诗作作刻于石，嵌于草堂壁间。南宋绍兴九年（1139年），吏部尚书张焘知成都府兼安抚使，通刻杜诗1400多首，共计26碑，置于四周，并新植竹柏，修建亭台。由此可见，杜甫草堂杜诗刻石传统由来已久。中国园林力求诗、书、画相通，将诗、书、画展现陈列于园林之中，能够提升园林的历史内涵和文学意境。杜甫草堂博物馆系统地收藏了从明清至当代以杜诗为题材的名家书法、绘画千余件。杜诗书法木刻廊位于盆景园，陈列百余件杜甫诗歌木刻作品，书法均为历代著名书法家所撰，如董其昌、祝允明、傅山、沈尹、林散之、康有为、于右任、叶圣陶、郭沫若等，千秋百代而各有风骚。其采用楠木精雕细刻，也是宏阔的书法艺术长廊（图4-1-42）。

图4-1-42　杜诗书法木刻长廊

　　杜甫草堂将中国古典园林与传统诗歌、书法、绘画三种艺术精妙融合，大量的匾额楹联的多元化展示，使其人文意象与自然意象相互渗透，虚与实互相融会，整体环境文风氤氲，诗情画意，具备了浓郁的传承性、交融性。杜甫草堂是纪念性园林建筑与景观园林结合的典范，是杜甫草堂成为名人园林的底蕴之一（表4-3-2、表4-3-3）。

表4-3-2　杜甫草堂中楹联/题字

朝代	楹联/题字	点位	人物
现代	万里桥西宅，百花潭北庄	正门联	马公愚
清	吏情更觉沧洲远，诗卷长留天地间		吴棠
现代	杜陵落笔伤豺虎，爱国孤悰薄斗牛	大廨	叶剑英
现代	挺身艰难际，张目视寇仇		张爱萍
清、现代	异代不同时，问如此江山龙蜷虎卧几诗客 先生亦流寓，有长留天地月白风清一草堂	大廨	顾复初、邵章
清、现代	异代不同时，问如此江山龙蜷虎卧几诗客 先生亦流寓，有长留天地月白风清一草堂	南大门外楹柱	顾复初、于立群、郭沫若

朝代	楹联/题字	点位	人物
清、现代	水竹傍幽居，想溪外微吟，密藻圆沙依草阁 楼台开丽景，结花间小队，野梅官柳满春城		佟佳·常明、周善培
现代	草堂留后世，诗圣著千秋		朱德
现代	新松恨不高千尺，恶竹应须斩万竿		陈毅
现代	世上疮痍诗中圣哲，民间疾苦笔底波澜		郭沫若
现代	诗有千秋，南来寻丞相祠堂，一样大名垂宇宙 桥通万里，东去问襄阳耆旧，几人相忆在江楼	诗史堂前 南大门外	叶恭绰
清	锦水春风公占却，草堂人日我归来		何绍基
清、现代	荒江结屋公千古，异代升堂宋两贤		钱保塘、商衍鎏
清、现代	自许诗成风雨惊，将平生硬语愁吟，开得宋贤两派 莫言地僻经过少，看今日寒泉配食，远同吴郡三高	工部祠	王闿运、老舍
清、现代	歌吟成史乘，忠君爱国每饭不忘，诗卷遂为唐变雅 仕隐好溪山，迁客骚人多聚于此，草堂应作鲁灵光		严岳莲、陈云浩
明、现代	万丈光芒，信有文章惊海内；千年艳慕，犹劳车马驻江干		何宇度、陈云浩
现代	侧身天地更怀，独立苍茫自咏诗		谢无量
近、现代	诗史数千言，秋天一鹗先生骨 草堂三五里，春水群鸥野老心		刘咸荥、刘东父
清、现代	此地经过春未老，伊人宛在水之涯		谭光祜、商衍鎏
明、现代	背郭堂成，锦里溪山千古在；缘江路熟，青郊草木四时新		何宇度、沈尹默
现代	花学红绸舞，径开锦里春	花径东入口楹柱	郭沫若
明、现代	万里桥西，草堂佳句如新，宛见卜居之兴 百花潭上，水槛苍波依旧，长留怀古之思	草堂北大门外 楹柱	何宇度、刘云泉
清、现代	游宦上峨眉，看浣花溪畔濯锦江头，合构草堂小住 置身参稷契，忆万里依人百年伤乱，只将诗卷长留	草堂北大门外 楹柱	许光曙、谢季筠
现代	暗水流花径，江村野堂争入眼 夕阳薰细草，朔云寒菊倍离忧		郭世勋、何郝炬
现代	天福成都，花溪胜处涌高楼，喜今日壮阔登临，望西山白雪，玉垒浮云，文翁讲室，春月锦城，三条九陌利苍生，腾龙跃虎谪仙画 地灵蜀郡，竹岸幽蹊通雅阁，思昔季艰难寄寓，吟南浦清江，琴台蔓草，丞相祠堂，秋风茅屋，万厦千甍安赤子，爱国忧民诗圣心		张志烈、刘云泉
清、现代	蹇裙逐马有如此，翠羽明珰尚俨然	浣花夫人塑像 两侧	钱保塘、商衍鎏
清、现代	新旧书不详冀国崇封，但传奋臂一呼，为夫子守城，代小郎破贼 三四月历数成都盛事，且先邀头大会，以流觞佳节，作设帨良辰		

朝代	楹联/题字	点位	人物
清	千古此诗王，留寓遍襄阳烟水、蜀道云山，故国有心，常感秋风怀杜曲 五陵孰年少，知交只陇右词臣、咸宁节度，京华在望，每因旧雨忆长安		刘兑吉
清	公为骚雅替人，下笔千言，当年独敌李供奉 我亦西南羁旅，登堂四顾，何处重寻严大夫		罗森
清	到此可谈诗，管他唐宋元明，各有名山传不朽 对公才说法，直把风骚古律，条陈宗派问先生		朱长青
清	忠爱托诗人，李谪仙差许齐名，奚屑三唐科第 栖迟因地主，严节度频称知已，尚留数亩溪山		陆玑撰
清	览物有余情，眉宇高寒照秋水 暮年多感慨，诗句纵横付酒杯		俞昌言
清	旁人错比扬雄宅，日暮聊为梁父吟		杜公座、钱保塘
清	即今耆旧无新咏，何处老翁来赋诗		杨振麟
清	诗教将衰，谁起先生扶大雅；梅花有主，我来此地坐春风		吴雪溪
清	垂老但吟诗，亦先生所不得已 依人常作客，正天下莫如何		伍生辉
近代	花径故依然，为公拥篲骚除，休教戎马嗟词客 兵戈犹未已，我亦措帷暂住，莫误群鸥认主人		林思进
	乱时踪迹略相同，数千里蜀道驱驰，一样麻鞋见天子 两地祠堂曾展谒，十三年曲江游倦，重来锦水拜先生		佚名
	满眼河山，大地已非唐季有；一腔君国，草堂犹是杜陵君		佚名
现代	庙貌照花溪，邻舍独容诗客驻 成功平草贼，江山有赖美人扶		李立

表4-3-3　杜甫草堂中匾额

朝代	匾额	点位	人物
清	草堂	正门	爱新觉罗·允礼
现代	诗史堂	诗史堂	邵章
现代	工部祠	工部祠	叶圣陶
现代	柴门	柴门	潘天寿
现代	水竹居	水竹居	陆定一
现代	恰受航轩	恰受航轩	陈毅
现代	水槛	水槛东面檐下	何鲁
现代	花径	花径东端入口	萧龙友
现代	花径	花径西端入口	冯建吴

朝代	匾额	点位	人物
现代	裛香亭	六角亭	张寒杉
唐	大雅堂	大雅堂	颜真卿
现代	听秋轩	听秋轩	何应辉
现代	浣花祠	浣花祠	陈叔通
清	少陵草堂	碑亭	果亲王

3. 茅屋故居

草堂茅屋及院坝、周边场景等完全是依据杜诗描写的场景在1997年恢复而成，根据史料记载，明代"前祠后堂"的格局而确定的茅屋建制，也基本还原了杜甫当年的成都生活场景。建筑按照川西典型民居形式，采用原木柱竹夹墙，茅草屋面，木格门窗。院落有一口水井，几分田地，种植了四株松树、五棵桃树以及草药、蔬菜。茂林修竹掩映，竹篱曲路通达，再现出田园劳作的林盘意境。周围小溪流绕，鸟语花香，整体环境充满自然野趣，生机盎然。杜甫当年所住的茅屋，建造材料主要采用当时已荒废的祠庙建筑材料修建。其筑墙方式采用的是川西平原常用的"丁砖"形式，即在墙基处立砌一圈砖，再用竹篾笆编，外敷黄泥，房架为木质穿斗结构，屋顶则盖茅草，也就是川西平原一带俗称的"茅草房"（图4-1-43）。

图4-1-43　茅屋故居景观

4. 千诗碑——草堂留后世，诗圣著千秋

南宋时期，成都知府张焘曾在草堂遍刻1400余首诗歌，后毁残消失。为了恢复这一历史印迹，2015年9月，成都市启动杜甫千诗碑项目，展示历代名家创作的杜甫诗作书法作品。千诗碑分别布置在浣花溪公园、草堂博物馆等处，在浣花溪公园，以"诗圣广场"作为起点和标志，重点展示杜甫的"游学壮歌、长安沉吟、流寓秦州、夔门抒怀、草堂岁月、洞庭余响"六个人生阶段（图4-1-44）。

草堂博物馆以百米碑廊形式进行展示，并营造了一处春夜喜雨园。百米碑廊采用穿斗式结构和歇山屋顶为主要特征的"廊""亭""榭"相结合的特征，以草堂内原有围墙为基本载体，通过改建形

图4-1-44　浣花溪千诗碑景观

成碑廊景观——"杜诗书法石刻碑廊"（图4-1-45）。碑廊一侧，以《春夜喜雨》为主题打造了"春夜喜雨园"。该园以"喜雨亭"为中心。郑燮、爱新觉罗·弘历、王铎、郭沫若、马公愚、萧克、黄稚荃等所写的八幅各具特色的《春夜喜雨》镌刻于八块青石之上，列于亭边。园中白沙翠竹畔、茂林修竹间，"春夜喜雨园"与草堂秀丽清幽的川西园林风光交相辉映，成为草堂中融合诗歌文化与园林艺术的佳处（图4-1-46）。

图4-1-45　草堂杜诗书法石刻碑廊

图4-1-46　草堂春夜喜雨园

千诗碑项目的营造以摩崖石刻、书法碑廊、景石刻写、具象雕塑等形式展示文化名人书写的杜甫现存1455首诗歌。营造结合书法、篆刻、园林、古建、雕塑等，呈现出"六艺合一"的艺术境界。

5. 花径——花径不曾缘客扫，蓬门今始为君开

"花学红绸舞，径开锦里春"（郭沫若撰书门联），"花径"（萧龙友撰书门匾），过花径园门，直面"草堂"（清周善培书）影壁，"草堂"二字为青花瓷碎拼而成，突显醒目，也具有强烈的导向性，两侧便是由朱墙青瓦所构成的曲巷花径。花径狭窄蜿蜒，两侧慈竹夹墙，墙面、地面竹影摇曳、疏影横斜，形成了曲径通幽的诗意空间（图4-1-47）。园林造景之法有"园外有景妙在借，景外有景在于时"，在秋风拂落花瓣之时，径外红花叶随风飘动，此为借时借景，但此种景致随处可得，唯有再借境于"花径不曾缘客扫，蓬门今始为君开"之诗语诗意，才能真实地再现杜甫当年居所之情景（图4-1-48）。

图4-1-47 花径入口、出口门户

图4-1-48 花径红墙竹影

6. 盆景园

杜甫草堂盆景园始建于1963年，总面积2000平方米，是极具代表性的一座专类盆景园，2016年被国际盆景赏石协会授牌"BCI四川国际交流中心"，在我国享有盛名。盆景园四周建有展示历代名家的杜诗书法木刻回廊，回廊中部建有一座双层攒尖六角亭，起到了一个过渡和衔接的作用，丰富了回廊形式，活跃了盆景园展陈空间。亭前设一座小桥跨越一潭清波，池内有用砂积石制作的假山，水流循山势飞流直下。盆景园内品种繁多，有如金弹子、罗汉松、六月雪、银杏、紫薇等品种。2005年，江波在杨永木大师指导下，盆景园再次更新，盆景展台选用从四川安县山区的天然石材作为展台，其石色彩素雅，纹理连贯，如山水画，不但与盆景作品的自然山水树木的韵意相配，同时与红柱青瓦的古建筑风格协调统一。盆景展台的布局遵循山水盆景中的高、悬、陡、深的立意手法，叠石堆砌，高低错落，虚实结合，统一中求变化，变化中有统一，真正达到了活泼而有序、庄重而灵活的艺术效果，现有盆景展台140余个，可同时容纳各类盆景150余件。所展现的川派树桩有高、立、斜、卧、悬、伸等姿态，古朴严谨，虬曲多姿，令人赏心悦目。山水盆景则采用了砂积石、钟乳石、龟纹石等为主要石材，充分展示了川派山水盆景幽、秀、雄的独特造型艺术（图4-1-49）。

全国第一批盆景艺术大师李忠玉和享誉中国盆景界的张远信、杨永木等大师在草堂匠心制作，留下了一大批经典作品，并口授相传，培养了大量优秀的盆景从业者，产生了数位国家级盆景大师，为川派盆景的发展奠定了良好的基础。1965年，李忠玉、杨永木、张远信在成都杜甫草堂博物馆藏经楼后面的照壁前制作了大型山水盆景"西蜀秀色"，这件作品用砂积石和六月雪树桩为材料，融巴山蜀水的雄奇和秀丽于一体，成为川派山水盆景里程碑式的传世之作（图4-1-50）。以20世纪70年代开始，成都杜甫草堂每年举办盆景展览，迄今为止已经举办了51届川派盆景艺术展览，留存了大量优秀作品。

2019年营建的草堂东院原为杜甫草堂的盆景基地，今在其基础上，按照西蜀园林营造艺术，掘池堆山，引水绕筑。建筑呈四合院布局，将水榭、敞厅、门厅、书馆等灵巧布置，屋顶盖以茅草，展现"茅屋为秋风所破歌"之意境，与杜甫草堂整体诗意景观一脉相承。落座水榭，可品茗、观鱼，亦可赏盆景，景致飘逸清幽、充满了诗情画意。浣花溪水由此引入，并送至东院高点，而后分配三股水流，自东向西，汇成湖池，加以云雾，成就"暗水流花径，春星带草堂"之氤氲温润意境（图4-1-51）。

杜甫草堂园林艺术在视觉感官上呈现出秀丽清幽、朴质疏朗、诗情画意的风格，后世尊重浣花溪自然乡村原貌，尊崇并展示杜诗原意，叠加历代文人文意，营造上道法自然、巧以人工，自成天然之幽趣。园林环境的本底实现了清江环绕的空间格局，具备了疏朗清爽、层次分明、开合相宜的空间效果；在营造材料上极具乡土化，赵长庚先生称其具"乡情"。建筑按照川西民居进行修建，加以传统

图4-1-49　盆景园

图4-1-50　西蜀秀色

图4-1-51　草堂东院

文化符号和楹联、雕塑等增添纪念特性和礼序，显得简约淡雅、朴质无华，又具有浓郁的礼制感。园路、道桥、湖池溪涧等修建也体现了质朴田园化的意蕴（图4-1-52）。

今日的草堂以杜甫草堂博物馆为核心，扩展至浣花溪公园800亩范围，立足于草堂良好的生态本底，形成更为完整的生态系统。不仅如此，杜甫草堂通过营造浣花溪诗歌公园、诗歌大道、诗歌典故、寻香道等，建成中国诗歌文化中心，将杜甫草堂丰厚的历史文化内涵加以拓展，依托诗歌文化，发展文物保护与文化资源开发利用相结合的文化产业。由此纪念传承"千秋诗圣"杜甫，长盛不衰，成为新时代的"诗圣千秋"，继续弘扬、延续杜诗文化，为文化成都、历史成都的园林营建和诗意景观书写下浓墨重彩的一笔。

结合地域历史与特色、强化传统文脉感知是成都建设公园城市"以文润城"的重要文化手段。杜甫草堂作为成都标志性文化地标，其文园同构、诗景相融的造园特色，可为"公园城市"文化营城、建设高品质和谐宜居生活城市提供重要的参考。

图4-1-52　诗圣千秋

第二节　成都武侯祠

　　成都武侯祠位于成都市中心城区，它是专门纪念刘备、诸葛亮及蜀汉英雄的庙宇。其纪念性的营建从三国便已经开始，至今已有1800余年历史了。其自始至终的纪念性、园林文化的叠加性、博览内容的丰富性、君臣同祀的认同性等不断得到强化，终于形成了最著名的三国圣地。武侯祠的历史演变是由蜀承汉制，以蜀为正统，融合三国文化、儒家文化、兵家文化等核心背景，体现明君贤臣之忠义、兄弟肝胆相照之情义、凝英雄豪迈之侠义，以景观建筑、匾联碑刻、池园小品为载体，情寓古今，名扬中外。

　　武侯祠的发展经历了数次动态演变过程。现占地230余亩，由三国文化遗产保护区、文化体验区（南郊公园）和锦里民俗区三部分组成，具有色彩浓郁、造型精妙特征的物质性构建与具有肃穆清正、淡泊明志特征的精神性构建相融合的特征。作为全国唯一君臣合祀的祠庙和三国遗迹博物馆，武侯祠是全国第一批重点文物保护单位、国家一级博物馆。

一、历史沿革

（一）立庙修陵、祠宇源起——蜀汉时期

　　今日武侯祠，实际上是广义的武侯祠，由惠陵、汉昭烈庙、武侯祠、西区四部分组成。其中，惠陵和汉昭烈庙建成于蜀汉章武二年（222年），以此为标志，开始了武侯祠的发端。

1. 惠陵

　　刘备皇陵的营造依据汉制，即皇帝即位次年便开始预作寿陵。《汉旧仪》记载汉代寿陵制度："天子即位明年，将作大匠营陵地，用地七顷，方中用地一顷。深十三丈，堂坛高三丈，坟高十二丈。"蜀汉全面继承汉制，刘备称帝后，丞相诸葛亮于章武二年（222年）亲自负责预作寿陵。据《宋书·礼志三》载："章武二年十月，诏丞相诸葛亮营南北郊于成都。惠陵的具体位置由诸葛亮亲自选定于成都南郊、蜀汉宫城正南面，与武担山、蜀汉宫城处于城市中轴线上，也体现了以南方为尊的礼序与道德观念。"

　　惠陵及汉昭烈庙主要由诸葛亮统领军队进行修建。除了遵循礼制来建设陵墓、相关建筑和围墙等之外，依据葬俗习惯，还种植了柏木。唐雍陶《武侯庙古柏》曰："密叶四时同一色，高枝千岁对孤

峰。"北宋赵抃《成都古今记》言："先主庙西院即武侯庙，庙前有双大柏。古峭可爱，人云诸葛手植。"中国大都的帝陵都列植翠柏，松柏常青，整体显得肃穆庄严，后世在修复和环境营造中，也遵循这一规矩。刘备于章武三年（223年）四月驾崩，五月迎枢还成都，八月方与甘夫人同时入葬惠陵，后延熙八年（245年）穆夫人去世后也合葬惠陵。惠陵规模宏大，建制完整，并在蜀汉时期就设有惠陵校尉，专职守护，负责日常祭祀、管护等方面的工作。

2. 汉昭烈庙

依据汉制，在修建陵的同时应在陵旁建祠立庙，刘备在称帝后便在皇室以南设立宗庙，后在一侧开始建设陵寝。《三国志·蜀志先主传》称刘备在章武元年（221年）四月称帝之时，"置百官，立宗庙，祫祭高皇帝以下"，可见在建陵前先立有宗庙，惠陵旁边之庙属原庙，此庙即为汉昭烈庙。蜀汉国号"汉"，刘备死后谥"昭烈皇帝"，故"汉昭烈庙"应为此原庙之正称。《汉晋春秋》记载："谌哭于昭烈之庙，先杀妻子，而后自杀，左右无不为涕泣者。"这也说明昭烈庙在蜀汉时期一直存在，且在陵旁刘禅每年都会率领子孙和文武百官前去城南开展祭祖等仪式活动。后司马氏灭蜀（263年）后，拆毁了惠陵和汉昭烈庙的一些建筑，南齐高帝萧道成（479—482年在位）诏令刺史傅琰在惠陵东修复先主祠（汉昭烈庙）。

（二）迁祠入园、君臣相伴——魏晋南北朝

根据《宋书·礼志四》记载，最早纪念诸葛亮的祠宇，始建于景耀六年（263年），诏为丞相诸葛亮立庙于沔阳。成都武侯祠最早建于东晋李雄踞蜀之时（303—334年）。《太平寰宇记》称："李雄称王，始为庙于少城内，桓温平蜀，城内独存孔明庙。"这时期，成都被毁，唯独孔明庙遗存，说明诸葛亮忠君爱民、勤奋睿智、鞠躬尽瘁死而后已的无我形象和壮志未酬身先死的历史遗憾在当时已经引发共鸣，并具有崇高的地位和影响力。

东晋史学家习凿齿在其所著《汉晋春秋》中便以蜀汉为三国正统，这对后世影响深远，蜀汉的地位日趋得到认同和提高。

孔明庙何时更名为祠堂、何时从少城迁入昭烈庙附近？杜甫于上元元年（760年）至成都南郊，踏访武侯祠。当时，武侯祠内已古柏森森，由此上推，其史上曾经历迁址，且始迁入年代约在南北朝，上限晚于齐高帝（479—483年）修复汉昭烈庙时。这一时期也修建了刘禅祠。刘备三顾茅庐，诸葛亮献上隆中对，助力刘备获取西川建立蜀汉政权，兴复汉室。后又辅助刘禅，留下前后出师表。刘备与诸葛亮是明君良相的典范，丞相祠堂与惠陵、汉昭烈庙相融，形成了统一的纪念和祭祀区域。以良相伴明君，也是儒家文化中君臣等级秩序观念的最佳体现。诸葛亮的祠宇迁入汉昭烈庙这一历史行为，促使了纪念活动更为集中，三国文化纪念主题更为丰富。

（三）庙祠一体、文人唱和——唐宋时期

隋唐以来，诸葛亮本身魅力以及他们形成的君臣良好关系，都是各代君臣相处的楷模。这一区域地位极为崇高。唐开始，朝廷及地方政府官员行至成都，均要先拜谒武侯祠。唐玄宗时规定"春秋二时择日致祭"到唐宣宗国相李回"更改置守陵户，四时祭祀"，可见唐朝更为注重君臣关系。前后

蜀时期，祠宇保护和发展稳定。这些历史时期，祭祀频繁，园林和建筑持续完善，古柏森森，祠宇林立。

唐乾元二年岁末（759年），杜甫寓居成都并营造草堂，唐上元元年（760年）寻访武侯祠，感叹诸葛亮的丰功伟绩和忠君大义思想，感叹未竟事业之惆怅。写下了千古名句"丞相祠堂何处寻，锦官城外柏森森"，为后人研究武侯祠的历史发展和园林环境研究提供了诗意证明。唐岑参《先主武侯庙》提到了"君臣"之分和"鱼水"情深；唐张俨《谒先主庙》、李商隐《武侯祠古柏》提到了"武侯祠""松柏""惠陵东""荒陵"；五代贯休《经先主庙》写下了"碑荒""雷痕"，这时候可见，汉昭烈庙在后世更多称谓是"先主庙"，含有纪念怀念之意；武侯祠又称"武侯庙""武侯祠"等称呼，这时没有再叫"孔明庙"了，后"庙"特指汉昭烈庙，武侯祠仅采用"祠"，而不再用"庙"称呼了。杜甫过后，文人墨客更是竞相虔诚祭拜，都留下感泣千古的文章。

唐元和四年（809年），剑南西川节度使武元衡拜谒武侯祠，为记载诸葛亮的丰功伟绩，而立《蜀丞相诸葛武侯祠堂碑》，该碑由裴度撰文，著名书法家柳公绰书写，最著名的刻匠鲁建篆刻，被誉为"三绝碑"。唐开成二年（837年），西川节度使杨嗣复拜祭武侯祠，记录了"涂墙赭垩新""持兵列偶人"，说明当时已有红墙、塑像等纪念要素。北宋学者冯山在《武侯祠》一诗中提到"裴碑自固牢""祠下涕沾袍"，南宋陆游作《谒汉昭烈惠陵及诸葛公祠宇》感叹"再拜临风恸"。文人拜谒武侯祠，大多"涕泪满衣襟"。

宋庆历年间（1041—1048年），拆毁刘禅祠，在距离惠陵约一公里的范围内修建了关侯祠和衣冠墓、张飞祠。宋朝开始，更注重对前代功勋人物的祭拜，蜀汉人物除了诸葛亮，又添加了刘备、关羽、张飞三人，并规定陵墓附近禁止樵采，元朝时期尤为凸显关羽的地位和形象，也为其建有专门的祠宇。从这一时期起，武侯祠祭祀的人物和景观也多了许多神秘故事和传闻，这也极大地丰富了三国圣地的文化内涵。唐宋以来朝廷对蜀汉英雄纪念的重视，不仅持续保护了这些祠宇庙堂，而且扩大了规模，完善了祭祀空间。即使在战乱时期，也未遭受破坏，这极大地促进了惠陵、汉昭烈庙、武侯祠祭祀活动的系统化，但这一时期，昭烈庙、武侯祠、关侯祠、张飞祠等虽已集中，但人们更多的祭祀和崇尚对象还是以诸葛亮为主。

（四）君臣合祀、地位有别——元明时期

元代延续了对蜀汉英雄人物的崇仰，依据宋代的礼仪典法，同样对诸葛亮从祀。明正德《四川总志》卷三《祠庙·先主庙》记载"本朝洪武初合庙祀之"。明初蜀献王朱椿拜谒昭烈庙、武侯祠，为突出君权至上，对这些祠庙进行了修缮和重新整合，并于洪武二十四年（1391年）作《祭汉先主昭烈皇帝文》："睹闳宫之颓圮，叹古柏之荒凉。命我将士，缭以垣墙。屹栋宇之崔嵬，焕丹青之煜煌。"以"君臣宜一体"为由，废除昭烈庙西侧的武侯祠，将诸葛亮像移入昭烈庙内，立于刘备像东，并排列关羽、张飞像于西。四川官吏将北地王刘谌、诸葛亮之子诸葛瞻及傅金也陪祀其中。明曹学佺《蜀中广记·名胜记》所载："按今昭烈祠左右侍侧者后主、北地王谌、诸葛丞相亮、亮子瞻及关、张两侯俱合为一祠也。"这次整改，改变了南北朝以来的以惠陵为主的武侯祠、汉昭烈庙之间的建筑空间，将原来毗邻的一祠一庙，变成独立一庙，将唐《蜀丞相诸葛武侯祠堂碑》和诸葛亮像移入

庙中。但人们约定俗成地仍将塑有刘备、诸葛亮、关羽、张飞等像的汉昭烈庙称为武侯祠。此后，蜀人仍习称此复合体为武侯祠，多年前，有邹鲁的游人留诗一首，代表了人民的心愿："门额大书昭烈庙，世人都道武侯祠。由来名位输功烈，丞相功高百代思。"这时，仍有专人管护。

（五）恢复重建、稳定格局——清时期

明末清初，成都遭受战乱、兵燹之灾而尽毁——"万物悉化焦土，即王公坟墓，莫不掘毁无遗。独昭烈一冢历久常存，巍然如故，且与名公碑记并垂不朽"（清张德地《重修昭烈陵庙碑记》）。可见惠陵、昭烈庙等建筑或幸免于战乱，"陵、寝无恙"，依然留存。清代仍然延续唐宋的祭祀习惯，新任官员均要先拜谒武侯祠，也一直重视对武侯祠的恢复与完善。

康熙十年（1671年）四川湖广总督蔡毓荣、按察使宋可法、抚蜀大中丞罗森、督学使张含辉、四川布政使金儁等官员共同捐资进行修复，于次年五月完成。康熙十二年（1673年），四川巡抚张德地重修昭烈庙。所有捐资参与复建工程的官员在竣工后分别撰记刻碑记录其事，今存蔡毓荣《重建诸葛忠武侯祠碑记》、宋可法《重建忠武侯祠碑记》、张含辉《重建诸葛忠武侯祠碑记》、金儁《重建诸葛忠武侯祠堂记》。这些重建碑记是重建历史的见证，为今天研究这段历史提供了准确的信息。宋可法《重建忠武侯祠碑记》记载："祠历唐、宋、元、明初，因逼近惠陵，始祀帝于庙，以侯附之……今以前殿祀昭烈，两庑列从龙诸名臣，后殿奉侯，配以子瞻在、孙尚，重死者也。"金儁《重建诸葛忠武侯祠堂记》记载："旧制，侯祠近昭烈墓，今仍之；盖奉昭烈于正殿，侯居后，子若孙从之，规模遗像俨然，率皆凛凛有生气。"罗森碑记也提到："奉昭烈正位于前殿，而左庑则祔以伏魔帝、北地王；右庑则祔以张桓侯、傅将军。堂帘以肃，如朝廷礼。特建后殿，奉武侯于中，子若孙昭穆一堂，如家庭礼。于是一代明良，与一代忠义，过庙祗谒，千秋共仰。"正殿、前殿即为"汉昭烈庙"，侯居后，后殿即为"武侯祠"。这一次，拆除原有建筑，重新依据礼制，再次恢复庙宇、调整殿堂排列顺序，突出君尊臣卑的儒家思想，实现明君良臣千秋共仰的祭祀空间，这也奠定了今天武侯祠的基本格局，使武侯祠成为一座中国独一无二的君臣合祀的祠庙。

上述官员碑名碑文皆提到的是重修"武侯祠"，而非"汉昭烈庙"，说明在蜀地既要遵循儒家的尊卑礼制，又必须先满足百姓敬重诸葛亮的历史性习惯和愿望，于是创造性地将汉昭烈庙、武侯祠巧妙结合起来，重新建构了新的祭祀空间。庙祠内地基高、建筑面积大的前殿祀刘备，其相配套的左右两庑祀文武大臣；穿越过厅、地基较前殿低，建筑面积略小的后殿祀诸葛亮及子孙，左右配以钟、鼓楼和东西厢房，成相对独立的祭祀区域。既不违反封建礼制，又迎合民众心理，也突出了诸葛亮在各界心中的地位。此后，乾隆四十一年（1776年）徐虚庐道人募捐修建香叶亭；乾隆五十三年（1788年）大修昭烈庙，增加了东西偏殿，专供关羽、张飞，突出"桃园三结义"情怀；嘉庆二十五年（1820年）张香亭道人修建听鹂馆；道光五年（1825年）官员捐资修缮惠陵，修筑围墙54丈，牌坊一座，寝殿三间，影壁一座。此次维修由刘沅主持，文武两廊各有14尊像，共28位蜀汉英雄。清代最后一次修缮在道光十五年（1835年），由四川总督鄂山主持维修。

明代至中华人民共和国成立之前，武侯祠一度交由道士、僧人看管，因此香火不断。这些道士和僧人具有较高的文化素养和责任感，注重武侯祠的原真性保护，并记录武侯祠的历史发展事件，同时

积极与文人雅士交流，大力发展庙产。清代，是武侯祠发展史上一个重要时期，其间所建大部分楼阁殿堂、诗词楹联等都保存至今，后世修整完善都以此为基础，才逐渐形成今日所见武侯祠面貌。

（六）祠园合并、文博增辉——民国与中华人民共和国成立后

民国时期至新中华人民共和国成立之时，武侯祠及成都众多的祠宇庙堂被军阀占为军营，遭受到巨大的破坏，如大慈寺、宝光寺、文殊院、昭觉寺、草堂寺等均有军队驻扎。"屋宇破损不堪，庭院亦久不扫除，殊令人失望"（庄泽宣《陇蜀只游》）。1922年，川军临时总司令刘成勋在成都耆老劝说下，筹款修缮祠庙，并刻《重修诸葛忠武侯祠记》碑。刘成勋门匾"汉昭烈帝庙"上，增加题跋，变成"汉昭烈帝庙，四十八代裔孙刘成勋献"。驻军期间，武侯祠游众门可罗雀，仅在"游喜神方"之时方能游人如织。《中兴日报》1949年2月19日写道："成都人最崇拜诸葛武侯。旧历正月初一，城内城外人如潮水般涌到武侯祠朝拜。成都庙会一般来说以老君生日最盛，但没有正月初一上武侯祠人多"，这说明人们希望安居乐业，也说明武侯祠祭祀的蜀汉英雄一直在老百姓心中具有最崇高的地位。

1961年，国务院公布武侯祠为全国第一批重点文物保护单位；1984年，成立武侯祠博物馆。20世纪50年代，武侯祠曾与西边紧邻的南郊公园（刘湘墓园）合并，70年代分开。1995年，成都市政府划拨了13340平方米土地入武侯祠，将成都城内清代修建的祭祀刘、关、张的"三义庙"迁入，修建了

图4-2-1　武侯祠总体平面图（文化遗产保护区、文化体验区、锦里民俗区）

"锦里"。2003年，武侯祠与南郊公园再次合并。武侯祠现占地230亩，由文化遗产保护区（汉昭烈庙、武侯祠、惠陵、三义庙等）、文化体验区（南郊公园）和锦里民俗区三部分组成，成为全国唯一的君臣合祀祠庙和最负盛名的诸葛亮、刘备及蜀汉英雄纪念地，及全世界影响最大的三国遗迹博物馆，享有"三国圣地"之美誉（图4-2-1）。

二、空间特征

武侯祠整体空间结构由三国文化遗产保护区（汉昭烈庙、武侯祠、惠陵、三义庙等）、文化体验区（南郊公园）和锦里民俗区三部分组成。文化遗产保护区由历史上千年演绎传承而形成的，主要为纪念蜀汉英雄的祠宇园林场所，遵循儒家礼教，强化君尊臣卑的礼序，亦宣扬诸葛亮鞠躬尽瘁死而后已的高尚风格，注重民众愿望，整体空间庄重肃穆。南郊公园为祭祀刘湘的场所，亦体现了中轴纪念的礼序和严谨规律。锦里则是以街巷的线性空间，表现民俗生活气息。三个空间主题内涵不同，各自独立成体系、各成风格，但又通过墙体、水系、园路、植物等园林要素等进行分隔与融合，实现了多样统一的整体效果。

（一）布局严谨的祭祀序列

武侯祠三国文化遗产保护区集中了历史最为悠久、底蕴最为深厚的三国文化遗迹、遗存，包含了蜀汉千秋故事，彰显了三国经典故事的精神内涵，是纪念氛围最为浓厚和凝重的区域。该区域总体呈南北布局，祠庙结合祭祀空间，形成院落，严格按中轴式对称布局。尊卑等级分明，君臣有序，空间氛围庄重肃穆，形成了"起始段—过渡段—高潮段—尾声段"组成的情感空间序列和"君—臣—义"的礼序结构，由一连贯主线控制了整体关系。文化遗产保护区现有东西两条祭祀轴线，南北并列（图4-2-2）。东侧为主轴线，用以祭祀刘备、诸葛亮以及群臣，由"影壁—园门—大门、二门—刘备殿—过厅—诸葛亮殿—三义庙—结义楼"等七重建筑群组成，大门与二门之间遍植参天柏树，道路两侧列唐碑和明碑，形成第一重四合院；二门两侧与环形长廊相连，与刘备殿形成

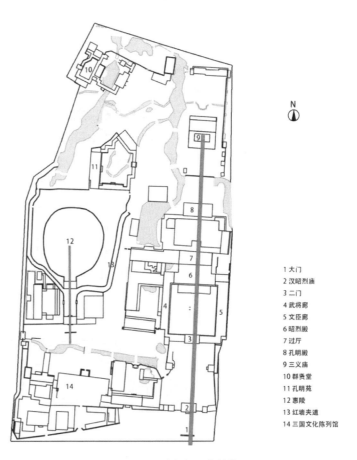

N

1 大门
2 汉昭烈庙
3 二门
4 武将廊
5 文臣廊
6 昭烈殿
7 过厅
8 孔明殿
9 三义庙
10 群贤堂
11 孔明苑
12 惠陵
13 红墙夹道
14 三国文化陈列馆

图4-2-2　武侯祠纪念轴线

第二重四合院，东侧为文臣廊，西侧为武将廊，刘备殿坐落于正前方，意在营造君臣相待的朝堂意象空间，达到祭祀和纪念高潮，两侧设钟楼、鼓楼；第三进院落由过厅、环廊与诸葛亮殿组成，两侧亦设钟楼、鼓楼。刘备殿高大宽敞，明显高于诸葛亮殿，以表达君臣有别的等级制度与尊卑观念；再后为三义庙、结义楼，形成第四重四合院，但空间自由疏朗，氛围轻松。西侧为次轴线，主要以影壁、甬道、过厅、寝殿、墓冢为主。西侧惠陵山门—寝殿—墓冢形成次轴线，武侯祠与惠陵两组祭祀建筑，一主一次，形成强烈的秩序感和威严空间。

建筑空间渗透联系，彼此呼应，起伏变化，给予观赏者韵深意远的空间审美感受。祭祀轴线上的建筑高于其他附属建筑，强调了建筑的主次，形成具有层次感的建筑组群。中央高、两侧低的布局方式柔化建筑轮廓，园林景观灵活设置于祠庙周围，弱化了建筑带给人的严肃之感，刚柔相济，达到建筑空间与自然环境的协调统一。

祭祀区域北端采用了疏朗自然的园林布局，依据杜甫等名人诗句与三国故事，营造了诗意园林景观，形成了湖池清澈、溪涧潺流、茂林修竹、桃红柳绿的意境。结合水系有机点缀了桂荷楼、听鹂馆、船舫等建筑，融入了桃园、和畅园、绛雪园等场景。最为典型的园林手法是通过红墙夹道将东西两处祭祀空间、北侧园林空间进行了关联，红径蜿蜒，高竹遮掩，竹影婆娑，形成了标志性的红墙竹影意象。

（二）灵活多变的园林空间

1. 文化体验区（南郊公园）

成都市南郊公园整体风格呈现出北方皇家园林风格，于1938年动工，1942年竣工。一条笔直平坦的中轴线从南向北贯穿其间，依次布置为石碑坊大门（图4-2-3）、三洞门（旌忠门）（图4-2-4）、四方亭（图4-2-5）、武侯祠美术馆（图4-2-6）、刘湘墓（图4-2-7），长达400余米。牌坊门和旌忠门之间阵列龙柏，郁郁葱葱，其余区域高大乔木堆云叠翠。除了轴线空间，在绿地中也布置了廊榭湖池，使公园富于变化，呈现既严谨规整、开敞疏朗的风貌（图4-2-8）。园林区的格局与文物区有所不同，文物区的祠庙群结构紧凑，略显局促；园林区则因其面积较大，建筑格局显得尤为大气。

图4-2-3　成都市南郊公园大门

图4-2-4　三洞门

图4-2-5　四方亭

图4-2-6　武侯祠美术馆

图4-2-7　刘湘墓

图4-2-8　湖池景观

2. 锦里民俗区

《华阳国志·蜀志》记载："夷里桥南岸……其道西城，故锦官也。锦江，织锦濯其中则鲜明，濯他江则不好，故命曰'锦里'也。"唐人李膺《益州记》载："锦城在笮桥东，流江南岸，昔蜀时锦官也，号锦里。"现在的锦里是原遗址区域的浓缩，2004年建成，整体走势依靠武侯祠，既与武侯祠相连，同时又是自成体系。街道长约550米，狭隘蜿蜒，两旁民居、商铺房屋相望，人声鼎沸，展现出老成都的影子，也是蜀地特有的人文场景。锦里的房屋同老成都房屋格局保持一致，木架青瓦，

图4-2-9　锦里

分上下两层，下面用作商铺，上面用作居所或储物等。街巷中各类石雕、砖雕、石桥等要素齐全，意蕴犹存。锦里的营造将历史与现代有机融合，既扩大了三国文化的外延，又注入了新的活力，展示了老成都的生活方式。2006年，锦里被国家文化部授予"国家文化产业示范基地"。2011年4月被评为"成都新十景"，年平均吸引游客700万人次以上，已成为成都闪亮的城市名片（图4-2-9）。

三、园林艺术

"拓张胜迹，景仰前贤；藉兹观感，大启文明"。西蜀古典园林属于名人园林，后人常在先贤遗迹之地进行建筑与园景空间的恢复或营建，注入人物的道德精神和诗意文化，同游人产生共鸣，以达到更高的敬仰精神境界。成都武侯祠以三国蜀汉英雄人物为祭祀对象和纪念脉络，1800余年以来，历代均注重祭祀的建筑空间和园林绿化，始终将规制严肃的祠庙与自然疏朗的园林融为一体。后世修复和增建的过程，极大地利用杜甫、陆游等诗人之诗句进行参考，凸显西蜀古典园林文园同构的诗意造景特色，极具文化的传承和博览特征，形成了朴质庄重的建筑空间，以及诗意传承的植物造景手法、质朴清幽的山水景观。

（一）礼序庄严、质朴厚重的建筑空间

武侯祠祭祀性建筑大多在明清两代成型的，呈现出浓郁的儒家礼制思想，更加凸显了后世对英雄人物的纪念。文化遗产保护区的主体建筑都是坐北朝南，依次排列在中轴线上，建筑布局严整，类型众多，是清代官式建筑与民居建筑结合的典范。

1. 大门

古人认为"宅以门户为冠带"，门是院宅的吐纳之所，入必由之，出必由之，对外展示，对内屏护。门象征着园主的身份地位、尊卑荣耀。武侯祠大门面对武侯祠大街，正前方为一座高7.2米、宽12米、厚1.2米的照壁；左、右各有一尊高2.7米的石狮。大门立于四层台阶之上，面阔三间，进深两间，门额悬"汉昭烈庙"朱红大匾。建筑为穿斗硬山顶，屋面覆盖青灰瓦，正脊和垂脊雕花和龙纹装饰，设中花宝顶一座，山面为砖砌墙体。通高8.5米，宽13.5米，进深8米，中分内外两间。东西两侧另设对称的耳房各一间，也为硬山顶。大门两侧为低于房檐的红墙，两株榕树遮盖围墙和大门，浓荫蔽日。大门右侧立有启功手书"三国圣地"石碑一座，武侯祠入口空间给人以庄严肃穆、质朴清幽之感，敬仰之情油然而生（图4-2-10）。

大门和二门之间用青石板路面相连，形成了纵深约50米的院落。东西两侧置唐碑、明碑和清代碑刻等6通，较详细地记述了武侯祠的变迁历史。碑亭按北方皇家碑亭形制设计，红墙黛瓦，方正庄严（图4-2-11）。

2. 二门

二门为硬山式屋顶，青灰筒瓦，面阔3间。进二门即为前院，与刘备殿、文臣廊、武将廊等组成一个四合院。昭烈殿与二门之间长约42米，两侧的文臣廊、武将廊与主殿相衔接，从建筑布局上突出了封建君臣的等级关系，正中通道两侧苍柏森森，烘托出祠庙的庄严气氛。

图4-2-10　武侯祠大门　　　　　　　　　　　　　　　图4-2-11　武侯祠唐碑

3. 刘备殿

昭烈殿即祭祀刘备的正殿，建于1.4米的高台之上，殿前设廊，廊前为三面砌石栏杆的月台，月台正中设垂带御路青石踏道，踏道正中为云龙纹石刻图案。该殿与左右文武廊、二门形成了完整的四合院落。院落中间为高出地面的十字形青石道，与二门相通。该殿为单檐歇山九脊顶，穿斗结构、抬梁式混合结构。青灰色筒瓦屋面，高15米，面阔7间，宽36.3米，进深4架，深15米，总面积648平方米。各间面阔采取明间最大、依次递减的方式，以满足祭祀功能的需要。全殿前宽后窄，呈"品"字形，布局奇特，根据实地考察并结合文献记载推测，似清初由五开间改建为七开间所致。全殿有石柱32根，天官罩下，前金柱上架撑弓，均有高浮雕的蝙蝠、龙、凤、鹿等图案，彩绘敷金，制作精巧，体现了皇权至尊的建筑立意。大殿正中供奉刘备贴金泥塑坐像，置于须弥座上，高三米，头戴皇冠，身着黄袍，气势恢宏，仪态轩昂；左右两侍者各捧玉玺和尚方宝剑。坐像前牌位书写"汉昭烈皇帝"，东偏殿为关羽、关平、关兴、赵累、周仓的陪祀塑像；西偏殿则是张飞、张苞、张遵的塑像，这样充分体现君尊臣卑的等级观念（图4-2-12）。

图4-2-12　刘备殿

4. 文臣武将廊

刘备殿东西两侧为文臣廊、武将廊，廊殿均为面阔十间，进深两间，穿斗式梁架悬山顶。两旁无窗而设栏杆，更突显其通透的特点。昭烈殿与二门之间长约42米，两侧的文臣廊、武将廊与昭烈殿相衔接，从建筑布局上突出了封建君臣的等级观念。昭烈庙前设廊供文臣武将，凸显了刘备"人和为本"的"仁""惠"的明君品格。

廊内文臣武将塑像制于清康熙至道光年间（1672—1849年），共塑的塑像28尊。东廊为文臣廊，以人称凤雏、才智可与诸葛亮相比的庞统为首，共14人：庞统、简雍、吕凯、傅肜、费祎、董和、邓芝、陈震、蒋琬、董允、秦宓、杨洪、马良、程畿。其中有继诸葛亮之后主持蜀汉军政的蒋琬；有擅长外交、联吴抗魏有功的费祎；还有敢于向诸葛亮提出不同意见的董和、董允父子等。西廊为武将廊，以当阳一役单骑救幼主、智勇双全的赵云领先，也塑14人：赵云、孙乾、张翼、马超、王平、姜维、黄忠、廖化、向宠、傅佥、马忠、张嶷、张南、冯习。每尊塑像前均立有介绍其生平事迹的石牌（图4-2-13）。

图4-2-13　文臣武将廊

5.诸葛亮殿

刘备殿后是武侯祠过厅（图4-2-14），为庑殿式敞厅，悬挂了大量匾额楹联。檐柱悬挂"三顾频烦天下计；一番晤对古今情"（黄必武书），厅柱悬挂"志见出师表；好为梁父吟"（郭沫若），后檐柱悬挂"两表酬三顾；一对足千秋"（徐悲鸿书）。过厅与诸葛亮殿和钟楼、鼓楼等建筑形成了纪念诸葛亮的四合院。

诸葛亮殿（图4-2-15）即为传统意义的武侯祠，又名"静远堂"。建筑为单檐歇山式顶，梁架式木结构。面阔5间，宽30.1米，进深2架，深11米，高15米。平面呈长方形，殿前石砌台阶，素面石栏杆，望柱上石刻12生肖；殿前檐柱8根，上有雕花撑弓。明间檐柱内侧，安6扇蛛网花格门，门槛稍高，增加了殿堂的肃穆感。屋顶上盖筒瓦，采用重脊和飞檐翘角，并嵌磁片碎瓦，上塑动物花草，工艺精致。飞檐两端作卷翘起，中堆为火焰宝珠、二龙戏珠，腰花塑弥勒佛像，以两根铁链连接，既增加腰花的稳定感，又使屋面增添了浓厚的装饰韵味。室内采取砌上明造做法，既不用天花、藻井，梁架裸露，也不施彩绘装饰，体现了浓郁庄严、质朴厚重的纪念风格。

该殿为纪念诸葛亮的主要场所，故历代题词、匾额、楹联甚多。大殿高悬"名垂宇宙"以及著名攻心联"能攻心则反侧自消，自古知兵非好战；不审势则宽严皆误，后来治蜀要深思"。殿内供奉诸葛亮及其子诸葛瞻、其孙诸葛尚的贴金泥塑像，均高2米有余。诸葛亮羽扇纶巾，神情超凡脱俗，为同期泥塑作品中罕见的佳作。

图4-2-14 武侯祠过厅

图4-2-15 诸葛亮殿

6. 三义庙

《祭法》注云："庙之言兒也。宗庙者，先祖之尊兒也。古者庙以祀先祖，凡神不为庙也。为神立庙者，始三代以后。"诸葛亮殿后是宽宏的广场，对面即为三义庙，庙前安放有香炉烛台。三义庙是专祭刘、关、张的庙宇，初名"三义祠"。三义庙之初位于成都提督街，清康熙初年由四川提督郑蛟麟始建，乾隆四十九年（1784年）被大火烧毁，乾隆五十二年（1787年）重建，道光二十二年（1842年）进行修缮。1981年5月被列为市级文物保护单位；1997年，因城建需要，迁建于武侯祠内。

三义庙为一进四合院，由拜殿、大殿和两侧的廊房组成。建筑坐北朝南，卷棚硬山顶，木石结构，四造五殿，规模宏大。占地面积569平方米。拜殿面阔五间，进深五米，抬梁式屋架，彻上明造，檐撑雕花，其前用木栅栏代墙封挡，只留中间开口为大门。拜殿内东西两侧各有一大四小五通线描石刻画像，根据明《三国水浒全传》插图刻成。正殿五开间，进深8.5米，抬梁式屋架，天花板不作彩绘，花雕饰檐撑。大殿中部三间靠后墙处设神龛，内有塑像：刘备居中，高2.8米；东为关羽、西为张飞，均高2.6米。三尊塑像造型根据《三国演义》描写的形象而做，塑像穿着为单色布衣，雄姿英发，可理解为桃园三结义之时的年轻形象（图4-2-16）。

7. 结义楼

《说文解字》曰："楼，重屋也。"即指的是多层高楼。结义楼由前楼、后戏台以及连结二者的东、西廊房组成，是一座东西宽34.1米，南北长46米，建筑面积达1500余平方米的仿古戏院，是中轴线上最后一重四合院建筑。前楼七开间，进深15米，两侧廊房比前楼稍低，两者同为上下两层。因前楼顶和两廊房顶不在同一高度，因此从不同角度观望，前楼与两廊南端屋顶的十多条屋脊和倾斜度各异的多个屋面高低错落有致，鳞次栉比，左右对称有序，加上高达10米的前楼楼宇高耸，飞檐翘角，檐柱粗大，气度恢宏，蔚为壮观。结义楼戏台，俗称"万年台"，主要进行川剧、曲艺、杂技等节目演出，戏台前四合院空间摆满了体现川西坝子特色的茶座（图4-2-17）。

图4-2-16　三义庙

图4-2-17　结义楼

8. 桂荷楼

桂荷楼为一栋两层楼阁，重檐歇山屋面，因面对桂荷池、周边又多植桂树而得名。底层面阔五间，进深四间，二层收进210厘米，形成体形匀称并且能强化仰望透视感的造型。内部构架采用"通柱"和抬梁、穿斗相结合的方式。一层明间、次间二十二根内柱组成三槏屋架直达屋面之下，明间正贴采用穿斗式，次间边贴采用抬梁式直接承托檩枋。枋头下的撑栱雕刻精美，不仅结构简洁且整体性强。桂荷楼是一座以地方传统营造技术为主、具有明显的清代风格的楼阁式建筑（图4-2-18）。

9. 船舫

武侯祠的船舫在桂荷池的西面，原额"静远轩"，专为河池所建，轩敞雅致，背靠红墙夹道，面临荷池碧水，两端各有圆洞门，游人入内，仿佛进了船舱，面水之处，又设美人靠。船舫敞轩横跨河池，高台临水落座，似有行舟之意（图4-2-19）。

图4-2-18　桂荷楼

图4-2-19　船舫

10. 惠陵

惠陵位于成都南郊，蜀汉宫城最南面。始建于蜀汉章武三年（223年），又称为"汉昭烈陵""先主陵""先主庙"。为刘备、甘夫人和穆夫人的三人合葬墓，距今已有1700多年的历史，保存非常完好，从未被盗和发掘。

惠陵建筑由照壁、山门、神道、寝殿、阙坊、墓冢等组成。山门悬挂"汉昭烈陵"（清许涵度撰书，今人李长路补书）大匾；神道两侧矗立石像生；寝殿面阔三间，宽11米，进深8米，穿斗式木构架，硬山式小青瓦屋面，建筑简朴庄严。殿内高悬清代马维骐所书"千秋凛然"匾额，在寝殿西侧写有"惠陵"二字。其后为阙坊，阙坊正中嵌"汉昭烈皇帝之陵"墓碑，碑帽上刻有双龙戏珠浮雕；阙坊后即为刘备墓，冢封土高12米，周长180米。墓四周以围墙环绕。刘备墓侧红墙夹道，可由此而至诸葛亮殿。

武侯祠的建筑规划和设计，注重礼序礼制，又考量民间崇尚意愿，妥善地处理了封建君臣等级制度。其格局既突出了刘备至尊的皇权地位，又不抑遏诸葛亮，注重了官民和谐的场景表达。在建筑与园林的关系上，既有静谧严肃的祠庙氛围，也让人们感受到质朴自然的园林意蕴。如有体现忠肝义胆的结义楼、三义庙，有再现历史场景的桃园，有体现杜甫诗句中的听鹂苑等。武侯祠建筑群是民俗文化和儒家思想相得益彰的体现，是建筑群与环境交相辉映的融合，是彰显蜀汉英雄可歌可泣精神的文化场地。

（二）森森古柏、桂香荷洁的植物景观

武侯祠的植物配置颇具人文精神，古树名木作为有生命的史书，不仅有其独特的文化内涵，更烘托出武侯祠古朴高雅、肃穆清正的园林氛围，如古柏、桃花的内涵在这里表现得淋漓尽致，给武侯祠赋予了更浪漫的精神情怀和时代共鸣。这种具有浓厚人伦情感、比德思想的特定植物选择和配置手法既丰富了武侯祠的景观意象、强化了武侯祠的识别特征，还赋予了浓郁的诗意内涵和精神象征。

1. 古柏森森

柏树四季常青，高达20~50米，树型傲骨峥嵘，浓密葱郁，给人庄重肃穆之感，是长寿、坚贞、年高德劭的象征，常用于纪念性、祭祀性环境中。刘备葬于惠陵后，于陵墓周围遍植松柏。在宋唐时武侯祠内柏树成林，蔚为壮观。相传祠前有两株古柏为诸葛亮所植，明代李时珍在《本草纲目》中记载："益州诸葛亮庙中大柏，相传为诸葛亮亲手所植，故人多采其叶，以作药味，甘香异常。"《儒林公议》云："成都先主庙侧有诸葛武侯祠，祠前有大柏，系孔明手植，围数丈。"唐段文昌有诗刻存焉。该柏木在唐末渐枯；前后蜀时期萎靡不振；宋代乾德五年（967年），枯柏再生，长势良好，"新枝从云，枯余存者若老龙之形"。由此，后人皆认为其生长态势与国运相关，诸葛亮的家国情怀一直感召天下，更赋予神圣的色彩。杜甫访武侯祠，面对苍翠古柏林和威严祠堂，感同身受，写下了名垂千古的《蜀相》一诗，更增添了古柏的文学内涵（图4-2-20）。

柏木成为武侯祠的形象意象和文化内涵后，植柏活动一直持续至今。明代有"柏剩一孤树、桑移八百枝"一说。康熙十一年（1672年）宋可发维修后，大量种柏，至道光九年（1829年），成材11株。前文提到，明开始，祠庙交由僧、道人士管护，他们经常植树。如雍正元年（1723年）武侯祠僧人在"昭烈殿、丞相祠前种柏三四株"；乾隆七年（1742年）至道光九年（1829年）道人张清夜和唐复雄补种并成材30株；乾隆五十三年（1788年）道人在陵墓周围补种85株，至道光九年（1829年）全部成材。嘉庆时期"计祠中和惠陵旷地共二百余株""于陵前增植楠十余株"；道光三年（1823年）道人补种柏木140株，楠木100株"复于祠后增植楠柏二百株"；清代，植树活动一直未停止；到今天，武侯祠不仅储备了大量的柏木资源，还进行了柏木更新工作，有了科学的种植措施，柏木成群，蔚为壮观。

图4-2-20 古柏

2. 茂林修竹

成都平原的古典园林大多位于川西林盘之中，植物景观堆云叠翠，浓郁遮天。种类丰富多彩，如朴树、黄连木、香樟、桢楠、无患子、南酸枣、桤木、银杏、红梅、海棠、桂花、黄葛树等树种，构成了紧凑浓郁又飘逸清幽的园林风格。蜀地最典型的竹类植物更是川西林盘和西蜀古典园林中最典型的景观意象，在园林中形成了竹径通幽、红墙竹影的普遍意境。

武侯祠早春春海棠、桃花绽放，繁花似锦，春意盎然，尤其是桃花有"春风得意遇知音，桃花也含笑映祭台"体现英雄结拜的千年豪气，令人荡气回肠。武侯祠的竹景观或孤丛，或散点，或成簇，以体现竹林之美，或与其他植物配置，形成茂林修竹的综合意境，尤其是列于红墙夹道两侧，形成了典型的红墙竹影的意象（图4-2-21）。武侯祠的竹类品种丰富，如慈竹、绵竹、金镶玉竹、琴丝竹等。武侯祠的竹既象征中国文人士大夫所具有的共性气质和精神风骨，更是表达诸葛亮坚韧不拔、心怀天下的意志和"宁静致远，淡泊明志"的精神品格象征。

图4-2-21 红墙竹林夹道

3. 桂香荷洁

"丹桂流芳"桂花象征清新脱俗、芳香高雅和忠诚纯洁。在武侯祠旁种植桂花，自有世人的深刻寓意：诸葛亮"孤忠丹心扶炎汉，流芳千秋血祀新。高风亮节与天齐，蜀相遗骨万年香"，"出淤泥而不染"荷花象征诸葛亮的高洁品质。诸葛亮一生淡泊明志，两袖清风。《自表后主》中诸葛亮写道："成都有桑八百株，薄田十五顷，子弟衣食，自有余饶。至于臣在外任，无别调度，随身衣食，悉仰于官，不别治生，以长尺寸。若臣死之日，不使内有余帛，外有赢财，以负陛下。"诸葛亮一生勤于政事，廉洁自律，留下千古功名于后世，因而受到人们敬仰和纷纷效仿，武侯祠祭祀、纪念活动长久不衰。由桂花与荷花组成的桂荷池、桂荷楼景观就是最直接地表达着人们对蜀汉丞相的赞颂与怀念之情。

（三）湖池溪涧、质朴清幽的山水景观

宋代画家郭熙在《林泉高致》中指出："水，活物也，其形欲深静，欲柔滑，欲汪洋，欲回环，欲肥腻，欲喷薄……"水乃古典园林基本要素之一，园因水而灵秀。武侯祠之山水格局分布清晰明朗，自然要素丰富。三国文化遗产保护区内的水系池山层峦，溪涧飞瀑，荷池满溢，体现了幽深静寂、宁静致远的意境。整体上水系布置讲究，山水互生，水随山转，整体清静幽深，具有浓郁的文化内涵，与"古柏森森"的意境相得益彰。水贵有源，香叶轩前有一组自然山水景观作为武侯祠水源之境，采用川派盆景手法进行营造。山高5米，宽阔达10余米，飞流直下，深潭幽幽。半山上植黄葛树，树干盘踞缠绕假山之上，树冠茂密，笼罩整体山水范围，极富自然幽深之韵味；途径园区之小溪，山石相间，两岸植物交错，景色委婉迷人（图4-2-22）；桂荷池体量精巧，为避免池面完全被荷覆盖，失去天光云影的空灵境界，池底荷叶基部设有三角形、新月形图案，加以限制。

南郊公园湖面广阔，四周亭廊轩榭，飞虹横跨，给人水天一色的意境感受；锦里民俗区内小桥流水，显示出快意生活的气息。

武侯祠桥梁形式多样，有拱桥、平桥、廊桥等，体量合宜，满足了通行和文化展示功能，如桂荷桥为荷花所围绕，立于水面，充满了诗情画意（图4-2-23）。

图4-2-22　飞瀑溪涧

图4-2-23　小桥流水

（四）诗意传承、园因文构的园林风格

武侯祠的园林景观庄严肃穆又婉转精致，三国文化遗产保护区和刘湘墓园通过轴线串联起规整的祭祀院落。院落景观整齐对称，体现了严肃的场所精神；文化体验区以自然疏朗的自然景观为主；锦里民俗区则展示了老成都的商业场景。武侯祠整体的造园思想，经历1800余年，一直都是以纪念蜀汉英雄尤其是诸葛亮、刘备为主要对象，对其的崇仰和造园活动从未衰减。随着历代纪念文化的叠加，祭祀建筑、纪念园林、场所文化等愈加丰富，形成有别于中国其他古典园林的浓郁严肃、寂寥感怀的园林艺术风格。

受到杜诗和礼制的影响，柏木逐渐演绎为武侯祠的基调树种，形成了"柏森森"的诗意外化景观；桂花、荷花、桃花等植物场景的营造构建了"宁静致远""淡泊明志""忠义千秋"的诗意精神内涵。武侯祠展示和宣扬了蜀汉英雄的忠贞情义和丰功伟绩，千年以来历代文人雅士、行政官员均留下了大量的诗词楹联，这些都构成了造园的文化基因，其记录的营造过程、材料选择、形制变化和参与人员等等都是后代持续造园的重要参考。因此，武侯祠营造了多处此类场景，既体现文学内涵，又展示典型故事情节，将千年诗意进行借鉴和传承，将蜀汉英雄悲壮历史进行感性展示，具有很好的交融性、游赏性。这种文园互构的造园思想，既实现了博览大观的要求，又达到了雅俗共赏的目的。

1. 桃园

《三国演义》中"桃园三结义"的故事家喻户晓、影响深远，是戏曲、小说、绘画常见的典型题材。肝胆相照的兄弟三人，缤纷多彩的桃花树林，构成了这一故事的主要文学意象。武侯祠不仅是祭祀刘备、诸葛亮的场所，更是深情地将这一故事进行多元化的演绎，如修建了结义楼，搬来了三义庙，营造了"桃园"，极大地丰富了武侯祠的园林文化艺术。紧邻三义庙西侧，营造了桃园结义之场景，立石书刻"桃园"大红字，斜坡上密植桃花，坡顶平台放置了白、红、黑三块石雕。雕塑对其形象和纹饰略作雕刻，塑造出刘备、关羽、张飞三人亲密无间、纵谈天下的历史场景，彰显了"上报国家、下安黎民"的大义情怀（图4-2-24）。

2. 孔明苑

孔明苑紧邻刘备墓，建筑为川西民居风格。园门门楣上的对联"只手挽残局，常归谈笑；鞠躬悲

图4-2-24　桃园

图4-2-25　孔明苑

图4-2-26　听鹂苑

尽瘁，剩有讴歌"。道出了无限惆怅以及后人对孔明的叹息。该联为清陈廷锴所撰，现代画家关山月所书。苑内主要展示诸葛亮的军事故事，如"栈道进兵""北伐英风""韬略风流"等。苑前白墙在绿树映掩中，门前冬青树围篱中有一块安徽灵璧石，一块如蹲地昂首的雄狮，一块像回首盼顾的雄鸡。石旁几竿青竹，一簇杜鹃，在白墙的衬托下，恰似两幅精美的竹石图（图4-2-25）。

孔明苑内为不规则的多边形院落，设有围墙，庭院内依墙营建了曲折回廊，把大门和展厅进行了相连。院落中配置了女真、苦楝和云杉等高大乔木，西北角堆积了一组假山，瀑布飞流，并曲绕庭院一周，经桃园汇入大池，形成院内环形水系。沿水怪石林立，桂树和各色树桩、盆景栽种穿插其间，组成院落的中层景观。更让人叫绝的是，主展厅和回廊里布置着几百块奇石怪岩，或似人，或像鱼，或如兽，或为天然石纹形成的花丛、荷塘、翠竹，鬼斧神工，好一派天然图画，与挂在墙上的几十幅名家书画争相辉映。地面则青石铺地，蜿蜒前伸，小桥流水，与回廊一起构成多变的游览路线。循其而行，步移景异，层出不穷，令人目不暇接，拍案叫绝，令人观之流连忘返，去而回味无穷。

3. 听鹂苑

听鹂苑与孔明苑一墙之隔，仅有圆门相同。苑名因杜甫诗句《蜀相》"映阶碧草自春色，隔叶黄鹂空好音"而得名。听鹂苑处刘备墓围墙之外，原为清"官厅""爱树山房"故址，是一外方内圆的盆景园。苑内陈列了中国各流派的盆景代表作，如苏派、扬派、川派、海派、浙派等。这些盆景作品呈辐射状展示，均安放于自然石板之上，或疏，或密，有高有低，精心布置，极具观赏性。苑内四周还有七株大型树桩盆景种植，与景石等相结合，展示了川派树桩盆景的特色（图4-2-26）。

四、文博园林

武侯祠以古往今来宣传、普及得最好的三国文化为背景，1800多年来它将儒家文化、兵家文化作了主体思想，加之又正好位于"三国正统"的蜀都，得天独厚，理所当然地这里被中外游客视为三国胜地，这就是它光彩夺目的奥秘所在。武侯祠内存大量文人、官宦与艺术家的作品，这些遗墨均为研究武侯祠提供了重要线索和文献参考，弥足珍贵，它们从不同角度丰富着武侯祠的园林文化内涵，可见武侯祠的古典园林是极具博览性、文化性、传承性的。这些纪念要素通过匾额、楹联、诗文、碑刻、塑像以及纪念活动等进行了表达，这些名人名作构成了武侯祠甚至三国文化的纪念体系。相对于其他园林，这里园林文学的博览场景是历史文化的积累，是一种极其厚重和深刻、严肃又多彩的园林文化空间。

匾额、楹联常互相搭配，悬挂于建筑门额和廊柱之上，是建筑语境表达的最佳形式之一。四川是中国对联最早的产生地，对联、匾额既点名了主题，又寄托了文化诉求，尤其是纪念性空间，更成了人们抒发文学情怀的载体。武侯祠从五代起就有了匾额、楹联，到明末时数量大增，不过在明末清初的战祸中大部分消失残损。武侯祠现存的匾额、楹联，除个别为明代的外，主要为清代作品，历经500余年，才逐步积累到今天。祠内匾额、楹联皆朗朗上口，言简意赅，凝练警策，发人深省，对武侯祠的主题思想、塑像、陈列等皆画龙点睛，启人思索，增添趣味，给人享受，同时对古建筑还有装饰之效。匾额、楹联是武侯祠至明清以来逐渐形成的重要文化特色之一。

1. 匾额

武侯祠内现存匾额38件，大多为清代和近现代后补或新作，主要是楼、阁、殿、堂、厅等建筑的直接名称或名其主题，或是歌功颂德和述志兴怀的题词（表4-2-1）。武侯祠匾额多以赞颂刘备、诸葛亮二人，如昭烈庙殿额悬"明良千古"之匾额，明指明君；良为良弼，贤良地辅佐，寓意明君良弼，千古垂范。明代学者王士性《入蜀记》中记载"坊称际会，殿名明良"，说明在明代就已经存在。该匾上"明"用"目"旁，一是与"明朝"之"明"字区分，二是强调能识人、辨势之意（图4-2-27）。过厅悬挂"先主武侯同閟宫"木匾，此匾文字摘自杜甫《古柏行》，表达了刘备、诸葛亮君臣合祀的内

图4-2-27　武侯祠匾额

涵，说明了君臣同心、相辅相成的关系。静远堂悬挂"名垂宇宙"木匾，为清康熙十七子果亲王爱新觉罗·允礼于雍正十年（1734年）所书，指明诸葛亮情怀、品德、贡献等会名满天下、万世纪念。

表4-2-1　武侯祠匾额列表

朝代	匾额名称	纪念对象	点位	题写人物
清	汉昭烈陵	刘备	惠陵	许涵度
清	千秋凛然	刘备	惠陵	马维骐
清	汉昭烈之陵	刘备	惠陵	冀应熊
清	明良千古	刘备	汉昭烈庙二门	吴英
清	业绍高光	刘备	昭烈殿	完颜崇实
清	先主武侯同閟宫	刘备、诸葛亮	过厅	完颜崇实
清	河岳英灵	诸葛亮	孔明殿	完颜华毓
清	匪皋则伊	诸葛亮	孔明殿	严树森
清	伊周经济	诸葛亮	孔明殿	冯昆书
清	名垂宇宙	诸葛亮	孔明殿	爱新觉罗·允礼
现代	义薄云天	关羽	昭烈殿	刘咸炘
现代	诚贯金石	张飞	昭烈殿	刘咸炘
现代	武侯祠	诸葛亮	过厅	郭沫若
现代	汉昭烈庙	刘备	汉昭烈庙大门	刘成勋
现代	万古云霄一羽毛	诸葛亮	过厅	徐悲鸿
近代	勋高管乐	诸葛亮	孔明殿	李鑑
现代	惠陵	刘备	惠陵	魏传统
近代	中有汉家云	刘备	惠陵	刘咸荥
现代	静远堂	诸葛亮	孔明殿	但懋辛
现代	文华辅国	蜀汉文臣	文臣廊	费新我
现代	武雄知兵	蜀汉武臣	武将廊	费新我
现代	桂荷楼	/	荷花池侧	李一氓
现代	香叶轩	/	茶厅	张爱萍
现代	静香径	/	茶厅侧	朱学范
现代	结义楼	/	三义庙后景区戏楼	赵蕴书
现代	锦里	/	锦里前东门	罗哲文
现代	诸葛庐	/	/	罗永嵩
/	三义庙	刘备关羽张飞	三义庙拜殿	/

朝代	匾额名称	纪念对象	点位	题写人物
/	义重桃园	刘备关羽张飞	三义庙拜殿	/
/	神圣同臻	刘备关羽张飞	三义庙拜殿	/
/	琴亭	诸葛亮	荷花池侧	/
/	广益堂	/	惠陵侧	《石门颂》
/	和畅园	/	香叶轩对面	/

2. 楹联

武侯祠的楹联大多是以纪念的人物为描述对象，内涵丰富，引经据典，常运用夸张、对比的手法，突出蜀汉英雄的丰功伟绩和千秋情义，也有总结蜀汉历史之得失，告诫后世之重视（表4-2-2）。静远堂悬挂的"攻心联"最为著名，清赵藩在武侯祠为劝谏岑春煊勿要滥用武力统治蜀地而作，上联"能攻心则反侧自消，从古知兵非好战"，下联"不审势即宽严皆误，后来治蜀要深思"。此联为经世之经典，辩证对蜀汉建国历史以及诸葛亮治军方面的得失进行了剖析，告诫统治者既要攻心为上，又要审时度势。

表4-2-2 武侯祠楹联列表

朝代	楹联	纪念对象	点位	题写人物
唐	伯仲之间见伊吕，指挥若定失萧曹	诸葛亮	昭烈殿后	杜甫
明	两表酬三顾，一对足千秋	诸葛亮	过厅	游俊
清	一抔土尚巍然，问他铜雀荒台，何处寻漳河疑冢 三足鼎今安在，剩此石麟古道，令人想汉代官仪	刘备	惠陵	完颜崇实
清	使君为天下英雄，正统攸归，王气钟楼桑车盖 巴蜀系汉朝终始，遗民犹在，霸图余古柏祠堂	刘备	昭烈殿	完颜崇实
清	兄弟君臣一时际会，当年铁马金戈，树神旗而开西川大业 祖孙父子千古明良，今日丹楹画栋，崇庙貌而志后汉丕基	刘备、刘谌、关羽、张飞	昭烈殿	张清夜
清	亲贤臣国乃兴，当年三顾频频，始延得汉家正统 济大事人为本，今日四方摩骋，愿佑兹蜀部遗黎	诸葛亮	过厅	冯煦撰
清	山当好处湖增艳，梅正开时雪亦香	/	茶厅侧	何绍基
清	能攻心则反侧自消，从古知兵非好战 不审势即宽严皆误，后来治蜀要深思	诸葛亮	孔明殿	赵藩
近代	惟此弟兄真性情，血泪洒山河，志在五伦扶正轨 纵极王侯非富贵，英灵照天地，身经百战为斯民	刘备、关羽、张飞	昭烈殿	刘豫波
近代	生不视强寇西来，天意茫茫，伤心恸洒河山泪 死好见先皇地下，英姿凛凛，放烈早空南北人	刘谌	昭烈殿	刘豫波
近代	唯德与贤，可以服人，三顾频烦天下计 如鱼得水，昭兹来许，一体君臣祭祀同	刘备、诸葛亮	汉昭烈庙二门	蒋攸铦

朝代	楹联	纪念对象	点位	题写人物
近代	合祖孙父子兄弟君臣，辅翼在人纲，百代存亡争正统 历齐楚幽燕越吴秦蜀，艰难留庙祀，一堂上下共千秋	刘备与刘谌；关羽、张飞与其子；文臣武将	汉昭烈庙二门	刘咸荣
近代	成大事以小心，一生谨慎 仰流风于遗迹，万古清高	诸葛亮	过厅	冯玉祥
近代	勤王事大好儿孙，三世忠贞，史笔犹褒陈庶子 出师表惊人文字，千秋涕泪，墨痕同溅岳将军	诸葛亮祖孙三代	孔明殿	刘咸荣
近代	文章与伊训说命相表里，经济自清心寡欲中得来	诸葛亮	孔明殿	赵藩
近代	公本识字耕田人，为感殊遇驱驰，以三分始，以六出终，统一古今难，效死不渝，遗恨功名存两表 世又陈强古冶子，应笑同根煎急，谁开诚心，谁广忠益，安危天下系，先生以往，缅怀风义拂残碑	诸葛亮	孔明殿	王天培
近代	宁静致远　淡泊明志	诸葛亮	孔明殿屋脊	徐子休
近代	异代相知习凿齿；千秋同祀武乡侯	诸葛亮	孔明殿	钟瀚
现代	三顾频烦天下计，一番晤对古今情	刘备、诸葛亮	过厅	董必武
现代	志见出师表　好为梁父吟	诸葛亮	过厅	郭沫若
现代	诸葛大名垂宇宙，宗臣遗像肃清高	诸葛亮	过厅	沈尹默
现代	自任以天下之重如此 是知其不可而为之欤	/	茶厅侧	洪志存
现代	玉书顾画堪游目，蜀石吴枝足骋怀	/	和畅园	钱绍武
现代	文心一脉诗书画，史传三分魏蜀吴	/	和畅园	李铎书
现代	鞠躬尽瘁分诸葛武侯诚哉武， 公忠体国分出师两表留楷模	诸葛亮	孔明殿	郭沫若
现代	鼎萧白千秋应许后人超旧业 丹青传六法由来异代出新人	/	和畅园	夏冯思
现代	史标三国辉秦汉，客聚五洲乐古今	/	锦里前东门	张景岳
现代	锦绣写千秋，物阜人杰巴蜀地 宾朋来四海，龙翔凤舞汉唐风		锦里牌坊	邓代昆
现代	尊贤任杰为邦国根基无他三顾诚心岂得两朝霸业 取博标新乃庖厨诀要有我一流美膳当迎四海高鹏	/	三顾园餐馆	邓代昆
现代	三顾隆情兴蜀汉，一泓清水鉴风云			罗永嵩
现代	溯本寻源百姓祠堂分谱牒 承先启后千秋华夏有传人			李辉模
现代	锦上添花辉映苗祠思树立 里中为市传承文化务恢弘		锦里牌坊	何应辉

朝代	楹联	纪念对象	点位	题写人物
/	在三在，亡三亡，而今享祀犹同伴 合义合，战义战，自昔铭勋异人	刘备、关羽、张飞	三义庙拜殿	/
/	丕著勋名，一代君臣扶社稷 重兴土木，全川士卒仰威名	刘备、关羽、张飞	三义庙拜殿	/
/	异姓胜同胞，应不数曹氏昆季 丹心昭白日，能再延汉室河山	刘备、关羽、张飞	三义庙拜殿	/
/	遗庙近昭陵，问魏吴而今安在 万年垂汉统，看英雄此日何如	刘备、关羽、张飞	三义庙拜殿	/
/	矢肝胆于桃园，当年臣主称三义 □□名于竹策，此日英灵镇两川	刘备、关羽、张飞	三义庙拜殿	/
/	义烈重桃园，卅载益梁存汉祀 勋名昭竹帛，千秋灵爽佐清朝	刘备、关羽、张飞	三义庙拜殿	/
/	叹英雄自昔如斯，虽当戎马驱驰，常怀北阙 问吴魏而今安在，争以君臣俎豆，永重西川	刘备、关羽、张飞	三义庙拜殿	/

3. 诗文

武侯祠中，以诗文为代表的文学作品在唐代开始进入了创作高峰，大量的诗文以景抒情，以史明鉴，是武侯祠当时现状的记录，也是后来武侯祠园林营造和纪念空间的参考源泉。唐上元元年（760年）杜甫寻访武侯祠，留下了著名诗篇《蜀相》：

> 丞相祠堂何处寻，锦官城外柏森森。
>
> 映阶碧草自春色，隔叶黄鹂空好音。
>
> 三顾频烦天下计，两朝开济老臣心。
>
> 出师未捷身先死，长使英雄泪满襟。

该诗一是佐证了当时武侯祠的位置，位于锦官城外；二是"柏森森"的园林特征，为后世植柏提供了历史参考；三是奠定了"泪满襟"厚重、悲壮的纪念氛围；四是引发了文人墨客在此纪念、祭祀和诗文撰写的文学现象。

唐永泰二年（766年），著名诗人岑参（715—770年）晚年客居成都，游昭烈庙与武侯祠后，创作了《游先主武侯庙》一诗：

> 先主与武侯，相逢云雷际。
>
> 感通君臣分，义激鱼水契。
>
> 遗庙空萧然，英灵贯千岁。

该诗写作时间和杜甫写作《蜀相》的时间基本一致，感叹刘备和诸葛亮相会是风云际会，惊天动地；又是明主忠臣如同鱼水情深；祠宇虽萧条，但其功勋和英灵流芳千年。

唐贞元八年（792年）诗人张俨游览时写下《贞元八年十二月谒先主庙绝句三首》：

仗顺继皇业，并吞势由己。

天命屈雄图，谁歌大风起。

得股肱贤明，能以奇用兵。

何事伤客情，何人归帝京。

雄名垂竹帛，荒陵压阡陌。

终古更何闻，悲风入松柏。

该诗论述了蜀汉历史命运，也说明了当时武侯祠较为荒颓，没有围墙，与农田融为一体了。

大中六年（852年），诗人李商隐游武侯祠写下了《武侯庙古柏》诗：

蜀相阶前柏，龙蛇捧閟宫。

阴成外江畔，老向惠陵东。

大树思冯异，甘棠忆召公。

叶凋湘燕雨，枝折海鹏风。

玉垒经纶远，金刀历数终。

谁将出师表，一为问昭融。

该诗描写了传为诸葛亮亲自种植的古柏形态，明确了区位，更是感叹后无来者。

五代僧人、画师贯休（823—912年）于天复年中（901—904年）入蜀，游先主庙，写有《经先主庙作》一诗：

古庙积烟萝，威灵及物多。

因知曹孟德，争奈此公何。

树古雷痕剥，碑荒篆画讹。

今朝冥祷祝，只望息干戈。

可见唐至五代时期，先主、武侯同园，祠宇庙堂稍显颓败，即使战乱不断，但祠宇尚存，古柏、古碑还在。

北宋诗人陈荐曾任宝文阁学士兼侍读、刑部郎中等职，游览武侯祠时写下了《武侯祠》一诗，记录了武侯祠当时"妖狐怪兔穴坏壁""樵儿敲斫断尹石"的现状，但是"手植劲柏尚苍翠，疑游神灵潜护持"，自己"洒泪踯躅成此诗"。南宋诗人陆游于淳熙四年（1117年）拜谒武侯祠，写有《谒汉昭烈惠陵及诸葛公祠宇》，其中描述了大量当时武侯祠的现状，如"凄凉汉陵庙，衰草卧翁仲""陵旁四五家，茅竹居接栋""画妓空笙竽，土马阙羁鞚。壤沃黄犊耕，柏密幽鸟咮"。

明代学者李贽写有《过桃园谒三义祠》一诗，"谁说桃源三结义，黄金不解结同心？我来拜祠下，吊古欲沾襟"，此诗刻碑立于三义庙大殿前。明薛瑄《诸葛武侯庙十首》中提到"万里桥西有古祠，武侯遗像似当时""尚有锦江遗庙在，英名千古自光辉。股肱汉室旧宗臣，鱼水当年意气亲""历数虽穷遗庙在，大名长与岁时新。一时鱼水风云会，千载君臣祭祀同。钟鼓尚存当日庙，江山犹绕旧时宫。画檐金榜蛟龙出，粉壁丹青户牖通"。该长诗类似史诗的写作手法，追述蜀汉历史，点评英雄得失，描述祠宇景观。

这些诗文写实写景，既描述了当时武侯祠的现状，也有所处农村环境、农业生产与武侯祠保护之间的关系，但更多的是围绕蜀汉历史，感慨人物的功勋和君臣鱼水之关系，发忧患之感慨。

4. 碑刻

成都武侯祠的碑碣现存50余通，分别镌刻于唐、明、清以及近现代。清代过后，维修等大都采用碑记进行记录，如清康熙十一年（1672年）五月，由清川总督蔡毓荣撰文而立的《重建汉丞相诸葛忠武侯祠碑记》，道光年间由宋可发撰文而立的《重修忠武侯祠碑记》，乾隆二十一年（1756年）由四川布政使周琬撰文而立的《汉昭烈帝惠陵庙碑记》，乾隆五十三年（1788年）由成都县丞黄铣撰文所立的《监修汉昭烈皇帝陵庙碑记》；还有《种柏记》一碑，回顾了清代种植柏木的历史以及命令道士植柏的内容；其余还有刘沅撰文的《汉昭烈庙从祀功臣记》、民国尹昌龄撰文的《重修诸葛武侯祠记》、二门两侧廊道内的《出师表》等碑。这些碑刻丰富了园林的展陈内容，保存了历史的原真性。这些碑文在考证武侯祠渊源的内容上也大多是对诸葛亮的颂扬和三国史事的评述，以及对武侯祠变迁沿革的记载，其中最有名的当数唐碑和明碑。

唐碑，全称《蜀丞相诸葛武侯祠堂碑》，位于大门内第一进院落的右侧。唐碑身高367厘米，宽95厘米，厚25厘米，碑文为楷书，竖行，有24行，铭文六言六十四句，全文1094个字。该碑立于唐元和四年（809年），时任剑南西川节度使的裴度陪同武元衡拜谒武侯祠，当时祠内还没有记录诸葛亮功勋的碑石，为了弥补祠庙形制之缺失，故命判官裴度（765—839年）撰写《蜀承相诸葛武侯祠堂碑》；命著名书法家柳公绰（763—832年）书写碑文，蜀中最有名的刻工鲁建进行镌刻。碑文赞扬诸葛亮"泊乎三顾而许以驱驰，一言而定其机势。于是翼扶刘氏，缵承旧服，结吴抗魏，拥蜀称汉"；说到攻心为"其底定南方也，不以力制，而取其心服"；其武功"分兵屯田，为久驻之计，与敌对垒，待可胜之期"；其行政"法加于人也，虽死徙而无怨；德及于人也，虽奕叶而见思。此所谓精义入神，自诚而明者矣"，同时认为陈寿、崔浩"而陈寿之评，未极其能事；崔浩之说，又诘其成功"；该碑同时将武元衡与诸葛亮相提并论，"则诸葛公在昔之治，与相国当今之政，异代而同尘矣"，这也是借立碑之举，维护上层立场；最后颂扬"蜀国之风，蜀人之心。锦江清波，玉垒峻岑。入海际天，如公德者"。

此碑文、书法、雕刻俱佳，后人称为"三绝碑"。该碑含有巨大的历史信息，也具有极高的文学和艺术价值，其内容既是对诸葛亮的一次全面评价，也是对唐代上层管理制度的昭示，以此达到警示、宣贯的作用。该碑后修建砖体碑亭进行遮护，至今保存基本完好（图4-2-28）。

明碑亭与唐碑亭同在第一进院落，隔路相对，都为砖体碑亭遮护。明碑，全名为《诸葛武侯祠堂碑记》，高110厘米，矗立赑屃碑座之上。该碑无题跋、题记，碑刻文字大多清晰可识；正文21行，每行22~61字，全碑应为1169个字，实存1150个字，正文和款识为行楷字体。

明嘉靖二十六年（1547年）八月，四川巡抚张时彻依照惯例拜谒武侯祠，见祠庙破败不堪，遂下令维修，并亲自撰写了碑文。碑文介绍了武侯祠的历史沿革和建筑的现状，由此可判断在明代武侯祠即成了君臣合祀祠庙；感叹蜀汉英雄等人未能实现匡扶汉室的理想的遗憾，而且后继者安于享乐，致使后世以曹魏为尊，蜀汉为寇，令人扼腕叹息。碑文一直颂扬刘备和诸葛亮这对明君良臣的千古典范，所以张时彻一再强调蜀汉政权才是三国的正统（图4-2-29）。

图4-2-28 唐碑　　　　　　　　　　　　　　　图4-2-29 明碑

5. 塑像

武侯祠内现有塑像均为清代所塑制，均为蜀汉文武之历史人物。约从唐代起，武侯祠内被祭人物皆立有塑像，此传统一直保留至今。武侯祠内的塑像也是儒家思想的集中体现，是人们敬仰蜀汉英雄的具体表达，汉昭烈庙以刘备为中心，关羽、张飞、刘谌、傅佥等左右配享，两廊中文臣武将依次排列"如朝廷礼"；武侯祠中诸葛亮塑像居中，诸葛子瞻、诸葛尚配享两侧，"如家庭之礼"；关羽殿中除了关羽之塑像，还有关平、关兴、周仓、赵累塑像配祀；张飞殿中张飞塑像两侧配祀张苞、张遵塑像。

6. 游喜神方

"游喜神方"是晚清和民国时期成都市民过年最重要的民俗活动。《华阳县志·礼俗》记载："旧历元日，人家祀先，礼神毕出，向历书所载喜神吉方。市人皆闭户出外游览，大抵以至南门外武侯祠者为盛。"周芷颖所著《新成都·风土人情·岁时习俗》记载："废历正月过年，初一佛晓敬神出天方敬喜神，初一至初五、初九、十五均游武侯祠、望江楼公园、昭觉寺。"每年正月初一人们争先恐后到武侯祠参与"游喜神方"活动，认为此活动能带来欢庆吉祥。武侯祠中的人物塑像，从内容上看，刘备、关羽、张飞是"义"的最高典范；关羽是民间公认的武圣人、武财神；诸葛亮是"忠"的典型和智慧的化身，三者具备了"喜神"的精神；从数量上说，祠内供奉刘备、诸葛亮等塑像50尊，乃是成都市内、近郊园林中最多者。

武侯祠在1999年恢复了历史上的"游喜神方"活动；2003年，成都市政府在青羊宫恢复传统庙会；2004年将庙会改在武侯祠。此后"喜神庙会"代替了传统的"游喜神方"活动，更名为"成都大庙会"。成都大庙会立足武侯祠，依托人们对蜀汉英雄的敬仰情怀，将历史文化、民俗旅游、崇拜场所等融合在一起，形成了与时俱进的文博体系。

武侯祠历经1800余年的发展，过程从未中断，反而历久弥新。说明不同时代的不同人群对其的崇拜敬仰不仅没有中断，反而与日俱增，传达了中国人在对待以蜀汉英雄为代表的典范事例的敬仰情怀是一致的。作为全国唯一的君臣合祀的祠宇园林，其将三国文化、儒家文化、兵家文化融于一体，以诗意文学的体系为参考，营造了广博、厚重、严肃的园林景观，形成了浓郁低沉的文化共鸣现象。此种现象既符合儒家思想的形制礼序，又满足了不同时代的纪念习惯。文化与习惯相结合的造景手法，极为巧妙，这也是武侯祠的文化内涵不断积淀、丰富、发展和创新的根本原因，这在中国古典园林体系中是唯一且独特的。

第三节　望江楼公园

　　望江楼公园位于锦江河畔，被锦江三面呈玉带式地环绕，因纪念唐代著名女诗人、巴蜀第一才女薛涛而闻名。薛涛博学多才，善于诗文交际，与众多官宦与文学大家相互唱和，留下众多佳话，引来后世艳羡不止，延续至今。其晚年独居浣花溪，创造了精美斑斓的纸笺流行于世并被不断仿制，后成为贡品，命名为"薛涛笺"，而汲水仿制薛涛笺之古井则命名为"薛涛井"。薛涛酷喜竹子，善用竹表达情怀和感悟，后世为纪念薛涛，于园内遍植翠竹以表达敬仰之情，方有今天"天下第一竹园"之美誉。后建的崇丽阁，成了当时成都之地标。由此，名人名笺、名井名水、名楼名联、名竹名园、名事名典等构成了望江楼公园的纪念园林文化大体系；滨水江楼、万竿翠竹、校书史话、文人唱和、不灭文风等构成了望江楼公园的景观意象；文物古迹、游览胜地、迎送码头等使其形成了以纪念性为主的名胜园林。

　　望江楼公园占地总面积约为188亩，分为文物保护区（39亩）和园林开放区（149亩），现为全国重点文物保护单位、全国重要竹文化传承地，成都名胜古迹、成都十景之一，是极具代表性的西蜀古典名园和全国最知名的竹文化公园。

一、历史沿革

（一）万里桥边女校书　锦江河畔薛涛井

　　薛涛，字洪度，原籍长安，因父薛郧仕宦入蜀，或生于成都，其生年学界暂无定论，认可度较高的观点有：生于唐大历三年（768年）、大历五年（770年）或建中二年（781年）。薛涛自幼聪颖，八九岁便能知声律，及笄时已以诗闻外，名动西蜀，16岁时诗名遐迩皆闻，是新乐府运动的主要成员。薛涛姿容姣美、通音律、善辩慧，能歌善舞；其诗歌清丽雅正、寓意深远，尤为受到各级官宦、名流的赏识；在韦皋镇蜀期间便诏其入乐籍，侍酒赋诗，奏请授校书郎，因此后人皆尊称"女校书"。此期间因事被韦皋罚赴松州（今四川松潘），召回后便退隐浣花溪，在浣花笺的基础上创制了薛涛诗笺，相有十色；晚年居城西碧鸡坊，"晚岁居碧鸡坊，创吟诗楼，偃息其上"［（元）费著《笺纸谱》］好道士装束；唐太和六年（832年）秋去世，葬成都西郊（今永陵至浣花溪一带），由段文昌撰墓志，碑题"西川女校书薛洪度之墓"。

薛涛经历韦皋至李德裕，历事十一任西川节度使，与元稹、白居易、张籍、杜牧、刘禹锡、牛僧孺、裴度等文学大家皆有唱和。"万里桥边女校书，琵琶花里闭门居。扫眉才子知多少，管领春风总不如"。（王建《寄蜀中薛涛校书》）薛涛诗冠西蜀，影响巨大，著有《锦江集》五卷，留诗500余首，位居唐代女诗人之首，与汉代卓文君、五代花蕊夫人、唐代黄峨并称为四川四大才女，被称为"蜀中第一才女"。薛涛居浣花溪畔，自制彩笺，被后人仿制，称为"薛涛笺"，誉为"南华经，相如赋，班固文，马迁史，薛涛笺，右军帖，少陵诗，摩诘画，屈子离骚，古今绝艺"。

"薛涛井"并非薛涛当时制笺汲水之处，而是成都东郊的玉女津（芳草渡）旁的一口古井，明代蜀王府曾于此汲水为仿制薛涛笺作为贡纸而得名。历史上的薛涛故居、薛涛墓早已湮灭殆尽，因明代蜀王府汲水制笺而开始纪念薛涛，故名"薛涛井"，与回澜塔、五显庙等共存玉女津畔。清代围绕薛涛井开始修筑建筑，如雷祖庙、望江楼，营造与薛涛有关的建筑和园林。1928年成为"成都市郊第一公园"，1953年更名为"望江楼公园"。自明洪武年间（1371年）设蜀藩制笺处，开始以"薛涛井"称呼，因此至少有700年的历史了，这就是望江楼公园的文化历史序列和园林营造之始端。

（二）薛涛井旁送别处　崇丽阁称望江楼

明代中叶，成都水码头由合江亭迁到玉女津，作为成都人士宴饯送别、登船出川之地，官府也在此迎送朝廷官员。万历年间，在薛涛井旁修建了薛涛墓，同时不断增加制笺、送行等所需要的建筑和场景。杨升庵曾留诗作《江楼曲》："江上楼，高枕锦江流。"

清代，此处已经成为成都的名胜和最重要的出川码头，薛涛文化影响进一步扩大，纪念性文化和空间不断增扩。清康熙六年（1667年），成都知府冀应熊手书"薛涛井"三字并嵌碑于井后照壁之上；乾隆六十年（1795年），编修周厚辕、通判汪镌于薛涛井碑两侧刻王建的有关诗文及周厚辕和诗碑；清嘉庆十九年（1814年），四川布政使方积、知府李尧栋兴建吟诗楼、濯锦楼、浣笺亭、雷祖庙等建筑；江边建石岸，镶刻"锦波丽嘱"四字。旧《华阳县志·古迹》曰："嘉庆十九年（1814年），布政使方积等于井旁修筑亭台"；清道光十四年（1834年）于墓左右增刻诗碑，同治九年（1870年）前后修葺薛涛墓。据史料记载，明崇祯十七年（1664年），薛涛井南侧的回澜塔毁于战乱，未得以修复。此后，蜀中文风不振，多认为风水断裂，需要再次修建楼阁或供奉文曲星以继文风。光绪十二年（1886年），华阳马长卿建议于吟诗楼与濯锦楼之间（回澜塔原址）建阁楼以镇风水，得到四川总督刘仲良支持，并开始营建，至光绪十五年（1889年）建成。崇丽阁高大雄伟，醒目突兀，矗立在锦江岸边，民间称之为"望江楼"。

崇丽阁落成后由总督刘仲良主持开楼大典，时文状元赵以炯、武状元田在田参加开楼仪式并率先登楼，寓意文武双全。新《华阳县志》载："光绪初，县人马长卿以回澜塔就圮，而县中科第衰歇，乃创议于井旁前造崇丽阁。阁凡五级，碧瓦髹栏，瓯棱璧当，井干六角，塔铃四响。登高眺望，江天风物，一览在目矣。"楼成后蜀中文运果真兴旺，当年就考上进士12名，再后又中首位状元。望江楼成了四川文脉之象征、蜀中学子文运之圣地，参拜之人从此络绎不绝。1889年重修濯锦楼；清光绪二十四年（1898年）重修吟诗楼和浣笺亭，兴建五云仙馆、泉香榭、流杯池、枇杷门巷。清光绪二十九年（1903年）建清婉室、竹牌坊、薛涛像等。历经清代大规模修缮、扩建以及文化形式的丰富，无数文人墨客在此拜谒宴集，成为举世闻名的薛涛纪念地和成都著名历史文化地标，基本奠定了今日望江楼公园之格局。

（三）女性文人纪念地　百亩翠竹专类园

1928年在望江楼成立公园，名曰"成都市第一郊外公园"，面积20.6亩。中华人民共和国成立后，人民政府军管会接收公园，开始维修古建筑、重修古迹、恢复楹联匾额，并广植茂竹，新建大门、望月台、河岸和道路，将雷祖庙旁的武圣宫中殿迁建，更名为"锦江春色"，将公园面积扩大到78亩，于1953年更名为"望江楼公园"并正式开放。1960年政府划拨土地96亩，公园面积达到176.5亩。1983年武圣宫更名为薛涛资料陈列室，建成锦竹轩。1984年立薛涛像。1988年建修竹餐厅和茗婉楼、茶社。1993年建成碧鸡园。1994年修葺崇丽阁，补立薛涛墓于翠竹深处，恢复薛涛墓，由墓碑、墓体、墓基平台及墓表组成，墓碑题有"唐女校书薛洪度墓"。1995年建读竹苑，为公园散生竹品种区域。2006年增设"薛涛纪念馆"。2023年对"薛涛纪念馆"进行全面整修，深度地挖掘薛涛文化，进行了全面且成体系的展陈。

至今，望江楼公园已经完成了薛涛文化的系统建构和全新展示，科学布局了竹类种植和展示空间，并丰富了竹类品种，成为国内最大的竹类公园。公园完善了古建、古迹的保护措施，形成了更佳的游览体系，成为独树一帜的西蜀名人名胜园林、中国最具魅力的女性纪念文学场地。2006年望江楼公园成为第六批全国重点文保单位。

二、园林艺术

望江楼公园因"薛涛井"而起，园林空间的形成也是人们纪念薛涛的情绪不断扩增叠加的过程，彰显了成都由来已久的纪念和游赏之风；该地也兴于码头功能的需要，部分建筑和码头的使用与水文化的崇拜等有关；该地名胜纪念除了薛涛而产生的系列文化，"文风兴盛"也是重要的场所内涵，以"崇丽阁"为地标的景观成了园林的中心。所有这些要素都是以水展开的布局，因此半环绕的锦江构成了望江楼公园的边界和建筑群的线性排列逻辑，既满足江面和对岸之看面，又满足园内景观和进入功能；同时以崇丽阁和薛涛井为中心呈辐射性的建筑空间布局成为文物保护区的主要格式。望江楼公园作为古典园林典范，布局上一改常态化的轴线布局，根据历史演绎过程和锦江地理因素，不刻意突出纪念性的严肃规整，反而显得整体舒朗清旷，布局灵活自然，游览轻松自如。

（一）空间布局

望江楼公园分为文物保护区和园林开放区两大区域。园林开放区茂林修竹，园路与湖池溪涧环绕交错。清漪苑、茗婉楼、锦江春色等建筑临锦江而建，与文物保护区建筑一脉相承，突出了江景看面；锦竹轩、薛涛亭、碧鸡坊等建筑依园内的湖池溪流而建，融入了翠竹之中，体现了实用功能和诗意画面。

文物保护区以建筑群为主，通过竹径、园路、江岸等进行串联。总体空间上构园无格、随势就形，既不按照中轴线布局，亦不讲求对称。后续建设尊重历史事实，不推倒重建，为纪念而纪念，因此融入了更多的功能，具备了名胜园林的公共性特征。以望江楼为核心，形成两进园林空间院落：一为薛涛井园林院落，由崇丽阁、濯锦楼、薛涛纪念馆、薛涛井、浣笺亭等古建筑围合而成；二为吟诗楼院落，由崇丽阁、浣笺亭、清婉室、五云仙馆、吟诗楼等古建筑围合而成。按照从望江楼景区正门到枇杷门巷的观赏路线，薛涛井院落在前，吟诗楼院落在后，两院建筑均包含望江楼和浣笺亭。以望江楼和浣笺亭为界，薛涛井院落遂可称前院，吟诗楼院落可称为后院（图4-3-1）。后文相关研究主要以文物保护区为主。

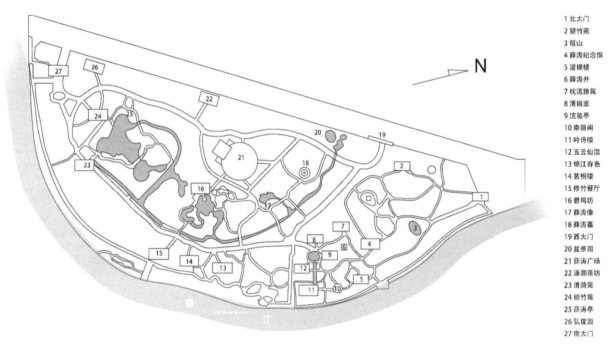

1 北大门
2 望竹苑
3 假山
4 薛涛纪念馆
5 濯锦楼
6 薛涛井
7 枕流雅苑
8 清婉室
9 浣笺亭
10 崇丽阁
11 吟诗楼
12 五云仙馆
13 锦江春色
14 茗椀楼
15 修竹餐厅
16 碧鸡坊
17 薛涛像
18 薛涛墓
19 西大门
20 盆景园
21 薛涛广场
22 潇湘茶坊
23 清漪苑
24 锦竹苑
25 薛海亭
26 弘度园
27 南大门

图4-3-1 望江楼公园平面图

1. 院落融叠 疏朗空透

人们自北门狭长竹径进入竹林幽深处，过薛涛纪念馆后，便进入以薛涛井为核心的院落空间，豁然开朗。崇丽阁、濯锦楼、薛涛纪念馆、薛涛井碑墙等建筑环绕四周，形成视野开阔的小广场，广场上有四株银杏树和一株泡桐树，既分隔了院落空间，又融合了院落空间，形成疏朗空透的视线效果，该布局完整展示出了每一栋建筑形态（图4-3-2）。以吟诗楼为主的曲水流觞带状院落，以水为脉，南北串联清婉室、泉香榭、五云仙馆、吟诗楼、浣笺亭、崇丽阁等建筑，院落空间由林竹包裹，茂密清幽。该院落有特色景点流杯池，小桥流水，花木繁盛，可行曲水流觞之文化雅事。这两处院落空间虚实相通，景观要素融合叠加，极富诗情画意之传统意蕴；同时，也产生了空间上的疏密对比，形成了动态的韵律，极具游赏性（图4-3-3）。

2. 独具匠心 建筑对空

中国古典园林讲求景点须同时兼顾"看"与"被看"。望江楼公园古建筑群呈不规则排列，未有对称或平行的空间排列关系，均是以各自为中心而构成融叠交错的视线网络，能同时满足"看"与

图4-3-2　薛涛井院落　　　　　　　　　　　　　　　　图4-3-3　流杯池院落

图4-3-4　建筑"对空"

"被看"的要求。望江楼古建筑布局匠心独运，从一处与另一处建筑相望，通常所见为经典建筑的侧面或一角，或是围墙，或是水池，或是花木，或是道路，建筑正面无一相对，正面均为空挡，空挡处或以竹林遮挡或关联建筑空间。此布局除可获得灵活多变的空间效果外，还使所有的建筑正面皆能呈现较长的景深。有人将这类空间布局现象称为"对空"（图4-3-4）。

3. 江楼地标　统筹兼顾

望江楼的园林空间是以薛涛井、崇丽阁以及竹海景观为核心展开布局。其中崇丽阁一枝独秀，耸立全园，观赏视线内外俱佳，不管从景观角度，还是从文化层面，都成为全园的核心，奠定了在全园的地标位置；同时也对全园起到了统筹兼顾的作用。

崇丽阁地理位置得天独厚，位于锦江河岸，江水环绕处，此处历来为成都最重要的水码头，是进出成都的必经之地。楼阁高耸入云，气势磅礴，巍峨壮观，楼与水岸形成对角，楼的地平面之对角线与江面平行，这就使得往来船只均能看到其正立面。人们迎来送往，望见该楼，形成了记忆和情怀，便成了成都的识别地标。

再者，崇丽阁高达28米，为当时整个成都的最高的建筑。于锦江来讲，崇丽阁便是目的地的一种识别。从公园名胜观景的角度讲，它是全园的最高建筑，是进入公园不同方向的导向识别与记忆，起到了统筹的作用；同时登楼时则可兼顾内外，内可观竹海翠波，外可观赏锦江上舟船云集的现象。在此情景交融，感受江流千古，使情感达到游园的高潮。

最后是其布局因地制宜，因江制宜。楼共4层，其1、2层有四面：第一面面向锦江上游，第二面面向锦江下游，第三面面向薛涛井院落，第四面面向吟诗楼流杯池院落。从崇丽阁的第一、二面可欣赏锦江上下游进出成都的场景，从崇丽阁的第三、四面可欣赏薛涛井院落和吟诗楼院落俊秀的园林景观。此外，濯锦楼和吟诗楼同是临江而立，但两者与江岸平行，异于崇丽阁。三座建筑主次分明，从地理位置、高度及独特的布局与造型皆可看出，崇丽阁是整个园区的中心和重点，是锦江该段的焦点（图4-3-5）。

图4-3-5 望江楼公园地标建筑——崇丽阁

（二）建筑景观

1. 崇丽阁

崇丽阁建于光绪十五年（1889年），因立于锦江河畔，民间则俗称望江楼，是古成都标志性建筑之一。"崇丽"二字取自晋代左思《蜀都赋》对成都的描述："既丽且崇，实号成都。"阁楼通高四层，高达27.9米，造型独特美观、整体浑然一体（图4-3-6）。一、二层为正四方形敞厅，位于石砌基座上；三、四层为八面八角形阁楼形式；顶为八角攒尖顶，近似圆形，寓意为"天圆地方""四面八方"，下观四方之景，上观八面之景观。一楼为正方形敞厅，中立记事石碑，隔墙挂有全国三大长联之"锦江城楼联"；楼梯绕廊而上，各层有回廊和内厅，二楼内厅供奉掌管科甲功名的文曲星，其右边悬挂天下绝对的上联："望江楼，望江流，望江楼上望江流，江流千古，江楼千古"，下联空缺百年，至今还无人应对。

望江楼全身为楠木穿榫结构，门窗、栏杆、雕饰则为松柏杂木。朱柱碧瓦、金顶黄脊，整体雕梁画栋；梁、柱、枋、墙身装修漆朱砂色，楼板梁漆深赭色；天花板绘卷草、云纹图案，中央彩绘为凤凰戏牡丹和团龙图案；梁枋上透雕十二生肖与云纹，各层吊瓜、斜撑、花牙子均有雕饰彩绘，花纹色彩作赤、黄、蓝、绿、白五彩退晕，门窗雕花上贴金，所有图案精雕细琢，粉饰烦琐（图4-3-7）。

图4-3-6 崇丽阁

图4-3-7 崇丽阁装饰

2. 薛涛井

明《益部谈资》云："薛涛井旧名玉女津，在锦江南岸，水极清澈，石栏周环。久属蜀藩，为制笺处，有堂室数楹，令卒守之。"每年三月三日，井水浮溢，明蜀王府在此汲井水，造薛涛笺二十四幅，入贡十六幅。明《蜀中名胜记》称薛涛井为"东门之胜"，为凭吊薛涛的主要遗迹，也是以薛涛为主题的纪念性景观和望江楼公园的发端。

该井口呈八边形，内径0.75米，外径1米，有带铁提的圆形石盖覆于其上。井台用红砂石材搭成，直径5米，外缘为圆形莲花边座和排水槽；四周圈围了石质栏杆，做工极为精细。北侧照壁为三叠牌坊，砖石斗拱，琉璃瓦顶，基座为红砂石卷草浮雕。

康熙三年（1664年）成都知府冀应熊手书"薛涛井"三字，刻石碑镶嵌照壁正中；两侧镶嵌乾隆时翰林院编修周厚辕手写王建诗一首、末附己诗一首于壁上。1977年，在照壁和井之间重新种植了两株皂角树，以求恢复历史风貌。薛涛井曾经为生活之用水，后发展到酿酒、制笺、饮茶、制豆腐干等用水，加载的薛涛文化促使其生命力更悠长，内涵更丰富，使薛涛井具备了生活性、民俗性、文化性、景观性之特征（图4-3-8）。

图4-3-8 薛涛井

3. 濯锦楼

《太平寰宇记》卷七十二记载，"濯锦江即蜀江，水至此濯锦，锦彩鲜于他水，故曰濯锦江""锦江之水，以能濯锦"。濯锦即为在江中洗织布之锦，因此濯锦江又称锦江。濯锦楼始建于清嘉庆十九年（1814年），因临锦江而得名。该楼位于崇丽阁以东，主要为陪衬吟诗楼作为官民游赏或候船休息之所用。咸丰时毁于兵祸，清光绪二十四年（1898年）马长卿重建此楼。现存建筑为全木结构，重楼重檐，卷棚屋顶，整体造型似停靠锦江边的画舫游船。濯锦楼正面为六柱三楹两层，四面花格门窗都有回廊环绕，柱枋撑弓、花牙子、垂花柱雕刻二十八星宿，五彩点金；船头朝向城内，有四柱八字敞厅作景台，柱上撑弓为云龙透雕（图4-3-9）。

图4-3-9 濯锦楼

4. 吟诗楼

吟诗楼建于清嘉庆十九年（1814年），后毁于兵祸，清光绪二十四年（1898年）重建。此楼是纪念薛涛晚年幽居碧鸡坊吟诗度余生而建。吟诗楼临江而立，为砖木结构，卷棚顶，一楼二层三叠，一楼一亭一廊一山、一水组合精巧，其四面敞轩通透，翼角飞檐，造型玲珑雅致。楼东侧竖石堆山，山间设梯，拾阶而上，上达二层通廊，楼西采用亭式；一楼门厅内为唯一组展示薛涛与白居易、刘禹锡、张祜、牛僧孺吟诗唱和的雅集场景，也与流杯池院落的曲水流觞景观相得益彰。清何绍基手书对联"花笺茗碗香千载，云影波光活一楼"形象地把吟诗楼的文化内涵和景观体现得淋漓尽致（图4-3-10）。

图4-3-10 吟诗楼

5. 浣笺亭

浣笺亭初为清嘉庆十九年（1814年）由四川布政使方积、成都知府李尧栋所建，咸丰初年毁于兵燹。于清光绪二十四年（1898年）由马长卿等人按照原貌改建为仿木结构的薛涛纪念馆，纪念薛涛"蜀笺自古有名，经薛涛而后精"的成就。该建筑极富创意，整体结构呈"品"字形，门户为亭，与建筑连为一体。亭为攒尖四坡顶，两檐角翼然飞翘，甚是突显，故名为"亭"。建筑为五开间悬山式建筑，白墙花窗朱门、朱柱青瓦。正门横匾上"浣笺亭"三个字为赵蕴玉所书。浣笺亭与薛涛井相对相呼应，形成了完整的文化景观，实现了文园相构的造园特色，体现了"古井平涵修竹影，新诗快写浣花笺"的立意。清人刘咸荣有联："此间寻校书香冢，白杨中，问他旧日风流，汲来古井余芬，一样渡名桃叶好；西去接工部草堂，秋水外，同是天涯沦落，自有浣笺留韵，不妨诗让杜陵多。"浣笺亭现为唐代制笺文化纪念馆，展示薛涛造纸制笺的工艺流程（图4-3-11）。

6. 五云仙馆

五云仙馆位于流杯池院落，与曲水流觞石桥相连。建于光绪二十四年（1898年），为五柱一楹五开间建筑，川西民居形式，悬山式青瓦屋顶，砖砌山墙为白色，木质花格门窗，风格简练清爽。五云仙馆得名于薛涛诗句："九气分为九色霞，五灵仙驭五云车"。薛涛一生作诗五百首，而留存至今的仅九十余首，是古代女诗人中遗留诗作最多的一位。古人修建此馆的初衷亦是纪念女诗人，为后人世代瞻仰。馆内所展示的是经过精选而最具有代表性的三十九首诗（图4-3-12）。

7. 泉香榭

泉香榭建于清光绪二十四年（1898年），位于枇杷门巷与五云仙馆之间，高立于流杯池侧假山之

图4-3-11　浣笺亭

图4-3-12　五云仙馆

上，为流杯池院落最高点。建筑为竹柱木栏六面亭，树皮盖顶，朴实别致，登亭可览流杯池全景。为西蜀古典园林常见的野趣之亭。该建筑实为亭型，因临水高台之上，闻薛涛井水之甘香，故名。亭前假山堆积，山形峥嵘，山间蹬部若干，前有紫薇一株，后植翠竹若干，野趣妙生。名人陶亮先生撰联曰："花外喜陪荀令坐，池头定有右军来。"其中荀令是指三国名相荀彧，而右军则指晋代大书法家王羲之（图4-3-13）。

8. 清婉室

清婉室建于清光绪二十九年（1903年），其名取自《诗经》中"清扬婉兮"之语。薛涛作为女诗人，赞其诗风清扬婉约。建筑风格古朴简洁，木格花窗，室内陈列有清人陈矩的薛涛像赞和赵熙集唐代诗词对联等石碑石刻（图4-3-14）。

图4-3-13　泉香榭

图4-3-14　清婉室

9. 薛涛纪念馆

因癸酉之变，嘉庆敕令各府县修建雷祖庙，嘉庆十九年（1814年）四川总督常明在薛涛井东侧修建雷祖庙，后因李蓝发动农民起义，毁于兵燹，同治五年（1856年）重建。2006年改建成薛涛纪念馆，占地700平方米，馆内展示了薛涛的生活经历、艺术创作、文人唱和、历史影响等内容。2023年再次针对室内展陈进行整改优化，将薛涛文化进行了深度挖掘和更为系统的展示。纪念馆为一组四合院建筑群，单檐歇山顶，川西典型的砖木结构，红窗朱墙；入口为朱墙开门，还遗留"庙"的意味。"薛涛纪念馆"的匾牌是由当代著名书法家、作家马识途先生题写（图4-3-15）。

图4-3-15　薛涛纪念馆

以薛涛井为历史遗迹和文化核心的院落空间中，布局了流杯池带状水系院落，布置了薛涛纪念馆、清婉室、浣笺亭、五云仙馆、吟诗楼等建筑，共同构成了纪念薛涛的诗意景观空间，这些建筑环四周布局，互不对照，相互对空，使空间不拘一格，变化丰富。望江楼公园的建筑与竹林景观完美融合，随地形地貌、游赏路径呈聚散状的散点布局，"宜亭斯亭，宜榭斯榭，不妨偏径，顿置婉转"（计成《园冶》），每栋建筑都有舒展的视线，物我相融，得其真意而忘其皮相，以意制形。

（三）山水景观

1. 巧于因借　江楼一景

望江楼公园外巧借锦江，崇丽阁临岸高耸，独领风骚。濯锦楼、吟诗楼、清漪苑、锦江春色等建筑依次临江而立，崇丽阁统领全线，建筑、高乔、翠竹形成连贯起伏、变化丰富的江岸天际线，极具景观地标性；天光一色，倒影成趣，与锦江之水浑然一体，构成了完美写实、变幻无穷的诗意画面，成为成都的标志景观和定格的画面（图4-3-16）。远观岸线植被四季变化，阁顶突兀，建筑若隐若现，人随船移，望江楼及沿线景观婀娜多姿；近赏层次丰富，碧瓦黄梁，雕梁画栋，飞檐翘角，古色生香。

图4-3-16 巧借锦江

　　崇丽阁与薛涛井互为文化因素，都常被吟诵流传，各自形成了独特的文化标识，但又相互因借，共处一园，融为一体，与竹景观一起，互成望江楼公园之意象代言，甚至并无明显名称界限，如提到"望江楼公园"，游赏对象会根据自己的情怀倾向或目的产生"望江楼"，或"薛涛井"，或"竹"的意象；如提到"竹"，游赏对象会产生"望江楼公园"或"薛涛"的意象倾向，这和武侯祠、文君井一样，相得益彰。望江楼公园是西蜀古典园林最独特的园林艺术，也是历史长久发展、人们约定俗成的结果，更是西蜀古典园林造园特性中纪念性、交融性的最佳体现。

　　2. 曲水流觞　流杯池桥

　　在清婉室、泉香榭、浣笺亭、五云仙馆和吟诗楼的带状空间中，布置了以流杯池水系为山水要素的传统园林山水景观，构成了"一池一溪三桥数竿竹"的空间格局。整体清秀幽静，文风氤氲（图4-3-17）。流杯池水系的桥梁各具特色，各有寓意，如流杯池处的小拱桥、吟诗楼处的官帽桥；直通五云仙馆的曲水流觞平桥就是据《兰亭集序》之"曲水流觞"而设，呼应了薛涛与诗人的诗文唱和的雅致情景与众楼阁相呼应，这也深化了望江楼公园的诗意文学内涵（图4-3-18）。试想当年枇杷门巷前人来人往，元稹、白居易、张籍、王建、刘禹锡等诗人往来酬唱之景顿现，而今桃花依旧，人已不再，空余古井对斜阳，意境空间已远胜物质空间。

图4-3-17　流杯池水系景观　　　　　　　　　　图4-3-18　曲水流觞平桥

3. 池山层峦　山水盆景

望江楼公园虽处江岸，但依然营造了湖池溪涧之人工山水景观。主要采用川派盆景艺术手法，营造了多处山水景观，尤其是竖石堆叠景观，或高大雄壮，或低矮孤立，或林间绝壁，或楼旁石峰，为精心营造；亦又随意点缀，或竹林，或路旁，为不经意之举（图4-3-19）。园路旁、竹林间还兼有"瀑布小更奇，潺潺二三尺"的小型假山，倚栏而坐，锦水滔滔，飞瀑潺潺，意趣横生。

公园北大门处营造了一处大型川派山水盆景，水面呈椭圆形，青石为盆，直径约12米，沿高0.4米，刻以莲花图案。水中大假山采用钟乳石、红砂石、砂积石等重叠营造，山峰高突，山体嶙峋，层峦叠嶂，气势雄伟；山涧跌水飞瀑，山石间种植松、竹、梅等植物以表传统之意，这组盆景以作空间屏障和游赏功能转换之用（图4-3-20）。

图4-3-19　置石景观

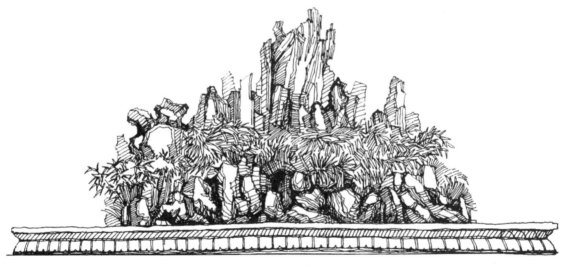

图4-3-20　山水盆景

三、园林特色

望江楼公园在漫长历史过程中，积累和增添了薛涛文化，将薛涛故居等以文化和实体形式从浣花溪、碧鸡坊移到玉女津，经年营造并放大的园林与崇丽阁等相得益彰，成为最经典的古典园林和名胜景区，这在其他地方是没有的。玉女津也逐步从功能性的码头演变为成都重要的文化景观场所，逐步掩盖了其余古迹。在历代的功能叠加过程中，望江楼公园具备了别具一格又特征明显的园林空间格局和风格。以薛涛文化、江楼文化为核心的建筑景观，以君子比德思想为内核的竹林景观以及用川派盆景艺术指导的山水景观构成了望江楼公园的独特的园林景观，尤其是以薛涛为主的诗词楹联文化，形成了历史跨度大、情感内容丰富、时代共鸣性强的文学景观，这些都构成了望江楼公园的园林艺术特色。

（一）文学景观

1. 楹联续离骚

西蜀古典园林具备明显的诗意特征，诗意传递出众多和准确的历史信息，透露出明显的思乡情怀，大量的营建工作都必须结合诗意才能完成；诗意具有传承性，引来数代文人雅士竞相传唱和接续书写，形成了完整的诗意传承体系。望江楼公园通过楹联、诗句、碑刻等形式表达了公园的文学内涵和纪念特性，一是以谦虚的态度颂扬其他园林，促进了西蜀古典名园相互交融，彰显了其低调含蓄的品格和自身特色；二是对相关人物的关联、比对，更突出薛涛之魅力，如濯锦楼的楹联：

少陵茅屋，诸葛祠堂，并此鼎足而三，饰崇丽，荡漪澜，系客垂杨歌小雅；

元相诗篇，韦公奏牍，总是关心则一，思贤才，哀窈窕，美人香草续离骚。

该联为近代著名文人陶亮生所撰写，该联将杜甫草堂、武侯祠与望江楼公园相提并论，认为在成都这三者是三足鼎立，应平起平坐；说明元稹与韦皋各具其才，但又对其的关心一致，既思慕人才又叹其为忠贞之士。既有周边名人名园，又有思慕之人，同时还描述了望江楼公园之美景和送别之情调。再如黄炳焜所撰濯锦楼对联：

乐籍中亦有传人，花笺价重，茗盌香浓，节度久无闻，请看万里桥边，只剩校书遗迹在；

草堂外别开生面，杨柳楼新，枇杷巷古，微之具真识，试颂七言碑什，也随给事始名传。

胡毅肃所撰枇杷门巷对联：

同是宦游人，问他节度何心，忍令名媛归乐籍；

不胜今昔感，才向草堂凭眺，又凭杯酒吊香魂。

伍生辉所撰枇杷门巷对联：

古井冷斜阳，问几树枇杷，何处是校书门巷；

大江横曲槛，占一楼烟月，要平分工部草堂。

谢家驹所撰吟诗楼对联：

古今来不少美人，问她瘦燕肥环，几个红颜成薄幸；

天地间尽多韵事，对此名笺旨酒，半江明月放酣歌。

刘咸荥《题薛涛井》所撰：

此间寻校书香冢白杨中，问他旧日风流，汲来古井余芬，一样渡名桃叶好；

西去接工部草堂秋水外，同是天涯沦落，自有浣笺留韵，不妨诗让杜陵多。

以上几副对联均关注了杜甫草堂，将薛涛井、枇杷门巷、锦江等写实入联，以崇丽阁、烟月、花笺来赢得本来的崇高地位。这些后来人努力地宣扬和维持薛涛和望江楼公园的地位，对比自然景观、建筑气势、历史遗迹等场景来说服自己对薛涛的判断，也无限叹息悼香魂。

2. 阁楼撰长联

崇丽阁既丽且崇，望江楼临江而踞。楼成则蜀地文运亨通，亦为文脉之地，引来无数文人骚客登楼观景，抒发情怀，感慨激昂，留佳作无数。楼成后，马长卿遂题写了一副楹联：

> 斯楼为蜀国关键，慨兵燹倾颓，人物凋谢，数十年满目荒凉，遗风顿竭；溯渊云墨妙、李杜才奇、轼辙名高，久经宇宙山川，沧桑千古。
>
> 此地是锦江要会，爱舟樯上下，烟浪萦回，几多士同心结构，胜地重开；想石室英储、岷峨秀毓、江汉灵炳，且看栋梁桢干，砥柱中流。

马长卿以崇丽阁的建成为切入点，点名此楼的时代重要性和作用，列举李白、杜甫、苏轼等古往今来的杰出人物，他们依然千古流芳；石室书屋、岷江峨眉等人杰地灵，此楼势必为栋梁。上下联对比可见，他对崇丽阁的建成充满了无限的喜悦和自豪。

再如剑州李榕在崇丽阁落成之时撰写的对联：

> 开阁集群英，问琴台绝调，卜肆高踪，采石狂歌，射洪感遇，古贤哲几许风流？忽揽起儋耳逐臣，哀牢戍客，乡邦直道尚依然。衰运待人扶，莫侈谈国富民殷，漫和当年俚曲；
>
> 凭栏飞逸兴，看玉垒浮云，剑门细雨，峨眉新月，峡口素秋，好江山尽归图画。更忆及草堂诗社，花市春城，壮岁旧游犹在否？老怀还自遣，窃愿于幽思丽藻，同分此地吟笺。

该联针砭时弊，叹息过往人文辉煌，巧妙地将历史名人的无奈文化行为和描写自然景致的经典言语进行了融合，忆古思今，怅然若失。

清末文人钟云舫所撰写212字长联，后由中国楹联学会会长魏传统补书，为中国第六长联。文字诙谐，但意蕴深远；气势恢宏，又词意豪迈。

> 几层楼独撑东面峰，统近水遥山，供张画谱。聚葱岭雪，散白河烟，烘丹景霞，染青衣雾。时而诗人吊古，时而猛士筹边。只可怜花蕊飘零，早埋了春闺宝镜，枇杷寂寞，空留着绿墅香坟。对此茫茫，百感交集，笑憨蝴蝶，总贪迷醉梦乡中。试从绝顶高呼：问问问，这半江月谁家之物？
>
> 千年事屡换西川局，尽鸿篇巨制，装演英雄。跃岗上龙，殒坡前凤，卧关下虎，鸣井底蛙。忽然铁马金戈，忽然银笙玉笛。倒不若长歌短赋，抛散些闲恨闲愁；曲栏回廊，消受得好风好雨，嗟予蠢蠢，四海回归，跳死猢狲，终落在乾坤套里。且向危梯俯首：看看看，哪一块云是我的天！

3. 诗文相酬唱

韦皋、袁滋、高崇文、段文昌、李德裕等人镇蜀期间，薛涛都以歌妓和清客之身份出入幕府，更与元稹、白居易、杜牧、刘禹锡等人竞相酬唱，诗名大振，被誉为"文妖"。薛涛一生才情卓越，其诗文采斐然、婉约细腻。大多诗作托物言志，显露其追求纯正高洁的情感倾向。著有《锦江集》，共五卷，约合五百首，流传九十余首，如《春望词》《送友人》《十离诗》《题竹郎庙》《池上双鸟》等。明杨慎称其曰"有讽喻而不露，得诗人之妙"。千百年来，校书古井、杜陵茅屋、丞相祠堂三足鼎立成为蜀中名胜，足见薛涛之重。

一类诗文是颂扬薛涛文学造诣深厚，多才多艺，如元稹的《寄赠薛涛》，此诗先说薛涛和山水同秀丽，与卓文君一样文采斑斓；引来词客惊叹，个个都想一睹芳容，领略文章。离别如隔山水，想起菖蒲花开，已是女冠仙风道骨，忧思怅然。

> 锦江滑腻峨眉秀，幻出文君与薛涛；言语巧偷鹦鹉舌，文章分得凤凰毛；
>
> 纷纷词客多停笔，个个公卿欲梦刀；别后相思隔烟水，菖蒲花发五云高。

再如唐王建《寄蜀中薛涛校书》一诗，点名了薛涛所隐居之地，所隐居之景，感叹才女甚少，而薛涛却能独领风骚。

> 万里桥边女校书，枇杷花下闭门居。
>
> 扫眉才子知多少，管领春风总不如。

一类诗文是薛涛诗句，对所爱之人、所喜之物、所历之事的描述，如与元稹相见恨晚，以《池上双鸟》表达了两人情投意合、比翼双飞的愿望，流露出情感的丰沛：

> 双栖绿池上，朝暮共飞还。更忙将雏日，同心莲叶间。

薛涛用情至深，但感情世事无常，与元稹分开后，薛涛万籁俱寂，写下了幽怨哀伤而又无奈之情的《春望词》，同时开始寄情于物，闭门而居，孤老一生。

> 花开不同赏，花落不同悲。欲问相思处，花开花落时。
>
> 揽草结同心，将以遗知音。春愁正断绝，春鸟复哀吟。
>
> 风花日将老，佳期犹渺渺。不结同心人，空结同心草。
>
> 那堪花满枝，翻作两相思。玉箸垂朝镜，春风知不知。

在被韦皋罚赴松州时，写下了大量的诗篇，释放内心的委屈与不满，如《罚赴边上韦相公》《罚赴边有怀上韦相公》《筹边楼》《十离诗》等。

罚赴一年后，免释回成都，脱出乐籍，闭门而居于万里桥边浣花里，晚年闭居碧鸡坊，与杜甫草堂为邻，故后望江楼公园众多的对联将薛涛井与杜甫草堂相提并论，也是此等缘由。薛涛幽居浣花溪畔时，在"浣花笺"的基础上改制了"薛涛笺"，一部分诗文对其大加赞赏，如唐韦庄有《乞彩笺歌》：

> 浣花溪上如花落，绿暗红藏人不识。留得溪头瑟瑟波，泼成纸上猩猩色。
>
> 手把金刀擘彩云，有时剪破秋天碧。不使红霓段段飞，一时驱上丹霞壁。
>
> 蜀客才多染不供，卓文醉后开无力。孔雀衔来向日飞，翩翩压折黄金翼。
>
> 我有歌诗一千首，磨砻山岳罗星斗。开卷长疑雷电惊，挥毫只怕龙蛇走。
>
> 班班布在时人口，满袖松花都未有。人间无处买烟霞，须知得自神仙手。
>
> 也知价重连城璧，一纸万金犹不惜。薛涛昨夜梦中来，殷勤劝向君边觅。

唐李商隐的七律《送崔珏往西川》提到了薛涛笺：

> 年少因何有旅愁，欲为东下更西游。一条雪浪吼巫峡，千里火云烧益州。
>
> 卜肆至今多寂寞，酒垆从古擅风流。浣花笺纸桃花色，好好题诗咏玉钩。

唐崔道融《谢朱常侍寄题剡纸》：

> 百幅轻明雪未融，薛家凡纸漫深红。

不应点染闲言语，留记将军盖世功。

元袁桷《薛涛笺》：

蜀王宫殿雪初消，银管填青点点描。可是青山留不住，子规声断促归朝。

十样鸾笺起薛涛，黄荃禽鸟赵昌桃。浣花旧事何人记，万劫春风磷火高。

宋代女诗人张玉娘的《锦花笺》，写的也是薛涛笺：

薛涛诗思饶春色，十样鸾笺五彩夸。香染桃英清入观，影翩藤角眩生花。

涓涓锦水涵秋叶，冉冉剜波漾晚霞。却笑回文苏氏子，工夫空自度韶华。

北宋苏易简《文房四谱》云："元和之初，薛涛尚斯色，而好制小诗，惜其幅大，不欲长，乃命匠人狭小为之。蜀中才子既以为便，后裁诸笺亦如是，特名曰薛涛笺。"，这种红色小笺曾被薛涛用以写诗与元稹、白居易、杜牧、刘禹锡等人相唱和。薛涛笺历代均有仿制。宋代发展了胭脂版纸笺也称薛涛笺，用产于嘉州（今乐山）的胭脂树花染色。有诗曰："名得只从嘉郡树，样传仍自薛涛时。"明宋应星《天工开物》："其美在色。"

还有大量描写薛涛井、望江楼公园、竹等方面的诗文，这类诗文穿越时空，将薛涛、制笺、崇丽阁等进行了交融式的歌颂，也充满了悲怆之情绪，如清代新繁人严光祖《成都崇丽阁》：

崇丽阁雄蜀江渚，望美人兮想歌舞。

开轩俯看峨眉云，归帆远带巫山雨。

波光云影两悠悠，春去春来夏复秋。

昔日枇杷人不见，浣花江上水空流。

清代云南人李承邺在宦游成都时写下《江楼即事》一诗：

吟诗濯锦两江楼，杰阁巍巍势更遒。

全蜀河山归领袖，一川景物豁心眸。

春风载酒怀犹畅，夜月凌波兴倍幽。

独有香魂招不得，花笺空见艳名留。

胡延《薛涛井》：

惆怅枇杷白板门，当年桃李不成村。美人黄土今千载，古渡青莎径一痕。

江水有情仍激湍，井泉不语自清漫。名笺染就春无痕，何必重招倩女魂。

葛峻起有七绝《薛涛井》：

十样锦笺别样新，风流遗迹几经春。只今石甃，埋荒草，漫向江头吊美人。

张问陶《游薛涛井》

风竹缘江冷，残碑卧晚晴。秋花才女泪，春梦锦官城。

古井澄千尺，名笺艳一生。烹茶谈佚事，宛转辘轳声。

（二）竹林景观

梅、兰、竹、菊是中国文人精神风骨、情怀气节的象征，被称为花中"四君子"。薛涛一生中情感失意，身份低微，但是傲骨凌然、不卑不亢，自力更生，吟诗制笺；尤喜竹、菖蒲等植物，视竹为

"知音"，以竹喻己，寄情于物。她在《竹离亭》描述新种竹林："翁郁新栽四五行，常将劲节负秋霜。为缘春笋钻墙破，不得垂阴覆玉堂。"

在薛涛井成为名胜，薛涛文化逐渐成体系后，人们便开始在薛涛井、薛涛墓周围种植竹子，以此纪念薛涛。由此形成我国竹类收集最早、人工栽培历史最长的竹种园，今已蔚然壮观。从1954年开始引种竹子，现有各类竹子500多种，是中国重要的竹种质资源基因库。园内设有国际竹类栽培品种登录园、竹种质资源保护区、新品种培育区、引种驯化区、竹文化陈列馆、竹产业双创孵化基地和竹文化交流中心。

1. 竹文化——扬文人风骨　展校书诗意

望江楼种竹因薛涛而起，故种植历史悠久。薛涛不仅爱竹、种竹，还写竹、画竹，竹子一直影响其精神情怀，尤其是隐居后的生活。"南天春雨时，那鉴雪霜姿。众类亦云茂，虚心能自持。多留晋贤醉，早伴舜妃悲。晚岁君能赏，苍苍劲节奇"。竹作为中国文人特有的性格象征和精神寄托，以薛涛爱竹为历史机遇，在望江楼公园频繁种竹和发展竹文化，便是一种共鸣现象，是一种文人风骨思想的集成表达。清乾隆诗人吴升寻访薛涛井时记载："我昔寻此井，一径入深竹。萧然地半弓，围以万竿绿。"可见当时这里已经是竹林茂密，形成了浓郁的诗意景观，也引发了文人雅士吟诵。

赞颂竹也引以比德自律。基于此，公园立薛涛像，竹为纪念物，以薛涛和竹为主线，不同景点和主题选择适宜竹种，采用片植、丛植、对植、散植等手法，与建筑、山石、水体、林木搭配，形成翠竹长廊、劲竹奇石、薛涛塑像、薛涛井碑、竹咏江楼、枇杷门巷、流觞曲水等典型意象和意象的组合，以表达怀念女诗人、弘扬薛涛及竹文化之意。以竹成名，因竹记人，求其神似，更增意境，望江楼公园逐渐形成了科学系统的竹类种植园，发展衍生了竹文化、竹艺术，将竹文化表达与运用得淋漓尽致。一是采用传统园林空间意境进行营造，如竹径、竹廊、竹墙、竹篱，形成框景、夹景、障景等空间。二是孤植或群组形成孤景、林景、丛景、林海等效果，大中型丛生竹采用混林栽培、小型丛生竹作带状栽培、散生竹采用纯林栽培，灌木或地被状用于路旁点缀、山坡护脚、树池花台等，草本状竹子则作林下地被栽植。三是与山石、水景、其他植物组合，形成松竹梅图、竹石图，创造了竹盆景，丰富了川派盆景的类型。四是与建筑组合，互为映衬。五是竹文化的展示，设置主题园如"读竹园"，并通过小品构筑、民俗节庆等活动进行多元化表达，丰富了望江楼公园薛涛纪念广度和竹文化内涵。六是分类种植，形成如"散生竹""丛生竹""珍稀竹"等专类园，具备了极强的科普与教育意义（图4-3-21）。

2. 竹生态——万竿幽篁　百竹之园

数年以来，望江楼公园竹种的大量引种栽培和竹景观的营造，不仅体现了文人雅士对薛涛文化的称颂及园林意境的形成、演变过程，还记录了不同年代造园者对竹造景、竹造园的理解和不同历史时期竹种资源的收集过程。

望江楼公园以适宜南方地区生长的丛生竹为主，散生竹多为集中栽植，是中国同时汇集丛生、散生竹类最丰富的竹种园。望江楼公园1928年辟为成都第一郊外公园，当时仅有慈竹一种。1954年在四川省开始引种，1959年以后开始在全国引种；1964年在公园南侧种植慈竹、寿竹4000多丛，公园竹景观初具规模。老一辈竹类专家夏政寅、邹秋华、张文甫、刘汉清、田有宝、王道云等从20世纪50年

图4-3-21　竹类诗意景观

代至80年代进行竹子引种栽培。1959年在四川引种60种，1960年开始在广东、云南、江苏、江西、湖南、陕西、云南、福建、广西、浙江、上海等地引种，至今各类成活竹种已达34属500余种。现有护栽培濒危竹种3个、稀有竹种5个、濒危竹种5个，发现并命名竹子新种4个，收集栽培世界各大洲竹子70种。数十年的努力，使望江楼公园成了名副其实的"百竹之园"，成为世界上最重要的城市竹类公园，为我国竹种质资源保护和竹生态景观建设作出了突出贡献（图4-3-22、图4-3-23、图4-3-24）。

望江楼公园在中国古典园林中独树一帜，荟萃了蜀地最典型的植物景观——竹景观，将蜀地竹类多样性、竹景观多元性、竹文化的象征性等进行了集聚表达，建成了世界上最知名的竹类公园，被誉为"天下第一竹园"。一园一人，薛涛一生失意多舛的命运让人唏嘘，但其卓越的才华和坚毅不屈的品格却受到后世的无限崇敬。后人将浣花溪畔、枇杷巷里、草堂近邻的薛涛生活意象移植到玉女津，

图4-3-22　倭形竹　　　　　图4-3-23　爬竹（稀有竹种）　　　图4-3-24　匍匐镰序竹（珍稀观赏竹类）
（保护栽培濒危竹种）

并覆盖了原有遗存遗迹，凸显了薛涛文化的本底，拓展了场地的纪念空间，与众多的纪念建筑形成了别具一格的"对空"院落空间，建成了国内规模最大、体系最完善的女性文人纪念园。江楼一园，成都建筑文化地标崇丽阁统领全园，与明清古建筑群独占锦江风光，共同构成了望江楼公园博观广览的园林艺术特质。以薛涛井为望江楼公园历史原点的园林文化体系缤纷多彩，传承有序，名人、名井、名楼、名联，名竹、名景等形成了高古风雅、诗意浓郁、悲怆若失的古典园林氛围。

■ 第四节　新繁东湖

　　新繁，古名繁。公元前800年左右，为蜀王望帝杜宇氏迁徙平原新建的城邑，因物产丰富、人口繁盛而名繁。《汉书地理志》记述秦置繁县，将繁列为蜀郡所辖15个县的第三，排列成都、郫县之后。西魏恭帝三年（557年）迁移繁县治所至青白江南岸新繁，改"繁县"为"新繁县"，隶属益州蜀郡。

　　新繁东湖因位于县署以东而得名。东湖，始建于唐代，为唐代著名宰相李德裕任成都尹、剑南西川节度使期间（约830—832年）所凿，为中国现存最古老园林之一。李德裕（787—850年）早年以门荫入仕，历任校书郎、监察御史、翰林学士、中书舍人、浙西观察使、兵部侍郎、西川节度使、兵部尚书、中书侍郎等职，李商隐誉之为"万古良相"，梁启超将他与管仲、商鞅、诸葛亮、王安石、张居正并列，称其为"中国六大政治家之一"。

　　李德裕尤喜造园，曾经在家乡洛阳营造"平泉山居"并著《平泉山居草木记》。后在成都新繁营造东湖，清同治新繁县令程祥栋题"唐李卫公东湖"。作为历代繁县衙署之园林，经后世多次培修增葺，后演变为崇祀名宦乡贤如王益、梅挚、费密、赵抃等文化名人于一体的纪念园。经千年演变，还保持唐代园林之风骨，是中国极少有迹可考的唐代园林，现占地27亩，为四川省重点文物保护单位。

一、历史沿革

（一）唐始造园

　　文宗大和四年（830年）至大和六年（832年）李德裕以检校兵部尚书兼成都尹的身份，充任剑南西川节度使，后由蜀入相，东湖为李德裕担任宰相时所开凿。据五代孙光宪所著《北梦琐言》："新繁县有东湖，李德裕为宰日所凿。"东湖在五代时期便已存在。孙光宪（约896—968年）为川西仁寿之人，其出生距离李德裕去世仅50年，因此其所记载应是准确可靠的。

　　北宋至今，针对东湖是否为唐时开凿和是否为李德裕初建，文献多有争议，李德裕入蜀为官，并非一定任职于新繁，才能在此开凿湖池。完全可理解为李德裕任成都尹、剑南西川节度使之时，前来督导疏浚湖池，形成东湖，故用"凿"字，相关记录一笔带过也能理解，但受益民众、造福乡里，新繁几代人都能记得此事，同时，还存有其所植的一楠四柏。"尚为当时遗事，里民类能言之""父老思之不忘""繁江令舍之西有文饶堂者旧矣"。说明在这之前，此地就有了纪念李德裕的文饶堂，其建立距离李德裕去世仅200~300年，甚至更早。廖嵘《晚唐名园——新繁东湖》、房锐在《新繁东湖缘起考辨析》一文中也指出，新繁东湖当开凿于晚唐，为李德裕所凿。

李德裕平生雅好园林，深谙造园技艺，堪称唐代造园专家。其功业文章与园林胜迹同为后世所称誉，可惜五代兵乱时，他于故乡赞皇县和洛阳龙门西所筑的两处平泉山庄皆毁，唯有新繁东湖遗迹独存，后又发展成纪念李德裕为主的名人园林。

（二）宋始建堂

北宋仁宗天圣五年（1027年），王安石之父王益调任新繁知县，大力发展教育、兴文风，受益一方人民。同年盛夏，王益见东湖开出并蒂莲花，认为此乃文风兴盛、科甲有第的祥瑞之兆，恰逢邑人梅挚进士及第，喜不自禁，于是宴请繁县学子共游东湖，即兴作七言长诗——《东湖瑞莲歌》，诗中盛赞东湖湖光山色之美，并述唐被推翻、北宋百废待兴之境遇，以李德裕治国之功绩勉励好友梅挚为国建功立业。梅挚亦作《和邑令王损之东湖瑞莲歌》，诗中描绘东湖的七月美景，一派瑞莲盛开、才子云集、吟诗共游的盛况。北宋之初东湖作为县府后花园，由官府保护、经营，是官宦、文人雅聚酬唱、游宴之胜地。

北宋徽宗崇宁年间（1102—1106年），勾氏盘溪并入东湖水系，邑人勾涛"有园馆甲县城之北""仿唐人李愿太行之谷曰盘谷者"，以曲水环岛修筑私园，故名曰"盘溪"。现于东湖东南隅有古柏亭一洲，即为盘溪遗迹。

北宋政和年间（1111—1118年），南充人雍少蒙为新繁令，因见文饶堂前有形态枝干怪异的巨大楠木，百姓言："唐卫公为令时凿湖于东，植楠于西，堂之所为得名也。"遂知百年来，人民以此树怀念李德裕。雍少蒙见贤思齐，于政和八年（1118年）将文饶堂修葺翻新，并更名"卫公堂"。堂壁绘上文饶画像，有"观英姿而想贤业，慰邦人无穷之念"之用意，以此纪念李德裕，并激励自己与后人。可见纪念李德裕的建筑在北宋政和年间已经存在，对李德裕的敬重有增无减。这时东湖具备了一定的纪念特性，开始有了专门纪念李德裕的建筑。

南宋高宗建炎二年（1128年），金堂人沈卤予任新繁令，重建卫公堂，建成后，还请其友人樊汝霖作《新繁县三贤堂记》，其中提："卫公之事业文章，世传之，史载之也详也，而不书其在繁，功勋如彼。……至今300余年，父老思之不忘。以县署最大一楠四柏为公所手植。……前任人为此作文饶堂，后更名卫公，盖得之也。而堂宇偏小不称，居中乃撤而大之，并与王、梅祀焉"。沈卤予认为唐时所建卫公堂，堂宇偏小不足以与其功勋匹配，并与王益、梅挚共祀，改其名为"三贤堂"。北宋之始，东湖的游赏功能、雅集形式开始丰富，园林营造也日趋完善，初具规模，有了荷池、楠木、柏木、堂宇、画像等要素。同时，东湖的纪念内容和形式更加丰富，逐渐成形成了纪念新繁乡贤和对当地做出卓越贡献的典型人物的名人纪念园林。

（三）明清定格

明末清初，战乱频繁，东湖荒芜残败。新繁古城墙初建于明正德年间（1506—1521年），此后多次被毁，在乾隆时繁令高上桂重修。20世纪50年代被毁，仅保存东湖一段土墙，后据原貌修复。

清乾隆三年（1738年）郑方城任新繁知县。东湖虽经后人不断修筑，但古柏枯萎，此时三贤堂已成三株古柏之下、荒烟蔓草之中的"三楹坏屋"。两年后，郑方城再次修葺三贤堂，并取杜少陵"不薄今人爱古人"之意，于堂前湖畔新建"爱亭"。此次修葺，未改变当时的园林布局，保留了"前园后沼傍长树"的格局。

乾隆四十四年（1779年），繁令高上桂又新修三贤之祠，浚东湖之水，并作《东湖四景诗》与《东湖八咏》，引名花、植芙蓉于园中，呈现一片湖光山色、怪石嶙峋、茂林修竹、芳翠袭人的景致，游人在此弹琴作诗，一洗闲愁。

嘉庆元年（1796年）三贤堂沦为宦官娱乐待宾之处，繁令徐廷选偏东一地，重建三贤堂，使其"堂外有亭翼然，亭外有池清然，池中植荷灿然"。十余年后，繁令顾德昌再次培修三贤堂，对东湖的亭、桥亦加整理，规模又复一新。嘉庆元年（1796年）和十四年（1809年）也进行了修葺。乾隆三年（1738年），东湖的园林营造主要围绕三贤堂的修葺或重建而进行的，增建了亭、桥、山石、刻石，种植了竹子、芙蓉等多种花木，开始具备了公共性、游览性，此时卫公手植四柏尚存。

咸丰七年（1858年）冬，江苏泰州人程祥栋来此为官，见三贤堂荒秽欲圮，意欲整饬。同治三年（1864年），程祥栋浚湖通濠，同时因地制屋，重建三贤堂于旧址之南。从此三贤堂便位于东湖南岸至今。又建五楹正厅怀李堂于内外两湖之间，此堂前临平湖，左通篁溪小榭，右连月波廊，后接花南硕北之轩。自此，怀李堂成为东湖的主体建筑，其纪念性延续至今。1864年建成青白江楼、见山亭。东湖纪念人物增加到四人。此次修筑规模庞大、建设内容更为丰富，程祥栋再次疏浚湖中淤土覆盖原有土丘，形成今日所见蝙蝠状山体——蝠岩，山上一小亭名为见山亭。蝠岩东西南三方接古柏亭、青白江楼、瑞莲阁等建筑；三桥、城霞阁、勾氏盘溪、眠琴石、月波廊、篁溪小榭等已然成型。"余以咸丰十年冬到官，见卫公手植四柏尚存，千百年甘棠遗爱也。惜为荆榛所蔽，蛇虺所穴，三贤堂亦荒秽欲圮。慨然太息，亟思整饬，以妥先贤。会军事卒，不敢暇逸。同治二年，蜀乱大定。三年，岁荒于春而盛获于秋。先后捐俸钱二千余缗，鸠工庀材，浚湖通濠，导湔江水以注之；因地制屋，种竹树以补之。重建三贤堂于旧址之南，去湫隘而更爽垲也。"［程祥栋撰《东湖因树园记》，光绪七年（1881年）知县周兆庆重刻］。此次大修，基本确定了今日东湖的园林空间结构和基本造景要素。

清康熙至雍正年间，新繁费氏一族四代中出了六位文豪，即费密及其祖父费嘉浩、父亲费经虞、伯父费经世、长子费锡琮、次子费锡璜，六人中以费密的成就最大。为纪念乡贤费密，邑令马裕霖于道光八年（1828年）建费公祠于新繁城南。

（四）传承发展

1922年，公署在东湖辟出余地，知县刘威煊遂将费公祠由城南搬迁到东湖园内，改名为"四费祠"，以纪念费氏四世六贤。四费祠为单檐悬山青瓦顶，门前楹联"问十字千秋，父子孙曾几诗客；羡一门四世，文章忠孝六乡贤"。

1926年，新繁知事陈供赞再次修葺台榭、堤岸，将东湖以西、官署以北的粮仓余地都划入园内。在三贤祠东侧前新辟一门，门额书写"东湖公园"，东湖开始具备了园林的公共性质。四年后，新繁知事周鹏嵩再次浚湖补缺。地域拓展至城根，建光雾堂、吟红榭、冰玉轩、望雪楼、观稼亭等建筑。此次增建，扩延了公园北部与东部。20世纪50年代末，留存的古柏相继死去，三贤堂垮塌，书画、楹联等文物遭受损毁。后经过多次培修、完善，终成今日之规模，但仍然保留了唐代的全部遗址和部分园林风格。1984年，我国著名园林学者汪菊渊院士和朱均珍教授等考察东湖，一致认为：东湖是一处具有很高历史价值和文物价值的古典园林，苏州、扬州的园林均晚于此，他能保存到今天，是中国园林史上的一个奇迹。1990年，东湖被授予四川省文物保护单位。

二、园林艺术

东湖园林艺术经历1200余年的发展，始终坚持了唐风古韵，沿袭了唐代园林初期特征，是典型的衙署园林，后逐渐形成了以纪念李德裕为核心的名人纪念园林。其园林艺术手法极为精湛：建筑空间布局交错通融，湖园组合浑然一体，游览空间步移景异，一改纪念园林的严谨，呈现出乡土朴质、疏放简朗、宁静致远的造园特征。

一是形成了"互"字形的整体空间格局，全园以山、湖、岛、墙、建筑等营构成交错融合的园林空间。北侧为城墙和梅岭，中部为湖池和建筑，南部为岛渠，整体空间北高、中平、南低，各要素分布均匀；二是在唐风原貌的基础上，不破坏原有山水格局，对受到繁地民众极为敬重的乡贤和对当地有突出贡献的名人都在此进行纪念，是祭祀人物最多的西蜀古典园林之一；三是建筑、水系的精巧布局，并未采用曲水环绕、溪涧纵横、飞瀑流韵的传统手法，而是科学划分湖、岛之比例，分配湖池、沟渠大小，尺度极为合宜，被分隔的各部分既有机统一又变化无穷，体现了高超的造园技术；四是在千年的发展中，历经数次疏浚、修葺、增补等行为，还能维持唐代造园精髓，实属难得，属西蜀古典园林之精品。

（一）空间布局——长墙方湖"互"形园

东湖公园的园林空间布局格外精妙，全园布局分明，整体以北墙、中湖、南岩为明显意象的三段式空间格局，形成"一墙、三湖、三岛、七区"的空间布局，全园呈"互"字形构图，空间稳定平和（图4-4-1）。公园最北部是明清遗存的城墙和梅岭土坡，登临可俯瞰园内外景色，壮观森然；中部为开阔的方湖（又名瑞莲池、砚湖），四周布置瑞莲阁、珍珠船、四费祠、青白江楼等建筑，烘托主体建筑怀李堂，形成了东湖最核心的纪念建筑群，氛围开朗舒畅；南侧为蝠岩、青白江楼分隔的盘溪及湖面，呈"一湖两岛""一亭一阁"的格局，氛围典雅郁闭。所有建筑环湖、沿溪和顺渠点缀布局，以桥、廊、阁、堂、舫、轩、榭等形式构成连续景点，关联山水湖池，形成流畅的纪念游线，其有机组合和空间安排极为精巧。东湖湖池水渠无矫揉造作之感，采取极为简单但又充满智慧的川西平原传统的水利做法，简练规整，湖池容量大，渠系流通快，极具西蜀园林特征。水系贯穿全园，既分隔空间，又关联景点，同时丰富了桥梁和植物景观，实现了山水园林的浑然一体又相得益彰的艺术效果。

公园的东西两侧以特色植物景观为主，有梅园、盆景园、紫薇园、花圃等绿地，呈园中园的布局形式。

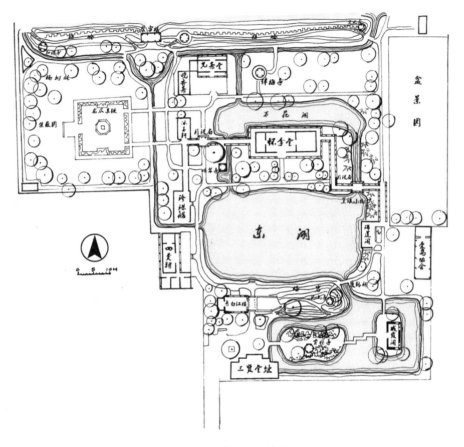

图4-4-1 东湖公园总平面图

（二）建筑景观——飞檐翘角赋诗篇

东湖公园现存建筑大多为清代和近代所重建，有亭、台、楼、阁、廊、轩、榭、堂庑、舫居等20余种形式，基本涵盖了我国古典园林中的所有建筑形式。建筑参考川西民居的形式结合纪念特性进行演绎变化，风格简朴轻盈，大多为开敞式的穿斗木结构，采用悬山或歇山顶，多数飞檐翘角，青砖灰瓦，门窗丹红；建筑均被赋予了浓郁的人文纪念特性，通过对联、诗文、门匾等形式彰显其功能内涵，具备了文景交融的诗意性和雅俗共赏的公共性。

1. 三贤堂

位于东湖公园最南部，青白江楼南侧，面朝勾氏盘溪。北宋政和八年（1118年）之前已有文饶堂专祀李德裕，该年改名为"卫公堂"；南宋高宗建炎二年（1128年）重建卫公堂并改其名为"三贤堂"；至同治三年（1864年）程祥栋重建三贤堂于旧址之南，并单独建怀李堂。三贤堂后又经历多次修缮。三贤堂初为纪念李德裕，后演变为纪念李德裕、王益、梅挚三人的祠堂。王益（992—1038年），字损之，北宋临川人，王安石之父。曾任新繁知县，为官清廉，深受百姓爱戴。任职时写有《东湖瑞莲歌》；梅挚（994—1059年），北宋新繁人，官至龙图阁学士，先有刻其《五瘴说》的石碑屹立于东湖；有《和邑令王损之之东湖瑞莲歌》，两人之唱和，对繁地读书风气有很大促进作用，也引来后人如陆游《东湖之竹》之诗，使得东湖远近闻名。

今三贤堂面阔三间，进深八架，前出抱厦一间两架作为门户，两侧附耳房，屋面略低于主厅。建筑均为悬山顶，屋面三叠变化灵活。东耳房临水，三面开敞，设美人靠。门亭悬挂楹联"独有国人怀旧德，曾于青史见遗文"（今人郭汝愚题写）（图4-4-2）。室内正厅安放三人雕塑，背挂"桂湖美景图"木雕画和其他相关故事木雕；顶悬"三贤流芳匾"。堂内有著名学者林思进先生（1873—1953年）撰写的长联"举目看风月湖山，有千年老柏，一片荷花，万顷繁田，招隐话前游，抚曲榭欹台，又换沧桑几度；屈指数唐宋人物，是名相赞皇，荆舒旧德，龙图邦彦，幽情多发古，并乡闻宦辙，不同吴郡三高"，将东湖风物、历史人物进行了极致的描述。

图4-4-2 三贤堂

2. 怀李堂

怀李堂为同治三年（1864年）程祥栋重建三贤堂时，单独修建用以纪念李德裕的，位于东湖和万花湖之间，背面紧贴万花湖，坐北朝南面向瑞莲池，堂前有开阔的广场；两侧有清代种植的五株罗汉松，广场正中矗立李德裕石像，神情肃穆，风范伟然；背靠万花湖，可享湖水之景，实为巧妙。殿宇气势宏伟，三厅五楹木架结构，单檐悬山青瓦顶，四周木窗空镂，装饰华丽；四周檐廊围绕且左右与月波廊相连。堂内展示了李德裕为官四十余载的经历、诗趣人生以及千古流芳的故事（图4-4-3）。

图4-4-3 怀李堂

3. 瑞莲阁

瑞莲阁位于东湖东岸，为纪念治繁有功的新繁知县王益而建。瑞莲池屡有莲开并蒂之况，常被文人吟诵，王益与梅挚唱和所作的《东湖瑞莲歌》《和邑令王损之之东湖瑞莲歌》成为文坛佳话，该阁故名。此阁三间四柱，歇山青瓦顶，飞檐翘角，翼然于水面。三面开敞，正面向西面向湖池，广纳园内湖景，背面设墙与月波廊相接，通往怀李堂。"阁拥平湖莲呈瑞，桥横曲水竹通幽"（怀李堂对联）。怀李堂立于茂林修竹间，前临宽阔湖池，竹树环抱，左廊右桥，倒影成趣，形成了东湖的经典诗意画面（图4-4-4）。

图4-4-4　瑞莲阁

4. 城霞阁

城霞阁建于清同治三年（1864年），位于东湖最东南部的勾氏盘溪湖面中间，孤立成岛，四面环水，西侧为三折石桥与古柏亭岛相通，北侧通过直平石桥通往瑞莲阁。青瓦单檐悬山顶、穿斗木梁结构，类似水榭的建筑。落日晚霞可透露倾洒到阁内，被门、窗花所透射，形成斑驳而有形的彩云霞光，故名城霞阁。内厅正方设背墙，悬挂"繁城霞映满阁红"木匾，写出了霞光普照的意境（图4-4-5）。

阁、岛一体，近方形，似船舫，与古柏亭多边形的岛成对比，通过折桥、直桥串联，使该湖池景观变化多样，且被蝠山与周边林木包裹，极其小巧精致，幽静典雅。

图4-4-5　城霞阁

5. 青白江楼

清同治三年（1864年），为纪念宋代成都知府赵抃而建。赵抃（1008—1084年），字阅道，浙江衢州市，北宋名臣、词人，人称"铁面御史"。赵抃治蜀时，为吏清正，以身作则，法治与德治相结合，使蜀中奢靡之风为之一变，政绩斐然，深受蜀民称道。宋代沈括《梦溪笔谈》"赵阅道为成都转运史，出行部内，唯携一琴一鹤。"《宋史·赵抃传》载："帝曰，'闻卿匹马入蜀，以一琴一鹤自随，为政简易，亦称是乎。'"形容其身无外物，为官清廉。"吾志如此清白，虽万类混淆其中，不少浊也"故江因此得名，楼亦因此得名。

青白江楼位于东湖南侧，楼高两层，青瓦屋面歇山顶，底层为室，上层为敞阁，木扇窗白粉墙，风格简雅，仰望为清正之象，登楼有敬畏之心。楼东面二楼与蝠岩通过平台相接，登高可俯瞰全园，下为月洞门，可览东湖之境，立见"东湖"之碑，作为南门入园之序景，甚为巧妙，也增添了游赏乐趣（图4-4-6）。

图4-4-6　青白江楼

6. 月波廊

月波廊是东湖公园最重要的空间纽带，又是诗意景观的典型意象。月波廊建于清同治三年（1864年），东起瑞莲阁，向北转折延伸数米，西转入竹林，接篁溪水榭，北转接怀李堂环廊，西通冰玉轩，南转连接碑廊和珍珠船而结尾。整体如"U"形环抱瑞莲池，其曲折变化如折叠屏风，步移景异；沿水而行，风雨不侵，月影波光，尽收眼底，故名月波廊。

月波廊长度近百米，采用青瓦木柱的通廊形式，与建筑、水体、植物、园路等错落布局，并根据不同的功能和空间进行艺术处理，其转折变化、空间路径等均进行了构图考虑，因此才形成步移景异的动态画面效果。长廊的丰富变化，使其空间具备了框景、障景、漏景等构图特征，是古典园林经典手法的体现；廊的主梁伸出作挑枋，柱外侧立镂刻撑弓相接，另侧安装雀替。梁心插蜀柱以撑脊檩；主梁廊柱间作长条木凳，随廊道延展，线性视觉效果极佳；全廊用材规整，尺度合宜，雕琢精美，实现了观与被观的互动，是西蜀古典园林的典范和精彩之作。篁溪小榭为月波廊上凸显的一段，实为砚湖与万花湖沟渠上的跨水廊桥，是直接滨湖的一段，与湖池、瑞莲阁、竹林等构成了东湖的最佳界面画境。篁溪小榭为四柱悬山顶，屋面高过月波廊，廊柱外移至阶沿石上，整石条铺地作桥，长凳增加了美人靠。相对月波廊，原廊柱位作垂花柱以收月波廊相邻额枋，将外檐构造用于内檐，十分精妙（图4-4-7）。

7. 珍珠舫

珍珠舫位于瑞莲池西侧，四费祠北端。初建于清同治三年（1864年），为水上船形建筑，月波廊演绎为"东湖碑廊"后的终点。船舫建筑是古典园林常见的一种建筑形式，在文君井、三苏祠、武侯祠也有建造。1930年曾改为"三百梅花馆"，1994年恢复船行水中的旧貌，但水面空间仍为狭隘。船头高扬，向南行驶之趋势；面阔三间，单檐卷棚歇山顶，四角高挑；建筑东西两侧出廊，作美人靠，则有泛舟破浪之动感。其北靠连东湖碑廊（图4-4-8）。

图4-4-7　月波廊、篁溪小榭

图4-4-8　珍珠船、东湖碑廊

8. 亭

古城墙上东西两端，分别建有文风亭和知稼亭，文风亭为历代川西名人学士雅集吟诗作赋之处，挂有"文起汉唐扬蜀海，风承华夏暖东湖"之对联（图4-4-9）；知稼亭为知晓农事、观察农事之用途，挂有"饱览湖山胜概，应知稼穑维艰"之联句（图4-4-10）。

古柏亭位于勾氏盘溪中的小岛上、云根假山石旁，与城霞阁相对。李德裕开凿东湖时曾遍植柏树。同治三年（1864年），古柏还存，程祥栋建此攒尖六柱敞亭以示地标，并由江南名士顾复初集句为联"柯如青铜根如石，花为四壁船为家"。今古柏不存，仅以兹纪念（图4-4-11）。

见山亭为一圆顶茅屋六柱形敞亭，坐于蝠岩假山上，掩映葱郁林木间。因处于园林制高点处，于亭中可一览东湖景致（图4-4-12）。

耸翠亭位于月波廊与珍珠船之间，初建于乾隆三十八年（1173年），因古柏参天，高耸入云，故名耸翠亭；乾隆五十五年（1791年），新繁知县汤建业写有《耸翠亭》一诗，并提取"翠柏老千古，新亭敞复幽"作为柱联（图4-4-13）。

伴梅亭在梅岭脚下、万花湖北侧。为纪念宋代龙图阁大学士、新繁乡贤梅挚而修建，新繁知事洪绍庆撰联："锦绣万花湖，乾坤一草亭"（图4-4-14）。

东湖之数亭，多以木柱草顶为主，极为简陋朴质，体现了纪念园林的内涵和川西典型的民居建筑特征；文风、古柏二亭则为精巧典雅，翼角飞扬，青瓦木柱，装饰烦琐，这与二亭的厚重文化功能是分不开的，也体现了建筑功能的等级和差异。

图4-4-9　文风亭

图4-4-10　观稼亭

图4-4-11　古柏亭

图4-4-12　见山亭

图4-4-13　耸翠亭

图4-4-14　伴梅亭

9. 城墙门楼

现存的城墙初建于明正德年间（1506—1521年），后被毁，仅存一段。1994年，新繁镇依据历史原貌进行修复，墙体为红砂石条，墙垛为青砖。城墙中部设城门，名为怀清门，也为东湖公园北入口，上为门楼望雪楼。城门两侧有对联："西蜀名城人文蔚起，东湖胜迹景物纷呈"。望雪楼在清同治十二年（1873年）尚存，后毁坏。1930年扩修东湖时再次复建于城墙上，1962年垮塌后重建。楼为四柱三间，单檐歇山顶。楼阁高悬"望雪楼"三个大字，内厅挂有"繁江拥翠"木匾，楼左右两侧分别为"步月""迎晖"二门额木匾。该楼坐拥翠色，既可远观雪山，又可探空赏月，还能迎纳朝阳，实为观景佳处（图4-4-15）。

图4-4-15　城墙、望雪楼

（三）植物景观——甘棠遗爱诗意传

李德裕凿池之时，手植楠木、柏树，歌咏瑞莲并蒂双开，并引来世代唱和。东湖因湖而起，却因诗而名声显赫。乾隆四十四年（1779年），清代李应观写有东湖杂咏十二首，对各景点进行了描述，提及"甘棠""芙蕖""幽篁""丹桂""菊丛"等品种，形容为"奇花""芳馨""飘香""万绿千红""高耸与云齐"等句；近代吴虞游东湖诗云中有"桃花带雨""杨柳含烟"；其余诗词楹联中描述有"柏如青铜""不可日无竹""一片荷花""两株参天耸翠"等句。

东湖植物景观配置沿袭诗文诗意提示，较系统地形成了梅岭、梅园、楠木林、瑞莲池、桂花园、紫薇园、盆景园等几大主题园；临湖近溪以翠竹点缀；山崖缓丘以女贞、香樟等乔木覆盖；楠木、柏树为主基调树种，另有香樟、桂花、无患子、朴树、枫杨、女贞、黑壳楠、银杏等高大乔木，石榴、梅花、海棠、罗汉松、苏铁等观赏树木，形成了堆云叠翠、浓荫如蔽、古意盎然的园林幽境；同时，以植物为主题营造了"瑞莲阁""伴梅亭""古柏亭""蜷翠亭"等建筑，体现了东湖崇敬李德裕、怀念李德裕等名人的遗爱情怀，形成了植物搭配合理巧妙、四季变幻、清丽典雅的东湖诗意画卷。

1. 苍劲古木

唐时李卫公亲手所植的楠木、柏木生长千年，历代诗句楹联、文献古迹皆有记载，在20世纪60年代尚有遗存，树干粗得需要三、四人方可合抱，至今新繁镇老人还记忆犹新。遗憾今日古柏无存，园内有小树几株，也无补植或培育，实为种植难度所限，古柏亭成为一种历史唱响罢了；园内还有一株"四世同堂"香樟树和几株古女贞树，树龄均在500年左右。东湖名木古树稀少，多为近几十年所种植，现在园内也是楠木高耸、香樟遮云，处处茂林修竹、郁郁葱葱了。

怀李堂前李德裕石像两旁对植苏铁，堂前左右有距今已200年历史的五株罗汉松，盘虬而上，姿态优美。蜷翠亭前有一株历史悠久的无患子树（俗称菩提树），树老心空，干上布着洞穴，或倚柱杖，或有残余枝节，给园林增加苍劲气氛。梅园入口处挺拔的女贞托起沧桑的古菩提树，对比鲜明，对景成趣，透过椭圆形的园门，尽显小中见大的意境（图4-4-16）。

西侧梅园中央的八角花台中栽植"龙爪苏铁"，因其茎状和造型似龙身，当地称之"龙形苏铁"，已是超过800年树龄，20世纪60年代由新繁毗卢庵移植于此，至今仍然生长良好（图4-4-17）。东侧花圃与盆景园相并一起，内置各类川派盆景约200盆，中有一株明代留存下来的紫荆。

图4-4-16　古树名木　　　　　　　　　　　　　　　　　图4-4-17　龙形苏铁

2. 瑞莲满池

"荷华千柄拂烟际，杰然秀干骈双英""我今取喻进德流，优哉祥莲出池沼"北宋新繁知县王益看到湖中开出并蒂荷花时作《东湖瑞莲歌》，繁乡梅挚有唱和，让东湖瑞莲声名远扬，历代文人雅集，歌咏瑞莲，实为文坛盛事。瑞莲阁前水种莲花，既符合莲的生态习性，因地制宜，又为东湖大面积的绿色中增添一些粉白的色彩。夏日湖面波光粼粼，莲花盛开清新明快，后人在瑞莲阁中再读《东湖瑞莲歌》时，更能亲身体验当时王益和乡贤才子们于此游玩的乐趣雅致。瑞莲池今日已无荷花，也名"砚湖"或"东湖"，但那场文化盛事和"荷花千柄""植莲一万本""双葩倏如同一茎"的景象已然缺失了。瑞莲池湖岸就地取材，以鹅卵石筑基，符合西蜀古典园林因地制宜的特点。现在瑞莲阁前湖池已呈现翠色拥护、波光粼粼、天光一色的景观了（图4-4-18）。

3. 梅园梅岭

东湖公园也是西蜀古典园林重要的赏梅胜地，为了纪念北宋新繁人梅挚而种植大量梅花。梅花象征了梅挚不避权贵、清廉正直的品格。民国初年，驻军师长马德斋捐梅300株，种植城墙南侧土坡，名"梅岑"；中华人民共和国成立后再次在城墙南侧山体广植梅花，引进各类珍稀品种，谓之"梅岭"。现有品种20余种，数量2000余株，建有伴梅亭、梅园，形成了较为完备的赏梅体系。梅园中的绿梅极为珍贵，它与"龙形铁树"并称为"梅园两宝"（图4-4-19）。

4. 翠竹万竿

"不可日无竹，青青满玉龙，千条台上下，百尺道西东""幽篁荫翳夹长溪，曲曲红栏路不迷"

等诗句对东湖的竹景进行了精彩描写。竹既是园林景观的重要元素，也是文人气质情操的象征。东湖竹景观点缀合宜，位置恰巧，与树林形成了茂林修竹的群落意境；与建筑相得益彰，充满了诗情画意；不同的空间均展示了川西林盘之意蕴（图4-4-20）。历史上还有"竹西芳径"景观，今已不见。

图4-4-18　瑞莲池湖面

图4-4-19　东湖梅园

图4-4-20　东湖竹景观

（四）山水景观——方湖盘溪直渠连

唐之东湖为李德裕平地凿池，掘土为山，后世均为疏浚湖池，以满足水利疏通之功效，未对湖池大小、形状以及位置做调整；为防止垮塌形成的土丘，用石或砖包裹，新增建筑也为临湖而设，或新辟他处，故今日东湖之山水仍为原貌。东湖的水系开合变化丰富，既有大面积的方形开阔湖面，利于水利储蓄；又有狭长而整齐的沟渠灌道，利于排泄；沿途设置有水利设施，这些也为川西乡村农事水利之典型做法。东湖山、石景观独具特色，有北侧相对威严的城墙土山，南侧是别具一格的砖包蝠山和池中石山群。

1. "互"字水系

同治三年（1864年）知县程祥栋大修东湖，再次疏浚湖池、通畅沟壕，导湔江（古青白江）入园，由此水量丰沛，湖满池盈。整个水系布置极为考究，一是所有水系呈水平竖直、纵横布局，渠直湖方，都无蜿蜒娇柔之姿；二是宽湖、窄渠主次分明，宽湖呈方形，四周建筑林立，为核心景观区，窄渠仅为流通使用，连通全园之水系；三是瑞莲池与万花湖实为一体，中间为怀李堂之方岛，两湖浑然天成；四是南部盘溪也为方形水面，中设方、圆两岛，被蝠山所隔，环境幽深雅趣。全园之空间格局亦是纵横交错，与水系南北水平分布，形成了"互"字形的布局形态。

1）南部—勾氏盘溪

东湖之"盘溪"，原为邑人勾涛（1083—1141年）私家宅院。勾涛为崇宁进士，历兵部郎中、右司郎官兼校正等职位，后提举太平观。其为人刚直，不附秦桧。勾涛厌烦政治，曾弃官寄情于山水间，追崇唐李愿退隐盘谷之生活，仿其"盘谷"，营造"盘溪"之水景，后称为"勾氏盘溪"，原址仍存。有关李愿之"盘谷"，唐韩愈在《送李愿归盘谷序》中有记录："太行之阳有盘谷。盘谷之间，泉甘而土肥，草木丛茂，居民鲜少……'谓其环两山之间'故曰'盘'或曰'是谷也，宅幽而势阻，隐者之所盘旋'友人李愿居之。"

勾氏盘溪建成后，也成为繁地文人荟萃之地，其友李石所著《勾氏盘溪记》中有"君子之于身外之物，泛然来悠然去，不以物为身之累，……吾友繁江勾君，作盘溪，非苟于作也，楼以藏书，堂以教子，亭以赋诗，榭以置酒，……且自誓曰俗子污我不污。……吾乃今知勾君之志，……吾学不适于时用官，不追于世资，聊以盘溪之尚易"。南宋范仲芑"为蜀名士"，其所著《盘溪记》中记："新繁称邑中……勾氏主阆中簿，不能酬其素，即弃官去，脱遗世事，寄意闲适，其所居有溪环绕，清澈可挹，因取唐人李愿太行之谷曰盘者，而盘溪之名往往流于士大夫……得而山林之乐。"高宗绍兴十一年（1142年），帝谓秦桧曰："勾涛久闲，性喜泉石，可进职与一山水近郡。"可证勾涛建园之事实。

勾氏盘溪原为私家园林，山环水抱，水溪盘绕曲折，楼、堂、亭、榭错落分布，有山林之趣。在清初融入了东湖水系，与瑞莲池相连互补；乾隆四十四年（1779年）梳理水系、重修三贤堂，建筑早已不存，盘溪水系成了东湖园林的重要组成部分。现勾氏盘渠，水面稍窄，形成了山横水绕的传统山水景观，其中亭、阁、岛、桥、山相映成趣。湖中有方形、椭圆形二岛，均以卵石作护岸，椭圆形山石林立，古柏参天，中立古柏亭；方岛有城霞阁，岛阁一体；三折桥和平直石桥贯通水面。亦因池面小巧，且北面蝠岩遮挡，各岛山上古木参天，水环两岛，盘溪交错，使其形成一处幽深的、曲折多致的水景空间（图4-4-21）。

2）中部—瑞莲池

东湖之湖是一个概念意象，今泛指公园。也有人约定俗成地将中部方池称呼为"东湖"；更多的研究者，基于诗文意境，将其称为"瑞莲池"，因有诗文唱和和阁名，其称最好。称为"砚湖"其名不得而知。瑞莲池面积为全园之最，湖景开阔疏朗，水体形态保留了唐宋时期方池之形，池岸清简，卵石砌岸，极显朴拙。池岸瑞莲阁、篁溪小榭、月波廊、青白江楼等建筑临湖而立；北部怀李堂及李德裕塑像立于池边，两侧为百年树龄的香樟树、菩提树，更显庄重的纪念性氛围；南岸蝠山机理凸显，林冠茂密，石桥轻跨，斜树延展；池岸茂林修竹连贯环绕，天光云影，湖池洁净。以瑞莲阁为景观核心，形成了极具观赏性的环状诗意画卷，为东湖公园的核心景观（图4-4-22）。

图4-4-21　勾氏盘溪

图4-4-22　瑞莲池景观

3）北部—万花湖

东湖公园水系源自北侧，通过城墙流入。沿城墙平行的沟渠，名为"柳溪"，在中段分两支径直向南，一支流入万花湖后分两支汇入瑞莲池，由此形成方岛；一支长驱而入珍珠船和瑞莲池，后集汇入盘溪。柳溪在怀清门处巧妙地拐转并向南分水，形成了优美的弧形空间，丰富了水渠形态，两侧设桥，充满了形式感，满足了入口集散和展示功能。柳溪笔直深凹，卵石或青砖护岸，间设水闸，便于调配内外用水，石桥数座，精致且有匠心，与梅岭护脚、青石园路形成了清幽厚重、朴质耐看的雅致景观（图4-4-23）。万花湖水面方长，怀李堂紧邻湖岸，环廊空透，四周群荫环绕、幽深清静，湖面波光潋滟，树影婆娑，似万花碎动，故有万花湖之名（图4-4-24）。

图4-4-23 柳溪

图4-4-24 万花湖

2. 蝠岩云根

蝠岩为凿池之时，余土所堆，也为"勾氏盘溪"湖山界限，右侧陡峭直抵盘溪，设"度鹳桥"通瑞莲阁；左侧顺接平远台通青白江楼，实现了楼、山、桥、门自成一体，砖、石、树相得益彰，别有唐风古韵。因其山形地势若蝙蝠之状，且以"蝠"寓意"福"，以"蝠"拟"湖"，故名。蝠山紧邻盘溪湖池和瑞莲池，故显得高大峻峭，与梅岭隔湖相望。蝠山的营造，使东湖公园山水要素齐全，景观空间明朗，景观形式变化丰富。

蝠山堆造之初，为卵石包裹，后在城墙拆除时，将所剩砖石用以包裹山体，使其更为稳固牢靠，山体机理更为突出。同时在山体种植根系发达的植物，盘根错节以维护山体稳固，也有郁郁葱葱之自然景象。山上设有见山亭，是东湖的制高点，可俯视山南盘溪小院、山北之壮阔湖池（图4-4-25）。

勾氏盘溪围合的椭圆小岛自称雅趣，整体规模宏大的堆叠假山形成了连绵起伏、重峦叠嶂的青峰群立的效果，与古柏（已无）、古柏亭形成山水自然之幽境。山石多用钟乳石，竖石为山，山形高耸，变化无穷，命名为"云根"（图4-4-26）。

图4-4-25　蝠山

图4-4-26　勾氏盘溪"云根"假山

三、园林特色

西蜀古典园林中，新繁东湖、新都桂湖都有唐时造园特征的遗存，山水均为掘池推山所致，又兼顾农事水利之便，故而千年山水格局犹存；两者都是由官亭、驿站等衙署性质发展起来的名人纪念园林；其纪念空间与望江楼公园、房湖都为自然格局，以文构园充满了诗情画意，情景交融而不拘一格。

东湖公园整体呈"互"字形，由北墙、中湖、南岩组成三段式纵横交错的空间格局，形成了"一墙、三湖、三岛、七区"的园林组合空间。其布局清晰明朗，氛围灵秀清幽，纪念人物典范且多样，实现了纪念文化的交融。唐风古雅园林特征明显，掇山理水手法极为经典，形成的山水园构成高度和谐，有机统一，是最具代表性的名人纪念园林。

（一）曲折有度　情园同构

东湖公园呈"互"字形格局，水系、园路、长廊和城墙等均为纵横交错设置，但长而不呆板，曲折变化之尺度极具技巧，串联和分隔的空间变化丰富，景观实现了步移景异的画面效果。如县令李应观《东湖记胜小叙》叙曰："是经是程，觉天回而地转；为高为下，亦水复而山重。"以月波廊为代表的折线长廊，"曲径"为起点，暗示"通幽"之妙趣，构造曲折萦回、婉转通透的动态变化景观，以长卷的形式，柱廊之间框构了东湖最典型的诗意园林意境（图4-4-27）。

图4-4-27　曲折月波廊

西蜀古典园林所纪念人群均为高风亮节、淡泊明志之士，东湖公园的纪念性景观营造与纪念对象的清廉纯正、质朴简约的情操高度一致。掇山理水毫无矫揉造作之感，土山、石岸、草亭以及眠琴石（图4-4-28）等极具乡土特色，还原了名士的生活气息；植物配置彰显君子比德之内涵，红梅、翠竹、高楠和古柏等象征其高尚风格；这种后世景仰前贤的情怀得到了抒发，实现了情园共融，纪念空间氛围更为浓郁，如文饶堂、三贤堂、怀李堂、青白江楼、四费祠、南大门、文风亭、卫公桥等建筑的恢复或建设都是后世纪念情绪和崇敬思想的表达，建造者、纪念者、游览者在这里产生的共鸣，这些都是东湖公园能流传至今的主要原因。

南大门由新繁知县陈供赞于1926修建。前导空间悠长狭窄，大门四柱牌坊式构造，简朴之极，门额大书"东湖"二字、两侧对称嵌有"唐李卫公东湖"石碑，均为新繁令程祥栋所题石碑，被放于

图4-4-28 眠琴石　　　　　　　　　　　　　　　　图4-4-29 东湖南大门

此。大门形制简洁，但充满了对李德裕的尊重，肯定了李德裕凿池的政绩，包含了后人真诚和饱满的怀念情绪（图4-4-29）。

（二）大启文明　拓张胜迹

作为名人纪念园林，东湖公园纪念的对象数量众多，共同构成了公园的历史文学体系，影响了新繁甚至成都的文学创作氛围，丰富了西蜀古典园林的内涵。东湖作为衙署园林的一部分，历来的修葺改造，都是围绕名人的颂扬和纪念为主，营造的园林接待了无数的文人雅士、官宦乡贤，引来诗文唱和文学盛况。

东湖因文而兴，因文而塑。东湖最初是纪念李德裕，因此怀李堂始终是作为主体建筑；晚香斋为李德裕读书、雅集之所，因夜来飘香，得名晚香斋；其亲手植古柏四株，建"古柏亭"以忆卫公之遗爱；王益与梅挚之瑞莲唱和，建成瑞莲阁，成为胜景；梅挚爱梅，植梅造园建亭，终有赏梅佳地；赵抃有"一琴一鹤"之清廉而建青白江楼；还有三贤堂、四费祠，集名人祭祀；勾氏盘溪、明城墙等这些胜迹也融入了东湖等，形成了丰富多彩的文化景观。千年保护传承的这种历史行为是文明的传承，使得东湖园林文化得以赓续延传。

（三）唐风古韵　诗情画意

东湖历经千年，其基址仍基本保留唐时不变，实属难得。李德裕、勾涛等在此经营园林，为后世留下了山水蓝本。结合现有的文献及新繁治所、城阙所在位置等信息，参考文人之间的诗文唱和，名人往来等信息可见，李德裕所凿之东湖，为今日万花湖和瑞莲池范围，湖池余土所堆为今日之蝠岩；勾涛所作盘溪为今日盘溪城霞阁之位置。同时，历代培修的均为浚湖葺楼，对山水结构未有大的改动，因此今日东湖保留了李德裕所凿时期的大致格局（图4-4-30）。我国古典园林的一些规划处理手法，在东湖中都可以找到脉络和例证。

东湖虽为唐时遗风，留存了湖池、山体，但在拓张胜迹的活动中，和东湖有关的名人历史遗迹不断被优化、拓展，使这些建筑和空间逐渐被赋予了浓郁的纪念特性，其相应的园林营造特色，也借助他们的文学内涵进行表达，同时，采用中国传统园林造园手法，营造了竹径通幽、小桥流水、荷池满湖、梅馨菊艳的诗意景观。

一是高低错落，画意玲珑。平可赏小桥曲水，楼阁飞檐，茂林修竹；登楼、上山、入亭，看见远近高低，竖向景观焕然一新，结合楼柱、门槛、栏杆、楹联等组合，构成了传统的诗意观赏画面。如上青白江楼，既观景，又赏文，情景交融；拾阶而上，见山亭观四方山水、林木；登墙可赏内外景致，观楼读联，情景交融。

二是空间转换，步移景异。如经南门入园，南门窄小矮低，入园则赫然开朗，青白江楼横亘眼前，右侧圆门洞引人前往；圆门洞处观景，如洞天福地，画面唯美；过门洞，水天一色，荷池满园，建筑、拱桥、竹树构成湖光山色之美景，见"瑞莲阁"，潜移默化之中文学内涵油然而生；穿月波廊，处处为画，左右皆景。

三是山水玲珑，匠心营造。东湖造园虽简朴之极，但在山水构景方面，极尽传统造园技艺所能。建筑精雕细琢，园林灵巧布置，景观以诗画构图，如三折桥、平桥；有玲珑假山，赋予"云根"；有门廊框景，构图如画；再如城霞阁敞览霞光，晶莹剔透，呈现了"繁城霞映满阁红"之典型文学景观。框景、透景、漏景、障景、借景等手法运用自如（图4-4-31）。

图4-4-30 唐时旧景

图4-4-31 诗意景观

新繁东湖园林营造过程，由湖到园，由纪念李德裕一人到囊括王益、梅挚、赵抃以及费氏家族；由文饶堂到三贤堂、怀李堂、青白江楼、四费祠等纪念建筑的拓展；由荷花到瑞莲阁、四柏到古柏亭、梅挚到梅岭；因自然风光而有城霞阁、见山亭、望雪楼等。这些历史拓展行为，均是围绕唐时湖、山进行的营造。东湖由小及大，从少及多，历代官宦大启文明，培育文风，由此形成了广博的名人纪念性体系。

东湖公园仅27亩，却容纳了如此广博的纪念内容和丰富的园林景观，其明显的"互"字形格局，纵横布置的渠系空间，巧妙地分隔了湖池和不同的历史纪念场景，使整体空间格局清晰疏朗、有机统一，是典型的中国古典园林模范。东湖从晚唐延续至今，名称未变，湖池未变，经多次修葺与完善，日趋完备，更是承载了蜀人对先贤文士的仰慕和敬重，正如东湖南大门楹联所写"大启文明，藉兹观感；拓张胜迹，景仰前贤"。

第五节 新都桂湖

桂湖现为全国重点文物保护单位，位于四川省成都市新都区桂湖中路。桂湖最初以农田水利之用途缘起于蜀汉"卫湖"，至隋朝新都"南亭"之时，已初具园林的风貌了，但其湖池依旧为满足农田水利之功能；到明代杨慎沿堤种植桂花，始称"桂湖"，开始具备了园林游赏、文人唱和之用途了，名称一直沿用至今；明末毁于战乱，清初废湖为田，以收税利；清末再次还田于湖，且按中国古典园林之手法进行山水布局，丰富纪念特性，增强主题和园林特色，完善园林要素，奠定了今日桂湖之格局。

桂湖被赋予了杨慎文化之后，成了文人、仕宦颂扬之地，其荷、其桂、其爱等已成文化象征和园林的典型意象。桂馥荷香成文人雅境，交加古藤叹千里情缘。今天，桂湖成了赏荷赏桂的风景胜地，是彰显杨慎坚持大礼、文风磅礴和爱国爱民的精神空间，更是哀叹与黄峨情怀愁绪、相思断肠的时空场所。与其他西蜀古典园林一样，千年以来，园如其人，精神、品格与园林相得益彰，最具故事性、叙事性、浪漫性和传播性，后世无限景仰，历代间续营造，形成了典型的名人祠宇园林大体系。桂湖千年以来的历史演变形成了充满文风氤氲的诗意画面、飘逸清幽、疏朗大气的空间氛围及故事深远、幽怨低郁的风格特征。

一、历史沿革

（一）"卫湖"缘起

桂湖之始可溯至两汉时期，蜀汉章武卫君常在此凿湖筑堰，修水利以灌溉民田，"桂湖的肇始，最早可追溯到两汉时期，当时的桂湖还是一个天然湖，他所在之地是汉代的行政单位'亭'"。桂湖凿于何时，现难以考证，今研究者多参考清嘉庆县志所云始于蜀汉章武年间。时湖池宽广约30亩，为蜀汉章武中卫君常凿湖、修农田水利所为，有突出贡献作为，百姓念其德，呼名为"卫湖"。蜀汉时期，成都平原理水治水是那一时期官宦的主要职责，湖多为储蓄、涝溢之所用，成功治理能利四方农事。此时之湖，未有园林之貌，也非城郭取土所致，不兼游赏之功，仅为原始地标之参考。

（二）"南亭"承续

新都为古蜀国都邑，公元前7世纪，由蜀王开明氏所建。隋开皇十八年（598年），新都由古蜀国旧都军屯迁至现址，并取土筑土城，改田为湖，临湖修建亭驿，因位于城南，按汉制邮驿习惯，故名"南亭"，作为迎送往来、宾客宴饮休闲之所，始据园林之功能；武则天万岁通天元年（696年），南亭隶属兵部，日常运作与开支等方面都有严格的管理制度。由兵部收取经费，以保驿站延续；卢照邻曾任新都尉，后病离蜀，骆宾王（619—约687年）替卢照邻的小妾写有《艳情代郭氏答卢照邻》一诗，中提及南亭有"芳沼、游鱼、蹊径"之景观；初唐宰相张说（667—730年）在南亭为郭元振等送别，写有《新都南亭送郭元振、卢崇道》："竹径女萝蹊，莲洲文石堤。静深人俗断，寻玩往还迷。碧潭秀初月，素林惊夕栖。褰幌纳蟾影，理琴听猿啼。佳辰改宿昔，胜寄在睽携。长怀赏心爱，如玉复如珪。"诗句写实性地描绘出"南亭"盛景，如竹径、莲花、石堤等园林景观，也有栖息的建筑。此时既可休闲接待，又可游览碧潭景致。

宋代时期，南亭易名为"新都驿"，承袭唐代规模，完善功能，细化制度，"南亭"存在了约400年。"喔喔江村鸡，迢迢县门漏。河汉纵复横，繁星明如昼。爱凉趣上马，未晓阅两堠。高林起宿鸟，绝涧落惊狨。寺楼插苍烟，沙泉泻幽窦。我行忽万里，坐叹关河溜。官如广文冷，面作拾遗瘦。今年盍归哉，勿落春燕后"（陆游《早发新都驿》），其还写有《暑行憩新都驿》一诗。"霜晴木落送归鞍，袖手微吟此慰颜。胜欲凭栏招白鸟，更烦剪树出青山。晚悲薄禄非三釜，赖许清诗见一斑。看到远平才得恨，我宁归卧尺椽间"（宋刘望之《新都驿远平轩》）。两宋时候，新都驿的亭台楼阁、山水高林一应具备，诗句中城墙还为"堠"。说明城市规模和驿站功能在当时就已经很完备了，开始有了寺庙、楼宇、溪泉，建筑等要素，也具备了一定的文化底蕴。

（三）桂湖成"名"

明正德年间（1506—1521年）状元杨慎（字升庵）宅院紧邻新都驿，故常游憩其间，喜桂花而"沿湖遍栽桂树"，建桂花亭，并著诗歌《桂湖曲送胡孝思》，诗中为新都驿另起雅号——桂湖。从此新都驿的湖区便有"桂湖"称呼了。"君来桂湖上，湖水生清风。清风如君怀，洒然秋期同。君去桂湖上，湖水映明月。明月如怀君，怅然何时辍。湖风向客清，湖月照人明。别离俱有忆，风月重含情。含情重含情，攀留桂之树。珍重一枝才，留连千里句。明年桂花开，君在雨花台。陇禽传语去，江鲤寄书来"（杨慎《桂湖曲送胡孝思》），诗句描述了来去桂湖之景与离别之意。"月白湖光净，波寒桂影繁。人间与天上，两树本同根"（卢雍《桂湖夜月》），用桂花抒发了离别之无奈，杨慎夫人黄峨也引用该诗表达对杨慎的怀念。新都驿"桂湖"自成名以来，注入了友情、爱情，桂花、荷花也被赋予了无上的精神价值，但此时桂湖还是文人之间的一种默契称呼。

明末清初，受战祸影响，唐宋以来的建筑系数被毁，康熙六年（1667年），新都驿迁至湖外，改名为"广汉驿"。园林与驿站分开而设，选湖边新址重建驿站，费用皆源于政府拨款，但规模偏小，建成之后交由文昌宫绅士经管。此后150余年间，桂湖因经费缺失，长期无人管护，导致"水涸易长葑草，淤者过半""乾隆十四年（1749年）湖水偶涸，奉役在公者请于官，将此湖淹为田，以冲解费"，这时湖区改为良田，以解决解送费用紧张之局面；"嘉庆十七年（1812年），我皇上诏颁天下，篆志修复古迹，士民等以此事鸣于官。适余捧奉檄来，即慨然曰'古迹为一县胜概，即淹没无存者，尚欲考其旧地，为振兴之。奈何湖归于官，贪其利为己私乎'即呼士民曰：田仍复为湖，其解费官独捐，众士民咸叩首以谢。但即复为湖，须募金为墉桓台阁，兼植花柳期间，始成雅观，其湖归于文昌宫绅士……"（杨道南《桂湖记》），其中可见，桂湖是古迹旧地复为田，说明桂湖旧址依存。这一次县令杨道南按照古代"一池三山"的造园布局掇山理水、重浚湖池，建构园林，并正式更名为"桂湖"。

桂湖再次得以疏浚，"去其浊而后其清"，楼阁得以重立、花草得以新植，桂湖面貌焕然一新。由于清初新都驿搬迁，桂湖即使在重建之后，仍无经费支持，便采取"官营民租"的经营模式收取租金等费用，"门前隙地修市廛八椽，取其赁资为岁修之用"，桂湖才得以持续管护。道光十九年（1839年），县令张奉书向东扩大湖池面积，新建升庵祠、重修观音堂，并改堂为轩，名曰香世界；同时维修城墙，于湖中筑台以赏月，在湖西岛上新建沉霞榭，篆刻"桂湖图"于内。在杨道南营造"一池三山"的基础上，这一次的维修基本奠定了今日桂湖之格局和风貌。道光三十年（1850年）至光绪二十一年（1895年）间，民间组织添购捐赠土地约27亩，再建杨柳楼。宣统元年（1909年），临水而建交加亭。

"五千里秦树蜀山，我原过客。一万顷荷花秋水，中有诗人……"道光二十七年（1847年）曾国藩游览桂湖，留下诗篇，描述桂湖"短城三面绕""十里荷花海""小桥通野港"之空间，还有"翠竹""丹枫""曲岸"之园林景致。

（四）终成"公园"

民国之后，新都桂湖变更为官费经营，每年政府皆拨有专项经费。1912年，于城墙上问津楼东侧建坠月楼，第二年在升庵堂南侧修建亭亭；1926年，设"桂湖公园事务所"；1927年，建观稼台，用堤桥将湖中孤岛串联，环湖修路，改"桂湖"为"桂湖公园"，隶属县教育局。1941年，修建中山纪念堂，四川省主席张群命令在公园种植大量桂花，时称"岳家林"。在民国时期，桂湖逐渐具备了公园体系，经费有了保障，纪念内容也得以丰富，正式开放公园。

中华人民共和国成立以后，县政府先后两次扩建桂湖，添植桂花4000余棵，于园北新辟桂林，增亭筑台。在1959年，成立杨升庵纪念馆，将仓颉楼改为杨升庵祠；1962年，将沉霞榭改为黄峨纪念馆；1981年，将龙藏寺碑林搬移到桂湖公园；1984年，建成湖心楼；至1986年，桂湖公园面积达70余亩，今已达90余亩之广；1991年拆除中山纪念堂，改为桂湖碑林；1994年开始引种荷花，并每年开始举办桂湖荷花展；1995年开始举办桂花艺术节；1996年公布为第四批全国重点文物保护单位名单。许多老一辈革命家和文艺大家开始游览桂湖并留下精彩诗篇，更多的书法家、文学家留下了大量的书画楹联等作品，使桂湖公园文风氤氲、厚重悠然、文脉相接、诗意传承。

桂湖公园历经千年的发展，城墙未变，湖池未改，两者本为互生又千秋各异。自"南亭"建成以来，脉络清晰，纪念主题明显并愈加浓郁，公园最大化地展示了唐代山水园林艺术的原真之美，利用荷花、桂花丰富了特定的纪念氛围，形成了完备的纪念建筑体系，是最典型的祠宇园林代表。

二、园林艺术

桂湖公园和其他西蜀古典园林一样，发展具有历史的相似性、一致性，既保持了原址空间的留存以及纪念的主题性、多元性，园林艺术又具备了良好的动态发展特征。南亭在隋唐时期由于筑城取土，而顺墙留湖池，唐宋作为驿站或衙署后花园，引来文人墨客的竞相唱和，使整体空间具备了文化内涵；再至明清，杨慎植桂，奠定了桂湖园林艺术最典型的风格特征；园林艺术源自中国古典园林经典手法，竭尽所能将杨慎的历史贡献与性格特征，以及与黄峨的惆怅爱情故事进行了诗意化的空间表达，后人主观的崇敬与惋惜，通过园林的艺术化构景，完美地呈现了这种意识形态，形成了浓郁的纪念氛围。

（一）空间布局

1. 一池三山占半园

桂湖公园水面占半园之面积，南北泾渭分明。隋唐之时，由于筑城取土之便捷，湖池故顺墙、贴墙以便运输，于是呈现出狭长矩形之形态。可以想象，这时候湖池长且规整，还有农田乡野之特征，故有"猿啼""素林""蟾影""绿野来"之描述；虽为湖面壮丽，但缺少温婉诗意的文人画面，也不利于安排亭台楼阁，更不利于游赏之趣味。嘉庆十七年（1812年）县令杨道南充分利用这一空间特征和不足，巧妙地采用古典园林中"一池三岛"的艺术手法，对狭长的湖池进行水平分隔，再设四处短堤进行湖岸优化，形成的空间更为多样，利用效率更高。宜亭斯亭，宜榭斯榭，步移景异，充满了诗情画意，变化无穷（图4-5-1）。

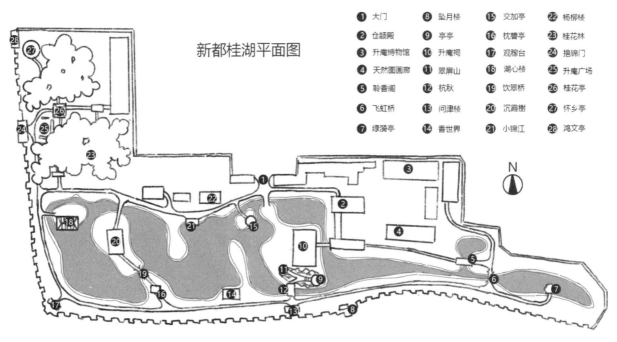

图4-5-1 桂湖平面图

一是形成了多样化的湖景，但同时保留了湖区整体的中心轴线。由于岛的分隔，轴线上的建筑虚实相间，隔水相望，如沉霞榭与升庵祠的对景，就将杨慎与黄峨分离的无限惆怅表达得淋漓尽致，但两者又顾盼生情。

二是采用三岛将湖面分成面积不一的东、中、西三湖，使之各有千秋，东湖狭隘悠长，建筑精巧点缀，宁静致远；中湖远阔，建筑壮丽雄伟，气度非凡；西湖方正规整，建筑方正突兀，稳定平和。四堤既分隔湖面，丰富了湖岸，改善了游线，使游众能渐入湖心，深入荷塘，使之又各自成景，又有联系。池中岛屿，修亭筑树，小中见大，两岸四堤，植柳望岸，诗意油然而生。整体水面多样协调，舒朗开阔，掩映有致，空间有条不紊。

三是半水半园的分隔，形成了水陆分明，但又交错融合的和谐艺术风格。整体上是利用狭长湖面来组织两岸和湖面空间：建筑环湖而筑，以廊、桥将岸岛相连；园路沿湖而设，串联整体园林空间；湖畔有桂花林，湖中有荷叶连连，可谓处处诗意画境，面面景致皆俱到。曾国藩所言"短城三面绕""十里荷花海""小桥通野港"便是最好的形容（图4-5-2）。

图4-5-2 桂湖湖池空间

2. 一面城墙桂荷满

桂湖之湖因墙而起，因墙定型，也因城墙的存在而存在，甚至发展的经络也一致。该段城墙初建于隋朝，为掘土垒成。明正德初，新都知县和百户汤聘萃为这段土墙垒砌青砖，乾隆时期进行了培修。民国后在城墙上建造了坠月楼、观稼台等建筑。城墙高约6米，现为800余米长，呈"L"形。城墙内包湖池、外立轮廓、上观四方，既为屏障，又为绿带，早已成为桂湖的有机体了，实现了"墙园一体"（图4-5-3）。

图4-5-3 墙园一体

一是丰富了园林的空间层次。造园过程中，桂湖一直依托该段古城围墙进行园林、建筑、水系的布局。内侧土坡垒砌青砖矮墙，其上种植了大量的香樟、栾树等高大植物，使城墙林冠连绵，灵动自然地围合了公园空间，达到了"以墙为山"的园林空间格式。

二是承担了园林文化的载体。城墙之上修建的坠月楼、观稼台、问津楼、挹锦楼将人文、内外景观进行了文学化的表达。楼名、匾额、楹联等标明了建筑的文化含义，延展了场地的时空内涵，使防御性的空间变成了园林文化空间，更具情绪性，极具特色。

三是引导了园林游赏空间。通过墙脚延展与引导园路，一侧可细品城墙砖砌机理，感受工匠精神与历史之沧桑；一侧沿湖而行，感受水光天色之宽阔，领略荷塘月色之浪漫；同时，也引导了湖面的纵深延展，限定了湖面边界，成为南侧湖面的画屏。沿古城墙由西到东，水面逐渐狭小，东侧湖面不足数米宽，园路沿水顺墙蜿蜒曲折，左顾右盼，一墙一湖，林荫夹道，别具风格。

由城墙和茂林修筑围合包裹的湖面，种满了荷花，成为东湖最负盛名的景观，"荷塘月色"为八景之一。荷花占据湖池大半，春、夏、秋、冬，从荷花亭亭玉立到残荷满秋池，桂湖公园的自然景观也随之变幻。

"宝树林中碧玉凉，秋风又送木樨黄。摘来金粟枝枝艳，插上乌云朵朵香"（杨慎《桂林一枝》）。桂湖自明代著名学者杨升庵栽种桂花以来，桂花、桂花林一直是桂湖的景观和文化特色意象，"丛桂留人"也为桂湖八景之一，也成了新都的县树。公园中桂花品种繁多，浓郁馨芬，与荷花一起成为公园最典型的植物景观（图4-5-4）。

图4-5-4　满池荷花

（二）建筑景观

西蜀古典园林中，名人纪念园林的特性是逐年形成的，发展过程中，纪念性建筑是最先发展起来，也是最重要的实体空间。一部分是在其所居之地原址建造，一部分受其影响而发展起来。园内古典建筑共20余处，部分建筑也作为纪念杨升庵之场所，却并未含杨升庵生前住宅遗址。桂湖公园中唐宋以来的各类建筑基本都毁于明末清初的战火中。后"诏颁天下，纂志修复古迹""古迹为一县胜概，为振兴之"，园林建筑陆续修葺或重修建造。现存主要建筑均为清后期至民国时期修建，大多为青瓦木柱，素雅端庄，具有典型的川西民居形式；亭台楼阁、殿堂轩榭一应俱全。除了桂湖碑林呈现四合院的规整形态之外，整体布局似乎各自为政，或居岛中，或沿湖而设，或立墙上，或跨湖池，无规律可循，实则为有心安排，所有建筑面向长湖，以升庵祠为核心：一是以长湖中心为轴，串联杨慎、黄峨的情感叙事线索，遥相布置沉霞榭、交加亭、升庵祠；二是以湖岸为脉络，设置小锦江、杨柳楼、交加亭，再次形成以纪念杨、黄二人的故事为线索，其中交加亭成了两条线索的交汇点，终点都在升庵祠，实为巧妙之极；三是将桂花、荷花文化通过香世界、聆香阁等进行主题景观的表达；四是城墙之上的建筑利于登高望远，内外皆赏，并加注了文化诉求；五是通过廊、轩等将岛进行连接。可见，桂湖公园的建筑具备典型的纪念祭祀功能，采用浪漫主义的手法进行布置，充满了浓郁的叙事情感特征。

1. 升庵祠

升庵祠是桂湖公园最重要的建筑，是所有纪念性建筑的核心，坐落于长湖中央最大岛上，坐东向西，面向交加亭与沉霞榭，该布局极为用心。升庵祠前为祭祀广场，广场左侧立有郭沫若手书"桂湖"石碑。与南侧假山、杭秋将湖池分隔为东、西两部分。

升庵祠原为仓颉楼，道光十九年（1839年）县令张奉书将其改为升庵祠，原有仓颉楼为四柱一楹，青瓦木柱，正脊灰塑吉祥图纹，为庙堂建制。改为升庵祠之时，原有仓颉楼未做大动，仅在左右两侧各增加一个三坡式偏厅，屋檐低于主殿。主体建筑两侧各修一座具翼角的这二个偏厅，外形上与主殿共同组成了一座酷似殿庑式建筑的三合一建筑。左侧增加部分为澄心阁，向北立于水面，设外廊和美人靠；右侧增加部分为藏舟山馆，为封闭空间，靠翠屏山为邻。左右一阁一馆、一水一山，不对称，但极为均衡。林木茂盛，祠宇掩映，更加突出了对主殿的尊重，该构造实为建筑创意之佳作，是西蜀古典园林的精彩之筑。这次拓改适当延展了建筑长度，丰富了屋顶形式，增强了建筑体量，使之能以岛居的形式，统领全局，也使建筑本身恢宏气派，祠宇特征明显（图4-5-5）。

图4-5-5　升庵祠

升庵祠除了建筑本身的纪念特性，其所悬挂的楹联更是寓意广远、语境深刻，如清代毛文渊撰、黄纪云所书：

老桂离枝，六诏荒烟怆往事；

平湖敛艳，一泓秋水想伊人。

意为看见400年的老桂树枯亡，想起杨慎流落云南悲怆已成往事，面朝湖池，秋水共天色，伊人却远隔一方，何等失落苍凉。

另一幅撰联者不详，又由刘孟伉所补书：

> 老桂影婆娑，记集中诗句清新，在昔烟波曾送客；
>
> 平湖光潋滟，看岸上楼台点缀，至今风月尚含情。

该联描述了杨升庵送别胡孝思的情景，借《桂湖曲》写景抒怀。

清刘韵珂所撰：

> 率数十人伏哭阙廷，万里穷荒，壮岁婴鳞终老去；
>
> 粤三百载重开胜地，满湖风月，吟魂化鹤应归来。

该联生动的叙述杨慎坚持大礼却被流放万里，但在云南又做出了重要贡献，自始至终难以归来，令人唏嘘。

清吴鸿恩所撰：

> 凤阙笃忠贞，砥节砺名，报国文章传后世；
>
> 龙门殷暮景，居今稽古，何年人物似先生。

清李有恒所撰：

> 手持一疏撼天门，大义所关，是孝子忠臣迫不得已之事；
>
> 豪吟千载留风月，先生何在，怅蛮荒绝徼犹有未传之书。

这两副对联皆为赞叹杨慎为国主张礼制之举，气节高昂，壮志未酬，但始终是忠君爱国之士，文章传天下。

2. 亭亭

亭亭位于升庵祠所在岛的东南角，三面临水。1913年将此处道光年间修建的方亭改为重檐歇山草亭，该亭双层，上方（四角）下圆（八角），整体木柱框架，上层穿斗结构，带斜撑，为歇山顶，且挂悬鱼。下层八柱，带斜撑，七方围坐。此亭完全按照川西民居建筑形式构造，上层似花朵，下层像荷叶，整体建筑似在荷塘中脱颖而出，亭亭玉立，木草平常，质朴简单，造型似出淤泥而不染的荷花。匾上有跋："莲叶亭亭出淤独立，当今国土，其必如是耶！因名此亭自勉，勉人"。1913年，民国初创，急需一改清廷萎靡腐烂之风，人当应有荷花之洁净品质，以亭来警醒民众，极为用心，"亭亭"之名由来于此。建筑独树一帜，在全国都是罕见的，其寓意与场所精神极具时代特征和文明社会之向往，是坚持理想的象征。放于此地，亦与杨慎之精神气节不谋而合（图4-5-6）。

3. 杭秋

杭秋建于道光十九年（1839年），是连接升庵祠与南岸的一座廊桥形式的建筑，为小青瓦卷棚式木结构廊桥，其亦桥亦舫亦轩，很为精妙。四面开敞明亮，中设雅室，两侧檐廊设座，可赏湖中碧叶红莲。

杭秋以横跨水面的形式分割水面，隐蔽水面长度，起到欲扬先抑、空间转换之效。从整个桂湖空间布局上分析，其与升庵祠一起，将整个湖池分割为一小一大、一幽静一开阔的东西两个水域。南侧挂有近代刘东父撰联："呼吸湖光餐桂露，徘徊秋月漱荷香"。北侧悬"杭秋"匾名。"杭秋"之名来于《诗经·河广》"谁谓河广，一苇杭之"，形容两岸相隔不远，极易到达。取此名，颇具诗意（图4-5-7）。

图4-5-6 亭亭

图4-5-7 杭秋

4. 聆香阁

由杭秋和升庵祠所分隔的东部水面被城墙所挟，显得狭长幽深，但设计也极为考究。其中布置了一亭一桥一阁，其余为园路环绕。三处建筑体量小巧而协调，在水面上呈线性分布。内凹处设小岛，飞虹桥在此处横跨水面，遥对水中绿漪亭。内凹处，湖中小岛，上有大榕树，利用聆香阁顺岸而联。用"聆"听"香"，取义巧妙。聆香阁横跨湖面连接小岛，为敞轩形式，歇山青瓦屋面，飞檐翘角，凌然于湖面，体量合宜。聆香阁被大榕树所遮掩，画面甚有诗意（图4-5-8）。

5. 古城墙及建筑

古城墙全长900余米，呈"L"形，高6米。其最早建于隋唐时期，时为土筑泥夯之土城墙，据《四川通志·卷四》记载："明正德初，知县张宽，百户汤聘莘合砌石城，高一丈八尺，周九里三分，计一千六百七十四丈。外浚深池。知县韩奕以南门临河增置月城。"直至乾隆三十年（1765年）和民国时期进行过两次培修，修缮后的城墙风貌保存至今，为成都保存最完整的古城墙之一，城墙上现有挹景楼、问津楼、坠月楼、观稼台等四处建筑。

挹景楼建于2001年，位于西段城墙上，下为"挹景门"。城楼高6米，长约19米，宽约14米，为仿清式门楼式样，全木结构，小青瓦单檐三脊歇山屋面，屋檐三叠，飞檐翘角；面阔四柱三楹，中间高于两侧，整体变化丰富，仰观极为雄壮。此结构之美体现了古时挹景楼以"城中之器，揽城外之景"的意思。正面悬挂郭沫若所书"新都桂湖"大匾，背面悬挂"文献名都"大匾（图4-5-9）。

图4-5-8　聆香阁

图4-5-9　挹景楼之内外景

"问津楼"原名"桂湖门"，此楼建于城墙之上，下有门洞可通往墙外，由民国时期县令罗远猷修建，后因墙外紧邻饮马河，得名"问津"。登楼可俯览湖光，亦可远眺河景。有人将升庵诗"地静一尘不起，楼高四望皆通"作为楹联，十分贴切（图4-5-10）。

坠月楼位建于1921年，位于问津楼东侧，城墙最高处。墙角外突，使之孤悬墙头，极为突兀；因三面凌空，飞檐高跷，似蜗牛触角，又俗称蜗角。杨慎于正德六年（1511年）24岁时便考中状元，授翰林院修撰，参与编修《武宗实录》；嘉靖三年（1524年）因卷入"大礼议"事件并一再三坚持，故被廷杖，死而复生，被谪戍云南永昌卫且终老于永昌卫。嘉靖三十八年（1559年）在戍所逝世，享年72岁。后人无限惋惜一代状元，月中折桂却就此坠落，故名"坠月楼"（图4-5-11）。

观稼台建于1927年，位于城墙南北与东西之转角处，也是最高点位。原来点位应为满足高台远眺之功能，也含观察农事之用。后在台上修建大型方亭，以满足公园开放后的民众多方面的需求，也可避雨，虽为亭式，但名仍为"观稼台"，有祭祀之功能，故结构较为复杂。其形状低矮宽阔，为正方形攒尖屋顶，九柱抬梁式结构，三面三柱，正面四柱中设门，四周柱间设靠椅（图4-5-12）。

图4-5-10　问津楼

图4-5-11　坠月楼

图4-5-12　观稼台

6. 香世界

香世界建于道光十九年（1839年），是湖池南岸紧邻古城墙的一座轩堂式建筑，平行于城墙。原为道光十二年（1832年）县令汪澎所建的观音堂。相传堂侧为杨慎亲手所植的一株桂树，金秋之时馨香满园，得名"香世界"。老桂树现已不存，周边新植若干，旁南侧城墙之上民国时期种植的桂花被称为"岳家林"（图4-5-13）。

7. 枕碧亭

枕碧亭建于嘉庆十七年（1812年），为一座大型的八柱重檐攒尖方亭，位于南侧湖堤上，四面皆为宽阔湖面，远观掩映飘柳之中，又像枕于碧波之上，故名枕碧亭（图4-5-14）。枕碧亭体量大，木柱青瓦，空间玲珑剔透，飞檐高翘，跃然灵动；加之处荷塘深处，湖光潋滟，波光反射于亭檐中，使整个亭楼波影摇曳，人们常用"花界玲珑"来形容它。枕碧亭楹联为集杨慎诗句所成"玉镜明湖春水绿，荷花簇锦照人红"，是杨慎形容春、夏桂湖红绿之景。至枕碧亭跨过饮翠桥（图4-5-15）（其形模仿西湖断桥而成）便通往沉霞榭。

图4-5-13　香世界

图4-5-14　枕碧亭

图4-5-15　饮翠桥

8. 沉霞榭

沉霞榭建于道光十九年（1839年），位于枕碧亭之北的长形岛上。长岛四面环水，东西空间宽阔，沉霞榭常被朝阳或晚霞映照，霞光倾洒，与湖池交相辉映，故名（图4-5-16）。

清咸丰三年（1853年），清廷为纪念邑人谢子澄之忠勇，将其更名为"谢公祠"；1949年后，恢复沉霞榭之名，并作为黄峨纪念馆，内塑黄峨像，陈列其著作。黄峨纪念馆坐西朝东，升庵祠坐东向西，两者隔水相望，好像云南永昌与新都，近在咫尺却远隔千里，极具惆怅之文学诗意。

沉霞榭为单檐歇山顶，具祠宇形制，六柱一楹，四面通廊设飞来椅。榭内均为庙门扇，但西面加设园门，与湖心楼隔湖相望，却又相映成趣；东开门即景，与湖池和升庵祠虚实构图，一圆一方，构思非常巧妙（图4-5-17）。沉霞榭巧居长岛，立于高台，南为拱桥相连，北以平桥相接，周围高木参天，低树倾斜，山石相拥，整体颇具诗情画意。

图4-5-16　沉霞榭

图4-5-17　沉霞榭东、西框景

9. 湖心楼

咸丰十年（1860年），县府为防止农民军的进攻，在此修建火药库；1927年成立公园之后，将其改建为二层楼的图书馆；1949年之后改为砖建楼房；20世纪80年代，改建为仿清式两楼带两亭的建筑样式。湖心楼体量大，主楼为二层卷棚歇山顶，左右两亭为方形攒尖顶，形成了高低、大小、弧直之对比，整体美观协调。

湖心楼位于公园最西方之湖池中，岛屿呈方形，楼阁方正，靠南临水，北为小的广场空间，与水岸拱桥相连接。一楼正中，悬挂"襟风怀月之轩"匾牌，是1984年吴作人所题；二楼正上方，悬挂着"湖心楼"匾额；正门有邓之遴撰、刘孟伉补书："今人远胜古人，改造湖山千载会；独乐何如众乐，栽培花柳大家看。"该联主要是颂扬今日人们的创造力，认为园林应该具有极强的公共性和开放性（图4-5-18）。

10. 杨柳楼

杨柳楼初建于咸丰十年（1860年），后于1981年重建，为两层木结构建筑，面阔四间，卷棚歇山屋顶，飞檐翘角；撑拱、挂落等雕龙画凤，装饰图案红底黄纹，极为富丽堂皇，室内陈设雅致，山墙以假山花墙造景；两层走廊设飞来椅，显得惬意浪漫（图4-5-19）。

图4-5-18　湖心楼

图4-5-19　杨柳楼

杨柳楼因周围植柳，濒临湖边，故名"杨柳楼"。"柳"有离别之意，也寓意杨慎与黄峨之离别情。二楼门额高悬"杨柳楼台"木匾；门联为近人闵虚谷集前人之诗句所撰"画舫远汀迷柳树，一池明月浸荷花"。描述了小锦江、长岛、柳树组合的优美景致，看见明月、荷花相侵染在湖面而触景生情。

11. 小锦江

小锦江与杨柳楼相对，仿照成都望江楼公园的濯锦楼样式而建，濯锦楼为重楼重檐，卷棚屋顶，本楼为一层青瓦歇山顶，六方柱三开间，体量小于濯锦楼，故名"小锦江"。小锦江为江南船舫式样，高抬地面且完全在水中，四周回廊相通，做工精致，并设飞来椅供游人休息和眺望佳景，有联"芙蕖红映水，垂柳绿遮湖"描述了在画舫感受荷花红艳、杨柳绿绦的历史送别场景。

枕碧亭、饮翠桥、沉霞榭、小锦江依湖而设，与交加亭、香世界等建筑共同构成了中湖以纪念对象为主题的叙事性景观。环湖而行，步移景异，阔浩的荷塘、环湖的杨柳、丰富的建筑轮廓和才子佳人构成了最具诗意的唯美画面（图4-5-20）。

12. 交加亭

交加亭位于桂湖北岸，原为荷塘中的一处平台，为文人雅士"月夕吟眺处"，道光二十四年

图4-5-20 小锦江

（1844年），废台重建八角双亭，因位于水中，故名"水心亭"，是全园最佳赏荷之位。原有亭匾上书"看花多上水心亭"。两亭紧依，相接之处共用两根柱子，梁枋相交，故名"交加亭"，也以此比喻杨慎与黄峨的忠贞爱情。上有清代李海帆撰、闵虚谷补书一联："夫唯大雅名千古，所谓伊人水一方。"形容杨慎才学和品格流传千古，痴情思念的人就在旁边。

交加亭是桂湖最具特色的园林建筑，也是全国最著名的双八角亭。亭为双攒尖顶，屋檐略翘回卷，似荷花花瓣随风摇曳，又似双人牵手起舞，极富浪漫之韵。一亭依岸，一亭跨水，悬水一侧亭高，靠岸一侧亭略低，一高一低却匀称和谐，与周围环境浑然天成。

交加亭的位置选址极佳，与升庵祠、香世界、小锦江、枕碧亭等形成了虚实相间的对景关系；水中两长堤，也巧妙地将空间进行了精准划分，实现了面面俱到，景随亭转，互为关照，为该区域重要的地标和点景之作，起到了视线与情绪聚焦和关联作用（图4-5-21）。

图4-5-21 交加亭

（三）植物景观

桂湖公园，其名可见，桂花是最主要的植物，初为杨慎所植，"丛桂留人"扬名天下；入门百米紫藤长廊，仍为杨慎所植，至今蔚为壮观；"万顷荷花""十里荷花海"，成就荷塘月色之景，杨柳楼前，"芙蕖红映水，垂柳绿遮湖"，柳树、荷花是桂湖诗意景观的文学意象。西蜀古典园林中，桂湖是柳树最多的园林。桂湖跻身我国八大赏荷地之一、中国五大桂花欣赏地之一。桂湖植物空间格局清晰明朗，形成了"一墙一湖两岸一园"的布局：城墙上为高大的香樟、桢楠等乔木，湖池种满各种品种的荷花，两岸和长堤上主要为垂柳，一园便是桂花了。

满池荷花，半园桂树，两岸杨柳，一门紫藤。桂湖大量的诗词句章、楹联门匾等，都习惯将这些植物进行关联描述，如描写荷花，就会关联桂花或柳树，这样既写景，又抒情；园中纪念建筑，赋予了植物精神特征，如亭亭、杨柳楼、香世界等。这些园林植物配置艺术，将这座园林的空间意境、人文情怀表达得淋漓尽致，这便是桂湖的独特魅力，是杨慎与黄峨高尚品格和崇高爱情的象征。

1. 满池荷花亭亭立

桂湖荷花与杭州西湖、南京玄武湖、湖北洪湖、武汉东湖、岳阳莲湖、山东微山湖、济南大明湖是中国八大赏荷胜地。桂湖自汉代开始种植和培育荷花，至今已有数十个品种，如"古代莲""红千叶""红台莲""桂湖红莲""碧血丹心""红领巾""满江红""睡美人""月华"等。其中，"桂湖红莲"自道光年间以来一直生长在桂湖，不断得以发展，近年来逐步引种到杜甫草堂、望丛祠、武侯祠等古典园林中。

桂湖荷花种植历史悠久，是新都良好地理生态的象征；杨慎不仅种植桂树，也极爱荷花，并有较深的研究，后人的园林艺术活动中，荷花被赋予了坚贞、高洁的精神寓意；荷花观赏性与文学性在这里进行了最佳演绎，其文化场景通过建筑、园林得到了最佳的体现，如"亭亭"比拟出淤泥而不染的荷花；"荷塘月色"为20世纪90年代选取朱自清先生书法集成所刻，悬于荷池之上，背景为宽厚高大的山石群林（图4-5-22）。

图4-5-22　桂湖荷景

2. 半园桂树朵朵香

桂湖与广西桂林、湖北咸宁、杭州西湖、上海徐家汇被誉为中国五大赏桂胜地。杨慎曾在桂湖种植桂树百余株，并有诗文吟诵，引来文人雅士诗文唱和，"桂湖"也因而得名，新都"香城"也因而得名；杨慎高中状元，月中折桂，这时候杨慎可谓春风得意，"宝树林中碧玉凉，秋风又送木樨黄。摘来金粟枝枝艳，插上乌云朵朵香"（杨慎《桂林一枝》），描写桂林的诗句轻快浪漫。清代、民国、中华人民共和国成立后，桂湖增补了数千株桂花，其种植面积占据桂湖公园之半大小。

"丛桂留人"成为桂湖八景之一，有桂荷吐香的"香世界"，有"谁将玉雪洒人间"的桂花林。桂花林园门有李焕民所书"自觉金凤爽仙脚，谁将玉雪洒人间"对联，背面为刘镛（1719—1804年）所撰"花朝命客牵红艇，月夜弹琴上小楼""红莲一朵千秋艳，金桂满城万里香"道出了桂湖荷艳桂香的本质特色；也有"老桂离枝，六诏荒烟怆往事""老桂影婆娑，记集中诗句清新"杨慎的失意失落和无助，叹出生离死别的无奈和悲哀（图4-5-23）。

图4-5-23　桂林景观

3. 两岸杨柳绿丝绦

桂湖水面占据了一半空间，且湖形方正狭长，且有长堤分隔，似乎柳树为最佳之选择。桂湖植柳历史已不可考，但根据传统园林艺术营造习惯来推测，可从明代的桂湖已经具备园林形态以来就应有柳树临岸之景了；嘉庆十七年（1812年）县令杨道南按照古代"一池三山"的造园布局重浚湖池、掇山理水等手法建构园林之后，其《桂湖记》之中提到"兼植花柳其中，始成雅观"，柳树也成为桂湖临湖的主要树种了。

在桂湖湖池平面空间中，岸线、岛屿、堤线等皆成方形或直线，少有曲折蜿蜒之变化，柳树形态万千，尤其是下垂枝，摇曳动态变化，婀娜多姿，能破空间之局限；竖向空间，无高山或地形阻隔，远望易一览无余，加之需体现建筑的虚实关系，而不宜采用常绿或枝繁叶茂之树种，柳树高直，垂直疏朗，轻盈飘逸，利于分隔和形成不同的空间画面；柳树季相变化明显，并直接影响整体空间变化。桂湖柳树数量大，配置极具画面美感，空间动静结合，生动自然，具有典型的诗情画意之意境（图4-5-24）。

图4-5-24　柳树景观

4. 一门紫藤绣满园

古老紫藤据传为杨慎所植，至今500余年，依然枝藤健壮，叶繁花艳。

公园北门为一祠宇式建筑门形，甚为简略，青瓦红墙，门额悬挂郭沫若所书"桂湖"二字点题，门联也为其所撰"桂蕊飘香，美哉乐土；湖光增色，换了人间"。入门即为左右两株老藤曲缠

图4-5-25　门户内外景观

盘旋上窜，像织锦绣花一般交织延展，铺天盖地，覆盖了整个门区，蔚为壮观，叹为观止。门厅巧妙地设了一堵红色漏窗影壁，以障湖之景，也使入口成独立空间，更加烘托紫藤形成的特有空间（图4-5-25）。

最大的古藤直径约为90厘米，另一株约为30厘米，两株向东西各方延绵90余米，总覆盖面积约为400平方米，形成了罕见的紫藤长廊，且仍在生长。两株一左一右，一大一小，交织延展生长，融为一体，也暗喻杨慎和黄峨两人结发为夫妻，恩爱两不疑，心似双丝网，中有千千结；又比喻天长地久有时尽，此恨绵绵无绝期。古老紫藤历经百年仍然挺拔苍劲，盘根错节，至今生生不息。"连理古藤"为"桂湖八景"之一（图4-5-26）。

图4-5-26　紫藤奇观

（四）山水景观

"山水相依、依山傍水"，山水密不可分，同为古典园林中必不可少的园林要素。桂湖内部山水总体布局源于自然，配合园林造园需求，产生不同园林山水结构。假山遵循自然山水生成的客观规律；也有山水独立分开，形成南山北水或山环水围的格局；或者山水彼此平行展开，咫尺相望，山环水抱，动静相宜。

成都平原大多城池都为平地掘土，垒土而成，形成的土坑多做园林湖池之用，如古蜀、先秦时期万岁池、龙堤池、隋代摩诃池以及东湖、桂湖等都发展为名胜之地。这些土坑往往也做农田水利之用，故而多呈方形、长形，未有蜿蜒曲绕之形态。桂湖掘土量大，形成的水面顺墙呈长条形，面积达2万余平方米；城墙呈"L"形，长达900余米，高达6米，围绕包裹湖面，形成公园巨大的屏障，也是古典园林中"以墙代山"的典型。

桂湖湖池早期为农田，经历了园林、复田、复园之过程，至清中晚期定型。受到中国古典造园思想的影响，整个公园水系也按照传统掇山理水手法，增加纪念祭祀空间，丰富山水景观，湖、池、溪、涧、青石、红砂石、钟乳石、卵石等灵巧配置，形成了以古城墙、长水面为山水格局的独特景观。

1. 墙山田水——一墙三湖

清嘉庆十七年（1812年）开始的造园活动，系统地将东西向的条形水面分割成大小不等、开合变化灵动的空间，湖池形状基本保持原有顺墙结构和形态。亭、台、楼、阁以叙事性的逻辑和空间对视关系而分布于湖边，形成移步异景、诗情画意的景观画面。

整个条形湖面，以"L"形古城墙为西、南的边界，西侧从湖心楼开始，沿城墙向东延展，止于绿漪亭所在的狭隘水面。一墙三湖以升庵祠为中心，分为东、中、西三湖区：东部水景狭长，以卵石筑岸，设置一亭一阁、一岛一桥，分别为绿漪亭、聆香阁、飞虹桥，聆香阁以廊道形式连接小岛，岛上为古榕树。中部湖区以升庵祠为核心向西至沉霞榭、枕碧亭以内的区域，主要包括一祠两山、三亭两廊、两岛三桥四堤，以及轩榭船舫等建筑。翠屏山、交加亭、亭亭、升庵祠等均为最具特色的建造，沉霞榭、小锦江、亭亭等饱含浓郁的爱情情绪在其中。西部湖面以沉霞榭、饮翠桥、枕碧亭为界，西至城墙，湖形相对方正，主要景观为湖心亭（图4-5-27）。

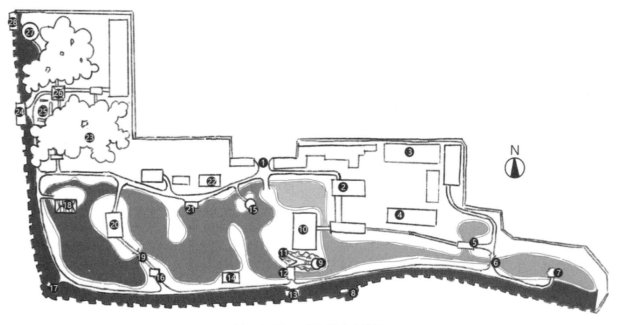

图4-5-27　一墙三湖山水格局

中湖为所有湖池的核心，起到分隔和关联的作用，升庵祠是所有建筑的核心，也起到聚焦和中湖区所有建筑的情绪、视线关联作用。升庵祠与沉霞榭遥相呼应，隔而不断，它们之间安排了交加亭、小锦江等建筑，形成了浓郁的叙事线索，他们之间的感情、情绪在前文已有分析。西湖区域，沉霞榭与湖心楼形成对景和框景，榭旁有三棵高大石榴树，此情景更是应了苏轼"微雨过，小荷翻，榴花开欲然"的清新雅逸之情。东湖狭长，聆香阁处有流水潺潺，能"聆听"溪涧跌瀑之声，闻芙蕖之幽香，两岸柳树遮蔽，形成深邃幽静的自然空间。

2. 嵌山挂壁——荷塘月色

西蜀古典园林中湖池驳岸大多采用鹅卵石、青砂石、红砂石甚至青砖进行堆砌。香世界与杭秋之间置石为山，高大宽长。一是与古城墙形成了空间上的过度与联系；二是丰富了湖面造景的山水要素，与香世界、杭秋形成了中湖自然背景，增强了画面感；三是加载了诗情画意的文化意蕴，将朱自清先生最典型的诗意意象"荷塘月色"挂壁彰显，成为"桂湖八景"之一。该处堆山置石，采用红砂石层叠组合，壁立垂直，整体匀称，不做过多的叠嶂和突兀，为表达"荷塘月色"之主题，不至于喧宾夺主。技艺高超，体量合宜，且应四时之变，与周围景观浑然一体（图4-5-28）。

图4-5-28　"荷塘月色"之春、夏、秋、冬

计成《园冶》有述："疏水若为无尽，断处通桥"，原意是指当我们想扩大园林水体的视觉面积，增大其空间感受时，可在水体的尽头架设桥等建筑物。桂湖公园利用岛、堤成功地划分了水面，形式多样的桥建立了艺术的空间纽带。部分桥岸之间，采用植物、山石的方式进行精致处理，既打破了卵石驳岸的单调，又构成了典雅、诗意的景观画面（图4-5-29）。

3. 奇山怪技——翠屏亭亭

翠屏山是桂湖中的一座清代假山，最初建于道光十九年（1839年），为中国仅存的一座清代鹅卵石园山。整个翠屏山占地约370平方米，东西跨度31.5米，南北宽约12.5米，高3.85米。其假山造型完全依照成都平原边缘的深丘陵波浪式地貌为蓝本，融合中国山水画之构图方式，由低到高，形成三至四个不同的纵深层次，于山峰处加以钟乳石装饰，崇山峻岭之势扑面而来。材料使用了卵石、钟乳石、废弃砖石、水泥、陶器、石条等，小微卵石作为园路和山体机理线条进行材料分隔，钟乳石作为群山之峰，顺山脊排列，条石、青砖作为基础支撑和加固之用，无论是其功能，还是其艺术价值都是极高的。

翠屏山为模拟自然山水，形成一定的比例和体量，用以分隔升庵祠和杭秋等空间，通过山间嶙峋小路，可通往亭亭。由于亭亭在体量和建筑风格上都难以融入升庵祠和杭秋的整体格调，用翠屏山横亘于此，起到了良好的屏障作用。从杭秋、升庵祠、亭亭以及湖池外的不同方向进行观赏，建筑、山体、植物等都是半隐半显，互为陪衬，画面变得完整而协调。山脚水边便是亭亭，已与翠屏连成一体，风格即为统一，故将此处统称"翠屏亭亭"，为"桂湖八景"之一（图4-5-30）。

图4-5-29　桥头挂壁成景

图4-5-30　翠屏亭亭

钟乳石在桂湖公园中运用也较广，如桂湖北门影壁漏窗外，立有三峰；交加亭边、聆香阁旁、桥头路边等皆有点缀；在桂湖碑林四合院中，1980年川派盆景大师李忠玉创作了表现峨眉山、青城山的一组盆景，就是采用钟乳石堆砌，形成了奇峰高突、崖壁陡悬、从峰拥护的壮丽画面，四面皆景，八面可观（图4-5-31）。

图4-5-31　川派山石盆景——桂湖碑林

三、园林特色

（一）衙署园林

衙署园林即衙署附属休闲场所，包含园林、建筑等游赏空间，主要为官员、友人等提供雅集、宴饮、赏游、迎送等功能。衙署是指古代官吏办理各类公务的场所。《周礼》称其官府，汉代称官寺，唐代以后称衙署、公廨、公署、衙门，一般衙署由国家提供保障。新都最早的衙署园林起于隋代，因位于县署之南，名为"南亭"，主要作为政府传递公文、中途食宿以及换马、补给所用；唐代之时，"南亭"已经具有园林之风貌和游赏功能了；宋代改为"新都驿"，园林功能更为完备，常有文人雅士在此唱和或迎送之礼；明代状元杨慎常游玩于此，种植桂花，并取"桂湖"之雅名；明末清初，园林被战乱所毁，清中后期逐步恢复，成为纪念杨慎的专祠，完成了从衙署园林到名人园林的转变，使东湖具备了祠宇园林的特征。

自"南亭"开始，这一带的园林经营一直都是官家保证正常运转的，乾隆时期曾经废园为田，以保证解送之费用。清后期成为杨慎专祠之后，采取了多种手段进行资费筹措，巧于经营，如"集士大夫捐金""乐善者输金籴米"而"赢者三之一"，同时投入资产，获取租金"修市厘八椽，取赁资为岁修之用"。这种地租产业形态后发展为"会产"经济，如"桂湖朱衣会""桂湖状元会"皆通过购换土地，扩大规模，如道光三十年（1850年），桂湖（仓颉）朱衣会买地2.17亩，以地租作桂湖经费，同治九年（1870年），桂湖状元会购买土地7亩、朱衣会购买1.4亩以经营桂湖，这种会所土地经济一直延续到光绪年间。民国时期，均为县府专款管理了。

（二）名人园林

杨升庵，名慎，字用修，初号月溪、升庵，生于明孝宗弘治元年（1488年），为吏部尚书、武英殿大学士杨廷和之子。明武宗正德六年（1511年）状元及第，是明代四川唯一的状元，授官翰林院修撰，参与编修《武宗实录》。明正德十四年（1519年）与黄峨成婚。嘉靖三年（1524年），杨升庵因两上"议大礼"疏，嗣跪门哭谏，最终触怒明世宗，被嘉靖皇帝永远流放滇南，黄峨满腔悲愤，伴夫南行。嘉靖三十八年（1559年），在戍所逝世，享年七十二岁。明穆宗追赠光禄寺少卿，明熹宗时追谥"文宪"。

黄峨（1498—1569年），字秀眉，四川遂宁安居人，明代著名女诗人，工部尚书黄珂之女。明正德十四年（1519年）与杨慎在新都成婚。夫妻两人相敬如宾，过着吟诗作赋、往来唱和的生活，黄峨所作《庭榴》描写了当时稳定幸福的生活。正德十五年（1520年）随杨慎进京，后杨慎因两上"议大礼"疏，被廷杖数次，然后谪戍云南永昌卫，黄峨送至湖北江陵，杨慎写下《临江仙》《江陵别内》两诗，记述了当时两人分别的凄凉情景。嘉靖五年（1526年）至嘉靖八年（1529年）黄峨随杨慎在永昌卫生活了3年。黄峨返回新都后，从此夫妻长期分离，再无相见。嘉靖三十八年（1559年）杨慎病故，黄峨亲至泸州迎榇归里，葬于成都西郊，从此郁郁寡欢，怀念杨慎的诗稿也销毁无存，黄峨于隆庆三年郁郁而终。

杨慎是爱国学者、是诗人、是文学家、是史学家，亦是哲学家。深入边地的三十五载，专研学术，讲学授徒，传播中原文化，孜孜不倦。《明史·杨慎传》称"明世记诵之博，著作之富，推慎为第一"。杨慎一生博学多闻，著述高达四百有余，囊括文学、哲学、史学、天文、金石、地理、医学、生物、书画、戏剧、音乐、宗教、民俗等方面。在他的影响和带动下，将中原文化在滇南之地迅速推广开来，旨在文治教化，各族文化交流，滇士从者如云，使文化落后的西南地域学风大开。黄峨一生诗文亦多，且精通词、曲。"长亭十里，阳关三叠，相思相见何年月"（《罗江怨》词句）"雁飞曾不到衡阳，锦字何由寄永昌，三春花柳妾薄命，六诏风烟君断肠"（《寄外》诗句）其诗文大多是怀念杨慎所写，由于不愿意让自己子侄看到自己充满悲愤哀思的诗文作品，故而销毁而失传，实为遗憾。

桂湖演绎了杨慎和黄峨的委婉悲怆、孤老失意的爱情故事。和文君井、望江楼公园一样，这也是一座爱情丰沛、情感交织的园林，是一座文风深厚、感怀至深的文人纪念园林（图4-5-32）。文人墨客都在此追思先贤，缅怀忆事，咏物言志。

（三）文博园林

桂湖公园历史悠长，千年以来不仅园林景观维持着唐风遗韵，也积累了丰厚的文化内涵和历史遗存。桂湖碑林主要是由龙藏寺存碑、桂湖原有石碑、新都其他地方的碑记组成。为一四合院建筑，中庭设川派盆景大师李忠玉创作的大型假山一座，四周为川派罗汉松、银杏盆景，以传统的北方碑廊形式陈列各式石碑。目前有苏轼、黄庭坚、杨慎、文徵明、何绍基等人作品。收藏展示了大量的古碑，如杨升庵的《新都八阵图记》《访太狂草堂》、清道光刻绘的《桂湖全图》；苏东坡《宋渊师归径山》、黄庭坚《七言律诗》、文徵明《七言律诗》、董其昌《岳阳楼记》等创世名作都收录其中。碑文大气磅礴，行云流水，堪称书法精品，为桂湖注入诗风雅韵，为人们追思怀贤提供了精神寄托（图4-5-33）。

除了碑文，在杨升庵博物馆有馆藏文物1600余件，如《明杨升庵行书逢贾岛诗文轴》《现代陈子庄桂湖红荷图横幅》《现代沈尹默行书诗文轴》《现代冯建吴隶书桂湖曲送胡孝思诗轴》等，是成都市各区县藏品最丰富的博物馆之一。馆内也陈列有杨升庵、黄峨生平及学术成就等介绍。

图4-5-32　桂湖文化景观

图4-5-33　桂湖碑林

（四）名胜园林

桂湖公园历来文人唱和、诗歌吟诵不断。从唐宋以来，就吸引了大量的文化名人前来游赏，一直具有公共性和开放性。杨慎植桂以来，桂花、荷花、紫藤都成为最具意象的景物；后掇山理水，梳理湖池，增设亭台楼阁，成了西蜀最知名的名胜之地；至1927年建成公园，选择桂花为新都县花；中华人民共和国成立后，再次扩充面积，丰富公园内容，建成了杨升庵纪念馆，文化名人游览并留下大量诗词、书画作品；1994年开始举办桂湖荷花展、1995年开始举办桂花艺术节。从此，各类节庆、节日以及文化活动在桂湖缤纷呈现，桂湖名胜大放异彩。桂湖被称为"中国八大赏荷胜地""中国五大赏桂胜地"。

桂湖千年以来的建造史，体现出了西蜀民众敬仰前贤、传递和普及名人价值观念的一种传承性的历史规律。民间至官宦，对待前贤都是高山仰止，万般崇敬，桂湖的纪念性空间营造就体现出了官民同心同德治理和管理过程。在园林营造方面，采用了浪漫主义的手法，通过叙事性的空间逻辑安排，将杨慎、黄峨的丰功伟绩以及爱情故事进行了巧妙的表达，形成了故事悠长、情感悲怆的园林叙事场景，形成了文风氤氲、宁静致远、雅俗共赏的名人园林内涵。

今日桂湖公园饱经风霜，寻古迹尚存，杨慎生平事迹早已深入人心。其夫妇二人伉俪情深被世人传为佳话，文人雅客至此皆挥墨一二，或悼杨慎高风亮节，宠辱不惊；或叹浮华人生，世事无常。蕴清幽古朴于园风，融朝思暮想于园景，颂家国情怀至园意。桂湖景胜，风韵犹存，藏山清水秀于闹市，呈岁月静好至隽永。

第六节　三苏祠

　　三苏祠是北宋著名文学家苏洵、苏轼、苏辙的故居，位于眉山市中心城区纱縠行南街，素有"北宋高文名父子，南州胜迹古祠堂"的美誉。南宋绍兴年间改宅为祠，明末毁于兵燹，清康熙四年（1665年）在原址模拟重建，现为占地106亩的西蜀园林。

　　2018年联合国教科文组织授予了三苏祠文化遗产保护荣誉证书（图4-6-1），评语"三苏祠是东坡文化的发源地，神圣、庄严、具有象征意义，苏宅至今留存了苏宅古井、木假山堂、洗砚池等三苏的生活遗迹，还原了三苏的生活场景以及生活方式（图4-6-2）。""祠内亭台楼榭、古木扶疏、翠竹掩映，具有中国园林的典型风格。"2022年6月8日，习近平总书记来川视察三苏祠并发表重要讲话，"一滴水可以见太阳，一个三苏祠可以看出我们中华文化的博大精深。我们说要坚定文化自信，中国有'三苏'，这就是一个重要例证。"三苏祠不仅是东坡文化发源地，也是西蜀园林的典型代表，具有极高的历史文化价值。

图4-6-1　联合国证书
（三苏祠博物馆提供）

图4-6-2　三苏祠苏宅

一、历史沿革

三苏祠园林历史沿革经历了宅院、祠堂、三苏公园及园林式博物馆四个发展历程。三苏祠具有悠久的历史，自宋代起经历朝历代反复修建与完善，在其上一代基础上融入新的理念，承载了各代造园师的智慧与努力，最终形成如今的格局。以下是各年代新增典型代表建筑或遗迹（图4-6-3）。

| | | | | 近现代
（960—1279年） |
| 海棠亭 | 楚颂亭 | 式苏轩 | 碑亭 | |

| | | | | 民国
（1912—1949年） |
| 百坡亭 | 船坞 | 南大门 | 半潭秋水一房山 | |

| | | | | 清
（1644—1912年） |
| 飨殿 | 启贤堂 | 来凤轩 | 前厅 | |

| | | | | 明
（1368—1644年） |
| 东坡盘陀画像碑 | 醉翁亭记碑 | 丰乐亭记碑 | 铁钟 | |

| | | | 宋
（960—1279年） |
| 苏宅古井 | 菜畦 | 池塘 | |

图4-6-3 三苏祠历史发展中的园林文化遗产

（一）宅

林语堂在《苏东坡传》描述："若坐帆船上行，可以看见蟆颐山临江而立。山势低而圆，与江苏之山形状相似。此处即是眉山，即三苏的故乡。""在纱縠巷，有一座中等结构住宅。自大门进入，迎面是一道漆有绿油的影壁，使路上行人不至于看见内部。影壁后，是一栋中型有庭院的房子。附近有棵高大梨树，一个池塘，一片菜畦。在这个小花园中，花和果树的种类繁多，墙外是千百竿翠竹构成的竹林（图4-6-4）。"苏轼亦有诗云："家有五亩园，么凤集桐花。""故园多珍木，翠柏如蒲苇。""门前万竿竹，堂上四库书。"苏轼、苏辙亦生于宅院，至南宋绍兴年间（约1142年），改宅为祠建三苏祠堂。

图4-6-4　苏家宅院版画示意（根据三苏祠博物馆存图改绘）

（二）祠

明嘉靖九年（1530年），侍御邱道隆命眉山太守莫钝维修扩建三苏祠，并割九寺庙田产为苏祠祀田。清康熙四年（1665年），眉山知州赵惠芽模拟重建三苏祠主体建筑，包括飨殿、启贤堂、木假山堂、瑞莲亭，形成了以前厅、飨殿、启贤堂、来凤轩为主体的祠堂纪念空间，经历代维护修建三苏祠面积不断扩大，此后修建了快雨亭、云屿楼、抱月亭、绿洲亭、披风榭等建筑（图4-6-5）。

图4-6-5　三苏祠全景老照片

（三）公园

1928年，眉山地方官绅集议拓建三苏祠（图4-6-6），相继增修了南大门、百坡亭、式苏轩、半潭秋水一房山、船坞、彩画舫等，三苏祠更名为"三苏公园"（图4-6-7）。近代逐步修建了西园的海棠亭、碑亭、新塑东坡盘陀坐像等。

图4-6-6　改建前的三苏祠大门

图4-6-7　民国时期的三苏公园

（四）园林式博物馆

2013年4月20日，雅安芦山县发生地震，三苏祠内建筑结构受损严重、屋架严重倾斜、屋面大面积滑瓦。园区局部地面沉降，受损面积约1041平方米。祠内南大门、前厅、东厢房、西厢房、飨殿、启贤堂、来凤轩、云屿楼、消寒馆、瑞莲亭（图4-6-8）、绿洲亭、百坡亭（图4-6-9）、船坞、抱月亭、披风榭、半潭秋水等16处文物建筑受损严重，三苏祠闭馆两年维护修缮。

图4-6-8　瑞莲亭地震受损情况

图4-6-9　百坡亭地震受损情况

"凝练老泉，豪放东坡，冲雅颖滨，三界文章天地物。朦胧残月，清凉山舍，行香风雨，几行山水古今人。"三苏祠保存有16处古建筑及苏宅古井、苏宅丹荔、黄荆古树等遗迹，收藏有宋拓本《醉翁亭记》《丰乐亭记》等数千件文物文献，陈列有三苏家训家风、生平成就、东坡书法碑刻，整体布局呈现"三分水，两分竹，祠在水中央"的特色，是国内规模最大、保存最完好的三苏纪念祠堂。三苏祠历史沿革如图4-6-10。

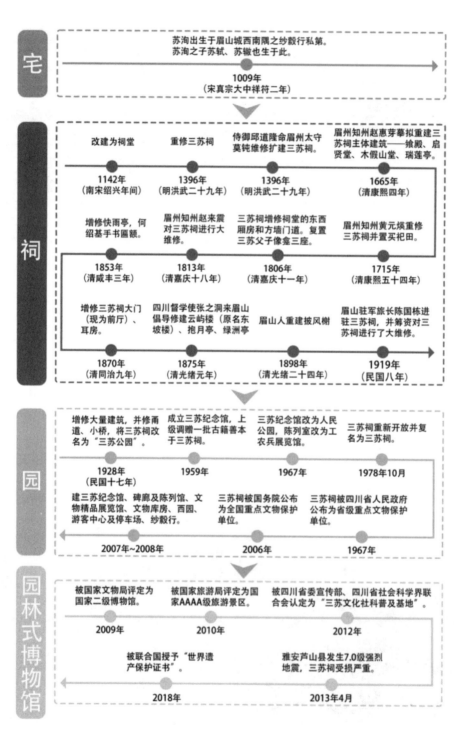

图4-6-10 三苏祠历史沿革

二、园林布局

三苏祠的总体布局为规则式结合自然式布局，"拓张胜迹，景仰前贤；藉兹观感，大启文明"，作为西蜀园林历史名人纪念园林具有突出的历史性和纪念性。东部祠堂片区呈现对称规则式布局，体现中国传统礼制的庄重与肃穆；西部按照自然式园林布局，充分体现了西蜀园林深受道家思想影响而追求"天人合一"的理念（图4-6-11）。

图4-6-11 三苏祠园林平面示意图

（一）规则布局与自然布局结合

东部祠堂坐北朝南，由南而北依次是南大门、前厅、飨殿、启贤堂、来凤轩和东西两侧厢房呈三进四合院轴线对称布局（图4-6-12）。建筑群既保持了古代宗法和祠堂礼制的庄严肃穆，又具有四川民居特色；建筑布局均衡而不完全对称，有收有放、灵活多致，充分运用了借景、对景等造园艺术手法，由规则式布局向自然式布局过渡。中部和西部在继承东部三苏文脉的基础上采用了自然式布局。洗砚池、苏宅古井、瑞莲亭、八风亭等曾是三苏父子学习生活的地方，海棠园、桂园、梅林、紫薇坪、楚颂园、盆景园是与苏东坡生前诗词典故有关的园景，再现了三苏故居风貌（图4-6-13）。

绿洲亭—抱月亭—云屿楼。由南大门右行的空间通过双层攒尖式的抱月亭，攒尖式绿洲草亭，结合竹径通幽园林路径，形成空间对应关联，营造文人画般的园林意境。

图4-6-12 三苏祠航拍

图4-6-13 三苏祠园林纪念性空间

绿洲亭—抱月亭—云屿楼。由南大门右行是一片静谧诗意的空间，该片区通过双层攒尖式的抱月亭，攒尖式绿洲草亭，结合竹径通幽园林路径，营造文人画般的园林意境。

（二）"三分水，两分竹"岛居特色

苏东坡酷爱竹，在《于潜僧绿筠轩》中曾写道："宁可食无肉，不可居无竹；无肉令人瘦，无竹令人俗。"三苏祠内植物造景以竹为脉，在此慨叹东坡"吾欲自栽池上竹，愿以刚直示儿孙"的文人气节。三苏祠以"三分水两分竹"的岛居特色甲于西蜀，祠内广栽茂竹，四周引渠水环绕。

三、园林艺术

（一）建筑——规则自然，轴线明朗

三苏祠建筑类型多样，主要分为主体纪念建筑和辅助纪念建筑（图4-6-14）。殿堂为主体纪念建筑，体量大、造型肃穆、规整，亭榭为辅助纪念建筑，用于观景、休憩等。

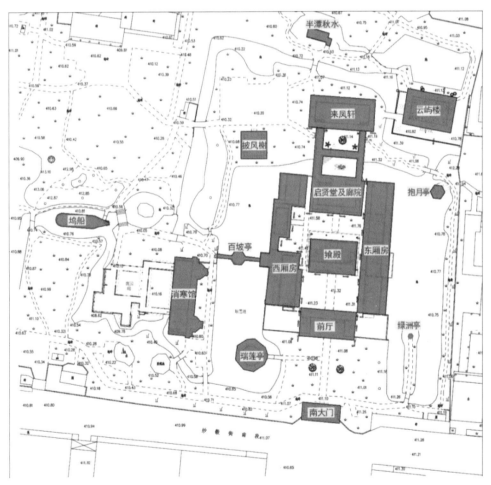

图4-6-14　三苏祠主要建筑

1. 正门

南大门即正门，是三苏祠的入口大门，位于东部纪念祠堂片区的主轴线上，最初建立于民国17年（1928年），1981年由牌坊式改为三檐歇山式，面阔三间13.15米，进深二间3.3米，前廊宽1.8米，通高6.95米，建筑面积70平方米。建筑整体为三间三楼单檐歇山布瓦顶，梁架9檩用三柱，中檩上施竹编夹泥墙，明间板门，次间水泥砂浆红砖墙，建筑屋面施筒瓦，明间、次间形成两级屋面。南大门门楣正中悬挂"三苏祠"匾。南大门的檐柱上刻对联一副："北宋高文名父子，南州胜迹古祠堂。"为向楚撰文，刘孟沆书，是对三苏父子的文学地位及三苏祠历史地位的肯定。整个建筑被繁茂的古榕覆盖，在一片绿意之中若隐若现（图4-6-15）。

图4-6-15　三苏祠南大门

2. 前厅

前厅建于清代同治九年（1870年）。前厅门楣正中央悬挂着"文献一家"匾额，意为三苏父子皆是博学多闻、通晓文化典籍的贤人，檐柱上挂有"一门父子三词客，千古文章四大家"的楹联，是后人对三苏父子文学成就的高度赞扬（图4-6-16）。前厅为悬山式屋顶，抬梁式梁架，建筑面宽五间

图4-6-16　前厅

21.06米，进深一间5.92米，北侧廊宽1.8米，通高7.03米，建筑面积为225平方米。北侧有廊，明间和左右次间为厅，南中间三榀为敞厅，悬山式小青瓦屋面。稍间辟为碑亭，竖有明至民国的建祠记事碑。厅前两侧各矗立古银杏，象征三苏父子的文人气节。

3. 正殿

正殿即为飨殿，位于中轴线的中心，为硬山青瓦顶抬梁式梁架，山墙为穿斗式，脊正中饰三重楼阁，左右对称六组走兽，两端塑龙鱼形鸱吻。建筑在前廊和前檐设有雕饰构件。面阔三间17.74米，进深三间14.16米，通高9.72米。飨殿是用于祭祀的大殿，是供奉三苏父子的地方，殿内塑有三苏父子像，三人容仪，各有内涵。前檐设全开转轴雕花门12扇。殿前院坝内盆景花草四时更新，馨香馥郁，两株雪松生机勃勃，衬托得飨殿格外庄严肃穆（图4-6-17）。杨庆远题联"宦迹渺难寻，只博得三杰一门，前无古后无今，器识文章，浩若江河行大地。天心原有属，任凭他千磨百炼，扬不清沉不浊，父子兄弟，依然风雨共名山"。

4. 启贤堂

正殿内有东西两侧广通后院，穿过庭院便是启贤堂，其本为苏家供奉祖先牌位的祭堂，后人延续其精神，将之名为"启贤"，为让才德之士济济一堂。建筑坐北朝南，面阔三间，进深三间，四周出廊，总长17.6 m，宽11.4 m。抬梁式梁架，歇山青瓦顶，正脊饰舐物，垂脊饰走兽。戗脊饰卷草，东西南三面回廊原供祖先神位，堂前东厢房和快雨亭构成不规则四合院，西出月洞门可到百坡亭（图4-6-18）。

图4-6-17 正殿

图4-6-18 启贤堂

5. 木假山堂

木假山堂位于启贤堂北侧，为启贤堂北檐开轩所辟之，堂内木山由异状乌木堆构，呈三峰状，瘦透嶙峋，酷似险山。苏洵《木假山记》载："木之生……其最幸者漂沉汩没于湍沙之间不知其几百年，而其激射啮食之余或仿髴于山者，则为好事者取去强之以为山。"后世用特殊形状的枯树根堆叠而成的假山，亦谓之"木假山"。假山后为水庭，花岗岩石砌高台，左右翼出廊桥，形成左右互望、隔岸观山的效果。水景将左右两边瑞莲池的水系连在了一起。木假山堂原有的木假山为苏洵偶得，由三苏进京时带走，后不知去处。堂中现存的木假山是道光十二年（1832年）眉山书院主讲李梦莲捐赠的，木假山自然天成，古往今来为之赞叹赋诗者无数（图4-6-19）。

图4-6-19　木假山堂

6. 来凤轩

来凤轩原名为济美堂，原为苏轼兄弟的寝室和书房。"祠后一宇，系三苏寝室堂，并非木假山房也，因古木假山房遗迹阒存，不知所在，其时无力另修，故权以此堂名之。"现在用于对外展示三苏文化。嘉祐二年（1057年）苏轼、苏辙两兄弟同时考中进士，梅尧臣以"日月不知老，家有雏凤凰"称赞他们，后人便将其改为来凤轩。来凤轩位于祠宇中轴线的最北端，青瓦屋面，歇山式屋顶，面阔五间21.66米，进深两间10.26米，与连接启贤堂的桥栏组成第三进四合院。来凤轩作为主体建筑群最末尾的建筑，是主轴线的结束。来凤轩作为结景，正对木假山堂，庭院豁然开朗（图4-6-20）。

图4-6-20　来凤轩　　　　　　　　　　　图4-6-21　来凤轩院落

7. 厢房

厢房位于三苏祠建筑主轴线上，东西各一，两个厢房不完全对称，但都采用青瓦屋面，与前厅、飨殿、启贤堂组成两进四合院。东厢房面阔12间48.48米，进深三间5.6米，总面积516.2平方米，东临瑞莲东池。东厢房主要介绍了三苏历史变迁（图4-6-22）。西厢房被荔枝树分隔为两段，南段建筑坐西朝东，面阔三间13.8米，进深一间5.25米，通高5.87米，总面积120平方米，前后有廊，前廊宽1.17米，后廊宽2.35米，西邻瑞莲西池。厢房前有走廊后有回廊，后廊置飞来椅，可供游人观鱼赏荷。西厢房集中展示眉山人文历史，充分体现三苏成长的社会环境（图4-6-23）。

图4-6-22　东厢房　　　　　　　　　　　　　　　　　　图4-6-23　西厢房

8. 快雨亭

快雨亭于清代咸丰年间修建，位于飨殿以西，瑞莲池以东，为西厢房中段建筑，通过廊道与百坡亭相连。亭匾为何绍基撰述，相传清朝咸丰年间四川学正使何绍基来眉山主持考试，宴游三苏祠，适逢炎夏遇雨而得清凉，故称此亭为快雨亭。快雨亭面阔三间9.72米，进深4.5米，通高4.66米，后廊宽0.9米，总面积52.8平方米。快雨亭之后有回廊，每至盛夏，倚廊而坐可欣赏苏祠荷塘美景。

9. 瑞莲亭

瑞莲亭位于瑞莲池西池上，因此命名为瑞莲亭。苏洵在此亲手种植下瑞莲，后偶开并蒂莲花，后人将其视为吉兆。明末祠堂被火焚，瑞莲池受到破坏，清康熙四年（1665年），眉山牧赵惠芽模拟拓建了今天的瑞莲池，以及现在的瑞莲亭（图4-6-24）。亭坐西朝东，八角十二柱，攒尖式顶，八条脊上均有走兽图案，房面为筒瓦覆盖，亭高7.9米，四周设飞来椅，东面留门道，有桥于岸相通。

10. 百坡亭

百坡亭是民国新建的建筑。"百坡"来源于苏轼的《泛颖》中"乱我须与眉，散为百东坡"一句，取为"百坡亭"是希望未来的眉山能够产生更多像苏东坡一样的人才。百坡亭为六角攒尖式小亭，亭长20米，中间为八柱小亭，攒尖式屋顶，筒瓦屋面，灰塑脊饰（图4-6-25）。东接快雨亭，西邻碑亭（原消寒馆），南北分别与瑞莲亭和披风榭相望。小亭柱子上悬挂有楹联"谟议轩昂开日月，文章浩渺作波澜"。意说三苏父子经世宏论如日月光耀千秋，文章豪迈俊逸，汪洋恣肆一泻千里。

"百坡亭"匾额由吴伯箫手书，西边门楣上挂有"水光接天"的匾额，取自于明代祝允明所书《前赤壁赋》，意在凸显瑞莲池水天一色，莲开并蒂。瑞莲亭中荷花婀娜，荷叶碧绿，满池荷花随着微风触动，亭与荷塘相映成趣。

图4-6-24 瑞莲亭

图4-6-25 百坡亭

11. 披风榭

披风榭原由南宋时州守魏了翁修建，然而随着时代更替，披风榭也随之消失了。清光绪十四年（1888年）县人在三苏祠内重建披风榭，与东边的云屿楼相呼应。"榭之上亦有楼一楹，登楼遥望，鳞塍绣壤，悉在目前。可谓绿扬城郭，大好江山，皆饶有天然画意，亦一巨观也。"披风榭位于瑞莲西池北岸，建筑体量高大，面阔三间7.5米，进深三间7.5米，总面积28.8，高10米。作为三苏祠重要景观轴线的中心建筑，檐上悬挂的牌匾"披风榭"三字由前国防部长张爱萍题字。建筑整体为重檐歇山式，底层四周置飞来椅，陆游拜谒三苏祠时写下"孕奇蓄秀当此地，郁然千载诗书城。"其也是由于此建筑（图4-6-26）。

图4-6-26　披风榭

12. 碑亭

碑亭位于三苏祠东园内，一共两座。碑亭于1980年修建，内为敞庭，占地338平方米，两亭间有廊道相连通（图4-6-27）。三苏祠碑亭是集苏轼手迹石刻的丰富宝库，堪称苏轼楷书之宝的四大名碑：《罗池庙碑》（又名柳州碑）《醉翁亭记》《表忠观碑》《丰乐亭记》，字大如拳，碑石高大，形制气魄，令人叹为观止。其中《罗池庙碑》《醉翁亭记》二碑就占全国十大"三绝碑"之二。

图4-6-27　碑亭

13. 船坞

船坞始建于民国17年（1928年），位于式苏轩以南，呈船舫形状，建于水渠之上，民国年间修建，船头向东，有一桂花树植于船头，船舱依船边设飞来椅，建筑总长19.5米，宽4.1米，占地82平方米，设11根柱子（图4-6-28）。

图4-6-28 船坞

14. 云屿楼

云屿楼建于清光绪年间，位于来凤轩以东，坐北朝南，三面环水，为重檐歇山式。建筑面阔三间带围廊总长16.9米，进深10.8米，高12.7米（图4-6-29），旧《眉山县志》中曾载到："楼邻大池北，决池环绕，玉翠万杆护其外，故曰云屿楼。"这就是云屿楼的由来。

15. 抱月亭

苏轼曾于诗文中写到"挟飞仙以遨游，抱明月以长终"（《前赤壁赋》），抱月亭便是取自其

图4-6-29 云屿楼

中。抱月亭位于瑞莲东池东北处，原为双层攒尖式草亭，1980年改为瓦顶，亭高6.67米，设飞来椅，可供观鱼赏荷，亭门正对东园门（图4-6-30）。

图4-6-30 抱月亭

16. 绿洲亭

瑞莲东池南端的一座小半岛上，建筑造型自然朴素，小桥与南岸相通，隐于一片翠竹之中，可供游人避暑休憩（图4-6-31）。

图4-6-31　绿洲亭

（二）山石——纯野自然，宛若天成

西蜀园林受"天人合一"的思想影响，形成"自成天然之趣，不烦人事之工"的特色。假山石以及叠石运用极少，主要是采用极具乡土特色的土山、置石来体现西蜀的自然风貌以及园林野趣，将自然风光与文人园林融进一园。三苏祠作为西蜀园林的代表之一，由于缺乏用于叠石、假山等的石料，所以三苏祠在山石的选用上多以眉山本土的红砂石、青石、砂石、卵石等乡土石材作为主要原料进行山石景观营造。三苏祠内山石的营造以自然堆山、微地形、雕像等为主要形式，主要山体共三座其余为辅山，从整体来看其尺度有大有小收放自如，与三苏文脉紧密相连，彰显着独特的园林气质（图4-6-32）。

1. 连鳌山

《蜀中名胜记》云："东坡少时读书寺中，尝于石崖上作'连鳌山'三字，大如屋宇，雄劲飞动。"然祠内的连鳌山并非当时当日的连鳌山，为三苏祠根据原址石刻仿建而成的，文字由原来的竖排改为横排，但从石刻中所透露出的文学韵味依旧浓郁（图4-6-33）。

2. 东坡盘陀坐像

东坡盘陀坐像这一山石雕像源于北宋画家李公麟画的东坡像，他绘出东坡形象坐于水中央。坐像成为今时今日三苏祠内游人打卡的著名景点之一，这也是由于其再现了东坡的精神气貌，牵动着万千学子乃至游人对苏东坡的缅怀之情（图4-6-34）。

3. 文峰鼎峙

文峰鼎峙立石为峰，以拟三苏形态与三苏文采，又通过配置植物、增添水面的方式增强园林野趣

（图4-6-35）。硬朗的石材彰显出昔日三苏父子的文章气节，苍劲有力的刻字体现了三苏文脉的昂扬，声形一体，让人切实地感受到三苏父子的文人风采。

图4-6-32　三苏祠峰回路转

图4-6-33　连鳌山

图4-6-34　东坡盘陀坐像

图4-6-35　文峰鼎峙

（三）植物——古木扶疏，竹林幽境

三苏祠中的乔木多为银杏、桢楠、重阳木、黄葛树、栾树、香樟、罗汉松等；观花乔灌木多用紫薇、海棠、桂花、石榴、蜡梅、杜鹃、栀子等；草本植物包含竹、荷花、菊花、兰花等。三苏祠现存银杏、黄葛树、乌桕、紫薇、重阳木、海棠、桂花、合欢、朴树、黑壳楠、黄檀、榆树、苏铁、栾树、桢楠、罗汉松等16种共54株名木古树，树龄从100年至1000年不等（表4-6-1）。

表4-6-1　三苏祠主要名木古树（三苏祠博物馆提供）

学名	科属	数量	树龄	生活型	观赏特性
黄葛树	桑科榕属	3	100~1000	落叶乔木	形、叶、根
银杏	银杏科银杏属	3	100~600	落叶乔木	形、叶
紫薇	千屈菜科紫薇属	6	180~220	落叶乔木	形、花、干
海棠	蔷薇科苹果属	2	150~180	落叶乔木	形、花
桂花	木樨科木樨属	15	100~690	常绿乔木	形、花
黑壳楠	樟科胡椒属	1	120	常绿乔木	形、花
合欢	豆科合欢属	1	100	落叶乔木	形、花、叶
朴树	榆科朴属	2	100~120	落叶乔木	形、花
黄檀	豆科黄檀属	1	180	落叶乔木	形、花
重阳木	大戟科秋枫属	6	100~180	落叶乔木	形、花
罗汉松	罗汉松科罗汉松属	2	130~150	常绿乔木	形、叶
苏铁	苏铁科苏铁属	2	300	常绿灌木	形、叶
榆树	榆科榆属	3	160~180	落叶乔木	形、叶
乌桕	大戟科乌桕属	1	110	落叶乔木	形、叶
栾树	无患子科栾树属	3	100~690	落叶乔木	形、叶
桢楠	樟科楠属	2	100~690	常绿乔木	形

1. 银杏

进入南大门，映入眼帘的便是几棵600年前的古银杏。银杏树形优美，枝干高大粗壮，枝叶繁密，伴随着季节流转，呈现出不同的景象（图4-6-36）。

2. 黄葛树

南大门左侧围墙内有一株黄葛树，树干极其粗壮，需要六人环抱才可围合，树冠呈圆形，已延展至纱縠行街，又称"眉山第一树"。这株黄葛树还有一个特点是"榕抱榆"现象，在黄葛树原址原为榆树一株，逐渐取代了榆树，也就是植物学上所称的植物的绞杀现象，但绞杀痕迹已被完全包裹，在

披风榭旁的黄葛树处仍然可见"榕抱榆"的现象。根据史料推论，当三苏祠还为苏家古宅时，这株榕树就位于纱毂行街上，随着三苏祠面积的扩大，被纳入了祠内（图4-6-37）。

图4-6-36　三苏祠古银杏

图4-6-37　黄葛树

3. 并蒂丹荔

治平三年（1066年）苏洵就于京师病故，时年五十七岁，朝廷特赠苏洵为光禄寺丞，苏轼与弟弟苏辙一道扶丧归蜀。元祐四年（1089年）苏轼服丧期满，时年三十三岁，将要离开眉山返回京城，在家中与蔡子华栽植荔枝树，并写下《寄蔡子华》："故人送我东来时，手栽荔子待我归。荔子已丹吾发白，犹作江南未归客。江南春尽水如天，肠断西湖春水船。想见青衣江畔路，白鱼紫笋不论钱。霜鬓三老如霜桧，旧交零落今谁在。莫从唐举问封侯，但遣麻姑更爬背。"与三老约定待荔枝成熟结果时，再归还眉山，可是谁也不曾料到，苏轼有生之年再也没有回过眉山。

但该荔枝树于1992年因衰老而自然死亡。为了纪念此株荔枝树，三苏祠对树根进行了地下的挖掘，荔枝的根部已经延伸至快雨亭、飨殿等建筑周边，已经挖出了三层根系，但再进行深挖将影响古建筑的地基，故只截取了上面的三层根系抬出。荔枝树根经过防腐刷漆等保护措施处理后，放置于百坡亭东边展示给游客。并在2007年原址栽种荔枝树一株，用以纪念苏轼与友人之约，以及他对家乡的深情（图4-6-38）。

图4-6-38　原古荔根与后植荔枝树

4. 黄荆树

苏宅古井，历千年而不枯，井水甘洌，并孕育了三苏父子一代文豪，这口井的水更为珍贵。井旁的黄荆树为苏洵所栽，苏洵从小游荡不羁，调皮捣蛋，但是悟性高、好游历。相传苏洵为了警示自己的儿子，就种下了黄荆树，四川自古有"黄荆条下出才子"之说，且黄荆条伤皮不伤骨。80年代，这棵黄荆树已经开始逐渐枯萎，但还没有完全枯死。90年代初，黄荆树已经零落了，但其濒死之际，周围又发新芽。三苏祠为枯死的古树做了固定、填充等工作，将其保护了起来，同时也是为了纪念苏家三父子的父子情，将苏家的家教家风传承下去（图4-6-39）。

图4-6-39　苏宅古井

5. 竹

苏轼对竹十分偏爱，在他的诗作中的竹诗不下百首。"门前万竿竹，堂上四库书""疏疏帘外竹，浏浏竹间雨""可使食无肉，不可居无竹""披衣坐小阁，散发临修竹"等诗词均出自苏轼笔下。三苏祠竹类品种丰富，有慈竹、苦竹、琴丝竹、凤尾竹、楠竹、人面竹等多个品种，通过群植、丛植、列植等多种栽种方式栽于祠内。文人以竹比德，竹之寒冬不凋、坚韧不拔、宁折不屈的情操，正是对三苏父子文章气节的彰显（图4-6-40）。

图4-6-40 竹径通幽

6. 苏祠瑞莲

荷花出淤泥而不染，自古就是历代文人墨客笔下的圣洁之花。相传苏洵于家中荷塘种莲，每当并蒂莲开，眉山就有学子考中礼部进士。并蒂莲便成为眉山一种祥瑞的征兆和科甲的象征，故明代眉山牧许仁赞曰："可人千载尚留芳，故宅池中并蒂香。莫讶为祥兆科甲，生前元自擅文章。"现如今三

图4-6-41 三苏祠瑞莲

苏祠的瑞莲池和西池均有种植大量荷花，每到夏季荷叶田田，荷花白粉相间，姿态盈盈，让人不禁想起苏轼笔下那千娇百媚的荷花，"重重青盖下，千娇照水，好红红白白"。三苏祠园林古木扶疏，植物景观四季有景（图4-6-41）。

（四）水体——以水活园，沂水安亭

宋代园林家邵雍曾概括水与园林之作用："有水园亭活"，正所谓"无水不园"，园因水而活，"水"作为中国古典园林中最活跃的要素，在造园中有着举足轻重的作用。中国古典园林的基本形式就是山水园。邹迪光《愚公谷乘》中说："园林之胜，唯是山与水二物。"

三苏祠内绿水萦绕，荷池相通，水面空间丰富，祠内水面主要分为东、中、西三处片状水域，并辅以带状水域通系全祠。其中，以前厅、飨殿、启贤堂和来凤轩为主的中轴线两侧布有东西两片水域，形态相似，严整幽肃，将建筑围合其中，形成"三分水、两分竹"的岛居特色。除此之外云屿楼、东坡盘陀坐像、西池、文峰、船坞、消寒馆、碑亭等节点均有较大面积的水域分布，水体无明显聚合，因势利导，将水体与建筑巧妙地穿插、渗透、融合、交汇，体现了川西田园、村舍的自然风韵。祠内的水域通过溪、沟渠、暗渠等方式贯通全园，且设置水泵和拦水闸使全园水循环、活跃起来。

《园冶》中云："花间隐榭，水际安亭，斯园林而得致者。""水"与"亭"两要素是极好的搭配，三苏祠内大多数亭沂水而建，或立于其上，如瑞莲亭、披风榭、百坡亭、抱月亭等，再加以各式植物掩映于后围合空间，同时与水面营造微小气候环境起到降温、增湿之用（图4-6-42）。

图4-6-42　三苏祠水景

（五）楹联碑刻

三苏祠保存有苏洵、苏轼、苏辙、程夫人、苏八娘、王弗、王闰之、王朝云、史夫人和苏家六公子等10余人的塑像，供奉有眉山始祖苏味道画像和列代先祖牌位；存留着木假山堂、古井、洗砚池、荔枝树等遗迹；祠内珍藏和陈列有三苏父子的大量手迹、各种印版和拓版的诗文字画等文物和文献。祠内有三苏祠沿革展、碑廊苏轼手迹刻石80多通，宋、明、清、民国碑约30通。

三苏祠内碑刻保存完好，特别是在三苏祠的东园内，陈列有许多经典的苏轼书法刻石，碑文石刻技艺精湛，其中更是有好几座"三绝碑"。这些"三绝碑"大致可分为三种：一为碑文、书法、镌刻皆精妙绝伦；二为碑文、书法精湛上乘且碑文所述之人功德政绩杰出；三为碑文、书法以及镌刻用石奇特，古往今来极为难得。其中最为著名的便是《罗池庙诗碑》，三苏祠东园碑廊共有两通《罗池庙诗碑》，一为柳州碑："荔子丹兮蕉黄，杂肴蔬兮进侯堂。侯之船兮两旗，度中流兮风泊之。待侯不来兮，不知我悲。侯乘驹兮入庙，慰我民兮，不嚬以笑。鹅之山兮柳之水，桂树团团兮，白石齿齿。侯朝出游兮暮来归，春与猿吟兮，秋鹤与飞。北方之人兮，为侯是非，千秋万岁兮，侯无我违。福我兮寿我，驱厉鬼兮山之左；下无苦湿兮高无干，秔稌充羡兮，蛇蛟结蟠。我民报事兮，无怠其始，自今兮钦于世世。"二为韩愈仿骚体所撰，为祭祀柳宗元，由苏轼作书。因韩愈、柳宗元、苏轼三位都是中国文学艺术史上杰出的人物，而且无论从碑文内容、书法还是刻工均属上乘，故将其称为"三绝碑"。

四、艺术风格

（一）三苏文脉，艺术融合

三苏祠各景点有的建于不同朝代，有的建于同一朝代的不同年代，而历经数百年逐步建造和修缮的景点在风格上却和谐统一，正是因为在造园时都遵循了三苏文脉，力求在园林意境上保持吻合。或与苏东坡的典故有关；或引用三苏诗词书画点题；或在材质选择上与故宅使用的材质类似，例如瑞莲亭、抱月亭、披风榭、文峰、百坡亭等景点。

清康熙四年（1665年），眉山州牧赵惠芽模拟拓建了今天的瑞莲池及瑞莲亭，该亭为八角十二柱，攒尖式屋顶，因昔苏洵种瑞莲于池中，后每年开并莲花，为州士科名之吉兆而建。抱月亭建于光绪元年（1875年），亭名取苏轼《前赤壁赋》中"哀吾身之须臾，羡长江之无穷。挟飞仙以遨游，抱明月而长终"之意而建；为纪念苏轼、魏了翁、陆游而建披风榭，建于1898年，一楼一底，为重檐歇山式建筑。据《眉山县志》载，南宋淳熙年间，诗人陆游来眉山，曾游环湖，登披风榭，瞻仰东坡遗像，写下了《眉州披风榭拜东坡先生遗像》："孕奇蓄秀当此地，郁然千载诗书城"。文峰，建于2002年，以三苏父子文峰鼎峙为构想而建，三道直流而下的飞瀑，象征三苏文化源远流长；百坡亭建于1928年。苏轼任颍州太守时，曾作《泛颍》诗，诗曰："上流直而清，下流曲而漪。画船俯明镜，笑问汝为谁？忽然生鳞甲，乱我须与眉。散为百东坡，顷刻复在兹。"后人为希望眉山有更多像东坡一样的人才出现，在瑞莲西池修建了这座亭长20米，中间为八柱小亭，攒尖式屋顶的桥亭。

（二）园文相构，诗词点景

造园中诗词书画的恰当应用能起到画龙点睛的作用，从而达到升华意境的效果。飨殿匾额"养气"二字表明三苏父子为政、治学之旨——热爱生命，完善人格道德，以实现高尚而有独立价值的人生境界。瑞莲亭楹联"眼前小阁浮烟翠，身在荷花水影中"，亭在瑞莲池上，池中植有莲荷，风起时，云影波光，荷叶摇曳，"苏祠瑞莲"自古被誉为眉山八景之一，此处联如其景，景胜其联。抱月亭楹联"多情明月邀君共，无主荷花到处开"，以及船坞前楹联"画船俯明镜，流水有令姿"都为三苏祠营造出自然、诗意、古朴、典雅的山水画意境。

五、三苏祠数字化保护研究

近年来，随着数字化技术的快速发展，其对文化遗产的保护作用愈发显著。三苏祠园林式博物馆作为以园林为载体的博物馆，运用数字化技术对三苏祠园林空间进行数字信息采集，模型重建，数字解析及数字化平台搭建等，实现对现存古典园林数字化保存。

（一）三苏祠园林数字化测绘

通过数字化技术的手段，以便对三苏祠园林的纪念性空间、园林要素以及景观特征进行定量化解析，精准地把握其复杂物质构成背后所蕴含的意境和内涵，从而为园林遗产的研究、保护和修复提供科学依据和有效途径。三苏祠园林数字化测绘主要包含三个部分，即：数据采集、数据处理和数字化平台构建。

1. 数据采集

三苏祠在数字采集过程中采用三维激光扫描结合无人机摄影技术的方式，对园林中的建筑、名木古树、山石和水体等园林要素进行全方位测量，如图4-6-45所示。数据采集主要包括对现有图纸和档案的收集和分析、实地勘察、控制网及标靶的布设、建筑物扫描以及纹理数据采集等环节。

2. 数据处理

数据处理是对三维激光扫描仪和无人机所获取的各类源数据导入到相应的软件中进行处理，从而得到三苏祠园林的全园航拍图及点云模型。

3. 数字化成果

数字化成果是定量分析的依据，包括二维图片、三维实景模型以及3D MAX模型三种。其中二维图片又包括二维线画图和二维测绘图，具有节约文件和时间的优点。二维线画图是比较传统的测绘结果表达方式，其操作简单方便，是利用相关测量技术获取目标对象的数据，然后利用绘图软件对测量目标进行精细绘制，从而对目标要素的结构尺寸等进行深入分析（图4-6-43）。

二维测绘图是将三维激光扫描获取的点云数据导入到相应软件中获取三苏祠园林各要素的点云模

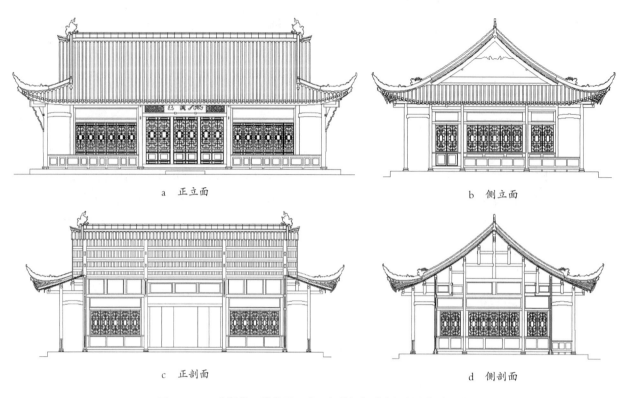

a　正立面　　　　　　　　　　　　　　　b　侧立面

c　正剖面　　　　　　　　　　　　　　　d　侧剖面

图4-6-43　启贤堂二维线画图（马文静根据《古祠新生》绘制）

型，即可得到任意角度的剖切图，即可从不同角度和细节分析三苏祠园林造园要素的布局的空间特点（图4-6-44）。

三维实景模型是通过三维激光扫描仪获取目标对象高精度的点云数据进行软件处理，得到与测量对象1∶1的具有真实色彩和纹理的三维点云实景模型，其能更准确、细致地反映测量对象的真实情况（图4-6-45）。

基于点云数据的3D MAX模型精准度极高，能比较细致、直观地表现测量对象的真实情况，还可用于后期三苏祠云园林、数字化博物馆的建设应用。

（二）三苏祠园林数字化解析

三苏祠将纪念性祠堂与叙事性园林巧妙结合，形成了东西均衡分布、规则式与自然式相结合的独特布局形式。通过二维测绘图和三维点云实景模型分析，可概括出园林布局特点为：三院三轴一岛一园，如图4-6-46所示。东部纪念祠堂区域具有明显纪念性轴线景观，由南大门—前厅—飨殿—启贤堂—来凤轩依次围合构成四个纪念性空间单元，与主要视线通廊和游览路线高度重合，通过植物高度、建筑高度和两者间距变化，形成"起—承—转—合"的纪念性空间序列，如图4-6-47所示。三苏祠园林环境由建成环境和自然环境组成。其中，纪念性要素包括建筑、植物、水体及山石，具体分布如图4-6-48所示。

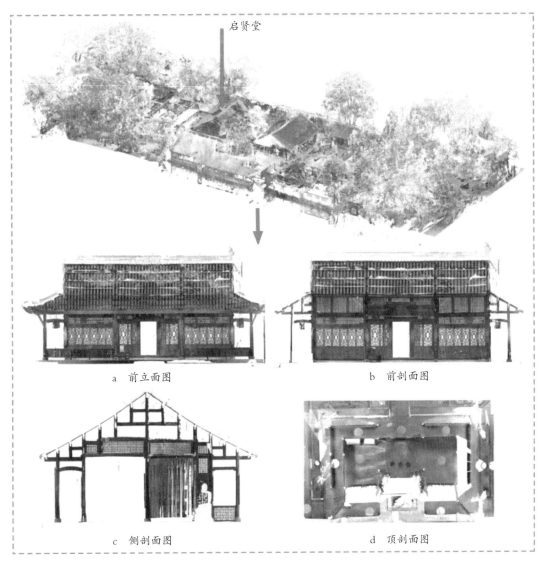

启贤堂

a　前立面图

b　前剖面图

c　侧剖面图

d　顶剖面图

图4-6-44　启贤堂二维切片图（马文静分析）

图4-6-45　船坞三维点云实景模型（马文静分析）

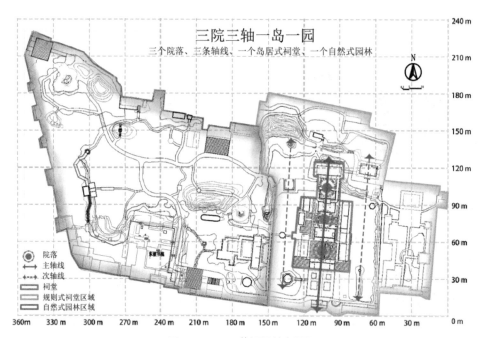

图4-6-46　三苏祠园林布局图

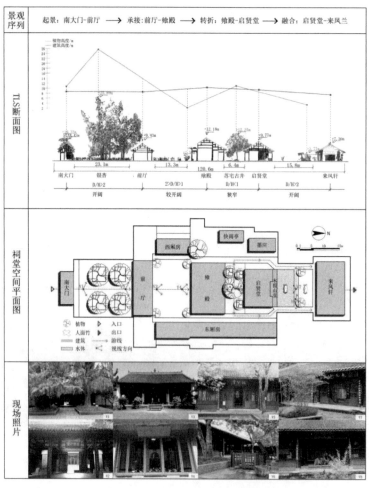

图4-6-47　三苏祠园林中轴线空间序列分析图（翟志高绘制）

图4-6-48　三苏祠主要园林要素分布

（三）数字化研究展望

三苏祠，是中国文学史上崇高的象征，以苏洵、苏轼、苏辙为代表的三苏家族，为古代文学增光添彩，流传千古。在眉山，三苏祠犹如一座文学殿堂，吸引着无数文人雅士前来朝拜，感受千年传统文化的深厚底蕴。然而眉山作为中国诗书城，承载着丰富的文学历史，以其独特的人文底蕴和文学氛围，为文学创作提供了滋养之源。三苏祠与眉山如同文学的传承之路，连接着过去和现在，这一切交织成一幅壮美的画卷，将中国文学的辉煌历史和当代文学的繁荣景象完美呈现。

在三苏祠园林的保护与发展途径中与现代科学技术相结合，利用数字测绘融合技术，获取园林的量化数据，通过重构模型、提取要素、识别特征，剖析其物质构成要素和彼此之间的关系，阐释景观特色的形成逻辑。在未来三苏祠园林的维护和修缮过程中可提供真实而准确的本底数据，以保证三苏祠的原真性，实现对三苏祠的永久保存；并且在未来的扩建中提供科学依据，延续其景观构成逻辑，以便保持三苏祠园林的整体性。

通过数字化技术的深度整合，三苏祠园林不仅能够在宣传方面迈出更为坚实的一步，还能够在西蜀园林研究领域取得更为引领性的地位。此外，未来还可依托BIM、GIS等技术，构建LIM（风景园林信息管理）系统，对其数据信息进行汇总和管理，使管理者更便于对三苏祠园林的经管。同时，还可结合数字化言及平台，实现三苏祠园林的数字孪生，将其打造成为数字化园林博物馆，为人们提供更为直观、立体和丰富的体验，有助于更好地宣传和发展西蜀园林。实现三苏祠园林的数字化博物馆，将为三苏祠的发展注入新的活力，使其成为风景园林领域的瑰宝，为西蜀园林的发展树立新的标杆。三苏祠作为眉山文化地标，保护三苏祠对于传承东坡文化，建设眉山中国诗书城具有重要价值。

附表1 三苏祠园林纪实（苏弋制）

时间	园林纪实
宋真宗大中祥符二年（1009年）	苏洵出生于眉山城西南隅之纱縠行私第。苏洵之子苏轼、苏辙也生于此
元延祐三年（1316年）	三苏故居改建为祠堂
明洪武二十九年（1396年）	重修三苏祠
明嘉靖九年（1530年）	侍御邱道隆命眉山太守莫钝维修扩建三苏祠，并割九寺庙田产为苏祠祀田
清康熙四年（1665年）	眉山知州赵惠芽模拟重建三苏祠主体建筑——飨殿、启贤堂、木假山堂、瑞莲亭
清康熙五十四年（1715年）	眉山知州黄元煐重修三苏祠并置买祀田
清嘉庆十一年（1806年）	三苏祠增修祠堂的东西厢房和方墙门道。复置三苏父子像龛三座
清嘉庆十八年（1813年）	眉山知州赵来震对三苏祠进行大维修，三苏祠"池之两岸，叠石成壁"，建来凤轩（原济美堂）等
清咸丰三年（1853年）	增修快雨亭。何绍基任四川学政使时，来眉山监考举子。因到三苏祠拜谒三苏父子，至此亭避大雨，遂命此亭为快雨亭，并手书匾额
清同治九年（1870年）	增修三苏祠大门（现为前厅）、耳房
清光绪元年（1875年）	四川督学使张之洞来眉山倡导修建云屿楼（原名东坡楼）、抱月亭、绿洲亭
清光绪二十四年（1898年）	眉山人将披风榭重建于三苏祠
1919年	眉山驻军旅长陈国栋进驻三苏祠，将其作为司令部。在此期间，陈国栋筹资对三苏祠进行了大维修
1928年	眉山地方官绅集议拓建三苏祠，相继增修了南大门、百坡亭、式苏轩、半潭秋水一房山、船坞、彩画舫等，并修甬道、小桥，将三苏祠改名为"三苏公园"
1950年初	眉山县（今眉山市东坡区）文化馆成立，兼管三苏祠事务
1959年	成立三苏纪念馆，上级调赠北京故宫博物院、北京大学图书馆、四川省图书馆、四川省博物馆一批古籍善本于三苏祠。国庆期间陈列正式对外展出
1967年	三苏纪念馆改为人民公园，陈列室改为工农兵展览馆
1978年10月	三苏祠重新开放并复名为三苏祠
2007年至2008年	眉山市委、市人民政府建三苏纪念馆、碑廊及陈列馆、文物精品展览馆、文物库房、西园、游客中心及停车场、纱縠行
2013年4月	三苏祠闭馆实施三苏祠"4·20"灾后抢救保护工程，对古建、园林、桥梁、山体、水系、展陈、消防、安防等进行全面修缮，2016年4月重新对外开放
2020年11月	眉山三苏祠博物馆与四川大学合作共建的东坡书院正式揭牌运行
2022年1月	三苏祠式苏轩文物展厅正式开展

第七节　崇州罨画池

　　罨画池始建于唐，当时为蜀州州衙后花园，有待宾游赏功能，也引来了无数文人雅士吟诗唱和。其始于唐，兴于两宋，毁于明末战火，园内现存建筑和园林多为清代和近现代修葺、重建和增扩。罨画池历经千年演变，也有大量名人曾在这里寓居和诗文咏叹，这也为其能留存至今奠定了文化基础。现已经从单纯的衙署园林发展成为纪念陆游、赵抃等人的名人园林，并进一步演变为崇州文庙的附属园林，今由罨画池、陆游祠、琴鹤堂和崇州文庙四部分组成，是集园林、赵陆祠堂、庙宇于一体的西蜀古典名园。

　　在罨画池园林的发展、演绎过程中，园林的官产性质、空间格局的形成和东湖、桂湖都具有高度的相似性，后世都是以水为脉，或以山、亭等为地标进行优化性的营造活动，即唐时山水位置至今基本未发生变化，这也是后人判断其为唐时园林遗迹的重要参考。它们仍留存着唐时园林的山水格局和风貌。

　　罨画池现占地52亩，其中水面约22亩。作为全国唯一以纪念陆游为主题的祠堂及四川地区保存最完整的文庙建筑群之一，罨画池现已成为国家重点文物保护单位、四川省爱国主义教育基地以及成都市爱国主义教育基地（图4-7-1）。

图4-7-1　罨画池

一、历史沿革

（一）唐时东亭送别处　官梅从此扬蜀州

自古蜀州多为文人学士来往频繁之地，留下诸多名胜古迹。史载"蜀州有东亭，位于治署之东"。此乃罨画池之前身。罨画池始建于唐代，称"东亭"或是"东阁"，为蜀州州廨的后花园，其早期规模只有罨画池及其东南一带，尚无湖池之说，而后逐渐演变成为具雅赏功能的衙署园林。唐上元元年冬（760年），蜀州刺史裴迪邀约杜甫登临东亭送客，杜甫作《和裴迪登临蜀州东亭送客逢早梅相忆见寄》一诗，诗曰：

> 东阁官梅动诗兴，还如何逊在扬州。
>
> 此时对雪遥相忆，送客逢春可自由？
>
> 幸不折来伤岁暮，若为看去乱乡愁。
>
> 江边一树垂垂发，朝夕催人自白头。

该诗对东亭送别场景的描述，透露出众多有关这里的历史信息，如蜀州东亭历来为官府送别吟唱之处，位于山丘之上，又是重要的登高和赏梅之佳地，此后，东亭、东阁、东湖、梅花的文化标签化更为明显，梅花也开始扬名天下了；"东阁""官""梅"点明了东亭的官家性质和园林的游赏性质，东亭亦因杜诗而成名。"金翡翠，为我南飞传我意，罨画桥边春水，几年花下醉"。五代至后蜀时期，时局动乱，蜀州民众拆土营城，编木为寨，虽无文献记载，根据时间轴线加以推断，罨画池可能在此时拓宽岸线、扩大水面形成人工湖。

（二）北宋始名罨画池　陆游池边第一诗

"罨画池"乃罨映覆蔽，如捕鸟之罗，捕鱼之纲，园池之美称。北宋庆历年间（1041—1048年），赵抃入蜀州任江原令。"罨画池"一名，始于何时尚未可知，但其最早见于其所做《蜀倅杨瑜邀罨画池》：

> 占胜芳菲地，标名罨画池。
>
> 水光菱在鉴，岸色锦舒帷。
>
> 风碎花千动，烟团柳四垂。
>
> 巧才吟不尽，精笔写徒为。
>
> 照影摇歌榭，分香上酒卮。
>
> 主人邀客赏，和气与春朝。

该诗为北宋嘉祐二年（1057年）所作，由此可知，北宋时期东湖的园林营造已具规模，极具观赏性，故有"主人邀客赏"之说法。《引流联句》记载："江原县江，缭治廨址而东，距三百步。泷湍驰激，朝暮鸣在耳，使人听爱弗倦。遂锸渠通民田，来面亭阶庑间。环回绕旋，沟行沼停，起居观游，清快心目。"赵抃任江原县令，居住于此，其引江水灌溉农田，营造州衙后花园，疏浚湖池，建造楼榭，才形成了荷花摇曳、波光粼粼、斑斓景象，故名"罨画池"。此时此地，仍有东湖、东亭、东阁之州治判官廨后池的称呼，因其仍作为州府后花园之功能，罨画池称呼会有一个渐续发展和认知的过程，后至陆游任通判之时，写下大量诗篇，罨画池之名便为广播了。

至政和年间（1111—1118年），苏元老监崇州郡事之时，还称为东湖。《元一统志》载："东湖在崇庆府，湖上环以修竹……竹蔓之间，暗泉入焉，为渠为流，其行错综如线，又其落时，则鸣如佩环，其止也澄澈如鉴。又有东湖六咏，曰岁寒亭、涵空亭、扶疏亭、碧鲜亭、壁台、九峰亭。"苏元老是苏澈的族孙，为学有功，颇具雅士情怀。在其任期，从事造园逸趣，增泉、渠、溪、瀑之水体形态，修亭、台、楼、阁之园林建筑，这时候，苏元老在赵抃的理水造园的基础上，保证农田水利之便，进一步理清了湖、池、水系关系，种植了竹，拓展东湖的景观要素，融入了文人气息，衙署园林的意趣文态得以提升。

乾道九年（1173年）春，陆游任蜀州通判，居罨画池边怡斋。在罨画池居住一年有余。初到蜀州便写下《初到蜀州寄成都诸友》：

> 流落天涯鬓欲丝，年来用短始能奇。
>
> 无材藉作长闲地，有讼留为剧饮资。
>
> 万里不通京洛梦，一春最负牡丹时。
>
> 襞笺报与诸公道，罨画亭边第一诗。

陆游在罨画池居住、理政期间，更多的是邀友赏景，饮酒作诗，尤其是钟爱罨画池之景色，写下了30多首和罨画池有关的诗句。再如《池上晚雨》：

> 乌纱白葛一枝筇，罨画池边湖晚风。
>
> 云叶初生高树外，雨声已到乱荷中。
>
> 凭阑顿觉氛埃远，回首方知暑毒空。
>
> 阅世万端惟小忍，何人更事似衰翁。

陆游任职蜀州之时，罨画池已是蜀中胜景，受其诗的影响，罨画池更是声名远扬。陆游常在诗中描绘罨画池的池山亭阁以及生活游乐的情景。"云薄漏春晖，湖空弄夕霏。沾泥花半落，掠水燕交飞"的湖波暮景；"罨画池边小钓矶，垂竿几度到斜晖"的池边垂钓；"缥缈云边罨画楼，空蒙雨外木兰舟。谁知老子轻狂甚？独占城南十里秋""凭栏投饭看鱼队，挟弹惊鸦护雀雏"的闲来趣事，还有小楼、朱阁、怡斋、萱房、画船、三千官柳、百亩湖竹等园林景致以及捉蝶、观燕、瓶插、饮酒赋诗等游园活动。陆游离蜀后仍常忆怀蜀州"归心日夜逆江流，官柳三千忆蜀州""小阁东头罨画池，秋来长是忆幽期"等诗句，表达了他对罨画池的留恋之情。这种文化基因的绵长延续，也是文园互构的基础。

（三）明朝纪念开先河　清代扩修定格局

明代州志记载明初还是"州治判官廨后池"。明洪武间初年（1368年），在池之南面建文庙建筑群；正德年间（1506—1521年），为纪念赵抃和陆游，在池之东南方建赵陆公祠，祠门悬"琴鹤梅花"四字匾额，其中"梅花"代表陆游的风骨气节和对罨画池的眷恋，"琴鹤"代表赵抃的清正廉洁和一琴一鹤的形象。这时候，罨画池开始具备了纪念特性，此时应该不是衙署之所了；明末赵陆公祠与文庙尽毁于兵燹，园内其余亭、斋等建筑都近乎毁灭。康熙四十年（1701年），在罨画池南侧土台上新建尊经阁，文庙主体建筑也完成修葺和重建。该土台为唐之前掘池所堆，且大多描述为"池南"，故该土台、罨画池均为唐旧址。道光年间，在池中建湖心岛；咸丰元年（1851年），知州李象昺将文井江的桥头亭移至湖心岛，命名为罨画亭，与尊经阁南北呼应，也使湖池成为文庙的附属园林。

清光绪初年（1875年），崇庆州知州孙开嘉主持补修罨画池。池水被三曲桥一分为二，桥南的水渠扩大为水面，与北面大池形成内外二湖，并在内湖两侧增建琴鹤堂、问梅山馆、望月楼、草亭等建筑。光绪八年（1882年），孙开嘉陆续修复内湖的半潭秋水一房山，琴鹤堂、瞑琴待鹤之轩等建筑，叠筑假山，通渠引流，池水形态愈加丰富，罨画池的面貌也为之一新。清代的园林修复按照明代形成的纪念特性和遗迹进行了拓展性的营造。孙开嘉的两次营造活动，进一步增强了对陆游、赵抃的纪念性，系统地布局了纪念建筑，形成了内外二湖，丰富了罨画池的水系，基本定格了今天的园林空间格局和功能布局。

（四）一轴两湖呈四区　文庙琴鹤放翁堂

民国《崇庆县志》记载，"亚桥舫屋，假山亭榭，环池屈曲，列卉争妍，通渎引流，昕霄汩汩，朱夏荷香，凭栏纵览，幽光清景，颇涤嚣尘。"民国之时，罨画池依旧为清时之貌，也有"昕霄汩汩"之声，北宋便有"泷湍驰激，朝暮鸣在耳""鸣如佩环"，说明一直有流瀑或跌水之景观，时或为农田水利设施之用，后成瀑泉。

1916年罨画池作为公园对市民开放，1929年命名中城公园。因民国时期军阀混战，实行防区制，罨画池作为刘文辉、邓锡侯等驻军之地，文庙等建筑遭到破坏，古藤、古树被砍伐；赵陆公祠也破败不堪，民众便将纪念物移至尊经阁侧，称"二贤祠"。

1949年中华人民共和国成立，政府多次修缮罨画池；1955年命名为"崇庆县人民公园"，同时在西北角新建大门并取消了原有的东门；1960年，在外湖东北角新增建月波亭、爽心榭以及之间的长廊等沿岸建筑；1974年，增建听诗观画亭与池北伴亭，并在尊经阁的西侧增建以王勃《送杜少府之任蜀州》一诗为立意的比邻廊；1981年10月更名为"罨画池公园"；1982年3月，在内湖之东南方建陆游祠；1985年建陆游祠大门、"梅馨千代"过厅、放翁堂、同心亭等建筑。自此，罨画池一园两湖四区的整体格局大定。外湖作为文庙的附属园林，赵抃、陆游分别在内湖的东、西两侧进行分别祭祀，废除原有两人的共祠形式。2004年，重塑五云溪的山水瀑溪，疏浚湖池；2010年，清除混凝土池底，更换红砂石池壁；2011年，罨画池公园更名为崇州市罨画池博物馆；2013年，更名为罨画池博物馆。

二、园林艺术

（一）空间布局

1. 一庙两湖分四区

罨画池博物馆整体空间的由罨画池、崇州文庙、陆游祠和琴鹤堂院落等四区组成，形成了"一轴两湖呈四区、一池两岸两院落"的整体呈倒"L"形的平面布局形式（图4-7-2）。

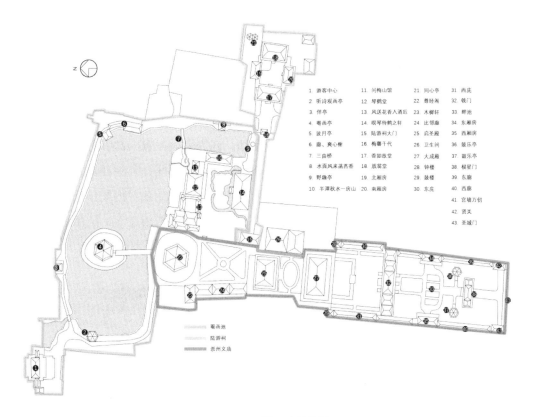

图4-7-2　罨画池总体平面图

1　游客中心	11　问梅山馆	21　同心亭	31　西庑
2　听诗观画亭	12　琴鹤堂	22　尊经阁	32　戟门
3　伴亭	13　风送花香入酒卮	23　木樨轩	33　泮池
4　罨画亭	14　瑟琴枟鹤之轩	24　比邻廊	34　东厢房
5　波月亭	15　陆游祠大门	25　启圣殿	35　西厢房
6　廊、奥心榭	16　梅馨千代	26　卫生间	36　敬乐亭
7　三曲桥	17　香如故堂	27　大成殿	37　敬乐亭
8　水面风来满荷香	18　放翁堂	28　钟楼	38　棂星门
9　野趣亭	19　北厢房	29　鼓楼	39　东廊
10　半潭秋水一房山	20　南厢房	30　东庑	40　西廊
			41　宫墙万仞
			42　贤关
			43　圣域门

一轴是指南北狭长的文庙空间轴线，两湖即罨画池之内湖、外湖，四区则指罨画池、文庙、琴鹤堂和陆游祠院落。四部分基于唐时之湖池和土丘（尊经阁位置）之原位而融汇一园，历代续建者围绕"赵陆"以及"池南"等地标特点进行逐步完善的。一是通过南北向的文庙轴与东西向的外湖水轴进行整体空间统筹，文庙轴线北端和罨画池中心交汇于罨画亭，罨画亭统筹整体北区景观，同时关联尊经阁，尊经阁引导文庙南向空间；二是在陆游祠、琴鹤堂院落与文庙的启圣殿之间设置了一条东西向的水平轴线，位于全园中部，使整体空间达到了平衡，也实现了三者祭祀通道的关联与转换，极为巧妙；三是利用湖池两岸的建筑和园路进行全园的融会贯通，使这四部分既独立又有机一体。外湖设亭廊水榭以满足休闲和诗意意象的需要，开阔疏朗；内湖两岸有轩阁亭桥，以近观游鱼、宴乐之用，雅致幽静；内湖一支向东方向，形成小鉴湖，围绕陆游祠。水系将所有附属空间、院落空间等都进行了联络，其形式丰富多样。

2.三折桥廊分两湖

罨画池位于一轴即文庙的最北端，呈东西方向布局，为方形湖池，为唐时甚至之前就凿池引水、累土成山，时称东湖、东亭或东阁之名，杜甫所作《和裴迪登临蜀州东亭送客逢早梅相忆见寄》一诗之时，东亭已在垒土之上了，说明湖池已经存在。清道光年间增修了湖心岛，这些今仍为原址。清光绪年间，架设三折桥划分外湖、内湖之别，增加云墙曲巷，以分内外之境。

三折桥以北为外湖，水面宽阔、视线开敞。湖心有岛和罨画亭，成为外湖的视线焦点和文庙的轴线末端，其以一石拱桥与南岸相连。外湖北岸依次向东布置了听诗观画亭、见伴亭、波月亭，折而向南布置了长廊和爽心榭。

三折桥以南为内湖，水面狭长。东岸有连绵起伏的假山，一直延伸到西南，蔚为壮观，在西蜀古典园林中最具规模和特色。沿岸东侧假山之间布置了"水面风来菡萏香"两层水榭，南岸点缀了野趣亭，为三折桥之对景；西岸是琴鹤堂庭院空间，临水为"半潭秋水一房山"舫。内湖水系在南端一分为二，东向陆游祠，形成"小鉴湖"。西向琴鹤堂院落，围绕"瞑琴待鹤之轩"，再向南流出。

三折桥明跨东西两岸，巧分南北两湖。外湖开阔疏朗，四周柳枝摇曳，高乔林立，彩林斑斓，菡萏玉立。整个湖面波光粼粼，水影涟漪，湖心岛巧妙地划分了湖池空间，环湖四周，或亭廊观景，步移景异，满眼皆为多姿多彩、五光十色又光怪陆离的诗意画面，不虚此名。内湖雅致幽静，可为文人雅士雅集佳处，山峦起伏、亭廊错间，水绕山环，正适合琴鹤堂（含四相堂）、陆游祠之庄严氛围。三折桥、云墙曲巷的巧妙设置，使两湖一大一小、一静一动，令人向往（图4-7-3）。

图4-7-3　罨画池外湖、内湖之意境

3. 内湖东西呈两院

崇庆州知州孙开嘉将三折桥南的水渠扩大为水面，在内湖两侧增修建筑，形成了内湖、大假山两个中心。其中内湖北侧有三折桥，东岸布置了"水面风来菡萏香"（含四相堂），南岸点缀了草亭，西岸为"半潭秋水一房山"水榭，形成了以湖为中心的水院落；在大假山北侧以琴鹤堂为中心，两侧构筑了"风送花香入酒卮"和"问梅山馆"，南侧营造了"瞑琴待鹤之轩"，与西侧围墙、东侧"半潭秋水一房山"共同构成了以纪念赵抃为主的纪念性院落。然后通过内湖东岸的假山，连绵不绝地绕湖延展，至西南方后，进入琴鹤堂院落，并成为大型山水组景，极为气势。一水、一山，两个院落东虚西实，疏密有致。琴鹤堂院落目前尚没有主要的祭祀纪念轴线或序列，从目前院落和建筑形制来看，原有纪念入口应在瞑琴待鹤之轩南侧中间位置，现为围墙所避（图4-7-4）。

琴鹤堂院落最占山水之利，而陆游祠偏居东南，则单独设祠宇大门、甬道、祠堂，形成了东西向的纪念长轴。入陆游祠大门，是狭长甬道；甬道之左以琴鹤堂庭院镂空花墙，青瓦作花格漏窗，右有诗刻长墙，陆游众多诗篇以石刻嵌之；甬道尽头，为梅馨千代过厅，再是香如故堂，最后至放翁堂。放翁堂北侧为同心亭，南侧原为小鉴湖，修有亭廊，整个东侧园林空间灵动舒缓。园内多为梅花、桢楠，部分皆百年以上（图4-7-5）。

图4-7-4　琴鹤堂院落景观

图4-7-5　陆游祠院落景观

4. 一轴文庙融罨画

崇州文庙建于明洪武间初年（1368年），明末毁于战火，康熙四十年（1701年）修复和重建，是目前川西保存最好的文庙之一。该文庙按照地方孔庙的礼制修建，整体呈狭长形，基本为南北中轴对称布置。由南向北依次为月池、万仞宫墙、棂星门、泮池、戟门、大成殿、启圣殿、尊经阁。大成殿位于中轴线中心，是建筑群中最主要的建筑，体量庞大厚重，其两侧有东庑和西庑遥相对望，以及钟鼓楼等附属建筑。启圣殿是以祭祀孔子父母为主的祭祀区，体量较小。轴线最末端是以尊经阁为中心的园林区域，尊经阁建于唐时土丘之上（可能为当时东亭位置），为全园最高点，与北端湖中罨画亭一脉相承，以桥相通；尊经阁体量庞大，高宽皆巨，应为有意为之，起到统领南北、左右之作用。文庙虽具有南侧礼仪入口，但在启圣殿、尊经阁之南北，均实现了和罨画池、琴鹤堂院落和陆游祠的有机融合，整个纪念游线、功能关联、景观节点等既体现了各自特点，又实现了不同的目的性，祭祀、纪念文化在这里可谓相得益彰（图4-7-6）。

图4-7-6　文庙景观

（二）建筑景观

罨画池建筑群的发展在明清后形成了两条主线，一条是南北轴向的文庙，一条是以纪念赵抃、陆游以及四相堂（唐张柬之、李峤、王缙、钟绍京）而形成的陆游祠、琴鹤堂院落。其中近现代建筑主要位于罨画池岸，明清时期的建筑主要为文庙区域、陆游祠和琴鹤堂处。

1. 罨画池湖区

1）尊经阁

尊经阁于康熙四十年（1701年）建于罨画池南面土台丘上，上下两层，六角重檐，十二翘角，九梁十八柱，为重檐六角攒尖六面门楼阁，是收藏儒家经典之处。尊经阁巧妙地将罨画池、文庙和琴鹤堂院落有机融合，成为北区的景观控制中心，起到了统领全园的作用。从平面上看，尊经阁位于文庙建筑群轴线上，阁北以一石拱桥与罨画亭相连，自然而然地将文庙轴线延伸至罨画池园林空间，同时文庙建筑轴线与琴鹤堂、陆游祠轴线在尊经阁前的花园处相交，使尊经阁成为罨画池全园的景观中心。从竖向上看，文庙建筑群沿轴线方向由南向北地势逐渐升高，尊经阁成为全园的制高点（图4-7-7）。

2）罨画亭

罨画亭毁于明末战乱，咸丰元年（1851年）知州李象昺将文井江的桥头亭移至湖心岛上与尊经阁遥相呼应。考虑湖池比例和尊经阁的呼应关系，该亭正好体量方大，为两层四角重檐攒尖木构方亭，能与尊经阁相宜。亭有联"千里蜀山情坠罨画，一池春水梦回沈园"。该联令人唏嘘，站在陆游的角度，触景生情，赞美罨画美景之时，一池春水又让陆游深感惆怅和发出无限的哀思，沈园的情缘痛彻时时浮现眼前，"东风恶，欢情薄""世情薄，人情恶"，在这里"晓风干，泪痕残，欲笺心事，独语斜阑"。罨画亭四方漏敞，周围高木林立。湖池美景尽收眼底，碧波荡漾，彩影婆娑，在水面交织出一幅锦彩斑斓的动态画面（图4-7-8）。

图4-7-7　尊经阁

图4-7-8　罨画亭

3）听诗观画亭

罨画池对公众开放后，为丰富公园意趣，陆续地在外湖北岸、东岸增建了亭台楼阁等园林建筑；

1974年，增建听诗观画亭与伴亭。"听诗观画亭"位于北侧入口处，在罨画池西北角，与罨画亭隔湖相望，为双层六角攒尖仿古亭。刚入园，左听流水潺潺，正看罨画石碑，右入"听诗观画亭"，该亭的设计似有开门见山之意图。入园即刻领略陆游吟咏罨画池美景的画面，体验"画中有诗，诗中有画"之意境（图4-7-9）。

图4-7-9　罨画池碑与听诗观画亭

4）伴亭

伴亭建于外湖北岸，由于园路狭窄，故后靠围墙，同时造型减一亭之半大小，也具双关之意。伴亭立于高台，为卷棚歇山顶，白墙灰瓦，有江南意蕴。伴亭立于湖畔，檐角飞翘，轻盈精巧。其东西两面有精巧之漏窗、别致之门洞，南面视线开敞通透，设飞来椅；北面虽靠墙，但有一明镜嵌入山墙，镜中之景即眼中之景，小中见大，也为巧妙（图4-7-10）。

图4-7-10　伴亭

5）月波亭

1960年，在外湖东北角新增建月波亭、连廊、爽心榭。这一组建筑为亭、廊、榭构成而成，丰富了池之东北面，同时与罨画亭、风送花香入酒卮形成视线关系，也是观赏湖池景观的最佳地方。凭栏遥望，碧水清波，婆娑树影，诗意交融，丰盈灵动，正如陆游诗云："月色横分窗一半，秋声正在树中间"（图4-7-11）。

图4-7-11　月波亭、爽心榭（右一）

6）比邻廊

1974年，在尊经阁南方花园之西侧增建了以王勃《送杜少府之任蜀州》一诗为立意的长廊。长廊以诗中"海内存知己，天涯若比邻"一句立意，故名"比邻廊"。比邻廊为现代仿古建筑，整体为"U"形长廊，连廊为单檐卷棚顶，南北两端，连着两个方亭，呈"品"字形朝东。北为"木樨轩"，稍大似厅之规模和形式，歇山顶，双翼高翘，南为"暗香亭"，稍小，为一正方亭（图4-7-12）。

图4-7-12　比邻廊

7）三折桥

清光绪初年（1875年）知州孙开嘉修建扩张内湖，修建三折廊桥联系东、西两岸，区分南、北内、外两湖，是罨画池重要的地标建筑之一；三折桥青瓦素脊，木柱木栏，石墩高架，一波三折，高低错落，形态轻巧，北观湖池广阔，南看两岸廊轩亭榭，游鱼翻腾；东接群山，西接云巷，峰回路转，整体环境幽雅朴实，通畅两岸，又别有洞天（图4-7-13）。

图4-7-13　三折桥

2. 琴鹤堂院落

1）琴鹤堂

琴鹤堂坐北朝南，与"风送花香入酒卮""四相堂"和"问楳山馆"共同构成了一组平行的"L"形建筑群，南向大假山庭院，与"瞑琴待鹤之轩"相对，山水相通；问楳山馆向东通过一门厅连接半潭秋水一房山；"风送花香入酒卮"西侧为尊经阁；建筑群北侧设后花园，直接临外湖，可赏开阔湖面，与月波亭、罨画亭形成三角对应关系。琴鹤堂在这一组建筑中最为高大宽阔，显得庄严神圣，两侧建筑则低矮雅致，突出了纪念赵抃的重要地位。

琴鹤堂所处位置据传为陆游任蜀州通判时所居恰斋，现存建筑为清光绪期间重建。琴鹤堂院落现以纪念赵抃为主题，意为"为官清廉之堂"。赵抃入蜀为官，身无旁物，仅携一琴一鹤。苏轼称道"清献先生无一钱，故应琴鹤是家传。"明孝宗朱祐樘（1470—1505年）赞曰："琴声寒日月，永留清白在人间。鹤唳彻遥天，常使丹心通帝座。"琴鹤堂建筑为单檐悬山顶，四柱三间，正中门额"琴鹤堂"，悬挂"鹤鸣人影瘦，琴韵剑光寒"对联一副，左右两间分别悬挂"遗风""流韵"匾额。后世常以"一琴一鹤"象征为官清廉（图4-7-14）。

图4-7-14　琴鹤堂　　　　　　　　　　　　　　　　图4-7-15　问梅山馆

2）问梅山馆

问梅山馆搭建于琴鹤堂东侧，与琴鹤堂相接，坐西向东，南通过门厅过道与"半潭秋水一房山"相接。门厅面向内湖，为卷棚歇山顶。据传为陆游读书游憩的苹风阁。陆游对梅的喜爱深入骨髓，他的不少咏梅诗词便作于此处，故取名问梅山馆。今人杨超所书"问槑山馆"匾额的"槑"字似两枝盛开的梅花，是"梅"的象形字，生动形象，趣味十足（图4-7-15）。

3）风送花香入酒厄

"风送花香入酒厄"为一处小巧玲珑的小合院，坐北朝南，南入口简洁，仅以"风送花香入酒厄"示之，但北侧采用廊轩的形式，与外湖相互借景，甚为巧妙。整体建筑轻松惬意，诗情画意，是为纪念陆游饮酒韵事而建，文人墨客常来此聚饮唱和。院西有恰斋，现为纪念陆游起居的厢房；东侧为四相堂，唐时张柬之、李峤、王缙、钟绍京先后任蜀州刺史，后均升宰相，德宗贞元年间，蜀州刺史黄甫澈修建祠馆以纪念（图4-7-16）。

图4-7-16　风送花香入酒厄、四相堂（图五）

4）半潭秋水一房山

该建筑位于琴鹤堂院落东侧，内湖西侧，为典型的水榭山房，临水而建，为内湖最主要的建筑。北面连接问梅山馆，通过曲墙云巷与三折桥相通，东面与望月楼（水面风来菡萏香）隔湖相对；西为琴鹤堂庭院大假山。水榭南侧歇山顶，北侧为悬山顶，屋檐仅有东南侧有一飞檐，甚为奇妙，实现了建筑本身之美与环境均衡协调之美。加之内湖狭小，仅为"半潭"，西侧又为大型假山，故其名也甚为奇妙。山房为四柱一楹，柱间设飞来椅（图4-7-17）。

图4-7-17　半潭秋水一房山

5）瞑琴待鹤之轩

瞑琴待鹤之轩与"半潭秋水一房山"、琴鹤堂以及"风送花香入酒卮"等都为光绪八年（1882年）知州孙开嘉所建造。这些建筑共同构成了琴鹤堂院落，主要为纪念赵抃。该建筑坐北朝南，为仿江南风格的三合院式的敞轩，装饰华美，面面漏透，四面借景入室，环顾处处皆有诗情画意之意境。室内或以雕花屏风分隔空间，或以方门、圆门借鉴外景；其北侧转角处非直角而是圆弧状，故整体平面呈倒"U"形布局。建筑北抵大假山，有曲水环绕，南两侧配有厢房，院内有两株古银杏对植两侧，此处最早应为琴鹤堂院落的主入口，现被陆游祠甬道围墙所阻（图4-7-18）。《宋史》有记载："日所为事，入夜必衣冠焚香以告于天，不可告则不敢为也。"赵抃以鹤毛之洁白象征自己纯洁清廉，鹤顶红象征自己忠心爱国。瞑琴待鹤之轩有联云"酒醉瞑琴卧，焚香待鹤归"，新繁东湖纪念赵抃之遗迹也有"眠琴石"。

6）水面风来菡萏香

"水面风来菡萏香"即望月楼，光绪八年（1882年）为知州孙开嘉所建造，为卷棚歇山顶两层阁楼，坐东向西，与"半潭秋水一房山"隔湖相对，互为借景和观赏。建筑建于临湖绵长的假山中段，借假山之山路可逐步登楼，可谓山楼一体。一楼门墙虚隔，临池有飞来椅，匾额悬于二楼："水面风来菡萏香"，"菡萏"意为未开的荷花，"是处登临有风月，略森踪迹到波澜"前联取自陆游《自嘲》诗句中"是处登临有风月，平生扬历半宫祠"之句，后联取自宋贾收《题有美堂》中"谁信静中疏拙意，略无踪迹到波澜"之句。傍山临水，赏月观荷，为内湖最高的观景之处（图4-7-19）。

图4-7-18　瞑琴待鹤之轩

图4-7-19　水面风来菡萏香

7）野趣亭

野趣亭为光绪八年（1882年）由知州孙开嘉所建，位于内湖最南侧，采用六柱圆顶茅屋造型，极为朴质粗野。野趣亭坐落于嶙峋假山上，掩映于葱郁林木间。身居亭中，六面皆景，内湖的山、水、楼、轩构成了一幅诗意长卷（图4-7-20）。

3. 陆游祠

陆游入蜀八年，踏遍巴山蜀水，情入一草一木，有诗咏"江湖四十余年梦，岂信人间有蜀州"（《夏日湖上》）"官闲我欲频来此，春来日日在东湖"（《东湖新竹》）。陆游祠的修建改变了与赵抃同祠、同祀的局面，1982年专为纪念陆游而建，是一组仿明、清古典祠宇建筑院落。建筑布局礼序，坐东朝西，由正门、甬道、梅馨千代过厅、香如故堂、放翁堂、同心亭等组成。正门设于琴鹤堂与文庙交汇处，通过狭长的甬道通向过厅，大门位置还有待商榷。屋宇三重，采用传统川西民居风格，朴实飘逸、清素淡雅；装饰也为烦琐，雕柱画梁，门扇、窗户精工雕琢，甚为细腻。

图4-7-20　野趣亭

1）陆游祠大门

陆游祠大门正面朝西方，为典型的卷棚顶式半幅门厅，两翼高翘，极具动感，背面为直墙，青瓦压脊，有高低变化。门额悬"陆游祠"木质匾额，额下为张爱萍所题"怀壮志统一国土，含悲愤宿愿未酬。"此联正是陆游一生忠贞爱国，含憾而终的写照。由于大门与通往文庙的园门贴近，故而在大门前设广场，既体现大门的仪式和领域感，又区别于文庙空间关系，同时作为祠宇前导空间起到集散、导向、昭示等功能（图4-7-21）。

图4-7-21　陆游祠大门

2) 梅馨千代过厅

过大门，经过60余米狭长的甬道，尽头便为梅馨千代过厅，杜甫来登亭赏梅，使"东阁官梅"负有盛名，后来者陆游爱梅花、咏梅更是流传后世，故名"梅馨千代"；门厅为歇山顶式建筑，具川西民居特色，其楹联为陆游名句"山重水复疑无路，柳暗花明又一村"。道出了陆游祠的本质，也将罨画池山水格局形成的曲折迂回、峰回路转的园林空间特征进行了表达，望门厅，读此联，咏此诗，可谓情景交融，百感交集（图4-7-22）。

图4-7-22 梅馨千代过厅

3) 香如故堂

梅馨千代过厅之后，是第一重祭祀院落，还留存两株硕大高耸的桢楠，堂前一对威猛石狮，琴丝竹两侧掩映。建筑屋面宽高，正脊厚重，垂脊装饰花鸟灰塑图案，悬山顶，面阔三间，山墙砖砌，前后通畅，为抬梁式构造。取名于陆诗《卜算子·咏梅》"无意苦争春，一任群芳妒。零落成泥碾作尘，只有香如故"。堂内陈列了陆游的生平简介、手迹碑以及玉石碑等（图4-7-23）。

图4-7-23 香如故堂

4）放翁堂

香如故堂与放翁堂以及南北厢房构成了第二重院落。大殿立于高台，为单檐歇山顶建筑，正脊微凹，檐角高翘，面阔三间，均采用方柱，外设走廊。整个建筑气宇轩昂，稳重庄严，典型的祠堂风格。门柱皆有对联，因此建筑及整体庭院文风氤氲，诗意盎然。"放翁堂"其名字由来因陆游常"恃酒颓放"，自号"放翁"，"门前剥啄谁相觅，贺我今年号放翁"。辛楷所题对联："一代萃循良，曾来主江原风月；千秋犹景仰，何处接工部祠堂。"该联一是说他来蜀州任职，引领江月文风；二是赞扬陆游学杜（杜甫）有成，千年以来，无数人在这里敬仰他，不必去草堂（草堂工部祠配祀有陆游、黄庭坚之石像）。放翁堂栏杆、门窗雕琢精美，选材上乘。堂内塑有陆游坐像，呈蹙眉凝思、忧国忧民之神态，并陈列了陆游在四川的代表诗作手迹及宋三彩等文物（图4-7-24）。

图4-7-24　放翁堂

放翁堂后，为环绕该堂的一处山水后院，水系通过内湖渠道引来，在南侧形成小鉴湖，这一布局也是祠宇园林的典型做法，同时使陆游祠自成体系。院落南侧为小鉴湖，立有信有亭廊，北侧有一处攒尖同心亭，由双亭交加构成，为纪念陆游与蜀州张季长相交40年的友谊而建，亭有联曰："并马中原肝披胆沥，和诗西蜀桂馥兰薰"（图4-7-25）。

图4-7-25　同心亭及后院假山

4. 文庙建筑

文庙兴建于明洪武初，经明正德十一年（1516年）大修初具规模，现存建筑为清代重修。从万世师表坊起，依次为月池、万仞宫墙照壁、棂星门、泮池、戟门、大成殿、启圣殿和尊经阁，整体建筑色调以红、黄为主，凸显华丽壮观、气势磅礴之感。

棂星门是现存全国古代文庙中唯一的形制，三重檐三开间全金丝楠牌楼式坊门，构件上采用如意斗拱，饰以凤凰镂刻圆形封板，色彩上采用红、白、黄、蓝、青五色，素雅灵动，又端庄大气。崇州文庙棂星门独特之处有三个方面：其一，为增加前排四柱，形成八字明间；其二，各层飞檐角度不同；其三，正看三重檐背看两重檐（图4-7-26）。

大成殿为文庙建筑群的重心，重檐歇山式建筑，面阔五间，四周带回廊，红墙黄瓦，正脊为飞龙装饰。殿前设御路踏跺，御路石面有双龙浮雕，华丽庄严（图4-7-27）。

图4-7-26　棂星门

图4-7-27　大成殿

（三）植物造景

历史上罨画池内植物以梅、荷为胜，"三千官柳""百亩湖竹"是罨画池最典型的历史诗意，遗憾今已无存。目前罨画池植物郁郁葱葱、堆云叠翠，其配置用意分布明显，湖池以柳树、水杉、梧桐、枫杨、银杏、香樟、桂花、紫薇、芙蓉等为主，植物高冠入云，在良辰佳日，湖面也有万花碎动之"罨画"感；陆游祠以桢楠、梅花、竹林等为主，以表达纪念氛围；文庙则是银杏、桂花为主，秋日之况，金色满园，古老苍劲；琴鹤堂院落以银杏、香樟、女贞、朴树为主，也点缀有罗汉松、苏铁以及盆景之类的植物，以求传统画意和彰显纪念对象之气质风骨。

杜甫登阁咏叹"东阁官梅动诗兴"之后，此处官梅已成蜀地胜景；追崇者陆游爱梅更胜，在成都留下了许多赞美梅花的诗篇并影响至今，其中《忆锦城》《城南寻梅》《梅花绝句》《卜算子·咏梅》等都是流传千古的咏梅之作。后人以种植梅花来表达对陆游、杜甫等人高尚品格和坚贞不屈的崇敬和纪念之情。

罨画池内的荷花也是最大特色，部分建筑设计和命名更是表达了赏荷的最高境界。范成大畅游罨画池，曾写下"谁云不解饮，我已荷香醉"，还有"荷花正盛，开水月，登舟亭，湖阴亭外别有白莲尤奇。蜀中无菱，至此始见之"等吟咏佳句。

烟柳湖竹，入池罨画，陆游离蜀后，常怀念罨画旧景，"归心日夜逆江流，官柳三千忆蜀州"《雨夜怀唐安》"明朝解醒不用酒，起寻百亩东湖竹"《忆唐安》，三千官柳，百亩湖竹，一池罨水，一话故人。而今，"三千官柳、百亩湖竹"的蔚为壮观的自然风光已随罨画池之演变不复存在，满池菡萏也因罨画池之水泥覆底而荡然无存，但池畔红梅，绿丛黄蜡仍在冬春之季吐纳幽香，延续罨画池的暗香疏影。除此之外，在罨画池的时代更迭中，留下银杏、枫杨、黄葛、水杉、楠木、古柏、苏铁等参天名木，它们所珍藏和蕴含的历史文化随着时间的长河源远流传，从感性的精神层面，为罨画池增添了一份厚重（图4-7-28）。

图4-7-28　罨画池植物意境

（四）山水艺术

1. 林峰联排连绵叠嶂

无论是文人写意山水园，还是名人纪念园林，叠石、假山都最重要的自然表达要素，能传达场地特定思想与精神，西蜀古典园林中山水景观营造就是因地取材，按照建筑空间、水系布局、文化内涵等进行营造。

罨画池采用竖石为山的方式进行营造，布置和营造极为考究，最大的这一组假山应为清光绪初年知州孙开嘉拓展内湖、修建琴鹤堂之时同步建造，故其能与内外湖、琴鹤堂院落等形成一体化的景观面貌，假山从三折桥起源便高耸层叠，沿内湖东岸向南延展，并与"水面风来菡萏香"形成楼山一体化格局，使楼亦气势，山也壮观；在南侧与野趣亭形成一处较开阔的山野林地，该处群峰林立，错综复杂；再向西转折，至"半潭秋水一房山"处与水系陡然消隐，既留给行人足够的通道空间，更颇具"山重水复疑无路"之感；再随水向西北急转入琴鹤堂院落，形成巨大磅礴、壁立千仞的山体，山顶有平台，有草亭，具备孤云野鹤之意境。庞大山体充盈了整个琴鹤堂院落，将琴鹤堂与瞑琴待鹤之轩完全隔开，琴鹤堂堂前较为开阔，以示堂之礼序，体现建筑面貌之庄严，瞑琴待鹤之轩却直面陡峭山体，空间狭隘，有隐居之感，颇具雅致低调之意境，正和其题。整组山石采用钟乳石堆叠，高低错落，疏密有致，极富山林之节奏变化，含雅致之意与道家隐逸之情。道路、台阶、小桥等在假山之中任意穿梭，或内，或外，或高，或低，野趣也在这"藏""漏"之间油然而生，游步其间，恍若自然山林，飘逸清幽，心旷神怡（图4-7-29）。

图4-7-29　内湖大假山从三折桥至琴鹤堂院落

进入罨画池北门后，可闻飞瀑之声，循声探路，观东北侧有高峰如云、飞瀑直挂，薄雾散漫，声如"鸣如佩环""泷湍驰激，朝暮鸣在耳，使人听爱弗倦"。"五云溪"为堆叠成山，红石纵横交错、前后跌宕；飞瀑落潭水花飞溅，云雾升腾，至罨画池则"澄澈如鉴"。水贵有源，山贵有脉，作为罨画池的水源，模拟自然形态，丰富了公园景观，实现了动静结合。作为山的脉络，位于湖池西北侧，高大厚重，也为自然之理，整体协调一致（图4-7-30）。

图4-7-30　北大门五云溪飞瀑

2.一池两湖动静相宜

西蜀古典园林中的水系大多都是农田水利的一部分，因此在利用活水方面首要保证农田水利的需求，故而以湖池为主，可容纳更多的水量以备无患，这也是为何衙署都位于这些湖池之侧，是有水利管理之便。文人为官，颇具雅致，往往会打理这些湖池，植柳种荷，增加亭台楼阁，邀约友人吟诗作赋，最终形成一方名胜。罨画池以园池为中心构园，有"湖、池、渠、溪、瀑"五种水体形态，形成了文井江—五云溪入口—外湖—内湖—琴鹤堂庭院—琴鹤桥出口—文井江的水体体系。

罨画池原本仅一方湖，清光绪初年（1875年）知州孙开嘉重建园林，将湖池东南角水渠拓宽为长湖，且在之间架三折桥便于通行，并分隔成了内、外两湖，同时，将内湖池水通渠引入琴鹤堂庭院内部，环绕大假山。内、外两湖皆具公共性和游赏性，增设的亭廊轩榭均为围绕湖池展开观赏、休息和诗意感受的，因此罨画池以湖为意象，整体充满了飘逸清幽、诗情画意的艺术特征，外湖清幽宁静，内湖紧凑喧嚣，两者动静交融，营造出自然飘逸、疏朗幽静的园林意境。

外湖为长方形大片水面，呈东西走向，视线开阔，给人豁然开朗之感。池岸为红砂石直立驳岸，部分有退台便于亲水；亭廊楼榭和水杉、楠木、银杏、垂柳等沿池畔交错分布，围合在水岸周围，形成浓郁的外围景观，由外岸朝湖内侧形成向心性；碧水、池岸、亭楼、彩树和岛屿等于虚实之间交相辉映，在静谧幽深中感受湖光彩色之美（图4-7-31）。

图4-7-31　外湖

内湖呈南北走向，与外湖形成"L"形，其尺度稍小而狭长，东、南两岸高大的假山环绕驳岸，亭台水榭坐落其间，形成朝向水面的向心性。内湖有游鱼数尾，翻腾游窜，于亭榭中观赏嬉戏，极具动感和游赏性（图4-7-32）。

图4-7-32　内湖

三、园林特色

西蜀古典园林与中国古典园林一脉相承，受到西蜀朴素自然观、对历史名人的崇敬和纪念习惯，以及雅俗共赏的公共性和开放性的影响，因此在造园时尤为注重建筑布局、叠山置石、园林理水和花木配置等方面的特色体现。罨画池也是结合地必名迹、园必名人、园因文构、史诗题联等精神性要素构建湖池园林之意蕴，呈现出纪念氛围浓郁，纪念环境自然古朴、文秀清幽，游赏环境清旷疏朗、潇洒飘逸的园林特色。同时罨画池在持续的营造活动中，因地制宜地进行掇山理水，巧妙地布置多位名人的纪念空间，合理地安排错综复杂的纪念游线。

（一）曲墙云巷巧连接

罨画池的整体空间极为复杂，从传统建制上来讲，涉及礼制、礼序建筑、纪念空间的布置；从游赏性来讲，涉及公共空间的游憩性安排；从要素空间分布来讲，涉及文庙、名人祠宇、湖池空间的有机布局。清光绪初年孙开嘉重修园池时巧妙地将这些矛盾进行了最为合理、精巧的安排。其主要采用不同类型的云墙廊道进行分隔：如采用曲墙云巷分隔并关联内、外两个湖面空间；采用直墙云巷分隔琴鹤堂与陆游祠空间；尊经阁与琴鹤堂院落之间也是采用云墙进行分隔。用此类方式有机关联这些不同功能的空间，产生了"山重水复"又"柳暗花明"而"曲径通幽"的空间转换带来的意外之喜。这些云墙或直或曲，变化丰富，多采用漏窗装饰，极具川西之貌，路径曲折转换，也有欲扬先抑之意（图4-7-33）。

（二）文园同构诗意传

唐初或唐之前东阁是治廨的一部分，为衙署性质的园林，也称"东亭""东湖"。场地仅供官府人员和所邀往来文人所使用，种植的梅花、菱花、柳树等均为官产。杜甫受邀登阁写下"东阁官梅动

图4-7-33　云墙分隔并关联不同的纪念空间

诗兴"诗句之后，东阁和梅花开始具有了文学性质，开始成了文学标签，最早被赋予了诗意；北宋赵抃就任期间改扩建东湖，花圃亭庑应有尽有，并"标名罨画池"，对罨画池赋予了形象的文学语言；再至陆游赴任，写下"罨画池边第一诗"之后，罨画池成为蜀中名胜，诗句中官柳、湖竹、画舫、朱阁等实物均被文学化、诗意化。从此罨画池成为蜀中最重要的文人荟萃和诗文唱和之地，罨画池正式被文学化、纪念化、符号化了。

明清后，历代州府官员围绕赵陆二人和唐时四相开展纪念空间的营造。以文传意，以意建造，一是将陆游的"放翁"自由自在形象、梅花傲骨馨香的气节和意蕴进行文化场景营造。近代更是单独建设了陆游祠，形成了礼制严谨、文风斐然的祠宇院落；二是将赵抃两袖清风、艰苦朴素的琴鹤人生进行了文化演绎，营造了琴鹤堂、瞑琴待鹤之轩；将唐时为蜀州做出突出贡献、后荣升宰相的四人修建了四相堂，并将这些文化名人所喜欢或描述的植物进行了多元化的文学表达，一是大量种植；二是修建了问梅山馆、水面风来菡萏香、风送花香入酒卮等与植物形色或内涵相关的建筑；三是诗词歌赋的吟诵、楹联的撰写，形成了典型的诗情画意（图4-7-34）。

图4-7-34　文学场景

"智者乐水，仁者乐山"。这种"比德"的山水观，将山水比作一种物化的精神象征，反映名人影响深刻的时代内涵，实现园林之美与精神之美的和谐统一。罨画池之历代文人君子凭借自身对于自然的审思，融悲欢和理想于其中，在有限的空间里传达出无限的意境，折射出更深层次的园林内涵。水作为自然场景的存在，罨画池也是最早被赋予诗意的场景之一，后续的营造活动均未对其进行大的变动，拓宽内湖，也为增强诗情画意和更为丰富的文化表达。在整个罨画池的历史营造动态中，均是围绕观赏、体验、纪念而进行的。同时，采用中国古典园林传统的营造方式，结合川西民居建造特征，沿岸增加"听诗观画亭""月波亭""三折桥""爽心廊"等建筑，反映古人观景视野，关照这些名人丰富的内心世界以及最佳位置观赏湖池罨画的唯美景观，从而达到境由心生，产生更为雅致的传统画意景观（图4-7-35）。

图4-7-35　湖池诗意

　　以陆游为代表的历代蜀州官员，以君子之德、仁爱之心、文艺之才为蜀州做出了重要贡献，其精神情怀、道德风范等都成为后世敬仰学习的范例，古人常用山石来彰显纪念对象的品格道德。罨画池的长卷山石绵延数百米，贯穿内、外湖，联系陆游祠和琴鹤堂，将陆游、赵抃以及四相的纪念空间进行了串联，形成多样统一的纪念氛围。这些山石、湖池、建筑等交互构成，形成了一幅幅的诗意构图，极具厚重朴质、宁静致远的意境，这也是罨画池园林人文景观最典型的特色（图4-7-36）。

　　"乌帽筇枝散客愁，不妨胥史杂沙鸥。迎风枕簟平欺暑，近水帘栊探借秋。茶灶远从林下见，钓筒常向月中收。江湖四十余年梦，岂信人间有蜀州。"（陆游《夏日湖上》）"萧骚拂树过中庭，何处人间有此声？涨水雨余晨放闸，骑兵战罢夜还营。闲凭曲几听虽久，强抚哀弦写不成。暑退凉生君

图4-7-36 诗意内涵

勿喜，一年光景又峥嵘。"（陆游《秋声·萧骚拂树过中庭》）还有"夜阑卧听风吹雨，铁马冰河入梦来""死去元知万事空，但悲不见九州同""人间万事消磨尽，只有清香似旧时"。陆游一生忠君爱国，精气神直冲云霄；但又报国无门，怅然若失，极其悲哀，甘当放翁；陆游常以梅而自比，无意争春，梅花的万千变化便是诗人的情郁忧思，但不变的是诗人的凌霜绽放，傲骨铮铮。陆游在成都享受到了如梅花艳丽般的礼遇，一直至今；也留下了动人心魄的诗句，千古流传。陆游离开蜀地，无论何种境况，最怀念的是成都，最不舍的是罨画池。罨画池的梅花、陆游祠，都是对以陆游为代表的先贤们的永久纪念。

缤纷摇曳，五光十色的一池罨画；堆云叠翠，苍劲高耸的满园古木，文人荟萃，后世敬仰的千载名园。罨画池园如其名，幽静雅致，厚重氤氲，似一幅浓墨山水画卷，崇敬与叹息悠长而延绵；罨画池园不止其名，赏罨画之月夕花朝，怀放翁之爱国忠贞，学一琴一鹤之廉洁，尊孔圣之儒学大道。罨画池流经千年而包罗万象，文庙轴、内外湖、两院落在千年岁月里纠缠盘错，终被理顺而相融共生，成集山水、祠堂、庙宇于一体的祠宇园林。可谓模范山水呈清旷疏朗、文秀清幽之境况，名人荟萃有文风氤氲、高山仰止之风尚。

第八节　广汉房湖

　　"房公一跌从众毁，八年汉州为刺史。绕城凿湖一百顷，岛屿曲折三四里。"（陆游《游汉州西湖》）。唐代名相房琯被贬任汉州（今四川广汉）刺史后，见到山水秀丽的蜀中风光，又见州城之西北隅"高流缠峻隅，城下缅丘墟"，便"决渠信浩荡，潭岛成江湖"（房琯《题汉州西湖》），建成后谓"川西明珠"的西湖。

　　来蜀的宦官和文人组成了一个庞大的历史失意群体，即使不同的时代，他们都具有相似的理想世界和价值观，互为同情，互为颂扬；这些人入蜀后，备受礼遇，他们的生活过程、园林活动、文学创作以及文化交往等行为促成了当地文学的兴盛，成了一种文化地标，所居之处成了纪念场所。房琯本人的文学才情、指挥的军事失利以及产生的系列政治问题，都使其成为在历史上具有较大影响力的人物。房琯所经营之西湖成为后人纪念他的一个情感场所，历代文人雅士（如杜甫、高适、李德裕、刘禹锡、文同、赵抃、陆游、苏辙等）慕名前来游湖赏园，于园中抚琴吟诗、感怀抒情、同悲同愤。

　　千年以来，房琯所凿西湖历经岁月风霜、战毁天灾。后世在唐代基础上，多次改建重建，逐渐融多方风格特色于一体；后又纳历代本土英雄豪杰、文人雅士于园中筑馆建亭而念之，才终得今日这般——集川西民居之美、西蜀园林之秀、汉州人文之貌，英豪雅士之迹于一园。房湖公园也正因如此而形成了兼容并蓄、清雅淳朴的园林风貌（图4-8-1）。

图4-8-1　房湖大门

一、历史沿革

　　房琯（697—763年），字次律，河南缑氏（今河南省洛阳市偃师区）人。他博览文史，擅长诗文，精通琴韵，对园林艺术"雅有巧思"。唐玄宗开元十二年（724年）封岱岳（东岳泰山），因献《封禅书》而受李隆基的赏识，授予校书郎官职，从此步入仕途，坎坷三十载，职所三十余处。天宝十四年（755年），官至当朝宰相。直至乾元元年（758年），房琯因"陈陶斜"与"青坂"之战失利请罪，唐肃宗又听信谗言，遂罢其相位，同时波及杜甫、高适等人；后于肃宗上元元年（760年）八月，出任职汉州（今四川广汉）刺史，开始了在汉州二年零八个月的仕宦生涯；广德元年（763年）拜为特进、刑部尚书，同年八月，在赴京途中病逝于阆州（今四川省阆中市），终年六十七岁，追赠太尉。后世对其评价褒贬不一。

房琯到任时，看到汉州城西北角的前代"官池"淤废，便构思开发、筹资疏浚，巧妙地疏通串联一片起伏的冈峦和沼泽地，凿建出一片烟波浩渺、岛屿棋布的人工湖，时称西湖。时下，西湖属于衙署园林，面积达千亩以上，不仅有除污疏浚、蓄水排涝之功，亦是邻里亲友游憩吟咏之所。其间，杜甫也常来与其诗酒唱和，写有"且休怅望看春水，更恐归飞隔暮云"（《官池春雁二首》）；李德裕游览时曾题"丞相鸣琴地，何年闭玉徽"（《汉州月夕游房太尉西湖》）"林端落照尽，湖上远清风"（《重题房公西湖》）；郑澣和李德裕之诗《和李德裕游汉州太尉公湖》《和李德裕房公旧竹亭闻琴》；刘禹锡也有和之《和西川李尚书汉州微月游房太尉西湖》《和重题》《和游房公旧竹亭闻琴绝句》等，这时候有称"西湖"，也有称"房公湖"。

北宋熙宁中（1068—1078年），汉州知府游览西湖有感，题《西湖荷花》："应是西风拘管得，是人须与一襟香。"北宋史学家司马光作诗《汉州西湖杂咏十七首》以赞赏之。历代文人墨客、名人高士皆以西湖景物为题，吟咏撰写诗文上百篇。北宋京师赵抃在《题房公湖》中描述"广汉园池蜀自无，却思房相未如吾。浙东归去君恩重，乞得蓬莱与鉴湖"。西湖"欲搜万家供刻画，自有此湖难此笔"（宋魏了翁《房湖楼纪诗》），实可谓之古代"四川第一园林"。苏辙写有"直为房公百顷湖"；"一顷清波四面平，宛然唐相旧经营。高秋林木形容老，落日楼台彩绘明"（文同《房公湖》）。这时候还是称"西湖""房湖"或"房公湖"。

到北宋熙宁年间，始"奏垦为田"，新法实施开始后，汉州刺史程珦极力保存，之后的历任州官在维修园林主体结构的基础上，对其景观效果与生态环境有所优化发展，新增部分景点与服务设施。南宋陆游在游览汉州西湖后写道："空蒙烟雨媚松楠，颠倒风霜老葭苇"，可见此时汉州西湖仍然秀美。

1241年，蒙古军破成都、汉州等地，汉州西湖惨遭破坏，园毁景败，后经元朝高压统治、元末明初农民战争、明末清初兵祸，一直到1795年终是"残毁殆尽，欲访遗迹，几无所指"，只留下清乾隆时期汉州知州张珽的《房湖记》碑及部分名家诗文。

嘉庆十七年（1812年），知州刘长庚在县城西南隅重修文庙，建棂星门。1927年春，广汉驻军旅长陈离于文庙前辟地200亩，拆万仞宫墙，疏湖池淤塞，垒湖间假山；扩外泮池，通西南湖，设大公堂；湖内植莲，假山造亭，登山观荷。园内设有中西合璧的音乐厅、文娱室等建筑，供游人免费游赏，整个园林划为三区：文庙景区、水景观赏游乐区与桑园坝景区，题名为广汉公园。

中华人民共和国成立后，不断修葺改建，新建"圣喻碑"亭。1981年至1983年新建和改建园艺园、曲桥、留琴馆、冰光阁、信可居等项目；1984年至1988年，对广汉公园实施改建工程，新增亭台楼榭十余处，增加房琯和杜甫雕塑，修建覃子豪纪念馆，之后还维修了古城墙、建盆景园。因其位于古房湖遗址处，又更名为"房湖公园"。房湖公园自建成起至今已历经千年，其园林名称及园林性质也随历史不断发生变化，演变过程如表4-8-1所示。

表4-8-1　房湖公园名称与性质演变

时间	名称	园林性质
唐代	西湖	衙署园林
宋、元	汉州西湖	衙署园林
明、清	房公西湖	公共园林
1927—1985年	广汉公园	公共园林
1985年后	房湖公园	纪念性园林

二、园林艺术

（一）空间布局

1. 一山顾两湖，环池筑亭台

房湖公园位于古雒城西南隅，高墙内围，沿城墙呈长方形内向式布局，占地面积52800平方米。"百顷烟波渺，中流岛屿孤"（王士禛《汉州西湖》），园林整体为混合式布局（图4-8-2），中心为一方13000平方米左右的湖面，湖心落假山林木。整个园林中部以湖面静水为主，南北向假山将湖面分为东西两片水域（房湖、荷花池），亭台楼榭均似众星拱月般环绕水面布置。西部水面为房湖，其西南角经栈道通信可居，湖西毗邻珀园；东部水面称荷花池，池南岸建远香凝翠楼，池西北角筑恢

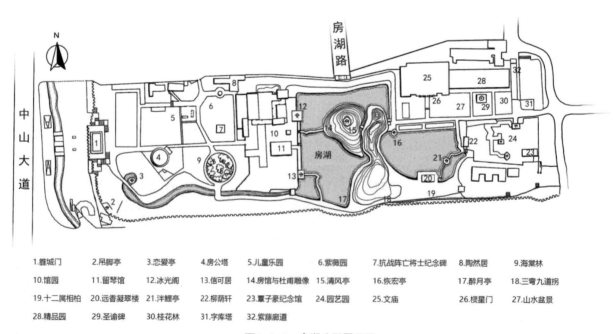

1.雒城门　　2.吊脚亭　　3.恋爱亭　　4.房公塔　　5.儿童乐园　　6.紫薇园　　7.抗战阵亡将士纪念碑　　8.陶然居　　9.海棠林
10.馆园　　11.留琴馆　　12.冰光阁　　13.信可居　　14.房馆与杜甫雕像　　15.清风亭　　16.恢宏亭　　17.醉月亭　　18.三弯九道拐
19.十二属相柏　　20.远香凝翠楼　　21.泮鲤亭　　22.柳荫轩　　23.覃子豪纪念馆　　24.园艺园　　25.文庙　　26.棂星门　　27.山水盆景
28.精品园　　29.圣谕碑　　30.桂花林　　31.字库塔　　32.紫藤廊道

图4-8-2　房湖公园平面图

宏亭。湖心假山嶙峋，盘山有道，拱桥相连；假山之上有清风亭，房琯与杜甫雕像矗立其西面山脚（图4-8-3），假山西南角处设醉月亭，其东为"三弯九倒拐"砖砌曲巷，沿城墙往东再通远香凝翠楼背面的"十二属相柏"。

图4-8-3　房琯与杜甫雕像，右图刘备劝降张任雕塑

2. 东西横主轴，一路串三园

房湖公园以东西方向的中间主路为轴线而贯穿，串联了雒城门、琯园、房湖、棂星门、园艺园等。中轴线中部的琯园，是为纪念唐代名相房琯而命名的园中园，整体空间布局开合有序，主次分明（图4-8-4）。园内沿中轴线设花坛、植铁树、立钟乳石，架红砂岩石拱桥通往房杜雕塑和池岛。各类馆阁轩居均沿湖、沿路布局。琯园的中心留琴馆，即"房琯纪念堂"，以漏花墙、喷泉、花圃与清怀轩相隔，冰光阁位于琯园东北角，临湖而立。

园林东部、主轴两侧分别造园中园一座。横轴以北，圣谕碑之北为精品园，是以姿态万千的盆花盆草配置而成的园林。荷花池之东即整个东南角是园艺园，小园整体以园中鱼池为中心，内向式布

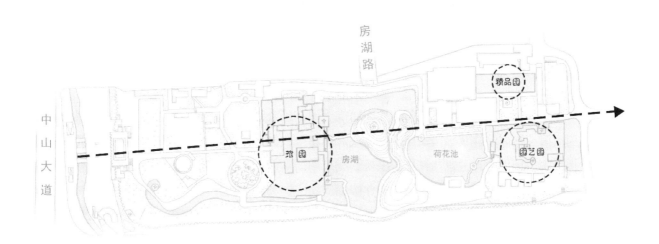

图4-8-4　房湖公园-园中园布局图

局，园东南部临池为覃子豪纪念馆。

3. 塔亭落棋布，南北并庙园

房湖公园西部区域主要以林木绿地为主，西南部有房湖支渠延伸进来，将原本一大片林木分隔为一前一后两个层次；园林东西方向的主路始于古雒城城门，终于湖西琯园。西部主轴线以北被园路划分为五个区，北是陶然居，其南紫薇园下为抗战阵亡将士纪念碑（图4-8-5），环路中心为儿童乐园，西侧为城楼区。主轴线以南被划分为两个区，东部圆形区域是海棠林，西部为房公塔（图4-8-6），西南角落一吊脚亭，曲水延伸至此，于尽头处立恋爱亭。房湖公园西、南以城墙为界，西城门便是古雒城遗址（图4-8-7），如今城墙上建仿古城楼，城门前左右对称各立石雕坐狮。

图4-8-5 抗战阵亡将士纪念碑

图4-8-6 房公塔

图4-8-7 雒城门

园林东西向轴线极东直通园林东门，其内庙宇、碑亭以及园中园均分居南北两侧，坐北朝南而依次串接排列。荷花池北的棂星门与文庙沿南北线对称布置，坐北朝南，以大成殿为中轴线，前面依次是露台、拜台、戟门、内泮池以及三纵石拱桥、棂星门。其东桂花林中立圣谕碑亭，精品园位于桂花林北。园林东部南北向轴线由直通北大门的紫藤廊道构成，其东为字库塔，其南部沿轴线直面园艺园正门。

（二）园林景观

1. 匠心营造

房湖于唐代始建之时，为衙署园林，故建筑风格多以红柱、粉墙、青瓦为特色，部分建筑也显得富丽堂皇。后由于历经多次改造重建，融合了多类建筑风格，既留有唐代建筑风格，又兼具川西民居建筑风格，园中园更是集精巧玲珑与古朴飘逸于一体。房湖之中建筑类型繁多，大多环湖布置，亭、榭、楼、阁、轩、塔、碑、居、馆等，多坐北朝南，具备了纪念祭祀、古迹遗存、休闲赏玩等多种功能。园中建筑纹饰工艺精湛，雕刻栩栩如生，又与假山池水、盆花盆景相协调，"小庵静院穿竹入，危榭飞楼压城起"（宋陆游《游汉州西湖》），一派古朴静雅之境。

1）城门透古迹，文庙藏史痕

古雒城始建于东汉时期，后由于战乱被毁，现存古城墙为清咸丰年间知州刘英选主持重修的。雒城镇历来为重要州县的治所，在经历战损与天灾之后，城池兴废无止，每次重建、改建、扩建的墙体材料，始终以砖砌为主，土筑为次，或砖石混砌，内填凿壕挖方土石。清嘉庆《汉州志》总纂刘长庚，根据铭有"雒城"汉篆汉砖的线索，亲临现场，看见"五里巷左右败瓦磷磷，入土尺许"，后翻阅文献《汉书·陈宠传》《后汉郡国志》，根据记载，确认此地"曾立城市也"。1993年考古发掘清理有"雒城""雒官城"汉篆隶铭文的砖砌城基，便可印证，目前遗存下来的墙体仅约70米长，相当于清末城墙的二十分之一。2013年雒城遗址被公布为第七批全国重点文物保护单位。1990年修复之时，另新建一座仿古城楼，古城楼设计遵循中国古代特有的象征主义美学观，按照"阳气主异"观念的"阳数设计"手法，构架二层、六柱、五开间，重檐歇山式屋顶，上覆盖琉璃筒瓦，正垂各脊厚重，角脊攒尖。城门深邃，额嵌汉篆"雒城"凸雕石匾。墙体内外壁均仿汉制浅灰色条石装饰，石缝沟以黑灰，城门左右各立石雕坐狮，石狮前，筑有浅浮雕石栏石拱桥三道，气势雄浑。

荷花池北岸有清制文庙，始建于南宋嘉泰中，后遭损毁，清康熙元年（1662年）重建，乾隆十七年（1752年）改建。文庙今仅存大成殿与棂星门，大成殿属于文庙主体建筑，古桂浓蔽，布局规整，秩序井然。大成殿位居文庙中央后半部分，上悬康熙皇帝二十三年（1684年）所御书"万世师表"匾额，"外龛恭设至圣先师孔子木主，北位南向"。大成殿中文物陈列馆展出有青铜面具、环舍蟠烛等百种广汉出土的文物（图4-8-8）。

文庙前棂星门为六柱五间三门，东圣域门，西贤官门，中棂星门（图4-8-9）。"棂星门"三字文静秀雅，字迹遒劲，为清代书法家张怀泗所题。字迹镶金，周围二龙抢宝，云纹镂雕配之，背面三字素底阴刻，"鲤鱼跃龙门"环边。额坊浮雕众多，图案有飞禽走兽、祥龙吉凤、奇花异草等。画面或虚或实，或镂空或透视，或悬浮或深潜，构图巧妙。其中"八骏图"神韵兼备，该图为川西著名宁石匠根据张邦伸所珍藏仿赵子昂所绘的《八骏图》为蓝本雕刻而成。棂星门三绝便是：张怀泗的字，宁石匠的雕刻艺术，张邦伸藏的名画（图4-8-10）。棂星门前又设川派山水盆景，以沙积石为主材料，所谓"一拳则太华千寻，一勺则江湖万里"，展现缩地千里之悬崖绝壁、险峰幽壑，与荷花池遥相辉映。

图4-8-8 文庙大成殿

图4-8-9 棂星门

图4-8-10 字库塔

图4-8-11 圣谕碑

2）圣谕昭民志，字库惜斯文

圣谕碑为明末农民起义军领袖张献忠攻克成都并建立大西政权后，于大顺二年（1644年）所立。碑上圣谕言简意赅，内涵深刻："天生万物与人，人无一物与天。鬼神明明，自思自量。"首句便揭露了当朝统治者对百姓的剥削压迫，天地赐予世间万物而百姓却无一物以回报上天。统治者所作之事，上天是知道的，该何去何从，自思自量吧。碑文表达了对时局不公的愤恨，彰显了农民勇于反抗的志气，亦是对劳动人民的安抚，亦称作"安民告示"。1934年，董宜笃至广汉之时偶然发现此碑，目前已收入《中国历史名胜大词典》中，可见其历史价值非凡（图4-8-11）。

汉州字库塔与圣谕碑隔廊相望，建于乾隆五十九年（1794年）。字库是清代民俗塔式景观，形制如鼎，砖石结构，三级楼阁式，六角攒尖筒瓦顶，二层开"字孔"门，顶层六角饰有麒麟异兽石雕。迎面额部刻"字库"两字，各层石柱阴刻对联三副"杰阁千层竖起，文光方丈飞来""墨迹可曾收拾尽，艺林喜得熏陶多""纸化龙文，鸾翔凤翥；地居巽位，辉映黎明"。古代文人雅士以为"六书者，天地精华也"，乱抛书、印纸屑有辱斯文，因此筑以字库，彰显了该地尊重文化的人文情怀（图4-8-11）。

3）远香凝翠楼，凌池恢宏亭

荷花池南岸临水而建"远香凝翠楼"，为水榭式仿古建筑，俗称"红楼"，又名"闹红一舸楼"。该楼三面临水，四面凌空，遥对文庙，背靠明代古柏十二相。红楼是园中最显富丽堂皇的建筑，体量较大，一楼一底，上层开敞为轩，歇山灰瓦。楼顶飞檐翘角，红柱粉墙，四根云龙石柱为黄龙缠绕，楼底三间围合，乃凭栏远眺风荷夜月之最佳处（图4-8-12）。

恢宏亭（图4-8-13）居荷花池之西北，湖心岛之西，半亭挑出水面，红柱绿顶红栏杆，平面八角。内立碑刻"恢宏亭序"与"房湖公园记"，与东南岸泮鲤亭、南岸远香凝翠楼遥相呼应，互为对景。这些楼、亭巧妙地点缀池岸，使宽阔平静的水面趣味横生，或凌空半挑，或三面环水，或孤立池中，三者与满池荷花红鲤交相辉映，诗情画意，风光旖旎。

图4-8-12 远香凝翠楼、泮鲤亭（图左）

图4-8-13 恢宏亭

2. 自然意象

西蜀地区自古山水乃为天下之胜，得天独厚的环境资源、地貌条件，种类丰富的花草树木，以及钟灵毓秀的历史人文为蜀中园林提供了最优渥的自然基础或参考意象。山石水系、花草植物是建造园林最基本的要素，直接奠定了整个园林的骨架基调与风格风貌。广汉房湖选址之初便是以"池"为中心，"西湖天下名，可以濯吾缨"。水面是房湖的历史之魂，也是识别唐代园林最重要的地标。扩展水面挖出的土石用于湖中堆山，覆以青翠绿植，"人功与天力，秀绝两何如"（司马光《假山》）。

1）西湖悬玉钩，荷池架曲虹

自房湖公园中门而入，松墙之后便见房湖，湖上岛屿回还，交错对峙，亭阁环坐。"西湖创置自房公，心匠纵横造化同"（严公贶《题汉州西湖》）。湖面聚散合宜，中心大水面奠定水镜基调，绝岸架拱桥，夹岛生间溪。范成大在《蜀州西湖》中提到："闲随渠水来，偶到湖光里。仍呼水月舟，径度云锦地。"每当皓月升空，静影沉璧，于湖畔亭中赏镜水夜月，于湖南岸醉月亭，清风徐来，碧池映玉钩，如诗如画（图4-8-14）。

湖心岛东侧是荷花池，池内一泓碧水，尾尾红鳞，是古文庙的外泮池，亦是古代汉州八景之一。《汉州志》中记载："每值大比之年，六六红鳞，跃波游泳，士子以卜科名，效应履验"，因此荷花池也被命名为"泮鲤呈祥"。池东南部架起曲折的廊桥，桥中小岛孤柳立泮鲤亭，曲廊将整个池面分割成大小两边，小池中起土石假山，旁植树。池畔落两亭一榭，隔池遥相呼应，相互成景，外围竹林树木，绿树成荫，皆是古时文人骚客饮酒作赋、吟诗唱和的佳景（图4-8-15）。

图4-8-14 房湖水面

图4-8-15 荷花池水面

2）岛山藏水源，红鳞戏玉泉

房湖园中假山众多，大如湖心山，小至池边岛，"缥缈神仙宅，嵌空虎豹居"（司马光《假山》）。奇石林立，或立于池中，或起楼侧，或置盆之中，姿态万千，峥嵘百态。园艺园中，池畔为主楼听泉楼，上阁下榭，听泉楼下，耸立一座土石堆砌的玲珑小岛，岛上一线瀑布直流而下，落入楼下鱼池，池水流过拱桥，环至覃子豪纪念馆前。池面虽小，却动静皆具、曲折有致。水中假山与绿植结合，池岸叠石堆山，翠竹环绕，蜡梅倚岸。整个池面设计曲折回环，聚合有法，景观层次丰富而不显烦琐，暗藏玄机而又引人入胜。

园艺园中浅池翔鱼，在山石草木荫蔽之下，常有红鱼戏水，于池中孤岛登楼而上，东望园中一泓玉泉，恰观红鳞戏池中。此外，房湖西南角的信可居（图4-8-16）中亦设有小池泉，池边立假山覆藤植，泉池中游红鲤几尾，秋风拂叶入池中，惊得红鲤蹿无踪。

图4-8-16 信可居

图4-8-17 夏日池中荷花

3）荷池出粉黛，群芳抹红妆

自房琯建设西湖以来，便在湖内遍植红莲与白莲，池中设亭以观荷。后培修之时，"宫芹泮藻，焕然一新，而又植莲花，以绚烂之，故艺苑生春"。南宋诗人范成大在游园后亦描写道："荷花正盛开，水月登舟，见湖阴亭外别有白莲，尤奇""谁不云解饮，我已醉荷香"（宋·范成大《蜀州西湖》）。每逢春夏时节，芙蕖出水，满池青翠，日光洒落，波光粼粼，曲折的廊桥蜿蜒其间，清风徐来，掀起一片绿浪，于池畔亭榭小憩片刻，观满目清荷，粉黛亭亭，闻荷香阵阵，神清气爽，"梦魂亦清丽"（图4-8-17）。

北门内的精品园虽仅两亩，却群芳荟萃，各种盆花盆景罗列整齐，花香四溢。进门正对的花墙壁景是由片石构成的奇峰异岭，点缀姿态万千的"六月雪"，使得秃峰镶嵌上一片青翠的"松针"。精品园内大园套小园、园园相接，第一个园中有典型川派大型盆景罗汉松、贴梗海棠、金弹子等；第二、三小园有鱼池、锦鲤相生；第四个小园以造型别致的罗汉松见长。四个小园以九曲回肠的园径相连，形成一个虚实相宜、曲折有韵、既独立又关联的精巧园中园。园内有盆景棕竹、玉树、罗汉松、银杏、苏铁等；有盆花睡莲、月桂、紫薇、贴梗海棠、金雀花等，造型精美，百花争艳，与假山、池水的组合配置，更是相得益彰。曲径翠墙，穿洞寻花，可谓是妙趣横生、风光无限。

3. 诗情画意

1）穿亭顾曲廊、阁窗透梅影

自房湖北门而入，穿过约50米的紫藤拱廊，便是园艺园之园门，门匾为书画大家关山月所题写。园艺园在房湖公园中独树一帜，其手法之精妙、空间变换之灵活、景深变化之丰富，处处诗情画意（图4-8-18）。

园虽只有2亩，却以小见大、曲折深幽：踏入园门，中设浅池，池面虽小，却收放有致，瀑布、溪流、水坛皆有，既有水花飞溅之声，亦有倒影亭榭之景；以鱼池为中心，又用障、隔、隐、回、漏等手法，将亭、阁、榭、廊环绕其周；兰苑、柳荫轩、梅影阁、观鱼榭、听泉楼等错落其间；环池绕九曲回廊（图4-8-19），廊内垂挂名人字画，布置壁景，以"三峡""丈人峰"两处壁景为最胜；回廊设置漏窗，造"尺幅窗，无心画"之景，廊内外虚实相生，漏景千层，回廊之内，玉泉生秀岛，寒梅隐琼楼；廊外设有石林、铁树、花圃、盆景和200多种月季。洞门透扇窗，穿亭顾曲廊，青山依翠竹，春枝入墙来，颇具诗意（图4-8-20）。

图4-8-18 园艺园

图4-8-19 园艺园回廊

图4-8-20 听泉楼漏窗

整个园林设计精巧秀丽，玲珑通透，透景、漏景、框景之法尤为出众。园中凡建筑墙面均设有不同形制的漏墙漏窗，门洞透漏窗，扇窗透圆窗，层层透景亦自成画。阁楼之外，观古树下圆窗，此为近景；又透方形漏窗，此为中景；再框远处寒梅白墙，此为远景。方寸之间，景深如此，大观饮岱色，小住听玉泉，品诗文、赏墨画，实乃一处玲珑清透、清幽雅致之境。

2）鸣琴怜池鹅、立石示官箴

西部琯园也是一座园中园，为纪念唐代名相房琯而命名，园门上书"琯园"二字是当代名家李一氓的手迹。建有留琴馆、冰光阁、信可居、清怀轩、莼香厅等纪念性建筑，这些仿古建筑综合了唐宋时期的建筑色彩和川西民间建筑特色。园中曲廊、花架绕春池，书画廊、藤花架、漏花墙相隔相连，空间变化多样，移步异景。园内各式小院落有机关联又相互独立；中央或设有假山水池，或设有中庭闲椅，兰馨桂馥，幽雅怡人。园外临水而居，路曲水绕，树影婆娑，观湖上黄鹅，岛间曲虹，优哉悠哉。

琯园主体建筑"留琴馆"的大厅中央，有房琯半身镀铜雕像，馆中藏有七弦琴和房公石，均是房琯遗物。冰光阁临湖而立，以长堤、石拱桥与土山相连，其匾额"川西明珠""雒城胜景"为原四川省委书记杨汝岱、原四川省省长杨析综所题。从冰光阁移步，踏过聆琴桥，有土山一座，土山上竹翠树苍，堆云叠翠。沿着石阶缓缓而上，到山顶便可见"房公琴亭"。此亭上下两层，小巧文雅。身处亭中，周围竹影婆娑，远眺西湖美景，顿感心旷神怡，恍然间，似梦房公当年与杜甫饮酒抚琴，吟诗唱和（图4-8-21）。

房、杜二人多次相约于西湖，举杯把盏听琴，见湖中碧波涟漪，湖畔柳叶伊伊。见岸边黄鹅扑游嬉戏，杜甫作"鹅儿似黄酒，对酒爱新鹅""翅开遭宿雨，力小困沧波""房相西湖鹅一群，眠沙泛浦白于云。凤凰池上应回首，为报笼随王右军"等诗，以鹅自喻，思及与房琯的遭遇，有感于当局恶势，表达宁愿幽居，也不愿与世俗同流。后房琯病逝，杜甫痛哭三次，作诗惜别，"他乡复行役，驻马别孤坟。近泪无干土，低空有断云"（杜甫《别房太尉墓》），可见其情谊之深厚。当年竹林之下，凉亭之中，两人抚琴吟诗，把酒言欢的谐和温馨之景，如那"七弦琴"一般，留存千古。

房琯与董大两人是高山流水遇知音的代表，琴瑟相和，故建有"留琴馆"。馆中除了房琯之琴，还有一块高近二尺的红沙石，其上刻有"房公石"三个大字，形状和色泽都如一颗心脏。据传，房琯

图4-8-21　琯园大门

图4-8-22　房公石

在为民"兴利除弊"开凿房湖偶然发现，并顿悟"得民心者，得天下"之箴言。遂命人将此石抬回公堂，置于公案旁，向属僚与百姓立下"军令状"，以示其政治决心。此后处理公务，均以此石警示自己，凡事要秉公执法，公正廉洁，因而"政声流闻"。清代乾隆时期，汉州知州张珽作诗"千秋一片石，屹立讼庭前。公自忘筌尔，民犹堕泪焉。熏名垂竹帛，恺悌忆蒲鞭。示我官箴切，何须座右篇"（图4-8-22）。

3）石碑铭英烈、兰苑咏覃基

珺园西侧的紫薇园中，矗立了一座5.5米高的抗战阵亡将士纪念碑，该碑为1941年7月7日"七七事件"爆发四周年之际由广汉人民所建。碑体为石质方碑，碑座四周以抗战英烈造型为图，饰以浮雕；三面阴刻"抗战阵亡将士纪念碑"九个大字。方碑被楠木环绕围合，苍翠葱郁，且位于狭长的侧柏夹道尽头，柏墙及人高，道路极窄，仅容一人通行，极具纪念感和沉郁的氛围。整个纪念园采用中轴对称的手法，使主景升高突出纪念碑庄重地位。以植墙聚合压缩空间，再以开敞的中心舒展空间，层次变换丰富，夹道另起视觉导向作用，引人入内。辅以氛围营造法，从色彩的质朴、苍郁到空间的肃穆，将缅怀抗日将士的感慨之心延续至今（图4-8-23）。

图4-8-23　抗战阵亡将士纪念碑

图4-8-24　覃子豪纪念馆

公园的东南角建有一座小室，小室有三间，为"覃子豪纪念馆"，馆外西侧立汉白玉雕像。正门馆名由艾青所题，另有三副对联分别挂于三间门前。其一为："平生宦境同江水，一代诗名继海峰"。其二为："子夜魄归谷应山鸣三蜀画廊飞白雪，豪情梦在星横斗转九歌云屋上青天"。其三是："当时望乡千基白，至今照岛一星蓝"。此三联概括了覃子豪一生的成就，创建了"蓝星诗社"和诗人怀念故乡的赤子之情。馆中设有八个陈列柜，展示覃子豪诗集、研究资料以及纪念文章，四壁挂着海内外著名诗人画家的题诗赠画。

馆外西侧，竖立覃子豪汉白玉半身像，雕像右手托腮，若有所思。馆前一汪浅池环绕，将雕像置于池前，象征诗人覃子豪的思乡之愁，达到了情景交融的境界（图4-8-24）。

4）曲堑融民俗，柏道祈百福

房湖公园假山南岸，为一处青砖砌筑的曲墙云巷，云巷狭隘如蛇状、似幽峡，古朴幽深，名为"三弯九倒拐"。墙体及人高，古砖堆砌，形如流水般，动态十足；两侧密植苍天古树，遮天蔽日，形成夹景，行走其间，可谓移步异景、趣味横生（图4-8-25）。

图4-8-25　三弯九拐曲径

图4-8-26　十二属相柏

云巷路径连续向东，连接着另一条曲径，亦是砖砌云巷，墙体较低，两侧保存有唐宋时代的12棵古柏，至今巍峨挺拔，枝繁叶茂，翠盖若云。在民国时候，这些古柏已是"远古寿星"，百姓见其鹤鸣凤绕、状若祥云的吉祥气势，联想到传统文化中十二属相，将其命名为"十二相"。清代以来，每年正月十六，汉州城民都会到这些古柏下开展"游百病"、拜干亲"拉保保"等民俗活动。民众携家眷亲友，根据生肖排序，摘取古柏上的鲜柏枝插在头上，于"十二相"间游一游，取"柏"

字谐音，以为吉祥，保佑百事顺利、百病不生、富贵白头。"十二属相柏"便由此成了寄存劳动人民祈求辟邪除灾、迎祥纳福的民俗之地，汉州特有的"拉保保"活动成为一道闻名遐迩的民俗景观（图4-8-26）。

三、园林特色

房湖公园始建于唐代，其湖池一直留存至今，后续仿古建筑也多有唐时风格，但是由于经历战乱损毁与多次重建改建，原本单一雅致、文风氤氲的园林特色不再纯粹，更难恢复房琯初建之时的面貌，这与东湖、桂湖、罨画池不一样，后续注入了更丰富的差异化景观。不同时代的社会、政治、文化等的影响下，房湖公园承担了更多的社会和文化需求，纪念的人物和事件跨度极大。因此，不论建筑风格、园林风貌还是纪念的对象，都变得较为丰富了。海纳百川的多样性、兼容并蓄的融合性是房湖公园最大的特点。

房湖公园之"融"，其一在园林风格。粗观其园，布局灵活疏朗，不拘一格，整体园林仍展现出古朴淳厚之西蜀古典园林风格。然深探其中，园中园又别有洞天，空间布局灵活多变，建筑造型淡雅轻盈、玲珑精巧，水面曲折有致。近代新修、改建之处，又特意融合川西民居风格，仿古建筑的古朴中透露现代化气息。

图4-8-27 房湖园林特色

其二在历史痕迹与海纳百川的纪念功能。整座园林以房公西湖为基，不断改建、扩建，逐渐丰富了纪念场景；先有纪念房琯而建立的琯园，立房公像，留七弦琴，藏房公石；又有大顺年间，张献忠为对抗明朝势力而颁布檄文篆刻的圣瑜碑；再有为纪念抗日阵亡英烈所立的"抗战阵亡将士纪念碑"；后建有覃子豪纪念馆。

房湖公园整体园林特征在兼容并蓄的基础上，保存了厚重的历史遗存，如古池、古岛、古石以及古树。在保护与新增的基础上，力求实现古典园林的诗意性表达，也实现了传统山水园的诗情画意。整座园林虽不似杜甫草堂那般质朴飘逸，不及罨画池那般淳厚深幽，却独有一番清雅淳朴的韵味（图4-8-27）。

今日的房湖，已不再只是当年"房公胸中妙刀尺，剪刻玻璃贮寒碧"（魏了翁《房湖楼纪诗》）的房公西湖，新的历史人文已经在其中勾勒出浓墨重彩的篇章。无论是唐代房公与其师友吟诗泛舟、饮酒作乐于西湖之上，还是今日广汉人民携家眷亲属在古柏树下游百病"拉保保"，都是汉州之历史文脉、风土人情之延续。由此，无论物是人非、沧海桑田，房公西湖未来仍将作为"川西明珠"熠熠生辉。

第九节 宜宾流杯池

流杯池位于四川省宜宾市翠屏区，岷江北岸天柱山（又名催科山）中的峡谷底部，为北宋诗人黄庭坚谪居宜宾时，因仰慕和向往《兰亭序集》中"流觞曲水"之雅集活动，便借山谷裂缝之势凿渠九拐而成，形成的狭隘谷型、流杯九曲拐旋、自然水流、书法壁题等已成一绝。其巧借催科山天然狭隘，凿掘理水而成文景。园内景色清朗秀丽，流杯池凿构巧妙，引得文人群贤毕至；摩崖石刻笔力遒劲，书法满壁；亭台楼阁飞檐翘角，可谓诗情画意，体现了蜀地造园顺应自然、崇尚先贤的习惯。宜宾幸得文人涌入，倍添文采风流，传递中原礼数，融西蜀园林之风雅，为世人留下了精巧典雅、文风氤氲的园林瑰宝。

流杯池因"涪翁"而闻名，因"曲水"而成园，品诗酒，论三国，探摩崖之石刻，发展至今，具有悠久的历史和丰富的文化艺术内涵；游人到此，缓步观赏，皆追古思幽，畅叙幽情。公园现占地约240余亩，已融入包括地质景观、三国遗迹以及书法、诗酒、红色文化等于一体的名胜古迹公园。流杯池石刻题记也于2019年被列为全国重点文物保护单位。

一、历史沿革

黄庭坚（1045—1105年），字鲁直，号山谷道人，晚号涪翁，北宋著名书法家、文学家和江西诗派开山之祖。曾及第进士，政治生涯消长浮沉，晚年终受党争牵连诬告被贬。元符元年至元符三年（1098—1100年），谪居戎州（今四川宜宾）。黄庭坚的一生，都被出世与入世之间的仕隐矛盾以及不俗与从俗之间的处世矛盾贯穿着，因此向往文人雅集的诗酒生活成了这段时间的精神追求。为营造这类场所，选择在催科山中的一段天然峡谷，巧借"水有源头通玉液，人从谷门泛金樽"（李春先《题流杯池》）的地理便利，效仿王羲之《兰亭集序》中"流觞曲水"之雅趣，凿九曲盘溪而流觞，以诗酒会友，与林泉相乐，常邀约当地文人雅士在此聚会，以此寄情山水，消忧解愁。黄庭坚开凿的流杯池，不仅成了宜宾最重要的文人雅集场所，促进了诗酒文化发展，也兴盛了川南地区的文人活动和文学繁荣；同时，也引来无数文人墨客前来诗文唱和与挥毫题壁。

宋代之后，后人缅怀先贤，修建了"涪翁墅""涪翁洞""涪翁岩"，建"涪翁亭""涪翁楼""山谷祠""吊黄楼"；宋代为纪念三国时期蜀汉丞相诸葛亮南征途经戎州，修建了丞相祠堂、关帝庙；元代末年，流杯池逐渐荒废。明代景泰年间，开始逐步修复。清光绪二十三年至二十五年

（1897—1899年），再度修缮。

"使君有佳兴，邀我流杯池。流水既无尽，杯来安可辞。青天峰顶落，白日坐间移。何处风流传，惟称东晋时"（明·姜子羔《乙卯夏日峰招饮曲池》）；清代嘉庆《宜宾县志》卷六记载："流杯池，治北隔江一里，巨石中劈。黄庭坚于其中甃池九曲，为流觞之乐，石上尽昔人题咏，多藓剥不可读。"明清期间，流杯池保存完好，壁刻众多，人文雅士既仰慕魏晋风流，又前来参与雅集或题咏活动仍然络绎不绝。

1972年，为响应"深挖洞"的号召，流杯池公园将涪翁洞前后出入口封堵，改为防空洞；1978年春至1979年春，流杯池石刻逐步得以修复，并相继重建了涪翁亭、吊黄楼、涪翁楼等纪念性建筑；1980年，涪翁洞恢复洞貌。1983年，在流杯池两旁石壁上，镌刻了黄庭坚、包弼臣、冀宣明、刘光第、张大千、黄宾虹等人的书法精品；2002年，建成了"历代名家书法石刻碑林"。1954年，修建了烈士陵园；1970年，改建为江北公园；1981年，其更名为流杯池公园；2015年，被评定为四川省重点公园、国家4A级旅游景区。

从涪翁效兰亭之序凿石理水、筑池以来，文风渐浓，文学渐盛；逐渐融入了三国文化、诗酒文化；至今年保存了大量的历史文化遗迹，组成了多元化的人文自然景观。园内一山一水、一草一木、一池一壁，皆体现出独特的园林艺术（图4-9-1）。

图4-9-1 流杯池公园大门

二、园林艺术

（一）布局艺术——依山借势巧成园

流杯池公园地处岷江北岸之催科山、黄角山西南麓，两山分别呈南北和东西走向，地形相对复杂，山形地势起伏较大，地形陡峭险峻，局部变化丰富，为园林空间的利用和文化景观营造提供了巧夺天工之便；公园采用传统造园理念，顺应山势而因地制宜，巧于经营而不费人事之功，浑然天成。

公园整体空间因山就势，因此功能布局大开大合，建筑布局亦顺势高低错落，园林风貌疏朗有致，幽深清旷，体现了西蜀古典园林独特风格。园内最高海拔高约510米，最低海拔高约270米，相对高差约240米。整个园林东北至西南长约1265米，西北至东南宽约1074米（图4-9-2）。

1.主入口　2.假山水景　3.石碑林　4.盆景园　5.点将台　6.关帝庙　7.次入口　8.丞相祠　9.老年公寓　10.观音阁
11.育龙池　12.吊黄楼　13.洛翁亭　14.陵湖　15.陵湖长廊　16.烈士陵园　17.妙墨亭　18.停车场　19.洛翁湖　20.荔红亭
21.凝香榭　22.曲水流觞　23.碑林　24.洛翁洞　25.孔明井

图4-9-2　流杯池平面图

公园在持续的完善过程中，一直追求本域天然之美，得山水之趣，同时文人荟萃，可赋文化之魂；巧妙运用山水、峡谷、楼阁、原始植被等进行因势构景布局，也"巧于借景""赋文雅集"等造园艺术手法，突破空间限制，营造更丰富的景观层次，再塑山水诗画意境。求随曲之合方，顺天然之形，合自然之宜，正所谓是"得景随形，或傍山林，欲通河沼。探奇近郭，远来往之通衢；选胜落村，藉参差之深树"，流杯池布局借山势之美入天然，获自然之灵趣，以清幽之意而达高雅之境（图4-9-3）。

图4-9-3　流杯池湖景

（二）建筑艺术——追古思幽念先贤

1.涪翁楼

涪翁楼，位于涪翁谷西石坊斜上方处。据《宜宾县志》记载，黄庭坚迁谪戎州后，便将平生学问悉心传授给当地后生。为纪念黄庭坚之文化贡献和影响力，宋代在此建"涪翁楼"。后又数次重建，涪翁楼的建筑原型已无从所知，20世纪初的涪翁楼为两层重檐顶、呈长方形、飞檐翘角，其外围廊柱一周，上下皆有方格的门窗装饰，精美华丽，后毁；20世纪70年代再次重建。现有涪翁楼为两层卷棚歇山顶，四柱一楹。上层门窗精雕细作，于此处可远眺江景，亦可俯瞰流杯池全貌；下为敞廊，柱间挂落，设坐台。采用架空长廊与之连接。相传黄庭坚常在此楼读书会友、挥毫泼墨，留下了《安乐泉颂》《苦笋赋》《荔枝绿颂》等佳作。"涪翁楼"匾额为周建人所题（图4-9-4）。

2.涪翁亭

涪翁亭因黄庭坚号"涪翁"而得名，建于何年无可考。据清朝嘉庆版校注本《宜宾县志》记载："涪翁亭位于流杯池旁涪翁洞的石崖顶"。同时，流杯池两壁的石刻题记中，也有三通石刻涉及"涪翁亭"。1982年，流杯池公园于园内"点将台"处的山头之上，又按原亭的形制重修"涪翁亭"，亭高13米，亭径9米，回廊式结构，内外亭各设6根大柱，亭中设有一石桌和六石凳，亭柱间有凳座连接，白柱绿瓦，双层曲檐，飞檐翘角，十分隽妙。涪翁亭位置原为黄庭坚喜登临之处，建成后就成为人们慕名登临的地方，也是吊唁黄庭坚的纪念性建筑。2002年，流杯池公园对园内景点进行规划调整，"涪翁亭"更名为"静远亭"，而"涪翁亭"匾额迁挂至园内陵湖旁的方亭檐下。此亭为1954年所修建，于陵湖两对岸皆各设有一座，右面一座为"涪翁亭"，左面一座定为"妙墨亭"（图4-9-5）。

图4-9-4 涪翁楼　　　　　　　　　　　　图4-9-5 涪翁亭、妙墨亭

3.吊黄楼

吊黄楼为黄庭坚离开戎州之后，人们为表达怀恋之情所筑，其最早建于宋代，后被毁坏。今吊黄楼坐落于流杯池旁，为20世纪80年代重建，占地面积约830平方米，须弥底座，共三层，楼高20米。吊黄楼为钢筋混凝土结构并装饰有仿古门窗，屋顶部分飞檐翘角，绿瓦红墙，整体风貌雄伟壮丽，仿明清建筑风格，其中"吊黄楼"和"一代诗宗"两块匾额，分别为著名书法家吴丈蜀和柳倩所书。

"黄公耿介性刚遒，双绝诗书罕与俦。不计安危能进谏，终遭谴责作迁囚。遣怀寻胜多题咏，寄兴持杯每泛游。父老千秋思俊哲，戎州今又建新楼"（吴丈蜀《游吊黄楼感赋》），本地文人也留下了"乘兴登楼最上重，闲云轻雾散无踪""层楼永志诗人德，池水常怀迁客仪"等诗句（图4-9-6）。

图4-9-6　吊黄楼

4. 山谷祠、丞相祠

涪翁洞南面石丘东侧之下为涪翁蟿，在其东部区域有一小山岭，古时被称为涪翁岭，岭侧为涪翁祠，因内部存有黄庭坚祠碑，故又称山谷祠。山谷祠为南宋时期修建的纪念性建筑，屋顶为悬山式，布局形式为四合院，毁于元代，今人复建，现为纪念黄庭坚和诸葛亮的丞相祠。因诸葛亮南征云、贵之时，兵至戎州受阻，在此演兵，留下了众多古迹，后人为纪念诸葛亮演兵而建。前立四柱两檐悬山顶红色石牌坊一座，上有"丞相祠""名垂宇宙""勋高管乐"三匾（图4-9-7）。

图4-9-7　丞相祠牌坊及砚台石

丞相祠门外有一块直径约为4米，高约0.5米的巨砚名"砚台石"，其周身刻有龙凤、荷叶等吉祥纹饰，整体大气古朴。相传为黄庭坚所凿，并常在此墨砚挥毫，自称"在戎三年，书法为之一变"。砚池积水如镜，东山白塔、南岸七星山黑塔以及岷江边的塔均能倒影其中，似毛笔蘸墨绘制其上，被形象称为"笔点丹池"，为宜宾古八景之一。

5. 关帝庙

关帝庙位于丞相祠后，是四川省内最为完整的一座祭祀关羽的祠庙，虽为丞相祠的后殿，但也自成院落。院落为红色围墙包围，中设双柱石门，门额悬"关帝庙"三字；建筑立于高台，两侧石梯而上；建筑为三开间，卷棚硬山顶。殿内关羽像庄严肃穆，关平、周仓侍立两旁。殿前有一座古石塔炉和一对石华表。庙内收集有宋徽宗、明万历、清康熙、乾隆、咸丰、同治等皇帝的题匾及对联十余副（图4-9-8）。

图4-9-8 关帝庙

丞相祠旁有一孔明井，传说为诸葛亮研究兵法、推演操练八阵图、供兵马之饮所凿。井为八卦形制，四周以青石板铺地，条石护栏，设有供游人休憩之座。井后有照壁，高约5米，两耳壁高约4米，镶嵌有6幅石雕画，正中为明代石雕"寿天百禄"，下为清代石雕"福寿双全"，左右耳壁为明代石雕"双狮戏球"和祝寿之意的"四季花开"图案。整体构建为三面八字形，青瓦三檐屋顶（图4-9-9）。

丞相祠后侧为巨大石坡，传为诸葛亮在此处指挥兵士演练，其点将时所登之处，后人称为"点将台"（图4-9-10）。

图4-9-9 孔明井　　　　　　　　　　　　图4-9-10 点将台

（三）营造艺术——鬼斧神工凿九曲

1. 涪翁谷

涪翁谷，呈东西分布，两端谷口略高，中部较低，是一块巨石中部劈裂而成的天然狭隘。壁立千仞，坚硬如钢，两侧名人壁题数通，丰富的地质景观被赋予浓厚的人文内涵。流杯池位于其底部。涪翁谷两侧崖壁陡峭，整体狭长，长约52米，高约14米；两端谷口较为狭窄，中部渐宽，最宽处可达7米，最窄处约4米，行走其中随空间转换具有幽静怅然之感。谷内西侧石坊处有一古榕，根脉盘生，贴壁顺岩上下延展，树冠遮天蔽日；南侧石壁中部，一圆形石胆镶嵌其中，摇摇欲坠，名曰"落星石"。

东、西向的峡谷入口，皆设有一座两柱式清代石坊作为谷门，石坊内外均有门额和对联文字。东谷入口石坊，外门额书"引池分席"，两柱联为"楚尾吴头迁客梦，蜀山涪谷系人思"，内门额书"玉水方流"，两柱联为"铁腕纵横写幽兰赋，金盘橄榄题味谏轩"；西入口外门额书"璇源圆折"，两柱联为"此乡父老至今忆，注目长江天际流"。内门额书"阅水环阶"，两柱联为"书帷寂寞知音少，文字江河万古流"。这些均刻于光绪二十四年（1898年）。出涪翁谷西门石坊，通过架空长廊便刻到达涪翁楼，登楼可观流杯池全貌；东石坊向南为涪翁洞，断崖成隙，山石嶙峋，具有独特的神秘感受（图4-9-11）。

图4-9-11　涪翁谷

2. 流杯池

流杯池，黄庭坚凿建于1098年。于涪翁谷底部凿石理水成形，两侧分别设有四座石凳，参与人可分席列坐，流觞酬唱。杯之所止，诗亦随之，如诗不成，罚以杯酒。经峡谷口通过谷门，逐阶而下，进入谷底平缓处，感受曲水流觞之境，仰观壁立，凝视壁题，再沿阶而上抵达崖顶。期间谷深壁窄，谷门相对，即为幽静氤氲。黄庭坚在此巧用自然地理规律与物候变化，鬼斧神工般的凿就了这番褉赏之景观，开启了川南甚至蜀地之文化盛事。

流杯池呈东西走向，曲水流经长度约5米，渠宽约0.5米，深约0.45米；流水呈"四折九曲"之式，北侧为"五曲四矶"，南侧为"四曲五矶"。与八个石凳形成长方形，实现了"引池分席"的格局。整体浑然一体，似行云流水，又似游云惊龙，动感十足。如此低谷，水能流淌，可谓天作之合。其水流出入口均作了科学计算和处理，如入口宽约20厘米，高于渠水，被藏于石梯之下；出口低于曲水，保证了水的自然流畅。谷底水质清冽，温湿皆宜，群贤毕至，幽静如斯，正是这样引来大量名人笔走游龙，无不在此精巧神秘之处抒发情怀，如明武宗正德年间进士潘鉴的"曲池分石脉，断壁锁寒烟"、嘉靖三十二年（1553年）叙州府涂瑜的"双壁突孤根，泉分九曲轮"、清康熙年间四川巡抚张德地的"觞流随水转，石壁自天开"。黄庭坚手书真迹"南极老人无量寿佛"壁刻，笔力遒劲，功底深厚，这些精湛的书法作品和文学描述，极为形象的形容了这番景象，将这一绝无仅有的地质奇观变成了最负盛名的文人雅集场所（图4-9-12）。

图4-9-12 流杯池景观

（四）石刻艺术——飘逸遒劲镌风雅

催科山可谓整石为山，石材坚硬细腻。亿万年的地质运动，造就了这里瑰丽奇特的地理景观，或山或谷，或崖或壁，给文人雅士的文化再塑提供了绝佳机会，成了书法家恣意发挥的最佳诗意场所。流杯池自北宋黄庭坚凿渠以来，两侧石壁之上，便留下了大量的壁题精品，形成了独一无二的书法长卷。黄庭坚、杜甫、苏轼、陆游、杨慎等皆有诗文镌刻于此。随着时间推移与朝代更迭，摩崖石刻受日晒、雨淋、风化等自然侵蚀，以及所处时代政策、社会风气等人文破坏，流杯池的摩崖石刻大部分字迹已无法辨认和解读。如今尚存有宋、元、明、清、民国等各个朝代的楷、行、草、隶、篆等诸多字体的书法、诗词石刻，或遒劲浑厚，或刚健隽秀，跃然于壁间，且保存较为完整者约98幅，其中可以识别辨认者约70幅，具体为宋代石刻共计10幅、元代石刻共计3幅、明代石刻共计18幅、清代石刻共计9幅、近现代石刻共计18幅、年代不详石刻共计12幅（表4-9-13）。

图4-9-13　流杯池摩崖石刻

这些摩崖石刻多达百余幅，具有丰富的内涵和极高的书法造诣，主要有游记类、诗文类、题词类，有诗、辞赋、散文、对联、碑刻、坊刻、洞刻等形式，在类似长卷的空间中首尾相贯，可谓步移文异。这些摩崖石刻具有明显的艺术特征，主要表现在其纪实性，如云暮所题"落星石"，是形容镶嵌在其中圆形卵石；嘉靖十七年（1538年）王尚用题、刘允中刻"曲水流觞"四字；"置酒亭上""翻觞飞饮"是记录曲水流觞活动的状况；还有如正德十五年（1520年）杨慎题、刘允中刻"胜概"二字；"破壁高飞"形容壁立高耸，文字高悬；还有其纪念性，如苏轼的《超然台记》，清代文人所刻"至今赏玩游人过，犹慕苏黄旧日音"等句；1921年张大千所题"亭下华方午，江前石亦流"；1983年张爱萍题写"常饮曲觞酒，不使水倒流"等。流杯池两侧的摩崖石刻可谓名人之名书、名刻，皆是表达对"流觞曲水"这类文人雅集标准范式场景的赞颂和羡慕，是对这里地质景观的叹服，对黄庭坚等文化名人的品格崇敬与风韵雅事的追慕。

三、园林特色

（一）因山制宜、巧夺天工

流杯池公园和蜀地山地园林的营造手法一样，都为顺应自然地理特征，因地造园，巧妙借山借水，利山导水，将山水自然本真加以灵活开发运用，赋以文脉，扩展内涵，达到文人雅士所需的精神空间，从而实现"天人合一"的境界。

涪翁谷、流杯池位置得天独厚，山壁夹峙，细泉流经，壁岩坚硬。黄庭坚相地此处，凿渠引水顺流，妙趣天成。两壁书法文章，錾雕千年。文人雅集，流觞传咏，绝不亚兰亭之盛；涪翁楼，半隐于林间，巧妙以山、石、水、林构景布局，层次分明，融于自然。还有利用山间形成的陵湖、育龙池、涪翁湖三大湖池，湖光山色，诗情画意。营造最大化地利用了自然山体空间，山涧蓄水成湖，山巅构筑成楼，山壁雕琢为卷，谷底曲水流觞，这般造景艺术，叹为观止，体现了"虽由人作，宛自天开"的造园理念（图4-9-14）。

（二）曲水流觞，诗酒共生

宜宾，三江融汇，山灵水秀，拥有数千年的白酒酿造历史，从古至今多产佳酿，美酒韵味绵延千年，从古代的重碧酒、荔枝绿到如今以五粮液为代表的宜宾美酒皆是天下闻名。宋时宜宾民间饮酒之风与酒文化尚浅。黄庭坚凿渠流杯池，九曲列席，诗酒唱和，在宜宾大兴文人雅集之风。涪翁谷常是人声鼎沸，诗酒唱和不绝，这在一定程度上促进了该地饮酒之风向着礼、诗、雅的方向发展，丰富了宜宾酒文化的内涵。千年曲水，文人流觞，文人专属的"诗酒唱和"的活动和逐渐演变为大众的世俗游赏活动，流杯池的园林意蕴与宜宾酒文化两者之间形成了相促共生的关系。西蜀古典园林大多初创者，均与酒文化有关，如文君井、薛涛井、武侯祠、杜甫草堂、摩诃池等，甚至酒是催发诗词歌赋流传的主要媒介，而流杯池可谓最典型的代表。

涪翁凿渠流杯，"曲水流觞"迅速成为历代文人雅士前来效仿的场所，给宜宾带来了先进的多元文化和精神风骨，这极大的优化和丰富了川南本域文化，促进了宜宾文化景观的发展，园与城形成了良性的互补。这也促使了邑人对文人雅士的崇敬，后人为纪念黄庭坚，也开展了众多的文人雅集活动，增修了纪念建筑，点缀了雕塑，丰富了诗词等展示形式，形成了源远流长雅集胜景，成了川南最为著名的文化交流和社会礼教空间（图4-9-15）。

图4-9-14 因山制宜

图4-9-15 流杯池纪念空间

园林不仅是物化的栖身之所，更是精神的寄托之地。宜宾流杯池之营建兴起了文艺之风，规矩了生活之气，文风广播，造福一方。黄庭坚等人的文学影响、地方教化之功效、摩崖石刻之精美，使园林艺术文风氤氲、格调高雅；造园因地制宜，使用明暗开合的空间对比手法，欲扬先抑，突破了空间的局限性，营造出了"咫尺山林，多方胜景"的园林艺术空间；随着时分、气候、季节的变化，将更加丰富流杯池园林景观及空间的意境，使得"意"更为高雅，使得"境"更为丰富。流杯池虽形制小巧，却是见微知著，其空间具有浓厚的意境，宽窄高低，大小层次变化丰富，不仅满足了形式美法则，更是通过人与物、物与物之间的对比关系，表达出建造者黄庭坚对人与世界的哲学关系认识。崖顶之上生长的植物与岩壁形成了软质空间与硬质空间的强烈对比，谷底的水流清泉和倒影弱化了岩壁山石的坚硬质感，而处于崖谷中部的"流杯池"则刚好位于这虚境与实境的交汇之处，虚实相生，曲直相和，形成了流杯池"有界无边""以无为有"的空间特色，营造独特的山水人文意境，引人无限遐思。

西蜀古典园林风格朴素自然、飘逸清幽，文园互构中，体现出文风氤氲又诗意盎然，品格高尚为宁静致远。流杯池之相地选址，凿渠引流，列坐饮杯，即是兰亭楔事坐石临流风雅的效仿，使园林艺术实现了天人合一、诗酒画境的高度统一。曲水流觞地，诗酒流杯池，迎来送往，宴饮咸集，为戎州胜处。"曲水流觞"作为重要的文化景观遗存，具有深厚的历史文化价值和独特的艺术魅力。

第十节 邛崃文君井

文君井位于四川省邛崃市临邛镇里仁街，占地十余亩，为西汉大辞赋家司马相如与临邛才女卓文君当垆涤器处，为西蜀古典园林之小巧者。后人为纪念这段才子佳人的千古爱情故事，采用叙事性的手段，在当年汲水卖酒处修筑亭台楼阁并掇山理水，经汉、唐、明、清几度荒芜几度兴，于清末重建修葺，方成今日之浪漫格局。岁月的迭代和相似的西蜀文人纪念崇敬前贤的习惯，文君井成了过往文人雅士怀古幽情、追思浪漫古人的情缘空间。园内亭楼台榭、曲廊小桥、山树水竹随岸而筑，览之有景，品之有味，形成了江南般的诗情画意的精巧空间，呈现飘逸清幽、疏朗精致、故事深远的山水园林风格特征。文君井是中国传统园林中少有的以纪念爱情为主题的园林，1980年四川省人民政府公布为省级文物保护单位。

一、历史沿革

（一）抚琴传情凤求凰

文君井园林因"卓文君当垆，司马相如涤器处"修建而成。"文章自古两司马"中的司马相如（公元前179年—公元前118年），字长卿，蜀郡成都人，西汉大辞赋家，因慕蔺相如之为人，故效其名。卓文君，临邛富豪卓王孙之女，才貌皆佳，也善抚琴咏叹，乃蜀中远近闻名的第一才女。据《史记·司马相如列传》载，司马相如被汉景帝授予武骑常侍，后又成为梁孝王刘武门客，写出了著名的《子虚赋》，刘武死后，相如便返回成都。后受临邛令王吉邀请，参加卓王孙家宴，并抚琴弹唱《凤求凰》，以示爱卓文君：

> 凤兮凤兮归故乡，遨游四海求其凰。时未遇兮无所将，何悟今兮升斯堂？
>
> 有艳淑女在闺房，室迩人遐毒我肠。何缘交颈为鸳鸯，胡颉颃兮共翱翔！
>
> 凰兮凰兮从我栖，得托孳尾永为妃。交情通意心和谐，中夜相从知者谁？
>
> 双翼俱起翻高飞，无感我心使余悲。

词中可见，文君贤淑美艳，且待字闺中，今相遇，愿为鸳鸯般恩爱，结为夫妻，并有夜奔远走高飞之意，"文君窃从户窥之，心悦而好之，恐不得当也，既罢，相如乃使人重赐文君侍者（婢女）通殷勤，文君夜亡奔相如，相如乃与驰归成都"（《史记·司马相如列传》）。此举深为卓王孙所痛恨，后二人因生活困难，重回临邛"尽卖其车骑，买一酒舍酤酒，而令文君当垆。相如身着犊鼻裈，与保庸杂作，涤器于市中。"后卓王孙施予钱财，夫妇又返成都置业，但依旧琴瑟相和，筑有琴台。此举在当时已为冲破世俗之举，才子佳人打破封建礼教追求美好爱情生活，"相如涤器、文君当垆"千百年来脍炙人口，传为佳话。

汉武帝之时，召司马相如赴京任职，文君相送于城北送仙桥，相如有感而发："不乘赤车驷马，不过汝下。"后果真持皇上符节，乘驷马而归，此桥由此称为"驷马桥"。卓王孙再次厚分钱财；相如晚年为"孝文园令"，客居茂陵，其间欲娶茂陵女为妾，文君写赋《诀别书》欲与决断，"琴尚在而新声代故""锦水有鸳，汉宫有木，彼木而斩""白头吟，伤离别"，相如便打消念头，与文君二人相守终生。葛洪《西京杂记》："相如将聘茂陵人女为妾，卓文君作《白头吟》以自绝，相如乃止。""愿得一人心，白头不相离"一句流传千年，象征夫妻恩爱百年，白头到老。

司马相如本身的文章才艺和历史贡献也是巨大的，他的才情、政绩与卓文君的爱情故事，流传至今，影响深远，极大地丰富了蜀地的文学性和纪念性。《明一统志》载："文君井即卓文君当垆，司马相如涤器处。"后人为纪念他们，围绕井建园并加以保护，并以"文君井"命名此园。由此，文君井园林作为卓文君与司马相如的爱情故事之见证而名扬四海。文君井的早期存在，尤其是爱情文化的介入之后，即为文君井园林的源起，至今有2000多年的历史了。

（二）唐时传唱成名胜

司马相如以琴传音，文君心领神会，成就了一段文学佳话。自唐以来，大量的文人墨客或宦游入蜀，或送人游蜀，或作客邛州，都会慕名而来，"又向文君井畔来"，留下无数赞咏诗篇。文君井成了西蜀古典园林中最早的名胜之处。

中唐诗人释无可《送李少府之任临邛》诗曰："旧井王孙宅，还寻独有期。"将卓王孙宅与文君井相提并论，其实"井"和"王孙宅"并非一处。李商隐赠蜀客："君到临邛问酒垆，近来还有长卿无。金徽却是无情物，不许文君忆故夫"（《寄蜀客》）。这位"蜀客"不远千里赴邛州探问酒垆旧址、汲水之井，李商隐感慨夫妻情深意切，琴声就让文君归心。杜甫流寓成都，到琴台边有感而发："茂陵多病后，尚爱卓文君；酒肆人间世，琴台日暮云；野花留宝靥，蔓草见罗裙，归凤求凰意，寥寥不复闻。"也赞颂两人琴音相结，爱情坚贞，想象那时那景，又感叹今日大多人闻所未闻，也就杂草丛生了。南宋淳熙四年（1117年），诗人陆游前往文君井缅怀那段情事，作有《临邛十日游》之《文君井》诗云"落魄西川泥酒杯，酒酣几度上琴台。青鞋自笑无羁束，又向文君井畔来。"陆游游览临邛，住在井旁白鹤驿站。聊想陆游一身落魄，报国无门，感情凄美，如今漫游孤井，会不会遥想沈园往事而怆然涕下？又落寞于罨画池，该是何如？该诗句"几度上琴台"应与杜甫所提琴台一致，都为成都市内的琴台，"文君井畔来"方为临邛之"汲水"酿酒之古井。从唐宋诗人语句中，可辨临邛文君井、抚琴台唐宋时期均存在，并可探寻，但更多的是思维开放的文人雅士吟诵抒怀之地，但也有对此有争议，加之民间或许还受到封建礼制思想影响而导致"寥寥不复闻"。

（三）曾为衙署后建园

明代文君井园林甚广，占有今里仁街之南全部，清代称文君巷，琴台在里仁街北。据曹学佺《蜀中名胜记》记载："白鹤驿有文君井，作酒味美。"又见嘉庆《邛州志》："白鹤驿在州治南文君井侧，今移置州署左。"可见文君井位于白鹤驿内，应作为衙署后花园或汲水之处，故而配套的园林规模宏大、驿站配套建筑是完善的。文君井、琴台仅作文人怀古、凭吊之处，纪念性的空间尚在历史酝酿之中。

至清初，文君井因战乱荒凉破败，园林面积大大减少。康熙中期，知州郑燮有《邛署偶成》诗云："临邛自古称繁庶，乱后荒残亦可嗟。司马琴台藏蔓草，文君酒井覆苔花。"可知文君井萧条零落的景象。此时仍作为衙署之配套花园。在治所迁至今瓮亭公园内之后，乾隆二十三年（1768年），知州杨潮观开始经营园林，建迎风阁，聚艺人于此演出杂剧，已具公共游赏性了。此后园林又渐荒芜，掩于荒草残花。同治末年至光绪年间，《文君井古迹》有载："文君井园林竟被军营所占，古井几成枯井。"光绪二十七年（1901年），知州陈嵩良主持维修，疏淘古井，培植园林。陈嵩良曾为外交官，后回邛州任知州，极力主张重修历史文化遗迹，并亲自撰文《重修琴台、文君井和古瓮亭记》并立石碑铭文："于文君井之右侧为亭，中筑琴台，凿三面为池，种以芙渠，横石为桥于其上，以通往来。由井而左，构船厅三楹，缭以曲榭……环匝栏楯。"其碑文也反驳了苏轼称相如"始以污行不齿于蜀人""司马长卿为小人"之论点，将褒贬两种意见进行辨析和园林重修之理由。经此倡议和维修，实乃庆幸，文君井方成就今日之格局。此时琴台、水池、船舫、水榭等建造已具备，整体湖池清幽，翠竹成林，文风氤氲，极具纪念特性。

（三）民国伊始为公园

1913年，知事戴庚唐于文君井之南复建妆楼，为船舫式样。1931年夏，川康边防军旅长余如海主扩建，邑人次建，定名"文君公园"，于琴台西南两侧垒石筑山，并于南面山顶盖茅亭一座。假山之南修筑休憩之所三间，将原娘娘庙地基并入，培植草坪，凡假山隙地皆植君平竹，摇曳生姿，倍添幽趣。

中华人民共和国成立后，政府开始维修文君井，1957年在文君井南建六角亭，名"绿绮"；文君井北修碑墙一座，正面刻"文君井"三个大字，背面刻郭沫若诗《题文君井》；新辟文物陈列室，增设书场和茶园，1959年整修完成，正式开放。1979年，再次修葺和扩增，除原有建筑外，还新凿荷花池，建曲廊、当垆亭、水香榭、漾虚阁、大展厅、小展室以及诗碑院、四角亭等，1988年建陈列室、展览室、石刻园，补种筇竹等，扩建后园林面积达10余亩。

二、园林艺术

（一）空间布局

文君井园林空间，源于数尺酒坊、一口老井。《园冶》讲道："市井不可园也，如园之，必向幽偏可筑,邻虽近俗,门掩无哗。开径透迤,竹木遥飞叠雉;临濠蜒蜿,柴荆横引长虹。"文君井紧邻里仁街,位于市井喧哗之中,无任何造园之便利。清末陈嵩良之后的造园者,围绕古井,立足琴台,系统布置园林要素,灵巧安排游赏空间,创造性地在长形空间中营造出了分布合理、氛围雅典的山水场景。

1. 北园南院一水贯

全园整体呈现长方形,布局清晰明朗:以南北水轴贯穿全园为脉,呈现北园南院、山水呈现北湖南溪的对半格局;空间呈现北面舒畅、南面密集的布局;北侧建筑临水自由布置又相互关照,南侧建筑居中向心形成两个院落;主要游赏纪念路线沿东西两侧围墙布局,使狭小的空间小中见大,路径更为悠长。

北园湖池广阔,山峰磅礴厚重,建筑诗情画意。北园水占对半,建筑拥水布置,保证了"文君井"纪念空间的开敞。环湖琴台与漾虚阁南北错位相对,既保证了正面空间的开阔,又顾盼生情,别有寓意;问津亭与扇面亭与绿漪亭、凌云亭三者落差巨大,或临水,或高台,或山巅,但又遥相呼应,层次极为丰富;建筑与湖池形成了内向式的典型山水园林空间,极富江南园林之意境。

南院为川西民居四合院式,清简古雅,空间方正紧凑。北厅为"文君陈列馆",亦称"凤求凰陈列馆",与东厢小雅(求凰馆)、西厢兰芷(来凤轩),诗碑院门厅形成第一个四合小院;诗碑院与茂陵堂等形成第二个小院;小院由廊、墙进行分隔和关联(图4-10-1)。

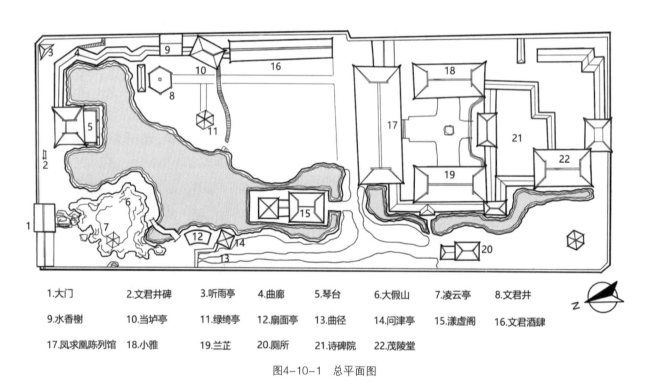

1.大门	2.文君井碑	3.听雨亭	4.曲廊	5.琴台	6.大假山	7.凌云亭	8.文君井
9.水香榭	10.当垆亭	11.绿绮亭	12.扇面亭	13.曲径	14.问津亭	15.漾虚阁	16.文君酒肆
17.凤求凰陈列馆	18.小雅	19.兰芷	20.厕所	21.诗碑院	22.茂陵堂

图4-10-1 总平面图

2. 叙事完整礼序在

文君井是一口充满浪漫故事的遗迹,也是有迹可考的地标性遗迹,后人在故事性、叙事性、纪念性等造园逻辑的添加过程中,都是围绕这些主题而进行营造的。作为传统纪念性园林,在纪念空间中，必然遵循一定的礼制礼序，但考虑文君因琴结缘，觅得知音，冲破世俗观念，突破封建思想，在褒贬不一的历史发展中，最终被认同并传为佳话，其园林艺术也有不拘一格的表达。西蜀古典园林在空间布置的规矩与自由方面，一直都处理得极为巧妙，既能自圆其说，又能雅俗共赏。

一是"文君井"本身的叙事性极为广博，二千年以来已经形成了明显的识别意象。它是故事和纪念的主体，故在其北侧屏立一堵影壁，青瓦红壁，上书"文君井"三个大字；南侧设漏窗矮曲墙和开通圆门，适当延长轴线，这体现了"文君井"纪念空间的完整性，也引导了纪念的准确路径，并且坐北朝南；同时，当垆亭突破原有建筑框套，转向井口，这一设计，酒具备了完整的叙事关系，空间严谨又自然轻松，还具酒肆场景之感（图4-10-2）。

二是琴台坐北朝南临水，与绿漪亭相望，形成南北对景，两者轴线与"文君井"轴线平行，且都到南侧矮曲墙结束，这样形成了稳定的构图关系；同时采用曲折通廊，将琴台、"文君井"、水香榭、当垆亭等进行了关联，并连接矮曲墙形成了"文君井"完整独立的纪念院落。

三是船舫（漾虚楼）坐南朝北，隐于东南侧幽静林水中，似文君隐藏于闺中，与琴台隔水错落相望（图4-10-3）。此种处理技巧与新都桂湖升庵殿、城霞阁如出一辙，一远一近，一显一隐，似相如琴台抚琴，文君闺中聆听之感，颇具叙事性，设计极为浪漫巧妙。

图4-10-2 "文君井"纪念轴线

图4-10-3 漾虚楼之"隐"

四是南院的建筑采用传统院落式布局，方正构图，显得规整严肃，也体现了纪念性空间的礼制。

北园、南院形成了有机的游览时序和空间引导，以琴台、古井为脉，空间东紧西疏，地势东高西平，采用障景、隔景、框景、对景等手法形成欲扬先抑、曲径通幽、赫然开朗的景观效果；并借曲廊、竹径、小桥组织游览路线，通过洞门、山洞、过道将北园、南院巧妙相连，使得园林空间灵活浪漫。

（二）园景营造

全园的景观营造，结合空间之狭小、面域之长方的特征，遵照山水自然规律与人文情怀，巧分南北两大空间；空间虽紧凑，但却大山大水，疏密有致；以山水贯穿南北、道路绕四周的构景手法丰富了南、北两大院落空间，增加了园林层次，扩大了园林尺度。

1. 北园

北园主要以传统的江南营园手法进行园林布局，将山、水、亭、廊、井台等要素按照叙事性进行空间安排。通过感情的自由表达和纪念的礼序规制塑造特定的纪念空间，形成了一山、一水、一井的空间格局。整体欲扬先抑，疏密有致，布局讲究。

1) 简门框群山，一山藏幽深

公园入口采用欲扬先抑的手法，大山横亘，高亭耸立；然后峰回路转，或曲径通幽，或赫然开朗。园门北向面里仁街，粉墙黛瓦，拼瓦花窗，竖瓦压顶，花式小门，横眉小槛，透出万千秀色，园门简朴小巧，门户单开。门额为郭沫若题"文君井""文君故居"二副匾额（图4-10-4）；进门则一座宏大假山充盈整个门户，完全屏障了园后之境；山脚有巨石，上刻"凤求凰"三字以及赋文，直接点明主题；山顶有"凌云亭"如翼腾空，俯视可览全园，其名源于司马相如汉赋名篇《凌云赋》和后人所语"有志赋凌云"（图4-10-5）；大假山左侧为砖式方门和洞穴式山门，可达琴台；右侧为立石山门，可达扇面亭和南院，可谓左右逢源（图4-10-6）。

图4-10-4　文君井大门

图4-10-5　凌云亭及大假山

图4-10-6　大假山之左、右景门

2）空弦琴台坐，听雨轩与廊

琴台因司马相如抚琴而得名，清嘉庆时重修。琴台位于公园北侧，背墙面水。开轩相望古井、船舫，琴声亦可达，文君亦可听；琴台在唐时应为台，清时在其上修筑水榭，中置石琴，但名称仍为"琴台"，目前台有两层，一层建榭，一层临水；建筑为单檐歇山式开敞建筑，九脊顶，四角凌空，青瓦飞檐，有凌空飘逸之动态。三面开敞临水，背面白墙漏窗；建筑构思巧妙，共六柱，分前后两

图4-10-7　琴台

间，前四柱形成水榭空间，四周设飞来椅；后为长廊的入口通道。使该建筑既满足了琴台场景的展示，又满足了长廊的前导使用，两者有机融合。可见，琴台从空间上来看，极具交通枢纽和视线焦点作用，亦是全园情绪的焦点。

建筑悬有"琴台"白底黑字门匾，柱挂"井上风疏竹有韵，台前月古琴无弦"对联。对联将"文君井""琴台""琴"的历史意象进行了集中体现，使用"风疏""有韵""月古""无弦"表达了历史的久远和人去楼空的惆怅意境，极具诗意性。台中有桌，上置"绿绮琴"，再现司马相如当年弹琴之陈设。琴台南面，最宜赏月，有"琴台夜月"美景之称，为临邛八景之一。琴台后侧有果亲王手书宋代田况《琴台》一诗："西汉文章世所知，相如闳丽冠当时。游人不赏凌云赋，只说琴堂是故基。"道出人们都欣赏相如辞赋之华丽，但今天的游客不能雅俗共赏，而传唱文君、相如之琴台爱情故事，这也说明，其文章不管当时如何，今天人们只记住了琴台，琴台被赋予了更浪漫的文学内涵而流传千古（图4-10-7）。

琴台向东进入曲廊，向南转接水香榭、当垆亭，向西接矮曲墙，完成文君井纪念场所的闭环。曲廊青瓦木柱，小巧轻盈，背为漏窗白墙，柱间挂落，临水设木座。曲廊狭长而通透，自琴台开始便转折变化，高低起伏，低可近水，高则临峰；背墙留方形漏窗，增加墙体通透之感，廊中漫步，有步移景异之视觉效果，由窗望去，碧莲玉洁冰清，绿竹青翠欲滴，似隔非隔，似隐还现，光影迷离斑驳（图4-10-8）。

图4-10-8　曲廊

在廊转折的东北角落，倚墙堆山，造一攒尖三角亭"听雨轩"立于顶峰。该亭巧妙结合其角度和高度的优势，一面观城北，一面观城东，一面呈45度角，正好是一个人的最大化视角，可俯瞰全园。园外为城市道路交汇处，更为醒目，提示公园的地标作用；同时与凌云亭亦遥相呼应。登临远眺，观园内外景致，听园内外雨声。一静一动，一幽一嚣，更显园林隐于市井之妙趣（图4-10-9）。

3）当垆酒肆兴，涤器琴瑟鸣

"文君井"为西汉遗井，至今已2000多年，据《邛崃县志》载："井泉清冽，甃砌异常，井口径不过二尺，井腹渐宽，如瓶胆然。至井底，径几及丈，真古井也。"井口呈圆形，直径50厘米，腹径350厘米；周围采用红砂石呈放射状铺地，六边石栏相围，外围则全部使用邛瓷陶片铺设；井壁不用砖石叠砌，而是当地所产陶片密砌，井底也用陶片铺设，以防泥水上翻；其形制与秦汉旧制相同，可

图4-10-9　听雨亭

以说明为西汉时期所凿，也可佐证文君汲水酿酒之事实，加之历代前来此处叹咏之人甚多，故遗址2000多年未变是可信的。井北立有红墙影壁，影壁之南有清进士曾光曦题楷书"文君井"三字，影壁之北有郭沫若撰书之诗："文君当垆时，相如涤器处，反抗封建是前驱，佳话传千古。会当一凭吊，酌取井中水，用以烹茶涤尘思，清逸凉无比。"诗书双绝，更衬古井意蕴。前文提过，该"文君井"区域也具备完整的纪念空间轴线和传统的礼制特征（图4-10-10）。

图4-10-10　文君井

李商隐曾歌咏："君到临邛酒垆，近来还有长卿无"，以及"美酒成都堪送老，当垆仍是卓文君"等诗句，"始酌文君酒，新吹弄玉箫"（李百药《少年行》）"锦江烟水，卓女烧春浓美"（牛峤《女冠子》）"翠娥争劝临邛酒"（韦庄《河传》）"数枝艳拂文君酒，半里红欹宋玉墙"（罗隐《桃花》），这些诗句均为盛赞此井酿制的美酒。井因文君而蜚声文坛，文也因井而流传，文君井能保存至今，并具备更浓郁的诗意性、纪念性，就是因为文化得以尊重，文脉得以认同和传承，这也是西蜀古典园林文园同构、愈久弥新的典型特征。

"当垆亭"为纪念"文君当垆，相如涤器"而建的小作坊，呈长方状，建于街台之上；青瓦歇山顶，正脊和垂脊均饰万字纹，具有与主题相关的象征含义；开间为四柱一楹，柱间挂落，两侧粉墙；内设高坛大瓮，火坑土台；有文君、相如当垆卖酒之塑像，复原汉代酒肆之风貌，重现"卓女烧春"之场景。"择婿何须父命，当垆更暖人心"楹柱上的对联道明了文君冲破世俗，违背父命，舍弃富足生活，宁愿自给自足也要与相爱人在一起，当垆、涤器也幸福，感人至深的琴瑟之爱，唱响千年（图4-10-11）。

绿绮亭北与琴台隔湖相对，表达了与"琴"这一主题的呼应，东与当垆亭相对。亭呈平面六角，攒尖筒瓦顶，四角飞翘，柱有联曰"七弦生百韵，一曲动千秋"。亭名取自司马相如的古琴"绿绮"之名，傅玄《琴赋序》中提到中国各类古琴中就有"司马相如有绿绮，皆名器也"。"绿绮"相传为中国古代四大名琴之一。琴台是"古琴无弦"，绿绮亭则七弦生百韵，此时无声胜有声，琴韵动千秋（图4-10-12）。

图4-10-11　当垆亭　　　　　　　　　　　　　　　图4-10-12　绿绮亭

4）妆楼藏林水，凭栏听琴声

"春山叠乱青，春水漾虚碧"（宋释慧开《偈颂八十七首》）漾虚阁得名于此。虽名阁实为舫，又称文君妆楼。为舫因其船型、为阁因其双层、为妆楼则是体现本园之故事，妆楼面北与琴台遥相呼应，顾盼有情，体现了相如抚琴、文君掩听的时空场景，是文园同构的最佳体现。由此，北园通过水景将凌云亭、琴台、文君井、当垆亭、绿漪亭、妆楼等建筑关联成了千古爱情名园之核心，通过建筑空间的呼应和凝视，把一系列相关的爱情往事进行了叙事性的表达。

漾虚阁坐南朝北，半掩于游赏林水处。漾虚阁分为四部分，最北为船头，平台凌波；向南以此为歇山顶四柱亭，四角飞翘，形式与琴台一致，虽隔一池，两人却琴心相通，爱心永结；中舱为单层卷棚屋顶水榭，略低于前亭；最后为二层楼阁，一层为砖木结构，四墙封闭，粉饰白灰，二层卷棚歇山顶，形式与前亭一致，四周花窗装饰，可闭启，自西侧假山石梯可上二层。整艘船舫浑然一体，极为协调。造型舒展轻盈，颇具摇曳之感，像隐于林间而静若处子，又似驶离水岸在轻缓舒行。前亭联有"一经司马求凰后，千古风流说到今"，一曲风求凰，自此两不忘；后舱也言"拾级上妆楼，宝镜晶莹人宛在；焚香弹古调，瑶琴清响韵依然。"登上妆楼，恍然丽人依在，梳妆打扮；凭栏远眺，琴台才子抚琴，余音绕梁。昔日相如拨琴，文君醉听之旧景，重现于隔水相对的阁台间（图4-10-13）。

5）竹径通幽深，池岸列亭轩

自北侧大门入园，一直沿西侧围墙直行，便有两门，一门假山、一门圆洞，将长直的路径进行了丰富，且具诗情画意。门户内大假山横亘，却西立山峰，形为小门；前行数步，再分左右，右则园门引景，竹林夹道，循序渐进，白墙随陶片铺色的小径而悠长延绵，渐入佳境（图4-10-14）；左侧径直入扇面轩，可近观湖池，远观琴台；再前行，交会于听琴亭（听琴阁），更高人一筹，视野广阔；然后再入竹径，可南达南院之境（图4-10-15）。

图4-10-13　漾虚阁

图4-10-14　进门右侧沿墙直行，穿山入"竹径"

图4-10-15 扇面轩

　　临池建亭，山石做基，攒尖为顶，筒瓦垄，戗角翘，砂岩为础，木构梁架，六柱围栏，四面开敞，是亭不名亭，是为问津亭。扇面轩名"问津"，立于池岸山石之上，卷棚青瓦顶，垂脊厚重，屋檐飞翘，四柱三牖，背墙开漏窗，留天井，面阔扇形，视野宽广；题有"邀月"二字的听琴亭为四方攒尖顶，也立于池岸山石之上，高于周边建筑（图4-10-16）。北园之"凌云""邀月""听雨""问津""绿绮"既形成了空间呼应，也建构了完整的叙事故事。

图4-10-16 邀月亭（左），妆楼、听琴亭（右图中）、扇面轩空间关系

2. 南院

　　南院主要为展示和陈列相关历史文化，如生平事迹、诗词歌赋书画作品、各类名人碑刻以及配套功能等，故采用四合院形式进行布局。南院也分南、北两个院落，不同的建筑和空间均采用柱廊进行有机连接。南北两个院落也以柱廊隔开，中通月洞门。北侧以建筑空间为主，进行室内展示；南侧主要是碑文展示；茂陵堂作为司马相如人生最后落脚点，故也放在全园的最后，背靠西山，面向东方。

　　1）殿堂展示《凤求凰》

　　北侧院落方正，北、东、西三面建筑，南为柱廊作边界，庭院呈"十字"形，水、桥皆具。庭院北侧建筑为"文君陈列馆"，建筑高大雄伟，青瓦高脊歇山顶，六柱五间带围廊，西侧围廊与"兰芷"相接，为典型的殿堂式建筑。门有何应辉手书长联："君不见豪富王孙，货殖传中添得几行香史；停车弄故迹，问何处美人芳草，空留断井斜阳；天涯知己本难逢；最堪怜，绿绮传情，白头兴怨。我亦是倦游司马，临邛道上惹来多少闲愁；把酒倚栏杆，叹当年名士风流，消尽茂林秋雨；从古文章憎命达；再休说长门卖赋，封禅遗书。"该联将这段情史、古老遗迹和个人感受表达得淋漓尽致。馆内陈列相如文君之生平简介、相关书法、绘画和文学作品以及反映汉代生活风貌的物件（图4-10-17）。庭院中间，立有卓文君端酒器汉白玉雕像一座（图4-10-18）。

图4-10-17　文君陈列馆　　　　　　　　　　　　　　图4-10-18　卓文君像

东、西厢房均为三间四柱，卷棚单檐屋顶，青瓦红檐，穿斗式构架。东厢小篆题额"小雅"，为司马相如书房，喻才华绝代；西厢行书题额"兰芷"，为卓文君闺房，喻素心如兰，两厢相对，展二人婚后琴瑟相合之情境。兰芷以西，曲廊背墙而走，廊临水渠，水浅无鱼，与钟乳石堆山隔水相望。有步道可登山，尽头有一亭，虚掩于林木翠竹间。

2）折墙镶嵌千年碑

南侧为诗碑院，通过月洞门可达，门额题"诗碑院"三字。墙为隔断，门为圆形，装饰方形花窗，分隔南、北。诗碑院虽窄小，但有隔墙转折分隔，既有小中见大，又增加了展示长度。墙上嵌着大大小小几十通碑刻，颇为壮观。这些碑刻多出自历代文人雅士吟咏文君、相如爱情故事之佳作以及登临文君井之题咏。如唐代卢照邻、杜甫、李贺、李商隐，宋代宋祁、陆游，元代汤显祖，及近代郭沫若、任白戈等都曾至此凭吊并赋诗题文。除了诗碑院，在南院的东侧，利用围墙，采用木雕、呈竹简形式，展示了司马相如《上林赋》《长门赋》《大人赋》《美人赋》《哀秦二世赋》等数十名篇（图4-10-19）。

图4-10-19 诗碑院

（三）植物配置

文君井内植物繁盛，堆云叠翠，以高乔和修竹为胜。植物配置也与《凤求凰》诗句和神话故事相关联，如种植了大量的青桐树。先秦文献《诗经·大雅·卷阿》中有"凤凰鸣矣，于彼高冈。梧桐生矣，于彼朝阳"之句，为梧桐引凤凰传说的最早来源。宋邹博《见闻录》曰："梧桐百鸟不敢栖，止避凤凰也。"梧桐本身象征爱情忠贞和高洁品格，秋季落叶又有离别孤独之寓意，如有"无言独上西楼，月如钩。寂寞梧桐深院锁清秋"（李煜《相见欢》）"春风桃李花开日，秋雨梧桐叶落时"（白居易《长恨歌》）等诗句。园内"栽桐引凤""凤凰若有意，院内树梧桐""井畔一青铜"。种植梧桐皆为纪念司马相如求爱卓文君成功之佳话，寄托后人美好愿望，亦烘托园林主旨，表达了文学意境，也具备了诗情画意。

园内高大乔木还有大叶榕、女贞、枫杨、国槐、香樟、银杏、桂花等，尤其是大叶榕参天遮蔽，根系盘绕群山，串盘池岸；另有蜡梅芳香四溢，如位于井口，与汲水酿酒之美味相得益彰——"古酿韵余香"，园门故书"香泉"二字，可谓情景交融；还有罗汉松列植当垆亭两侧，显得古朴公平——"侠义传古今"；湖池皆种荷花——"塘荷堪听雨"。"幽篁夹小径，辗转欲迷人""壁烟曳篁径，最是竹成林"。筇竹、琴丝竹、小青竹、凤尾竹、棕竹等在园内运用较广。相传司马相如以"绿绮"演奏相挑，文君夜奔，王孙怒砸"绿绮"，而砸琴处的竹结上长出淡白色线斑，状似琴丝，于是人们取名"琴丝竹"，琴台上之石琴"古琴无弦"。有碧桐求凰，翠竹幽篁；亦有繁花紫薇，浓荫黄葛，参天古槐。文君井之植物造景自成格调，文学意境深远（图4-10-20）。

图4-10-20　植物文学意境

三、园林特色

文君井因其特定的故事而被后世传唱，其园林具备了浓郁的纪念性、文学性和游赏性；古井、古琴、古酒肆以及古文章，成就了千古爱情名园，产生了极具逻辑的叙事性和故事性。园内亭台楼舫、山石曲水、古木篁竹的物质建构都是围绕两人的爱情线索和故事情节进行布局的，园景与缅怀纪念之意相结合，将隐含于园林之外的意境进行了巧妙的文学表达。

（一）汉风古园　江南画意

园中古井为汉代遗井，当垆亭复原汉代酒肆之风，文君陈列馆内展示汉代生活文物，临邛风情廊之木刻画皆是汉代临邛的风土人情，具有浓郁的汉代遗风。受到川西自然地貌丰富多变、人文历史积淀深厚、崇尚闲然安逸、享受自由等因素的影响，园林呈现飘逸清幽、画意质朴、故事浓烈等的风格特点。文君井虽小巧玲珑，但小中见大，空间及要素安排合宜，比例恰当，框景、漏景、借景等手法运用俱佳；建筑临水，倒影成趣；具有江南风韵的山水场所，尤显得温文尔雅；大山高峰，林峰联排，池岸逶迤连贯，山水建筑之布置有意为之，而不必考虑农田水利等因素，而精心将山水画、山水诗、山水园融为一体，这在西蜀古典园中是少见的。此外，文君井之墙体亦具地方特色，西蜀古典园林以红墙为特色，文君井外墙和影壁为红墙，而园内墙体大多为白色云墙，这是将纪念性与地域性相结合的典型手法。

以纪念名人为主题的园林，偏向满足精神需求，精神和文化的功能超越了物质功能。文君井在此基础上，将名人纪念、坚贞爱情与故事场景进行巧妙融合，形成既可游憩又能凭吊的唯美纪念空间（图4-10-21）。

（二）辞赋歌赋　千古流传

文君井的千古传唱和认同，吸引无数的文人雅士留下了大量的诗词字画等作品。

一类是和园林主题内涵相关的。园内悬挂匾额，题写对联，作诗点景，借助辞藻以扩大园林文学鉴赏之深度与广度，点明情景交融之意境。如假山上之"凌云亭"，以司马相如《凌云赋》得名，表山高以凌云；听雨轩，由"听雨入秋竹"诗意而来，秋雨萧瑟，倚轩愁思；琴台以联"井上风疏竹有韵，台前月古琴无弦"升华琴台夜月之境亦与"绿漪"相关。园景题名、柱间楹联皆与相如、文君相关，文趣、意趣、境趣和音趣交相辉映。

二类是文人雅士慕名而来，怀古题吟。但能来之人，或被文君井明月瑟瑟、修篁幽幽、园荷深深的画意所感染，或被司马相如与卓文君二人脍炙人口的爱情佳话所动情，便咏之以诗、笔之以书、铭之以牌，留下了无数讴歌赞美的诗篇。卢照邻有诗云："闻有雍容地，千年无四邻。园院风烟古，池台松槚春。云疑作赋客，月似听琴人。寂寂啼莺处，空伤游子神。"感怀自然之持久与人生之短暂；

图4-10-21　诗情画意

"知音偶一时，千载为欣欣。上有汉武皇，下有卓文君。"明代汤显祖赞许知音难觅，千年津津乐道，相如有幸，能遇明君，还有文君；清末诗人宁缃拜访文君井，见竹径薄雾，青桐遮井，碧叶红粉，夕阳斜照，望景生情，写下了"买得文君酒，来寻司马琴。碧烟曳篁径，金井坐桐阴。曲沼莲花浅，夕阳芳草深。此间堪赏处，还是竹成林"。

（三）一往情深　千载美誉

历史上包括苏轼在内的众多文人对此事件颇有微词，或有贬义之言，甚至影响巨大。古时候大量的感情轶事都是"此事古难全"，通过文学作品进行表现的，如"梁祝化蝶""牛郎织女""长恨歌""孔雀东南飞"等。中国人特有的感情情怀与追求幸福的执着，往往都是"愿得一人心，白头不相离"，理想始终难以实现，但"一曲凤求凰"获得美人心，这种完美的结局实现了所有人的幸福美满愿望，故能千载流传至今。事实上，西蜀园林本来就是从爱、从情怀精神走向今天的时空序列，这已超越了空间存在本身，其爱情、衙事、家国情怀等思想一直跌宕至今，也促使其纪念性的产生。

"凤兮凤兮归故乡，遨游四海求其凰。时未遇兮无所将，何悟今兮升斯堂！有艳淑女在闺房，室迩人遐毒我肠……"相如一曲《凤求凰》引得文君"情不知所起，一往而情深"，趁夜私奔，当垆沽酒，流传至今。蜀中名胜记引《采兰杂志》云："文君闺中一井，文君手汲则甘香，沐浴则滑泽鲜好，他人汲之与常井同。"表明文君井本身并无特异之处，却因承载千古爱情佳话而成蜀中胜景，成就一座名扬四海、至今不废的"千古第一爱情名园"。

古有一汉井，文君当垆，相如涤器；因井而成园，亭台廊阁，山竹水树；临园抒感怀，唐宋明清，诗词歌赋。文君井虽源于数尺酒坊，却成为历朝历代文人雅士、骚人墨客入蜀题咏怀古的游览胜地。如今，酒已淡散，井却盛新，园也隐形，一座城市意境，千年沧桑，井意全存，城井共依。今井新修葺，有白墙黛瓦、竹树浓翠、琴台临水山岭耸峙，有文园同构咫尺西蜀、酒芦痕印深井陶然。不同的岁月和相似的西蜀文人纪念崇敬的习惯，形成了文君井诗情画意、飘逸清幽、疏朗精致、故事深远的山水园林风格特征。

相如与文君的绝世爱情跨越千年，文君井园林正是它的载体，园于千年间不断更迭，情却愈加味浓，如楼阁般典雅俊秀，如山石般坚毅岿然，如碧池般情丝微漾，如草木般生生不息，如遗井般千古长存，如绿绮般拨撩心弦。千年事绪，通过山水园跨越时空，今日园景，同那场惊世琴音遥相呼应了。

参考文献

［1］［西汉］班固.汉书［M］.北京：中华书局，1983.

［2］［西汉］司马迁.史记［M］.邓启铜校注.南京：南京大学出版社，2014.

［3］［汉］班固.汉书·艺文志［M］.北京：中华书局，2012.

［4］［汉］高诱，［清］毕沅.吕氏春秋［M］.上海：上海古籍出版社2014.

［5］［汉］许慎.说文解字·第十四下［M］.北京：中华书局，1963.

［6］［汉］扬雄.蜀王本纪［M］.重庆：重庆出版社，1984.

［7］［东汉］刘熙.释名［M］.北京：中华书局，2021.

［8］［西晋］陈寿.三国志［M］.上海：上海古籍出版社，2011.

［9］［晋］陈寿.三国志［M］.北京：中华书局，1982.

［10］［晋］常璩.唐春生等译.华阳国志［M］.重庆：重庆出版社，2008.

［11］［晋］常璩.华阳国志校补图注［M］.任乃强校注.上海：上海古籍出版社，2009.

［12］［北魏］郦道元.水经注［M］.北京：华夏出版社，2006.

［13］［六朝］佚名.三辅黄图［M］.陈直校证.西安：陕西人民出版社，1981.

［14］［唐］杜牧.樊川文集［M］.邓启铜校注.上海：上海古籍出版社，2007.

［15］［唐］李白.李太白全集［M］.北京：中华书局，1998.

［16］［唐］刘禹锡，高二适批校.刘禹锡集［M］.南京：凤凰出版社，2010.

［17］［唐］元稹撰.酬乐天得微之诗知通州事因成四首［M］.上海：上海古籍出版社，1994.

［18］［五代］孙光宪.北梦琐言［M］.贾二强校注.北京：中华书局，2002.

［19］［宋］黄休复.益州名画录［M］.何韫若，林孔翼注.成都：四川人民出版社，1982.

［20］［宋］李诫.营造法式［M］.重庆：重庆出版社，2018.

［21］［宋］钱侗.崇文总目［M］.广文书局版.

［22］［宋］苏轼.苏轼诗集［M］.王文浩辑注.北京：中华书局，1982.

［23］［宋］苏洵.嘉祐集笺注［M］.曾棘庄，金成礼笺注.上海：上海古籍出版社，1993.

［24］［宋］苏轼.於潜僧绿筠轩［M］.北京：中华书局，1999.

［25］［宋］袁说友.成都文类［M］.北京：中华书局，2011.

［26］［宋］郑樵.通志［M］.杭州：浙江古籍出版社，2007.

［27］［元］费著.岁华纪丽谱［M］.成都：巴蜀书社，1988.

［28］［明］曹学佺.蜀中广记［M］.上海：上海古籍出版社，2020.

［29］［明］计成.园冶［M］.重庆：重庆出版社，2009.

［30］［明］李时珍.本草纲目［M］.北京：中华书局，2021.

［31］［明］汤显祖.汤显祖诗文集［M］.徐朔方笺校注.上海：上海古籍出版社，1982.

［32］［明］王士性.广志绎［M］.北京：中华书局，1999.

［33］［明］文震亨，张彩梅.长物志［M］.李瑞豪校注.北京：中华书局，2021.

［34］［明］杨慎.全蜀艺文志［M］.刘琳，王晓波点校.北京：北京线装书局，2003.

［35］［清］陈淏子.花镜［M］.伊钦恒校注.北京：农业出版社，1962.

［36］［清］常明，杨芳灿等纂修.四川通志［M］.成都：巴蜀书社，2021.

［37］［清］董诰编.全唐文［M］.北京：中华书局，1983.

［38］［清］彭定求.全唐诗［M］.北京：中华书局，1960.

［39］［清］蘅塘退士编选.唐诗三百首［M］.扬州：广陵书社，2010.

［40］［清］永瑢，纪昀，等.钦定四库全书总目［M］.北京：中华书局，1983.

［41］［清］张廷玉.明史［M］.北京：中华书局，1974.

［42］复旦大学哲学系.老子注释［M］.上海：上海人民出版社，1977.

［43］蒙文通.巴蜀古史论述·巴蜀史的问题［M］.成都：四川人民出版社，1981.

［44］萧涤非，马茂元，程千帆.唐诗鉴赏辞典［M］.上海：上海辞书出版社，1983.

［45］宗白华.西蜀遗韵——川西名人纪念园林略述［M］.南京：江苏人民出版社，1985.

［46］巴蜀丛书第一辑［M］.成都：巴蜀书社，1988.

［47］赵长庚.西蜀历史文化名人纪念园林［M］.成都：四川科学技术出版社，1989.

［48］四川省宜宾县志编辑委员会.宜宾县志［M］.成都：巴蜀书社，1991.

［49］黄淳浩.郭沫若书信集（上）［M］.北京：中国社会科学出版社，1992.

［50］熊明安.四川教育史稿［M］.成都：四川教育出版社，1993.

［51］侯幼彬.中国建筑美学［M］.哈尔滨：黑龙江科学技术出版社，1997.

［52］成都市群众艺术馆.成都掌故（第二集）［M］.成都：四川大学出版社，1998.

［53］成都市园林志编纂委员会.成都市园林志［M］.成都：四川人民出版社，1998.

［54］陈其兵，杨玉培.西蜀园林［M］.北京：中国林业出版社，2009.

［55］周维权.中国古典园林史（第二版）［M］.北京：清华大学出版社，2008.

［56］周维权.中国古典园林史［M］.北京：清华大学出版社，2000.

［57］曾宇，王乃香.巴蜀园林艺术［M］.天津：天津大学出版社，2000.

［58］陈从周.中国园林鉴赏辞典［M］.上海：华东师范大学出版社，2001.

［59］中国社会科学院语言研究所.现代汉语词典［M］.北京：商务印书馆，2002.

［60］李德辉.唐代交通与文学［M］.长沙：湖南人民出版社，2003.

［61］顾祖禹，贺次君.读史方舆纪要［M］.施和金点校.北京：中华书局，2005.

［62］张渝新.桂湖园林鉴赏［M］.成都：四川出版集团，2006.

［63］四川省文史研究馆.成都城坊古迹考［M］.成都：成都时代出版社，2006.

［64］胡昭曦.四川书院史［M］.成都：四川大学出版社，2006.

［65］童寯.童寯文集［M］.北京：中国建筑工业出版社，2006.

［66］汪菊渊.中国古代园林史·下卷［M］.北京：中国建筑工业出版社，2006.

［67］范晔.后汉书［M］.北京：中华书局，2007.

［68］蒋侃迅.中国眉山三苏祠造园艺术研究［M］.北京：北京林业大学，2008.

［69］陈至立等.辞海（第七版）［M］.北京：中华书局，2009.

［70］何介福.巴蜀史［M］.成都：西南交通大学出版，2009.

［71］唐圭璋.全宋词［M］.北京：北京大学出版社，2009.

［72］袁庭栋.巴蜀文化志［M］.成都：四川出版集团巴蜀书社，2009.

［73］贾大泉，陈世松.四川通史［M］.成都：四川人民出版社，2010.

［74］郭熙.林泉高致［M］.济南：山东画报出版社，2010.

［75］吕明伟.中国园林［M］.黄山：黄山出版社，2011.

［76］孔祥林.世界孔子庙研究［M］.北京：中央编辑出版社，2011.

［77］刘开扬，刘新生.杜甫诗集［M］.北京：中国国际广播出版社，2011.

［78］陆游.陆游词集［M］.上海：上海古籍出版社，2011.

［79］王青，龚世学注评.山海经［M］.南京：凤凰出版社，2011.

［80］张仲裁.唐五代文人入蜀考论［M］.北京：中国社会科学出版社，2013.

［81］邓启铜（注释）.尔雅［M］.南京：南京大学出版社，2014.

［82］刘波，王川（注释）.礼记［M］.南京：南京大学出版社，2014.

［83］童寯.江南园林志［M］.北京：中国建筑工业出版社，2014.

［84］成都市地方志编纂委员会办公室.成都精览［M］.成都：电子科技大学出版社，2016.

［85］高文.中国巴蜀新发现汉代画像砖［M］.成都：四川美术出版社，2016.

［86］成都文物考古研究院.成都考古发现［M］.北京：科学出版社，2017.

［87］傅幹注编.苏轼词集［M］.上海：上海古籍出版社，2017.

［88］巩本栋.广弘明集［M］.北京：东方出版社，2018.

［89］孙大江.川西林盘景观意象研究［M］.成都：四川大学出版社，2019.

［90］李祖基.清代讯台御史奏折汇编［M］.厦门：厦门大学出版社，2020.

［91］周振鹤.汉书·地理志汇释［M］.南京：凤凰出版社，2021.

［92］孙大江，黄远祥.西蜀园林传统装饰符号［M］.成都：四川科学技术出版社，2023.

［93］蔡致洁.川西名胜园林形成发展及特色研究［D］.重庆大学硕士学位论文，2007.

［94］陈云文.中国风景园林传统水景理法研究［D］.北京林业大学博士学位论文，2014.

［95］陈小伟."形神合一"的碑林景观空间设计探讨［D］.河南农业大学，2014.

［96］陈祖荧.西蜀园林景观色彩研究［D］.四川农业大学，2015.

［97］陈勇.巴蜀文化在浣花溪公园景观设计中的应用［D］.四川农业大学，2014.

［98］陈姝嫱.四川名人纪念园林布局与空间特色研究［D］.西南交通大学，2016.

［99］陈丹秀.宜宾宋代流杯池及其摩崖石刻遗存研究［D］.浙江农林大学，2018.

［100］陈寒阳.四川名人纪念园林建筑布局与造景手法研究［D］.西南交通大学，2019.

［101］陈从周.中国诗文与中国园林艺术［J］.扬州大学学报，1985（3）.

［102］陈维越，王齐志，罗言云.成都市望江楼公园风景园林空间分析［J］.北方园艺，2007（6）：178-180.

［103］陈友山.试说薛涛井的文化价值［J］.文史杂志，2009（2）：21-23.

［104］陈艳.中国古典园林的游览路线［J］.现代园艺，2012：109-110.

［105］陈熙.浅谈罨画池园林景观空间特色［J］.中华民居（下旬刊），2014（9）：3.

［106］陈丹秀，鲍沁星，张敏霞.宜宾宋代流杯池遗存研究［J］.中国园林，2017（8）：124-128.

［107］戴秋思，刘春茂.竹文化影响下的西蜀历史名人纪念园林［J］.中国园林，2011，27（8）：65-68.

［108］丁奇.纪念性景观研究［D］.南京林业大学，2003.

［109］邓晓松.论成都杜甫草堂博物馆古树名木的生态景观价值及文化价值［J］.南方农业，2018（12）：40-41.

［110］董睿.巴蜀书院园林艺术探析［D］.四川农业大学，2013.

［111］董海，刘庭风.巴蜀园林欣赏（六）文君井［J］.园林，2008（6）：22-25.

［112］杜研.成都杜甫草堂大雅堂开展［J］.杜甫研究学刊，2002，（2）：110.

［113］杜妮，何林隆，王鑫.花香桂湖 荷熏桂馥满天府［J］.中国西部，2015，（16）：26-35.

［114］杜春兰，刘廷婷，蒯畅，富婷婷.巴蜀女性纪念园林研究［J］.中国园林，2018，（3）：75-80.

［115］房锐.路岩与合江亭［J］.文史杂志，2004，（6）：59-60.

［116］房锐.新繁东湖缘起考辨析［J］.四川文物，2005，（5）：80-81.

［117］房锐.文翁化蜀对儒学传播的推动意义［J］.孔子研究，2007，（2）：46-51.

［118］冯娜.中国古典园林漏窗艺术研究［J］.中外建筑，2018，（8）：74-75.

［119］冯婵.诗意成都与诗歌之城［N］.成都日报，2020-07-00（7）.

［120］方志戎.川西林盘园林艺术探析［J］.华中建筑，2017，（3）：75-79.

［121］付瑞华.清代皇家园林艺术研究之颐和园［J］.地产，2019，（18）：43-44.

［122］郭榕榕.园林中的墙［D］.北京林业大学，2009.

［123］郭树杰.西蜀园林的文艺美学特征初探［J］.开封教育学院学报，2017，37（111）：234-235.

［124］高洁.四川古典园林山石理水艺术研究［D］.西南交通大学，2017.

［125］高洁，贾玲利.四川传统园林叠山置石艺术探析［J］.南方建筑，2018，（1）：98-103.

［126］古元忠.杜甫草堂遗碑考析［J］.四川文物，1987，（4）.

［127］郭丽，陈其兵.三苏祠的园林特色分析［J］.中国园林，2006，（5）：60-65.

［128］郭丽，陈其兵，熊泽平.成都望江楼公园竹造景研究［J］.世界竹藤通讯，2013，（5）：33-39.

［129］桂莉娟，罗言云.三苏祠的园林建筑艺术［J］.现代装饰（理论），2011，（8）：36.

［130］何知秋.巴蜀与中原古代名人纪念园林比较研究［D］.河南农业大学，2011.

［131］黄欣.西蜀园林空间的图式语言研究［D］.四川农业大学，2016.

［132］黄越.四川古典园林公共性特征研究［D］.西南交通大学，2020.

［133］黄永林.三星堆青铜直目人面像的历史文化意义研究［J］.武汉大学学报，2004，（5）：715-720.

［134］黄静媛，陈梦，余永彬.浅论榭与舫的建筑特点与艺术构思［J］.科技信息，2009，（23）：334-337.

［135］韩宝庄，孔宪梁.承德避暑山庄的园林艺术特色［J］.建筑学报，1982，（6）：70-83.

［136］贾玲利.四川园林发展研究［D］.西南交通大学，2009.

［137］姜涛，陈其兵，吕兵洋.西蜀园林中的竹文化研究［J］.中国观赏园艺研究进展，2014：510-513.

［138］江西省文物考古研究院.中国文庙发展史纲［J］.南方文物，2002，（4）：1-4.

［139］江波，何相达.成都杜甫草堂传统古典园林中的梅花文化［J］.北京林业大学学报，2015，37（S1）：94-96.

［140］林心茹.西蜀园林水景理法研究［D］.四川农业大学，2018.

［141］刘梦婷.西蜀名人纪念园游赏系统分析［D］.四川农业大学，2014.

［142］刘洪志.四川古典园林植物景观营造及传承研究［D］.西南交通大学，2017.

［143］刘楠妃.西蜀名人纪念性园林植物景观营造评价研究［D］.四川农业大学，2019.

［144］刘滨谊，李开然.纪念性景观设计原则初探［J］.规划师，2003，（2）：21-25.

［145］刘庭风.中日古典园林比较概述［J］.中国园林，2002，（1）：87-91.

［146］刘庭风.巴蜀园林欣赏（一）杜甫草堂［J］.园林，2008，（1）：30-33.

［147］刘庭风，董海.巴蜀园林欣赏（三）望江楼［J］.园林，2008，（3）：28-31.

［148］刘庭风，张晶菊.巴蜀园林欣赏（四）桂湖［J］.园林，2008，（4）：30-33.

［149］刘庭风.巴蜀园林欣赏（九）房湖公园［J］.园林，2008，（9）：44-47.

［150］刘庭风.巴蜀园林欣赏（五）三苏祠［J］.园林，2008，（5）：30-33.

［151］刘庭风.巴蜀园林欣赏（十二）绵阳西山［J］.园林，2009，（1）：26-28.

［152］刘加维，王海力.巴渝园林研究综述［J］.重庆建筑，2020，（1）：61-64.

［153］廖嵘.初唐驿站园林——新都桂湖［J］.中国园林，2004，（2）：66-69.

［154］廖嵘，侯维.唐代衙署园林——崇州罨画池［J］.中国园林，2004，（10）：14-21.

［155］廖嵘.西蜀古典名园——成都望江楼［J］.四川建筑，2005，（5）：7-10.

［156］廖嵘，谢娟.晚唐名园——新繁东湖［J］.中国园林，2008，（3）：47-51.

［157］罗馨.巴蜀园林空间布局特征研究［D］.重庆大学，2015.

［158］罗开玉.论历史上巴与蜀的分分合合［J］.社会科学研究，2000（5）：122–127.

［159］罗文佳，向燕琼，蒋修能.风水在风景园林中的应用［J］.建材与装饰，2018（9）：56–57.

［160］罗皓，张崴，刘磊.基于历史地图解译的崇州罨画池水系演变研究［J］.中国园林，2019
（2）：133–138.

［161］李成栋.川渝地区移民会馆园林空间视线研究［D］.四川农业大学，2018.

［162］李文华.探析古典家具与园林建筑室内的关系［J］.绿色科技，2013（12）：60–61.

［163］李姝，姜涛，陈其兵.巴蜀古桥的地域性功能与风格特征［J］.中国水利，2017（14）：62–
64.

［164］吕琼梅.杜甫草堂园林艺术分析［D］.四川师范大学，2010.

［165］吕梦茜.从拉保保到保保节——四川省广汉市拉保保习俗研究［D］.山东大学，2015.

［166］吕超.西蜀名人纪念园植物景观的文学意境表达研究［D］.四川农业大学，2019.

［167］龙轶波，郑杰文.言蜀者不可不知禅，言禅者尤不可不知蜀——以《蜀中高僧记》为例略探唐
宋巴蜀佛教兴盛之因［J］.重庆文理学院学报（社会科学版），2009（1）：111–115.

［168］路毅，孙慧.浅析中国古典园林的理水艺术［J］.黑龙江农业科学，2012（2）：75–78.

［169］雷洋，谢泽氢.我国名人故里旅游品牌开发研究——以江油李白故里为例［J］.绵阳师范学院
学报，2013，32（9）：9–12.

［170］栗昭耀，王艺彭.台榭到水榭——浅谈古典园林建筑榭的发展历程［J］.中外建筑，2017
（4）：35–37.

［171］米昊阳.文学景观视野下的成都古典园林［D］.武汉大学，2019.

［172］孟浩亮，谢纯，张泽岑.成都杜甫草堂诗意园林空间解析［J］.古建园林技术，2011（2）：
36–38.

［173］苗鹏云.苏州园林景观和意境构成手法分析解读——以拙政园为例［J］.山西科技，2007
（2）：47–48.

［174］彭蓉.中国孔庙研究初探［D］.北京林业大学，2008.

［175］彭兰惠.四川古典园林亭的营造艺术研究［D］.西南交通大学，2019.

［176］蒲涛.大邑刘氏庄园博物馆形象游客感知的实证研究［J］.旅游纵览（下半月），2016
（24）：134.

［177］秦岩.中国园林建筑设计传统理法与继承研究［D］.北京林业大学，2009.

［178］覃丽娜.西蜀园林景观水体形态和水景特征研究［D］.四川农业大学，2016.

［179］任乃强.乡土史地讲义［M］.任氏自印本，1929：27–28.

［180］任本命.长联圣手　千古奇文——钟耘舫和他的三副长联评介［J］.唐都学刊，1991（2）：
47–56.

［181］孙培博.中国文人园林起源与发展研究［D］.北京林业大学，2013.

［182］孙大江，杨玉培，唐琴，陈其兵.追忆王绍增先生　再探西蜀园林［J］.中国园林，2018，34
（2）：70–73.

[183] 四川省文物管理委员会.成都羊子山土台遗址清理报告[J].考古学报,1957(4):17.

[184] 四川省园林调查组,王绍增执笔.四川古典园林风格初探[J].四川园林,1986.

[185] 沈福煦.中国古典园林建筑欣赏——阁·轩[J].园林,2007(4):8-9.

[186] 沈福煦.中国古典园林建筑欣赏——堂·馆[J].园林,2007(2):8-9.

[187] 沈福煦.中国古典园林建筑欣赏——斋·房[J].园林,2007(5):8-9.

[188] 沈学玕.唐宋入蜀文人与巴蜀文化之缘[J].南京邮电大学学报,2012,14(4).

[189] 侍虹利.西蜀园林中的文学意境研究[D].四川农业大学,2015.

[190] 宋治民.试论蜀文化和巴文化[J].考古学报,1999(2):123-140.

[191] 石苗子."巴""蜀"及"四川"之名的由来[J].文史知识,2001(7):11-16.

[192] 苏洵.木假山记[J].美文(下半月),2012(5).

[193] 苏涛,陆琦.文君井园林理景艺术分析[J].城市建筑,2019(36).

[194] 唐琴.隋唐两宋时期宦蜀仕人影响下的西蜀园林研究[D].四川农业大学,2018.

[195] 唐永进.蜀文化探析[J].中华文化论坛,2005(1):5-7.

[196] 唐文栋.文君井园林变迁初探[J].文君文化研究,2012(4).

[197] 唐毅,殷娇,孟修竹.基于文化内涵的西蜀园林空间解析——以罨画池为例[J].建筑与文化,2019(11):229-234.

[198] 谭继和.巴蜀地脉的文化特征(上篇)[J].四川党的建设,2007(11).

[199] 谭继和.巴蜀文化概说[C].长江流域区域文化的交融与发展——第二届巴蜀·湖湘文化论坛论文集,2013:10-25.

[200] 谭继和."西川供客眼"——论西蜀文化的内涵、特征及其现代应用[J].地方文化研究辑刊,2013:3-22.

[201] 谭继和.巴文化论[J].中华文化论坛,2018(9):4-19.

[202] 韦昳.巴蜀园林艺术手法和空间特征研究[D].重庆大学,2015.

[203] 王宝华.中国古树名木文化价值研究[D].南京农业大学,2009.

[204] 王绍增.西蜀名园——新繁东湖[J].中国园林,1985(3):43.

[205] 王淑华.古典园林建筑营造中的形式美——以漏窗、洞门、长廊、铺地、园墙为例[J].技术与市场(园林工程),2007(9):37-40.

[206] 王永江,田大方.中国古典建筑装饰符号的功能[J].齐齐哈尔大学学报(哲学社会科学版),2010(5):152-154.

[207] 王凯.成都摩诃池钩沉[J].四川省干部函授学院学报,2015(4).

[208] 王艳婷,孙大江,姜涛,等.国内西蜀园林研究状况分析——基于CNKI(1999-2018)的文献计量[J].住区,2019(6):116-123.

[209] 吴澄琦.西蜀园林自然光影的艺术性表达初探[D].四川农业大学,2016.

[210] 吴玚.中国古代山水画中的亭与水榭[D].南京艺术学院,2016.

[211] 吴德翔.望丛古韵[J].寻根,2005(6):95-97.

［212］吴曦，王赈阳.庞统祠墓　绵延1800个春秋的追思［J］.中国西部，2014（11）：72–79.

［213］伍星，李小容，景仁刚.阁拥平湖莲呈瑞，月洒廊亭桂飘香——品析新繁东湖植物造景艺术［J］.四川建筑，2011（3）：21–22.

［214］薛晓飞.论中国风景园林设计"借景"理法［D］.北京林业大学，2007.

［215］肖遥.峨眉山风景名胜区寺庵景观理法研究［D］.北京林业大学，2016.

［216］肖俊玲.李德裕与平泉山庄——一个私人领域的文化解读［J］.西安文理学院学报（社会科学版），2013（6）：20–25.

［217］徐炯炯.巴蜀传统楼阁式建筑研究［D］.重庆大学，2009.

［218］徐中舒.巴蜀文化续论［J］.四川大学学报，1960（1）：75–117.

［219］徐丽.三苏祠的木假山堂［J］.文史杂志，2000（1）：71.

［220］谢娟.西蜀名人纪念园林及其纪念性研究［D］.四川农业大学，2008.

［221］谢娟.浅论西蜀名人纪念园林［J］.四川建筑，2008（4）：27–29.

［222］谢昕.浅谈新繁东湖园林景观特色［J］.中华民居（下旬刊），2014（9）：12.

［223］许晓明.基于中国传统园林的借景设计方法研究［D］.北京林业大学，2014.

［224］许志坚.论川西古典园林［J］.中华文化论，2003（4）：39–43.

［225］于利娜.中国传统建筑元素［D］.西安建筑科技大学，2008.

［226］杨荣.成都武侯祠建筑群研究［D］.重庆大学，2009.

［227］杨雨璇，杨洁.地域语境下的衙署园林场所特征探析——以罨画池为例［J］.安徽农业科学，2012（32）：15751–15754.

［228］杨坤，杨柳青.中国古典园林的分类［J］.林业与生态，2018（5）：34–35.

［229］杨静平.论黄庭坚建造宜宾"流杯池"的意境图式［J］.作家，2013（14）：257–258.

［230］袁犁，姚萍，李嘉林.夕佳山民居景园建筑风格与环境艺术［J］.四川建筑科学研究，2004（2）：102–104.

［231］余志英.中国古典园林的空窗艺术［J］.艺苑，2009（Z1）：100–101.

［232］严文丽，吴林家，郭丽.西蜀园林山石造景艺术研究［J］.安徽农业科学，2018（46）：92–94.

［233］姚鳗卿.成都市西蜀园林声景观调查研究——以成都百花潭及崇州罨画池为例［J］.四川建筑，2021（41）：3.

［234］朱春艳.巴蜀园林与江南园林之比较［D］.南京林业大学，2006.

［235］钟信.西蜀古代园林史研究初探［D］.四川农业大学，2010.

［236］张俊峰.成都传统纪念园林的植物文化研究［D］.西南交通大学，2011.

［237］张洁.黄庭坚贬谪心态研究［D］.广西师范大学，2014.

［238］赵海河.中日古典园林造园艺术比较研究［D］.重庆大学，2013.

［239］张思蕾.四川地区文庙植物景观特征研究［D］.四川农业大学，2017.

［240］张先进.四川古典园林初探［J］.四川建筑，1995（1）：28–30.

［241］张仲裁.简论唐代西川幕府兴盛之由［J］.西南民族大学学报，2009（6）.

［242］张敏，韩锋，许大为.都江堰文化景观保护与发展［J］.规划师，2016（2）：219-223.

［243］张俊涛.让雪山下的公园城市生活更美好［J］.城市开发，2020（20）：36-37.

［244］周武忠.论中国古典园林美学观［J］.扬州大学学报，2003（4）：87-91.

［245］周武忠.中国古典园林艺术风格的形成［J］.艺术百家，2005（5）：111-116.

［246］周佳.千古第一爱情名园——文君井造园艺术分析［J］.广东园林，2011（1）.

［247］周柯佳.川西衙署园林艺术探析［D］.四川农业大学，2015.

［248］周凡力.从杜甫草堂园林化过程管窥巴蜀纪念园林之流变［J］.中国园林，2016，32（4）.

［249］周雪倩，谢静，孙大江.浅析罨画池空间布局特征［J］.西部皮革，2020，42（16）：92-94.

［250］曾亚兰.乾坤一草亭与少陵草堂碑亭无承袭关系［J］.杜甫研究学刊，2014，1：97-106.

结　语

由杜甫草堂博物馆主持编著的《西蜀古典园林研究》一书，在四川农业大学风景园林学院、四川华奕广告装饰有限公司《西蜀园林》DM杂志社以及四川科学技术出版社的鼎力支持下，通过四年多的努力，终于得以出版。

杜甫草堂博物馆及四川农业大学风景园林学院的编著团队以西蜀古典名园的保护与传承为己任，四年以来，频繁调研了蜀地大多数的古典园林，尤其是名人园林，拍摄了大量照片；系统梳理了西蜀古典园林产生与发展的背景与内涵，辨析了相关概念；将其分为祠宇园林、寺观园林、衙署园林、宅院园林等九大类型；第一次详细地解析了西蜀古典园林的造园要素和空间特征，全面地归纳了纪念性、诗意性、传承性等六大造园特性，提出了更能准确说明西蜀古典园林艺术风格的关键词组，并以杜甫草堂、武侯祠、三苏祠、望江楼等西蜀古典名园作为个案进行了详解。详解过程中，在参考前人和同行研究成果的基础上，反复调研现场，引经据典，力争把握历史沿革等方面研究的准确性，再次详解其园林艺术和特色，提出了许多新的论述和观点，为进一步研究奠定了更好的基础。

本书还整理了近年来科研机构与众多学者在西蜀园林方面的研究成果，立足四川农业大学孙大江教授主持的《西蜀园林称谓及其学术地位和园林美学思想研究》课题以及其五届研究生的相关论文，参考黄毅先生主持的《西蜀园林的产生与发展研究》课题，由孙大江教授及其研究生团队主笔，几易其稿，经过四年多的努力，终于完成了编写任务并得以付梓。

本书的编辑出版得到了杜甫草堂、武侯祠、望江楼、东湖、桂湖、三苏祠、罨画池、房湖、流杯池、文君井等西蜀古典名园各级领导的大力支持，他们耐心地解析园林艺术，给予我们多方意见；编写过程得到了著名园林专家杨玉培教授和陈其兵教授的指导，得到了四川农业大学风景园林学院李西院长的大力支持和鼓励；原杜甫草堂园林部江波主任一直全面参与编撰并主动协调相关工作，杜甫草堂学术研究部刘晓凤、张月、贾兵、卞超、罗姝鸥、高媛等人对该书进行了细致艰苦的校正工作。尤其是编写过程中，还得到了同行的大力支持，在此一并表示感谢。感谢所有对《西蜀古典园林研究》做出贡献的人士！

在编写过程中，由于团队水平和精力有限，对部分内容理解不够，同时相关资料欠缺或存在众多空白，甚至不同资料、不同研究者有不同的历史观点，因此书中可能存在一些不当之处，诚望指正。

《西蜀古典园林研究》编委会

二〇二三年十二月

后　记

　　我于2015年到杜甫草堂博物馆工作，自那之前，对园林是一种发自内心的喜爱，就像我喜欢中国的传统文化一样，从事了多年的非物质文化遗产保护工作后，更加迷上了这种意蕴博大又各具特色的历史文化根脉。

　　杜甫草堂博物馆是一座诗歌的文化圣地，一座园林式的博物馆。自韦庄建造"茅屋"，以睹物思人来纪念杜甫，自那以后，千百年以来，杜甫草堂在中国壮阔的历史长河中，屡废屡建，延续至今，从"诛茅初一亩"到现在八百亩园区，这是对诗圣的尊崇，对中华传统文化的最好传承。步入草堂，你会融入这种诗意文化氛围，参天的古树掩映着青瓦白墙，小桥流水，似山水画卷，亦如蓬莱仙境，让人流连忘返。

　　杜甫草堂有专门的园林部门，负责整个园林的管理、保护和建设。因为工作的原因，我逐渐接触到了诸多园林方面的专家、学者，交流颇多。由此，我也慢慢地加入了一些思考。对比中国传统的古典园林，如北方的皇家园林、苏州的私家园林和岭南园林，四川虽有一些如杜甫草堂、武侯祠、三苏祠、东湖等古典名园，也有一些研究，但较为分散，似乎还缺少一些理论的支撑，也还未形成大规模的研究体系和完整的成果，因此，我想以草堂为基础，为此做点具体的事情。2019年，由杜甫草堂博物馆牵头开展《西蜀古典园林研究》这一科研课题，并由园林部主任江波负责，依托四川著名园林专家杨玉培、四川农业大学风景园林学院原院长陈其兵教授、孙大江教授和黄毅等一系列园林专家，成立了课题小组，请孙大江教授组织团队具体施行。几年来，团队历经艰苦，在之前的研究基础上，综合研究分析，多次到各个园林实地走访、现场勘察，结合自身的感悟和集体的思考、研讨，写下数十万字的记录文字，手绘上百幅的景物、建筑、饰件稿照片，拍摄几千张照片，汇集成册后又多次讨论、修改，几易其稿，前后四年有余，终成此稿，实属不易。在此感谢专家、学者们对西蜀园林的大力支持，特别是孙大江教授严谨的治学理念和渊博的理论知识对此项研究起到了极其重要的作用。

　　此书成稿略显仓促，其中难免有不足之处，望读者能加以谅解并予以指正，让今后的西蜀古典园林研究更上一层楼。

刘　洪

成都杜甫草堂博物馆馆长

山水景观

崇州罨画池——假山

眉山三苏祠——假山

眉山三苏祠——连鳌山

望江楼公园——假山

望江楼公园——山水大盆景

温江陈家桅杆大假山

新都桂湖——翠屏山

新繁东湖——蝠山

新都桂湖——翠屏山　　　　　　　　　　　　新繁东湖——蝠山

崇州罨画池——内湖

崇州罨画池——三折桥

杜甫草堂——荷池

杜甫草堂——池塘

杜甫草堂——水塘

广汉房湖——湖面

眉山三苏祠——船坞

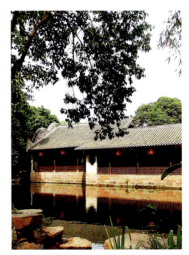

眉山三苏祠——荷塘冬景

眉山三苏祠——湖面

眉山三苏祠——溪涧

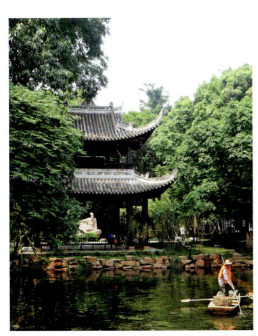

眉山三苏祠——披风榭湖景

绵阳西山公园——凤尾湖　　　　　　　　　　文君井——临水妆楼

望江楼公园流杯池　　　　　　　　　　　　文君井——琴台水景

新都桂湖——荷塘

新都桂湖——荷塘月色

新都桂湖——荷塘月色

新都桂湖湖景

新繁东湖——瑞莲池　　　　　　　　　　　　　新繁东湖——瑞莲池

建筑景观

新津观音寺——大殿

新津观音寺——山门

新津观音寺——山门

梓潼七曲山大庙

邛崃文君井——妆楼

宜宾流杯池——丞相祠堂

宜宾流杯池——大门

宜宾流杯池——吊黄楼

新都桂湖——亭亭

新都桂湖——小锦江

新都桂湖——交加亭

新都桂湖——挹景门

杜甫草堂——水竹居

杜甫草堂——碑亭

杜甫草堂——兰园

杜甫草堂——茅屋

杜甫草堂——万佛楼

杜甫草堂——工部祠

杜甫草堂——水槛

江油李白纪念馆

眉山三苏祠——披风榭

眉山三苏祠——披风榭

眉山三苏祠——大门

温江陈家桅杆——石桅杆

温江陈家桅杆——照壁

郫都望丛祠——回澜阁

郫都望丛祠——照壁

邛崃文君井——琴台

邛崃文君井——扇面亭

新繁东湖——望雪楼

新繁东湖——瑞莲阁

眉山三苏祠 ——西厢房

眉山三苏祠——百坡亭

眉山三苏祠——听荷轩

崇州罨画池 ——大门

崇州罨画池——放翁堂

崇州罨画池——月波亭

崇州罨画池——半潭秋水一房山

崇州罨画池——伴亭

望江楼公园——崇丽阁

植物景观

七曲山大庙——古柏

七曲山大庙——古桂花

杜甫草堂——古榕树

杜甫草堂——荷花

杜甫草堂——梅花冬景

杜甫草堂——夏景

杜甫草堂——竹林

郫都望丛祠——古柏

郫都望丛祠——荷柳

郫都望丛祠——荷景

江油李白纪念馆植物轴线

眉山三苏祠 ——古黄荆树　　　　　　　　　　　　　眉山三苏祠 ——竹径

眉山三苏祠 ——竹林　　　　　　　　　　　　　眉山三苏祠——古榕树

眉山三苏祠——荔枝树　　　　　　　　　　　　　新都桂湖——古紫藤

新都桂湖——荷塘石桥

新都桂湖——柳树

新都桂湖——小锦江荷塘

武侯祠——古柏

武侯祠——香樟林

新繁东湖——千年苏铁　　　　　都江堰离堆公园——古银杏

望江楼公园竹景观

望江楼公园竹景观

杜甫草堂——杜甫雕塑

杜甫草堂——杜甫雕塑

杜甫草堂——杜甫雕塑

杜甫草堂——杜甫雕塑

杜甫草堂——诗意雕塑

广汉房湖——三国故事雕塑

新都桂湖——杨升庵雕塑

江油李白纪念馆——李白雕塑

眉山三苏祠——苏轼雕塑

绵阳子云亭——扬雄雕塑

新繁东湖——李德裕雕塑

望江楼公园——石雕

望江楼公园——薛涛雕塑

望江楼公园——石雕

武侯祠——石雕

武侯祠——石雕

邛崃文君井——楹联

都江堰离堆公园——壁题

杜甫草堂——柴门楹联

新都桂湖——楹联

罨画池陆游祠——楹联

眉山三苏祠——楹联

眉山三苏祠——楹联

眉山三苏祠——楹联

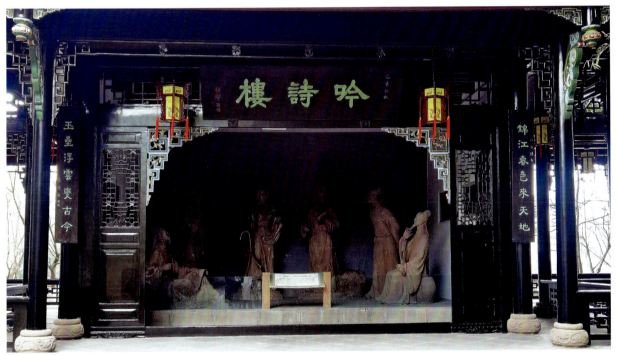

望江楼公园——楹联

武侯祠——楹联

眉山三苏祠——楹联

望江楼公园——楹联

武侯祠——岳飞书出师表

温江陈家桅杆——照壁

杜甫草堂——照壁

杜甫草堂——刻石

都江堰离堆公园——壁刻

江油李白纪念馆——壁题

眉山三苏祠 ——石刻　　　　　　　　眉山三苏祠 ——石刻

眉山三苏祠——壁刻　　　　　　　　望江楼公园——碑刻

宜宾流杯池——壁刻　　　　　　　　宜宾流杯池——壁刻

眉山三苏祠——装饰

望江楼公园——装饰

望江楼公园——装饰

望江楼公园——装饰

望江楼公园——装饰

望江楼公园——装饰

崇州罨画池——装饰　　　　　　　　　　　　　崇州罨画池——装饰

崇州罨画池——围墙装饰　　　　　　　　　　　崇州罨画池——围墙装饰

新都桂湖——围墙装饰　　　新都桂湖——围墙装饰　　　望江楼公园——围墙装饰

新都宝光寺——装饰

新都宝光寺——装饰

新都宝光寺——装饰

大慈寺——装饰

大慈寺——装饰